汽车先进技术译丛

汽车总线系统

原书第 5 版

[德] 维尔纳·齐默尔曼（Werner Zimmermann） 著
拉尔夫·施密特加尔（Ralf Schmidgall）

俞 靖 吴长隆 余长松 李若琳 牛文旭 杨 青 译

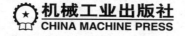

本书源自德文第 5 版 *Bussysteme in der Fahrzeugtechnik*，书中讲解了车辆中最为重要的总线系统和协议，介绍了总线系统常用的协议标准，总线系统的物理层和数据链路层、应用层的诊断协议等，重点讲解了总线系统的应用层。本书内容包括总线系统和协议的应用，基本概念和基本车辆总线系统，车辆总线系统——物理层和数据链路层，传输协议，诊断协议 - 应用层，在测量、标定和诊断中的应用（ASAM AE MCD），软件标准 OS-EK 和 HIS，汽车开放式系统架构（AUTOSAR），工具、实例与应用领域，车辆之间的通信交互。

本书可供汽车电子系统技术人员使用，也可供高校车辆工程专业师生参考。

第 5 版前言

"标准的美妙之处在于其数量之多。"这句话出自 Andrew Tanenbaum 于 1981 年首次出版的关于计算机网络的著作。它也完全适用于当今的汽车电子产品。

本书第 1 版于 2006 年问世时，汽车通信领域正经历着动荡的发展。几年之内，自 20 世纪 90 年代以来已成功使用的 CAN 和 K-Line 接口得到了新的 LIN、FlexRay 和 MOST 概念的补充。用于乘用车诊断的 KWP 2000 和 OBD 以及用于商用车的 SAEJ1939 已成为传输协议。在软件领域，将 OSEK/VDX 作为控制单元中的操作系统引入，闪存编程（在车辆使用寿命期间可以像备件一样更换控制单元软件）成为最先进的技术。由于发展如此之快，是时候以新版书的形式介绍新概念了。

然而，当时任何相信汽车通信世界将会整合的人都错了，即便总线系统从那时起不断进化，软件领域也变得更加动荡。AUTOSAR 的目标不仅是汽车通信标准，控制单元的整个架构都是其目标，这也是整个行业的主要关注点。同时，ASAM 试图不让越来越广泛的车辆诊断成本激增。软件组件方面的内容也在本书的后续版本中不断增加。另一方面，几乎不可能削减开支，因为汽车行业尽管有很多创新，有快速实施新解决方案的好习惯，但绝不会将久经考验的概念放弃，而是会继续关注。

今天，网络发展会出现盘整，还是会继续快速发展？当然是后者。CAN FD 和汽车以太网/IP 是两个可能引起轰动的新总线系统参与者。CAN FD 正准备与具有更高数据速率的 FlexRay 竞争，而高端的以太网最初可能会取代 MOST，以后甚至可能占领 FlexRay 的实时领域。

本版中对这两项新开发的网络的详细介绍与 AUTOSAR 4.x 中的创新（现在占据了一整章）和 Open Test Sequence Exchange OTX（旨在进一步简化测试开发）中的创新方面的介绍一样详细。与之前的版本一样，对众所周知的系统 MOST 150、FlexRay 3.0 和 PSI5 等传感器-执行器总线以及 ASAM 标准的 ISO 版本、全球协调 OBD 和车车通信方面的进步进行了调整。同时，本版中时间分析也已扩展到传输协议。

我们的基本方法保持不变：本书旨在从作为车辆和控制单元开发人员的用户的角度提供概述，这些用户希望使用此类总线系统或开发相关汽车软件。本书重点是从标准文档中很难直接看出的概念和联系。任何必须自己实现协议或软件的人都无法避免详细研究实际的标准文档，但这本书应该会让他们更容易上手。这本书侧重于系统方面，硬件问题和 EMC（电磁兼容性）基本上被忽略了。

在正文中，规范和标准文件自然经常被引用。由于数量众多，所有这些内容都没有明确说明来源。取而代之的是，在每章的末尾都有表格，其中包含相关的参考文献。本书在使用制造商和产品名称时也未明确提及注册品牌名称和商标权。

德国技术文献中一个不变的讨论点是英语术语的使用。由于原始文件几乎只有英文版，我们特意决定不将标准特定的技术术语翻译成德文。通常，在第一次提及时会给出德语翻译。在阅读本书之后翻阅英文原著时，使用原词可以更容易。细心的读者会注意到，这些术语经常与 IT 世界中建立的名称有所不同。汽车电子标准多年来一直在发展，并且通常由来自各种学科的工程师创建，而不考虑其他标准。虽然 IT 工程师理解它没有问题，但当 ECU 被称为服务器，而诊断测试仪被称为客户端时，车辆工程师可能会感到惊讶，并且在它们上运行的软件会生成调用诊断服务的对象实例。为了呈现联系，我们试图保持一致，但最终我们无法避免使用原始术语，即使原始术语并不总是符合明确、统一名称的学术要求。

这本书是基于 Wolfgang Schmid 的建议，如果没有他坚持不懈的敦促，我们几乎不可能完成这项具有挑战性的任务。

我们特别感谢本版和前一版的所有合著者，来自 Springer – Vieweg Verlag 的 Reinhard Dapper 和 Ewald Schmitt 及其同事，以及所有为本书做出贡献的未透露姓名的帮助者。

Joachim Tauscher（Smart In Ovation）、Wolfgang Neu（Smart Testsolutions）、Ewald Hartmann（Samtec Automotive Software & Electronics）、Dieter Schaller、Hans – Dieter Kübler（前身为 Samtec Automotive）、Thomas Riegraf（Vector Informatik）、Jörg Supke（emotive）和 Michael Kirschner（博世工程部门负责人）和我们是多年的朋友，在本书编写期间，我们从他们和他们的员工上获得了专业知识，在此我们表示感谢。同时还要感谢我们在戴姆勒股份公司、罗伯特博世有限公司、STZ 计算机和埃斯林根应用科学大学的同事。最后但同样重要的是，感谢我们的家人！

作者

编辑的话

　　本书由德文图书 *Bussysteme in der Fahrzeugtechnik* 第 5 版翻译而来。本书主要介绍了汽车电子系统中最常用到的几种总线的协议、标准和软件架构。本书的重点在于 OSI 模型七层架构中的物理层、数据链路层和应用层，尤其是对应用层花了大量篇幅进行描述。另外，本书还介绍了 OSEK 和 HIS 软件标准，也对车用 AUTOSAR 软件架构进行了描述。本书是德国高版次的汽车电子、总线、软件方面的技术图书，深受德国汽车电子技术人员欢迎。本书译者也都是在德国获得汽车电子方向学位，并具有博世、Vector 等著名德国企业从业经历的工程技术人员，他们对本书内容的理解和把握也非常到位。希望本书的引进出版能够对国内汽车电子技术人员和车辆工程专业的大学师生的工作学习有所启发。

目 录

第5版前言
编辑的话
第1章 总线系统和协议的应用 …… 1
  1.1 概述 …………………………… 2
  1.2 汽车总线系统、协议和标准 …… 5
  1.3 在汽车总线系统以及软件中的
     标准化 ………………………… 6
  1.4 未来发展 ……………………… 8
  参考文献 …………………………… 10
第2章 基本概念和基本车辆总线
      系统 ……………………………… 11
  2.1 基本原理 ……………………… 11
    2.1.1 电气基本原理 …………… 11
    2.1.2 总线系统的拓扑和耦合 … 14
    2.1.3 报文、协议栈、服务 …… 16
    2.1.4 通信模型及寻址 ………… 17
    2.1.5 基于字符和比特流的传输、用户
       数据速率 ………………… 20
    2.1.6 总线访问程序、检错和
       纠错 ……………………… 22
    2.1.7 数据传输中的抖动和延迟 … 24
    2.1.8 电气/电子架构 ………… 24
  2.2 符合 ISO 9141 和 ISO 14230 的
     K – Line ……………………… 26
    2.2.1 K – Line 和 KWP 2000 的
       开发 ……………………… 26
    2.2.2 K – Line 总线拓扑和
       物理层 …………………… 27
    2.2.3 数据链路层 ……………… 29
    2.2.4 排放相关部件的限制
       （OBD） ………………… 32
    2.2.5 软件与通信控制器之间的
       接口 ……………………… 32
    2.2.6 较早的 K – Line 变体 …… 32
    2.2.7 K – Line 总结 – 第1层和
       第2层 …………………… 33
  2.3 SAE J1850 …………………… 33
  2.4 传感器 – 执行器总线系统 …… 36
    2.4.1 SENT – 根据 SAE J2716 的单边
       半字节传输 ……………… 36
    2.4.2 PSI 5 – 外围传感器接口 5 … 37
    2.4.3 ASRB 2.0 – 汽车安全约束总线
       （ISO 22898） …………… 39
    2.4.4 DSI – 分布式系统接口 … 41
  2.5 规范与标准 …………………… 43
  参考文献 …………………………… 44
第3章 汽车总线系统——物理层与数
      据链路层 ………………………… 45
  3.1 ISO 11898 描述的控制器局域网 … 45
    3.1.1 CAN 的发展 …………… 45
    3.1.2 总线拓扑结构和物理层 … 46
    3.1.3 CAN 的数据链路层 …… 48
    3.1.4 错误处理 ………………… 49
    3.1.5 CAN 的更高级协议 …… 50
    3.1.6 协议软件和 CAN 控制器间的
       接口 ……………………… 51

3.1.7 CAN 系统的时间特性以及报文优先级的选择 ……… 53

3.1.8 时间触发 CAN（TTCAN）确定性的总线获取 ……… 56

3.1.9 节能措施：唤醒和局部网络 ……… 59

3.1.10 更高的数据速率：CAN 灵活速率 CAN FD ……… 60

3.1.11 CAN 总结 – 第 1 层和第 2 层 ……… 61

3.2 局域互联网络 ……… 62

  3.2.1 概述 ……… 62

  3.2.2 数据链路层 ……… 63

  3.2.3 LIN 2.0 版本里的新报文类型 ……… 66

  3.2.4 LIN 传输层和通过 LIN 进行 ISO 诊断 ……… 66

  3.2.5 LIN 配置语言 ……… 68

  3.2.6 LIN 从节点控制器的动态配置 ……… 71

  3.2.7 LIN 应用编程接口（API）……… 73

  3.2.8 LIN 系统的时间特性 ……… 74

  3.2.9 LIN 总结 – 第 1 层和第 2 层 ……… 75

3.3 FlexRay ……… 76

  3.3.1 总线拓扑结构和物理层 ……… 77

  3.3.2 数据链路层 ……… 78

  3.3.3 网络启动和时钟同步 ……… 81

  3.3.4 错误处理、总线监视器 ……… 82

  3.3.5 配置和上层协议 ……… 83

  3.3.6 FlexRay 系统的时间特性，以及配置示例 ……… 84

  3.3.7 与 FlexRay 控制器的接口 ……… 88

  3.3.8 进一步的发展 FlexRay 3.x ……… 91

  3.3.9 FlexRay 总结 – 第 1 层和第 2 层 ……… 93

3.4 面向媒体的系统传输 ……… 94

  3.4.1 总线拓扑结构和物理层 ……… 95

  3.4.2 数据链路层 ……… 96

  3.4.3 通信控制器 ……… 100

  3.4.4 网络服务和功能模块 ……… 102

  3.4.5 网络管理 ……… 104

  3.4.6 更高级的协议层 ……… 106

  3.4.7 系统启动和音频连接示例 ……… 106

  3.4.8 MOST 总结 ……… 108

3.5 车载以太网 ……… 108

  3.5.1 IEEE 802.3 中的以太网标准 ……… 109

  3.5.2 适用于汽车领域的物理层 BroadR – Reach ……… 111

  3.5.3 IEEE 802.1 音频视频桥接 AVB 协议的实时性 ……… 111

  3.5.4 更高级别的协议层 IP、TCP 和 UDP ……… 114

参考文献 ……… 117

第 4 章 传输协议 ……… 118

4.1 根据 ISO 15765 – 2 的 CAN 的 ISO TP 传输协议 ……… 118

  4.1.1 报文结构 ……… 119

  4.1.2 流量控制、时间监控和错误

处理 …………………………… 120
4.1.3 应用层服务 …………… 121
4.1.4 协议扩展 ……………… 123
4.1.5 使用 KWP 2000/UDS 寻址 – CAN 标识符分配 …………… 123
4.1.6 CAN 的 ISO TP 带宽 …… 123
4.2 根据 ISO 10681 – 2 的 FlexRay 传输协议 …………………… 125
4.2.1 报文结构和地址 ……… 125
4.2.2 连接类型和传输过程 … 126
4.2.3 带宽控制 ……………… 127
4.2.4 错误处理和执行说明 … 128
4.2.5 FlexRay 传输协议的带宽 … 129
4.3 CAN 传输协议 TP 2.0 ……… 131
4.3.1 寻址和 CAN 报文标识符 … 131
4.3.2 广播报文 ……………… 131
4.3.3 动态信道设置和连接管理 …………………… 132
4.3.4 数据传输 ……………… 134
4.4 CAN 的传输协议 TP 1.6 …… 136
4.4.1 报文结构 ……………… 136
4.4.2 动态信道结构 ………… 136
4.4.3 数据传输和数据方向更改 ……………………… 137
4.5 适用于 CAN 的传输协议 SAE J1939/21 ………………… 138
4.5.1 传输类型、寻址和 CAN 报文标识符 ……………… 138
4.5.2 分段数据传输（多数据包）……………… 141
4.6 根据 ISO 13400 的 DoIP 传输协议 …………………………… 142

4.7 CAN FD 的传输协议 ………… 145
4.8 规范与标准 ………………… 145
参考文献 ……………………… 146

第5章 诊断协议 – 应用层 ……… 147

5.1 诊断协议 KWP 2000 (ISO 14230 – 3) …………… 149
5.1.1 概述 …………………… 149
5.1.2 诊断会话（诊断管理）… 151
5.1.3 根据 KWP 2000 和 UDS 对控制器进行寻址 ……… 153
5.1.4 总线相关服务（网络层协议控制）………………… 154
5.1.5 故障存储器的读取和删除（存储数据传输）…………… 155
5.1.6 数据的读取和写入（数据传输）、控制器的输入和输出（输入/输出控制）……………… 155
5.1.7 数据块的读取与存储（上传、下载）…………………… 156
5.1.8 控制器的程序启动（程序例程远程激活）…………… 157
5.1.9 扩展服务 ……………… 157
5.2 统一诊断协议 (ISO 14229/15765 – 3) ……… 158
5.2.1 与 KWP 2000 协议的差异 … 158
5.2.2 UDS 诊断协议概要 …… 158
5.2.3 事件响应服务 ………… 163
5.3 车载诊断 OBD (ISO 15031/SAE J1979) ………………………… 165
5.3.1 OBD 诊断服务概要 …… 166
5.3.2 读取故障存储器及

控制器值 …………………… 167

5.3.3 查询尾气排放相关零部件诊断
结果 …………………………… 169

5.3.4 OBD 故障码 ………………… 169

5.3.5 数据链路安全 ……………… 171

5.3.6 直通式编程 ………………… 171

5.3.7 举例 ………………………… 172

5.4 诊断的进一步发展 …………… 174

5.5 规范与标准 …………………… 177

参考文献 ……………………………… 178

第6章 在测量、标定和诊断中的应用（ASAM AE MCD）…… 179

6.1 引言 …………………………… 179

6.2 应用任务中的总线协议
（ASAM AE MCD 1MC）…… 182

6.2.1 CAN 标定协议 CCP ……… 183

6.2.2 扩展标定协议 XCP ……… 189

6.2.3 XCP 和 CCP 协议的 AML 配置
文件 ………………………… 199

6.2.4 总线系统和应用系统之间接口
ASAM MCD 1b …………… 200

6.3 现场总线交换格式 …………… 204

6.4 ASAM AE MCD 2 和 MCD 3 的
概述 …………………………… 212

6.5 基于 ASAM MCD 2 MC 的标定
数据项 ………………………… 214

6.5.1 ASAP2/A2L – 标定
数据项 ……………………… 214

6.5.2 标定数据格式 CDF 和元数据
交换 MDX ………………… 217

6.6 基于 ASAM AE MCD 2D 的 ODX
诊断数据项 …………………… 218

6.6.1 ODX 数据模型结构 ……… 219

6.6.2 DIAG – LAYER：分层诊断
描述 ………………………… 221

6.6.3 VEHICLE – INFO – SPEC：汽车网
络入口和总线拓扑结构 …… 224

6.6.4 COMPARAM – SPEC 和
COMPARAM – SUBSET：总线
报文 ………………………… 226

6.6.5 DIAG – COMM 和 DIAG – SERV-
ICE：诊断服务 …………… 229

6.6.6 简单化以及复杂化数据
对象 ………………………… 233

6.6.7 SINGLE – ECU – JOB 和 MULTIPLE –
ECU – JOB：诊断流程 …… 240

6.6.8 STATE – CHART：诊断
会议 ………………………… 242

6.6.9 ECU – CONFIG：控制器配置的
描述 ………………………… 242

6.6.10 ECU – MEM：对闪存烧写的
描述 ………………………… 243

6.6.11 FUNCTION – DICTIONARY：功能
导向的诊断 ………………… 245

6.6.12 Packaged ODX 和 ODX 编辑
工具 ………………………… 246

6.6.13 ODX Version 2.2 和
ISO 22901 ………………… 247

6.7 ASAM AE MCD 3 – Server …… 247

6.7.1 功能组 M – 测量 ………… 248

6.7.2 功能组 C – 标定 ………… 249

6.7.3 功能组 D – 诊断 ………… 250

6.8 依据 ISO 22900 为诊断测试仪而设计的
MVCI 接口 …………………… 251

6.9 依据标准 ISO 13209 的关于测试流程的 OTX 描述 ……………………… 254
  6.9.1 OTX 构造的基本设计 ……… 254
  6.9.2 OTX 核心数据模型 ………… 256
  6.9.3 OTX 核心程序元素 ………… 258
  6.9.4 OTX 扩展 …………………… 260
6.10 规范与标准 ……………………… 262
参考文献 …………………………………… 263

第7章 软件标准：OSEK 和 HIS ……………………………… 264
7.1 概述 ……………………………… 264
7.2 OSEK/VDX ……………………… 266
  7.2.1 事件驱动的操作系统内核 …………………………… 267
  7.2.2 通信 OSEK/VDX COM … 274
  7.2.3 网络管理 OSEK/VDX NM ……………………… 277
  7.2.4 时间驱动操作系统内核 OSEK Time、故障冗余 OSEK FTCOM 和保护机制 OSEK ……………………… 280
  7.2.5 OSEK OS 和 AUTOSAR OS 调度单元、进程优先级和时间行为 …………………… 282
7.3 硬件输入和输出（HIS IO 库、IO 驱动）……………………… 284
7.4 HIS CAN 通信控制器的硬件驱动 ……………………………… 286
7.5 HIS 串口烧录 …………………… 286
参考文献 …………………………………… 286

第8章 AUTOSAR - 汽车开放式系统架构 ……………………………… 287
8.1 概述 ……………………………… 287
8.2 AUTOSAR 基础软件层 ………… 289
8.3 AUTOSAR OS 操作系统 ……… 296
8.4 通信 AUTOSAR COM、诊断 DCM ……………………… 299
8.5 AUTOSAR 网络管理器 ………… 308
8.6 虚拟功能总线（VFB）、运行实时环境（RTE）和软件组件 …… 311
8.7 AUTOSAR 实例应用 …………… 315
8.8 总结 ……………………………… 317
参考文献 …………………………………… 319

第9章 工具、实例与应用领域 … 320
9.1 板上通信的设计和测试 ………… 320
  9.1.1 使用维克多公司 CANoe 的开发流程 ……………… 320
  9.1.2 使用 Network Designer 进行网络设计 ……………… 321
  9.1.3 在 CANoe 里进行系统仿真 ……………………… 325
  9.1.4 作为控制器的开发环境的总线环境仿真 ……………… 326
  9.1.5 系统的整体集成 …………… 327
9.2 控制器的系统和软件设计 ……… 328
  9.2.1 用 Vector Informatik 的 PREEvision 设计系统 …… 329
  9.2.2 在 AUTOSAR 流程里开发应用软件 ……………………… 330
  9.2.3 系统测试和应用 …………… 331
9.3 进行控制器应用的工具 ………… 332
9.4 对控制器闪存的编程 …………… 335
  9.4.1 边界条件 …………………… 336

9.4.2 闪存 ……………………… 338
9.4.3 闪存烧写过程 …………… 340
9.4.4 擦写加载器举例：SMART INOVATION 公司的 ADLATUS …………………… 346
9.4.5 擦写加载器和总线协议的软件测试 ………………………… 350
9.5 开发和制造中的诊断工具 …… 353
9.6 诊断数据的编辑工具 ………… 364
9.7 诊断运行时系统和 OTX 诊断序列 ………………………… 366
9.8 控制器通信的实时特性 ……… 371

9.8.1 实时性的特征值 …………… 371
9.8.2 利用 Symtavision 公司的 SymTA/S 进行实时性分析 ………… 373
参考文献 ………………………… 374

第10章 车辆之间的通信交互 …… 375

10.1 交通收费系统 ……………… 375
10.2 Car2Car 联盟和 Vehicle2X 通信 ………………………… 376
10.3 规范与标准 ………………… 379
参考文献 ………………………… 380

第1章 总线系统和协议的应用

自 1980 年第一个微处理器控制系统被引入之后，数据就可以在系统内部以及外部之间进行交换了，例如发动机控制系统和汽车防抱死系统。

在系统（车载系统）之间，最初主要用于模拟信号或简单开关信号的点对点连接，在车辆维修站诊断测试仪（非车载系统）的连接中提供真实数据通信。

一个跨厂商的解决方案是迫切需要的。在此领域博世公司作为欧洲先进的电子控制器制造商，提供了一个被很多汽车制造商所接受的方案，此方案在之后被标准化为 ISO 9141。

这一套方案首先规定了连接线路的数量、电子信号电平，以及字符传输的比特格式。

传输数据的含义以及在汽车修理厂应用的诊断方法依旧保持开放，并且之后根据汽车厂商的特点加以实现。

例如通过从博世公司引入，并且在 1990 年之后被 ISO 11898 及 SAE J1939 协议标准化的 CAN 总线系统，数据网络（总线系统）采集的在整车内各控制器之间传输的车载信号，遵守了这项协议。

比特层再次从基本上被详细定义，而同时交换数据（协议）的含义并没有固定，并且仍然可以根据不同设备、不同车辆或者不同制造商得以实现。

由于微电子控制器在现代车辆中的成功应用，使得整个系统变得更加复杂，并且现今新型汽车上拥有多个可以与其他网络互联的总线系统（网络），由此产生的数据量是十分巨大的（图 1.1）。

为了理解这种系统复杂性，控制成本压力，实现在全球范围内供应车辆的愿景，以及由于立法机关的法规，迫使汽车制造商及其供应商，努力寻求用于数据交换总线系统和协议的标准化解决方案（见参考文献 [1-6]）。

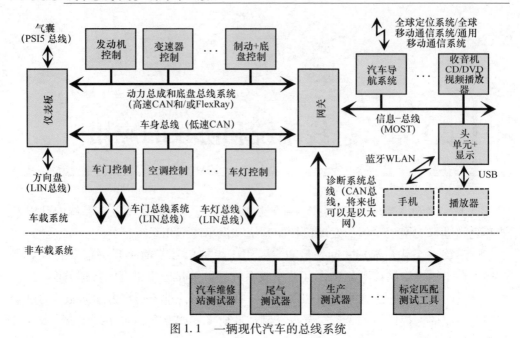

图 1.1　一辆现代汽车的总线系统

1.1　概述

汽车总线系统的应用范围及技术要求见表 1.1。

表 1.1　汽车总线系统的应用范围及技术要求

应用范围	技术要求					
	信息长度	信息速率	由此产生的数据速率	延迟时间	错误安全性	成本费用
车载通信						
高速控制	短	高	高	十分短	极高	中等的
低速控制	短	低	低	适中的	十分高	十分低
信息娱乐系统	长	高	十分高	适中的	适中的	高
辅助系统	控制要求以及信息娱乐要求的混合					
非车载通信						
维修车间诊断	短	低	低	无关紧要	少	低
生产商的制造测试环节包括下线编程（烧录）	长～很长	低	高	无关紧要	适中的	无关紧要
开发过程中车辆上以及测试台上的标定工作（重新编程，标定优化）	短	在测量任务情况下从中等到高	中等到高	短	少	无关紧要
车对 X 联网	中等	中等	中等	高	中等	高

1. 在汽车内部各控制器之间的车载通信

这个任务领域如今可以细分为以下几个分领域，通常被用于不同总线概念的应用。

（1）高速总线系统用于实时控制任务

只有当控制单元传感器进行信息交换，并且跨系统互相协调的时候，发动机、变速器、制动器和悬架系统的控制调节才可以实现。

必要的信息也许只有几个字节长，但必须周期性地以高频率、低延时（等待时间），以及高可靠性进行传输。

CAN 总线系统被用于这一应用。通过先进的底盘控制系统提升技术要求。因此，CAN 能够被继续开发到 CAN FD 系统并且设计了新的总线系统，如 FlexRay。

（2）低速总线系统用于汽车电气配线的简化

即使对于简单的任务，如行车灯和车窗电动机的控制，总线系统也被引入其中，这是为了简化汽车电气配线。由于所传输的主要是开关信号，它所需的数据速率是比较低的。

此方面主要考虑的是每个总线节点的成本。为了实现这个任务，一个更具成本效益的 CAN 总线系统被使用，并通过 LIN 总线系统得以补充。

此外，出现了一些特殊总线系统，比如 PSI5 或者 Safe – by – Wire，它们被用于约束系统的联网。

（3）信息娱乐系统

随着车辆中信息娱乐系统的引入，例如汽车导航系统、视频、音频以及车载电话，必须进行十分庞大的数据交换，例如 DVD、分布式音频系统、仪表板上的显示器等。

在这里，主要考虑的是巨大的数据处理量，而延迟方面和传输可靠性方面的要求比在高速总线系统进行实时控制应用时大大降低了。

与外部世界的连接以及娱乐电子设备之间的连接需要通过无线接口，例如 GSM/UMTS/LTE 和 GPS，或者通过消费者接口，例如 USB 和蓝牙系统。

（4）驾驶辅助系统

这类系统结合了信息娱乐方面，例如视频影像传播，以及实时控制任务方面的特性。

2. 汽车与外部设备之间的非车载通信

（1）在汽车修理厂以及尾气测试中的诊断信息交互

为了在汽车修理厂进行故障诊断和尾气测试，一个可以与外部测试仪通信的接口是必需的。

它对数据速率和故障容限的要求相对较低。

此方面接口部分是由立法者标准化的（例如美国 OBD、欧洲 OBD）。另外，各汽车制造商都有各自的标准。因此对接口的更改导致了在汽车维修厂里相当高的维护成本，因为汽车测试仪必须进行全球范围内的调整。

因此，控制单元通常支持不同类型的制造商诊断协议，此诊断协议必须具有使控制单元和测试仪器两个协议类型相互兼容统一的作用。逐渐地，预计在维修车间内车辆的控制单元可以被重新编程修改。

与此同时，为了确保只给汽车使用适当的，并由汽车制造商批准的软件类型，更高的数据速率以及相应的保护机制变得更加重要，而且这种重新编程只能由被授权的汽车维修厂执行。

（2）车辆和 ECU 制造商的生产测试

汽车制造商试图使用较少的控制单元硬件类型，结合控制单元软件类型中的不同设备类型及国家方案涵盖很多车型。为了简化物流，整个软件或者软件的大部分先被汽车制造商载入（烧录入）控制器之中。

诊断接口还用于编程操作以及用于车辆的生产测试。有时这种接口是在一种模块中驱动的，这种模块允许一个更高的数据吞吐量来实现更短的周期时间。

因为维修车间基本上使用相同的诊断接口，访问保护机制是必要的，这是为了防止该控制器的安全关键数据不会被未经授权的人篡改。

（3）在试验台以及汽车开发阶段的应用

在汽车控制器调试阶段，在部件测试台以及整车上进行大量的测试是十分必要的。因此控制器中有数千个参数必须被标定。

因为 ECU 的硬件和软件已经处于接近生产的状态，为了实现车载和非车载信息交互，通常进行数据采集并通过标准接口进行参数设置，其中的接口协议将会为此目的而被扩展。

由于标定成本在每一个实际车型中都会出现，现在跨厂商之间努力尝试实现一种以工具支持的并且自动化的标定。此外，这些标准接口，如 ASAM MCD 被成功用于测试数据交换、参数调整和数据管理。

（4）车对车以及车对其他基建设备（车对 X）

目前，车辆可以通过交通计数和导向装置（车对基础设施），在收费系统中自动交互。为了更好地控制交通，并且通过车与车之间的交互避免交通事故的发生，这种系统得以扩展增强。

从以上描述的要求，特别是根据传输速度的要求，在不同等级下划分了总线系统（表1.2）。其中，等级之间的边界不是十分明显。

表 1.2 根据比特率对总线系统的分类

类别	比特率	典型代表	应用
诊断	<10kbit/s	ISO 9141-K-Line	维修厂和尾气测试装置
A	<25kbit/s	LIN、SAE J1587/1707	车身电子
B	25~125kbit/s	CAN（低速）	
C	125~1000kbit/s	CAN（高速）	动力总成、底盘、诊断
D	>1Mbit/s	FlexRay、TTP、以太网	电子线控、骨干网络
信息娱乐系统	>10Mbit/s	MOST、以太网	多媒体（音频、视频）

1.2 汽车总线系统、协议和标准

当谈论汽车总线系统的时候，通常会出现一些诸如 CAN、LIN、FlexRay 等的关键词。一般人区分这些概念主要是通过带有插接器、电线和负责通信的电子电路的通信接口的物理直接可见部分。

在一些出版物中，在这种情况下特别是传输技术的细节，如信号电平、访问方法和顺序，以及单个字节的意义，都详细地在总线线路中进行了描述。

需要实现传输软件的软件开发者，主要感兴趣的是所使用的总线控制器、数据格式化和数据的临时存储问题，以及传输错误的处理方法。相反，对于用户来说，他们感兴趣的主要是传输数据的意义，以及数据格式，而这些通常不是通过总线系统如 CAN、LIN 或 FlexRay 的特殊规范所定义的。

为区分在数据通信中的不同任务，可以使用通过 ISO 标准化的开放式系统互联通信参考模型（表 1.3），其中描述了通信层次结构。用**灰色**标出的分层对于汽车应用（仍然还）没有任何意义。

表 1.3 总线系统和协议（数据网络）的 OSI 分层模型

层		任务
7	应用层	应用	对于用户来说的通用服务，例如读取故障存储器等
6	表示层	表示	
5	会话层	会话控制	
4	传输层	数据传输	多个消息数据的分配和整合（分段）
3	网络层	传播交互	路由、地址分配、用户识别和监控
2	数据链接层	安全	信息建立、总线访问、差错控制、流量控制
1	物理层	字节传递	
0	机械层	机械力学	电信号电平、位加密、连接器和电缆

注：第 0 层不是 OSI 模型的正式层。

在制定真实的标准前分析会发现，OSI模型是十分学术性的。虽然它有助于理解，但真正的标准往往只定义了一层的一部分，或总结了在一个平面上的多层任务，或把一个层分成几个标准。另外，对于相同的任务往往之前存在几个相互有差别的标准，或者反之亦然，一个相同的技术解决方案在不同的标准中被描述。

甚至更令人困惑的情况是，不同的标准，即使它们是来自同一标准组织，也会概念不同，甚至给根本不同的事物以相同的命名。

众所周知的汽车总线系统，例如CAN、LIN和FlexRay（表1.4），通常仅设定了0层到2层，其中在多数情况下，只有一个部分被准确指定。

表1.4 汽车总线系统（0层到2层），附件是关于制造商的网络连接

总线类型	应用	欧洲标准	美国标准
基于信号（通用异步收发传输器）			
K线	诊断	ISO 9141	
SAE J1708	诊断，A类车载		SAE J1708 标准（货车和公交车）9.6kbit/s
LIN 总线	A类车载	制造商协会 20kbit/s	SAE J2602
基于PWM（脉冲宽度调制）			
SAE J1850 标准	诊断 A/B 类车载总线		SAE J1850 标准（PWM Ford，VPWM，GM，Chrysler 美国车厂）10.4kbit/s 和 41.6kbit/s
基于比特流			
CAN，CAN FD，TTCAN 总线	B/C类车载总线，诊断	ISO 11898 Bosch CAN 2.0 A，B 47.6 等 500kbit/s ISO 11992 对于牵引车和挂车的 CAN 总线系统 ISO 11783 ISOBUS 对于农业机械的 CAN 总线（基于 J1939）	SAE J2284 标准（乘用车）500kbit/s SAE J1939 标准（货车和公交车）250kbit/s 500kbit/s
FlexRay 标准	D类车载	制造商协会 ISO 17458，10Mbit/s	
TTP 标准	D类车载	制造商协会	
MOST（媒体导向系统传输）标准	信息娱乐系统	制造商协会 25Mbit/s，50Mbit/s，150Mbit/s	
以太网	诊断烧录编程	IEEE 802.3，ISO 13400 10/100Mbit/s	
其他种类			
PS15，SENT ASRB，DSI	A/B类车载总线 传感器执行器总线	制造商联盟	

因此，有关机械方面（连接接口，导线）彻底脱离了博世公开的 CAN 2.0 A/B 基本规范，并只给了例子，没有明确规范地描述总线耦合电路和信号电平电路。

在其基础上制定的 ISO 11898 接替了 2 层的博世规范，并且在其后添加的附件规范提案补充了 1 层。

作为汽车诊断接口标准的 ISO 9141 最初只规定了 0 层和 1 层，并且还让自己成为一系列的部分兼容版本。后来作为 2 层的补充说明。

对于高层仅最近出现的标准，例如第 7 层是通过立法机关在 ISO 15031 中规定了车辆诊断的排放有关部分。但是否在较低层使用经典的 ISO9141 接口或一个 CAN 总线，这仍然是开放的。在 ISO 14230 和 ISO 15765 标准的额外补充中，一些规范将被用于 K‑Line 或 CAN 的具体细节，但它实际上是一个 7 层的标准规范。

因为较低的层绝不能独立于较高的层，而较高的层通常从未完全独立于较低的层，因此几大领域的描述分别在以下章节进行：

- 汽车总线（0 至 2 层），在第 2 章和第 3 章进行描述
- 传输协议（3 和 4 层），在第 4 章进行描述
- 应用协议（5 至 7 层），在第 5 章和第 6 章进行说明
- 软件标准和应用，在第 7 章到第 10 章进行说明

1.3 在汽车总线系统以及软件中的标准化

表 1.5、表 1.6 和表 1.7 提供了汽车行业相关标准的概述。那些如制造商所述的，其市场意义不大的总线系统（例如 VAN、CCD、D2B、TTP），那些不再被继续研发或者将要消失的总线系统（例如 ABUS、Byteflight），以及那些应用十分特殊的总线系统，例如在气囊控制器网络中使用的总线系统，在这里不会被列出。

表 1.5　传输协议（第 4 层）

传输协议	应用	欧洲标准	美国标准
ISO TP	CAN	ISO 15765 - 2	
FlexRay TP	FlexRay	ISO 10681 - 2	
SAE J1939	CAN		SAE J1939/21
TP 1.6，TP 2.0	CAN	内部标准：大众、奥迪、西亚特、斯柯达	
DoIP	Ethernet	ISO 13400 - 2	

表1.6 应用协议（第7层）

协议	应用	欧洲标准	美国标准
ISO 9141 – CARB	诊断 美国 OBD	ISO 9141 – 2（过时）	SAE J1979，J2190
KWP 2000 关键字协议	K 线诊断	ISO 14230 KWP 20000 K 线诊断	
UDS 统一诊断服务	诊断（通常和 OBD）	ISO 14229 UDS UDS 统一诊断服务 ISO 15765 UDS on CAN	
OBD	诊断美国 OBD 欧洲 OBD	ISO 15031（与美国标准相同）	SAE J1930，J1962，J1978，J1979，J2012，J2186
CCP CAN 总线标定协议 XCP 扩展标定协议	标定	ASAM AE MCD ASAM 协会 汽车电子 测量标定校准和诊断	

表1.7 对于具有总线系统应用的实施标准

标准	应用	欧洲标准
OSEK/VDX	操作系统 交互通信 网络管理	ISO 17356 – 3 OSEK OS ISO 17356 – 4 OSEK COM ISO 17356 – 5 OSEK NM
ASAM AE MCD	标定匹配	标准化的测量、标定以及诊断工具，并具有重要的针对诊断数据和测试的部分标准 ODX/OTX FIBEX 数据格式用于对总线通信交互的描述
HIS	烧录 硬件驱动	制造商自创的软件 HIS 针对控制器的软件模型
AUTOSAR	软件构架	未来控制器的软件架构包括 AUTOSAR OS、COM 以及 NM

1.4 未来发展

21 世纪初，汽车多样化的总线系统首先引入了 LIN、Flexray 以及 MOST 总线，这使业界产生了一个共识：总线系统的多样化毕竟十分昂贵且技术上难以被掌握。2009 年的经济危机加速了这一共识。在真正的技术融合实现之前，有三个导致系统多样化的缘由，使得这些困难能够被克服。

  在汽车工业领域，人们的价格意识尤为显著，特别是高度关注零部件的单一价格。工程开发的高投入往往被巨量部件数平摊而不那么令人关注，除非开发过程过于冗长（产品上市时间）。LIN 总线作为一种解决方案的经典例子，它的技术指标无法超越已经存在更长时间的 CAN 总线，但是其占有细微的价格优势。很难去计算究竟有多少费用投入在基础研发、引进以及维护 LIN 总线技术、替代已有的 CAN 开发工具、人员的培训以及开发 CAN/LIN 网关，新方案的先驱者甚至常常有意减少这些费用的估算数值。LIN 以及 CAN 总线协作而导致的技术特性或者测试盲区，会直接或者间接导致汽车电子系统区域性失效，人们并没有真正认识到这一危险。坦白地说，在使用一个新的更复杂的方案之前，人们应该把这些隐藏的费用与所带来的单价成本节省与先前已有的简洁方案进行比较。

  很多方案折射出汽车生产商及其供应商的组织架构。从历史上来说，发动机、变速器、底盘和车身，是由不同部门甚至是不同的研发工作领域来负责的。当参与者由于其负责部件的外部接口而被强迫参与合作开发时，也常常会为自己的领域试图寻找到优化解决方案。很难不在新草案的研究与预研发过程中不去比对已有的量产经验，基于这一原因在特别的领域产生了特别的解决方案。MOST 总线技术面向信息娱乐系统的需求，对于 FlexRay 总线技术，人们总是关注它在底盘系统对于实时性分布控制系统和安全性的功能要求，而对于车身电子工程师来说，灵活性是直到量产之前都要考虑的，一些信号应该放入已有的总线消息中，还是打包于新的总线消息，这些新的消息在之前的设计中并不存在。当一个控制器在汽车中已经确定了位置而必须再在该位置找到放置其他装置空间的时候，不满的情绪就会在各个独立方案中蔓延开来。如果一个已经被规划好的功能所对应的总线系统部分并不能使用，那么就会出现灯光控制器必须接手发动机风扇控制的功能实现，或者娱乐信息系统必须有一个 CAN 或者 LIN 总线接口，因为方向盘上的收音机控制按钮并不包含 MOST 总线接口。辅助驾驶系统的嵌入只能通过很多区域的功能组合作才能实现，此时功能区域边界的严格限定会非常不利于类似系统的实现。

  系统复杂性并非汽车工业的最终驱动力，各式各样汽车平台的开发与较短的开发周期是一对矛盾体。只有当不同的子系统在不同的平台生产线，以及不同的汽车代际之间能够复用才能解决这一问题。但是这又强迫系统必须实现向上兼容性，同时阻碍了全新研发方案完全替代旧有方案。如果第一个发动机控制器在它的一个等比例 PWM 接口上附加了一个 K-Line 诊断接口，那么之后当 CAN 总线到来时，这个 K-Line 也不会消失。在这期间，发动机控制器也会拥有 FlexRay 总线和 LIN 总线，很可能马上还会有一个以太网接口。但是 PWM 接口是否会消失并没有一个确定的答案。旧有的 CAN 总线在导入 FlexRay 总线之后依然存在，它还将升级到 CAN FD 总线，同时也不会害怕被以太网完全取代。在新草案中，复杂度会逐渐增加而不是减少。与在 CAN、LIN 以及 FlexRay 中一样，当导入以太网技术的时候，人们会着重关注信息传递媒介，而不是在乘用车领域里的应用接口，这就是说，注重信息传递的实时性以及标准化，就像商用车在 20 年前使用 SAE J1939/71 一样。

当然，汽车工业也了解问题范围，并且正在着手解决：
- 电子电气架构作为解决问题的构想以及分析目标。
- AUTOSAR 是正确的一步，同时其自身也十分复杂，通过确定架构，以及囊括一个强大的软件自动化解决方案来掌控系统复杂性。
- CAN FD 是一个尝试，通过革命性的变化使很多系统不必要经历转变到 Flexray 就可以实现类似功能需求。
- 以太网在较远的将来或许会统一汽车总线系统。

实现这一点将有很长的路要走，在那之前，研发人员与这本书今后的版本一样，将有越来越多的领域需要涉及。

参 考 文 献

[1] Robert Bosch GmbH, K. Reif, K.-H. Dietsche (Hrsg.): Kraftfahrtechnisches Taschenbuch. Springer Vieweg Verlag, 27. Auflage, 2011

[2] R. K. Jurgen (Hrsg.): Automotive Electronics Handbook. McGraw Hill Verlag, 2. Auflage, 1999

[3] G. Conzelmann, U. Kiencke: Mikroelektronik im Kraftfahrzeug. Springer Verlag, 1. Auflage, 1995

[4] J. Schäuffele, T. Zurawka: Automotive Software Engineering. Springer-Vieweg Verlag, 5. Auflage, 2013

[5] K. Reif: Automobilelektronik. Springer-Vieweg Verlag, 4. Auflage, 2012

[6] H. Wallentowitz, K. Reif: Handbuch Kraftfahrzeugelektronik. Springer-Vieweg Verlag, 2. Auflage, 2011

第2章 基本概念和基本车辆总线系统

本章将介绍电气基本原理,以及基本的车辆通信接口,如 K – Line、SAE J1850 和一些传感器 – 执行器总线。

2.1 基本原理

首先介绍对于车辆来说十分重要的总线系统的基本特性。这里假定读者熟悉数据网络的一般原理和基本概念[1-3]。

2.1.1 电气基本原理

车辆中的数据传输通常是逐位串行进行的。最简单的情况即为两个设备直接相互连接(图 2.1)。

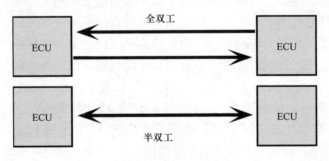

图 2.1 点对点连接

根据所提供的是普通双向线路连接还是一对单向线路连接,可以使用半双工或全双工连接。

全双工:可以同时发送和接收。

半双工:每个控制设备只能交替发送和接收。这是车辆总线系统的标准程序。

电气连接可以为单线或双线(图 2.2)。通过价格低廉的单线线路,信号可以通过车身(接地)反馈。但是,这样的连接容易受到电磁辐射的干扰。因此,以较高的信号电平（通常是车辆的蓄电池电压电平）和较低的比特率工作十分必要。例如，在带有双向单线线路的 LIN 或 ISO 9141（ISO 9141 的 K - line）中，半双工连接较为常见，而在两条单向单线线路时，全双工连接则较少见。

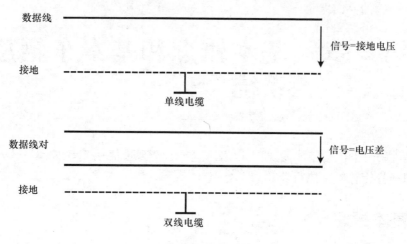

图 2.2　单线电缆和双线电缆

双线制导线通常会额外绞合（双绞线），因此不太容易出现电磁兼容性（EMC）问题。双线之间的电压用于信号传输（差分信号），因此可以在较低的信号电平和较高的比特率下工作。在汽车中，B 类和 C 类网络通常使用半双工双线连接，例如 CAN 或 FlexRay 总线。如今，在全双工以太网 LAN 总线中常见的屏蔽双线制或双线制对，即总共四线连接，由于成本原因通常不用于车辆。同样的情况也适用于带有光纤电缆的光纤网络，除了 MOST 信息娱乐总线系统之外，其他未在车辆中使用。除了因为每个控制单元中需要较为昂贵的光电转换器外，光纤电缆的插头连接也容易出错，并且光纤电缆本身也对扭结敏感，因此将它们与普通线束一起铺设存在问题。

在单线连接中，信号通常是单极性的，在双线连接中，差分信号（例如 CAN），通常是双极性的（图 2.3）。数字信号传输通常以正逻辑进行，即高电压对应于逻辑 1，低电压对应于逻辑 0（二进制信号）。而像 FlexRay 总线一样，使用介

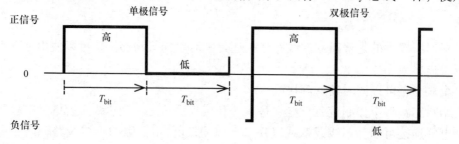

图 2.3　单极和双极信号

于高电平和低电平之间的第三电压电平（例如映射总线系统的空闲状态），即三态信号。

由于信号边缘出现的频率越高，EMC 辐射越大，则使用不归零（NRZ）编码的频率也就越高，即信号在 T_{bit} 位为低或高的整个持续时间内保持恒定，只有已过时的 SAE J1850 标准可以与脉宽调制信号一起使用。

f_{bit} 的定义如下：

$$f_{bit} = \frac{1}{T_{bit}} \qquad (2.1)$$

该值称为比特率。现在常见的比特率范围是 10kbit/s（A 类网络，如 K-Line），即比特持续时间 $T_{bit}=100\mu s$，最高为 500kbit/s（C 类网络，如 CAN），即 $T_{bit}=2\mu s$。在 D 类网络（例如 FlexRay）中，当今使用的比特率高达 10Mbit/s，即 $T_{bit}=100ns$，而在信息娱乐领域（例如 MOST）中已经使用了 25Mbit/s，即 $T_{bit}=40ns$，将来可达到 150Mbit/s。

同样出于 EMC 的原因，人们尝试通过使用适当的驱动器电路来使信号边缘的陡度（转换速率）降低到给定比特率所允许的速度。

信号以光速沿线传播。由于电缆材料的介电特性，与真空中的光速相比，其速度减少到真空光速的 $\frac{1}{3}$ 到 $\frac{1}{2}$。

$$c = 10 \sim 15 \ \frac{cm}{ns} \qquad (2.2)$$

对于 $l=20m$ 长的连接线（该类连接线在带有拖车或杂物的货车或拖拉机中较为常见），该连接线上单一方向的信号传播时间为

$$T_d = \frac{l}{c} = 125 \sim 200ns \qquad (2.3)$$

控制单元中的线路驱动器和接收器会产生额外的延迟。对于 $T_d > 0.1 T_{bit}$ 的情况，实际上已经存在明显的波动效应，即线路末端以及分支（如分支和连接器）接头处的反射，会削弱传输可靠性。对于具有更高比特率的总线系统，必须仔细选择电缆布线、连接器和电缆设计方案。另外，电缆必须为电终接，即应在电缆的两个端部安装适合于该电缆的终端电阻，以避免所提及的波动效应。这些终端电阻通常内置在连接到两个电缆末端的控制设备中，或者集成在电缆或连接器中。不位于总线系统线路末端而是通过短截线（图 2.4）连接在控制设备之间的控制设备，不得包含任何终端电阻。

与点对点连接相反，真实的总线具有连接到同一条线上的多个控制单元输出。信号根据基本的"线或"原则链接，图 2.5 所示为单线总线。

如果两个控制单元都希望发送高信号或根本不发送信号，则它们会阻塞相应的驱动器晶体管。然后通过所谓的上拉电阻将总线线路拉至电源电压 U_B 的电平。一旦控制单元要发送低信号，它就会通过相应的驱动晶体管进行切换。由于晶体管的

电阻远小于上拉电阻,因此总线实际上短路了,并且信号以低电平发送。另一方面,如果两个控制单元尝试同时发送,一个单元发送低电平,而另一单元发送高电平,则"获胜"控制单元会将低电平信号置于总线上。在这种情况下,低信号称为显性信号,而在这种碰撞中"劣等"的高信号称为隐性信号。为了检测这种冲突,每个发送器必须实际监视总线上的信号电平,并将该电平与发送器发送的请求进行比较。

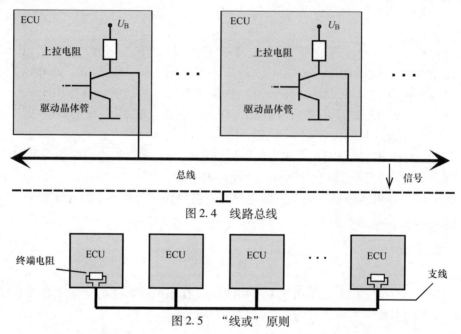

图 2.4 线路总线

图 2.5 "线或"原则

2.1.2 总线系统的拓扑和耦合

与点对点连接相反,若干个控制单元(ECU)可以在数据网络中相互交换数据。对于这种数据网络,存在许多不同的结构(拓扑),其中在汽车实际应用中最常见的拓扑是所谓的总线。因此,术语"总线"通常但不精确地用作车辆中所有数据网络的同义词。

当几个控制设备通过短截线连接到同一条连接线上时,就会创建一条总线,更确切地说是一条线路总线(图 2.4)。因此,必须使用总线访问过程,来调节允许哪个设备在什么时间点传输,以防止冲突、识别冲突和解决冲突。

发送的数据可以被所有其他控制单元接收。如果发送的数据不是针对所有连接设备的(即所谓的广播),则寻址信息必须在数据传输开始时或与每个数据包一起传输,即选择一个接收者(单播)或多个接收者(多播)。

FlexRay 总线同样支持线路总线,但其星形结构更为常见(图 2.6)。环形结构在 MOST 信息娱乐总线上较为常见。

如今，树状网络可互联多个线路总线系统。从诊断测试仪的角度来说，可将图 1.1 中的车辆网络看成一棵树，从其中心节点开始，网关、传动系统的总线系统、车身和信息娱乐通信作为分支，与车身总线汇入车门总线分支。控制单元和总线，以及多个总线系统互联的耦合点必须执行特定任务（表 2.1）。

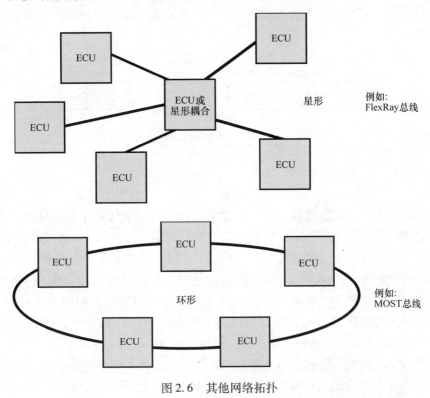

图 2.6　其他网络拓扑

表 2.1　总线系统的耦合

总线耦合器	任　务
收发器（图 2.11）	将总线信号转换为控制单元内部电压电平，用于发射信号（发射器），接收信号（接收器），以及其他指定总线驱动器或线驱动器、物理总线接口（PHY），存在于在每个控制单元
中继器	线段之间的信号放大器。从电气角度来说，它允许使用更长的线路，但会导致信号传输时间增加。从逻辑角度来说，通过中继器耦合的两个线路部分形成一条总线。通常存在于 FlexRay 的活动星点；可以用 CAN 耦合报文头和报文尾部，但通常以网关来实现
网关（图 1.1）	几个具有不同协议的网络的耦合，例如 LIN 总线或具有不同地址范围和比特率的总线上的 CAN 报文的转换。例如在具有 500kbit/s 和 11 位地址（标识符）的传动系统 CAN 总线，与具有 125kbit/s 和 29 位地址的车身 CAN 总线之间的报文转换
交换机、集线器、路由器	在汽车网络中并不常见。路由器功能通常在网关中集成

2.1.3 报文、协议栈、服务

传输过程将为用户数据提供附加信息（图 2.7）。在实际有效载荷之前，通常会发送一个报文头，其中包含地址信息（数据的发送者和接收者）、有关要发送的数据数量，以及必要时有关其类型的信息。通常在要传输的有效载荷后添加报文尾部，该报文尾部包含有关错误检查和更正的信息。

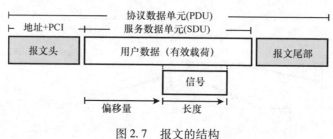

图 2.7 报文的结构

在某些协议中，根据规定，在用户数据之间插入用于传输控制或数据区块分离的附加数据，例如填充位等。

在用户数据区域中，传输不一定在内容上属于一类的数据值的情况很常见，例如发动机转速和冷却液温度。如果这些数据是测量值，则称之为信号。这种信号由其长度和相对于用户数据区开始处的位置（以位或字节为单位的偏移量），以及根据需要的转换规则定义，该转换规则描述实际物理值之间的关系，例如转速（单位 r/min）及其十六进制编码。

根据 OSI 层模型，数据从应用程序到总线上的实际传输贯穿多个层（表 1.3），每个层使用自己的报文头和报文尾部。当在下一个较低级别上发送时，下一个较高级别的报文被视为有效负载，并由当前层的头和尾进行补充（图 2.8）。在接收时，当前层的报文头和报文尾部将被删除，然后再将该层的有效载荷传递到下一个更高层级。理想情况下，仅在一个层内处理相关联的头尾，而相应的有效载荷的内容对于该层本身则毫无意义，这将创建一个协议栈。一层的报头通常称为协议控制信息（PCI），因为它描述了该层的特定协议，用户数据称为服务数据单元（SDU），整个数据块称为协议数据单元（PDU）。

总线系统上报文的长度通常受到限制。例如，一条 CAN 报文中最多只允许 8 个字节，即 64 位用户数据。在这种情况下，来自上层的较长报文在发送时被分成几条报文（即所谓分段），当接收到它时，则从下层的多个报文重新组合（即所谓重组）。在发送中将报文合并为一条报文目前在汽车总线中仍很少见，但 FlexRay 总线可以实现该功能。

使用正确指定的协议，协议栈的每一层都有一系列精确定义的功能，即所谓的服务。更高级别的协议层使用这些服务向下面的层级发送报文和从下面的层级接收

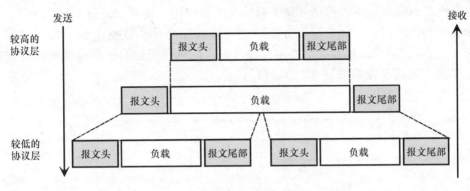

图 2.8　协议栈

报文，或者与该层级交换配置和状态信息。

报文一词在这里取决于协议中的级别，以及在具有不同含义的不同标准中使用的术语，包括数据块、数据包和帧。

2.1.4　通信模型及寻址

理想情况下，通过协议栈在两个控制单元之间进行数据交换，使应用程序具有无须互连总线系统即可直接进行通信的"错觉"（图 2.9）。协议栈封装了通信的详细信息，即使在协议栈内，每个级别也应具有直接与其他通信伙伴相应级别进行交互的作用。

通常在开发阶段就应建立车辆控制单元之间的通信，因为已安装的设备和要交换信息的结构是事先已知的，因此不需要运行时配置。使用某些协议时，在通信开始时就建立了类似于选择电话号码和随后建立电话呼叫的方式。这种协议称为面向连接，通常包括三个阶段：连接建立，数据交换（通信阶段）和连接断开。另一方面，如果设备无须事先协商即可自发通信，则称为无连接通信。

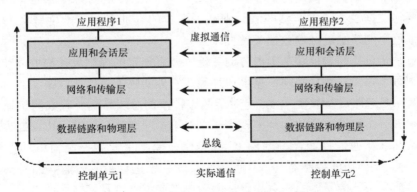

图 2.9　通过协议栈在应用程序之间进行通信

在汽车总线系统中，控制和调节数据几乎都使用广播方式发送（图2.10）。控制单元主动发送报文。每个接收方决定忽略报文还是评估数据内容（接收或接受筛选）。通常，协议还具有寻址机制，通过该寻址机制可以有针对性地对单个接收方（单播）或多个接收方（多播）进行寻址。

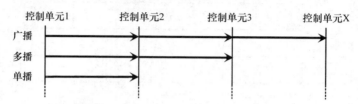

图2.10 向所有接收方、一组接收方或单个接收方发送报文的不同方式

有两种常见的寻址方法：
- 基于设备的寻址（站或订户寻址）。
- 基于内容的寻址（报文标识，标识符）。

使用基于设备的寻址（站寻址或订户寻址）时，每个控制设备都由唯一的地址（编号）标识，每个报文通常包括目标地址（即接收方的地址）和源地址（即发送方的地址）。有一些特殊的地址用于将报文发送到多个接收方（即多播），或所有接收方（即广播），则称该类地址为功能地址。由于汽车中控制单元的数量相对较少，字节位数较少（通常为5到8）。如果总线通过网关连接，则通常在较高的协议层中使用整个系统唯一的设备地址，该地址由较低协议层中的网关转换为仅对寻址的设备而言唯一的设备地址。

除了基于设备的寻址以外，还可以使用基于内容的寻址，例如CAN总线。报文中含有特定的、类似地址的标识符，其标识的为报文的内容，例如报文包含关于发动机转速的信息。由于大量此类信息是通过当今车辆的总线系统发送的，为此需要更长的地址。例如，使用CAN的11位或29位标识符是较为常见的选择。如果经常需要将数据发送给多个参与者，则基于内容的寻址有利于产生较低的总线负载，保证整个网络中更好的数据一致性。

通过基于设备的寻址和基于内容的寻址，所有连接的控制设备都可以在总线系统中看到每条报文，并且必须根据该地址确定它们实际上是要接收报文，对其进行处理还是只是忽略（即接受过滤）。对于低比特率的总线系统，验收测试通常在协议软件中进行。如果协议的比特率较高，则对第1层和第2层进行协议处理，并在可能的情况下在通信控制器、专用IC或集成在控制单元微控制器中的电路部分［通常也称为媒体访问控制器（MAC），图2.11］中进行验收过滤。如果使用基于设备的寻址方法，接受过滤相对简单，因为仅需要识别自身目标地址以及多播和广播地址（如果适用），而基于内容的寻址则需要识别几十个甚至数百个地址（即报文标识符）。通常可以通过以下方式对常见的通信控制器进行编程：在硬件方面，控制器可以识别 8~16 条报文的标识，借助位掩码还可以定义地址的整个区域。对于同样要接收的其余报文标识符，必须设置多播标识符，然后在软件中对其进行接受过滤。

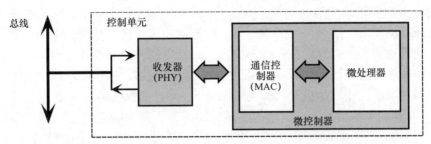

图 2.11　控制设备的典型总线接口（PHY 为物理接口，MAC 为媒体访问控制）

虽然发送方通常不会在广播通信中收到来自接收方的确认（即未确认的通信），但在单播传输的情况下，发送方通常会期望接收方确认报文已被正确接收（即确认的通信），如图 2.12 所示。如果接收方

图 2.12　未确认和确认的通信

之一已识别出传输错误，则至少应收到一条错误报文（未确认）。通常发送方会再次发送报文。应用程序可以独立依赖于网络和传输层或数据链路层，以确保信息正确到达接收方的通信协议称为安全传输，反之则为不安全传输。

广播发送方在发送"未经请求"信息的广播过程类似于广播无线电和电视节目。与此相反，在请求 – 响应过程中（图 2.13），一个设备通过请求报文来请求另一个设备提供信息（即响应）。该通信模型也以客户端—服务器方法的名称在互联网上使用，其中 Web 浏览器（客户端）向 Web 服务器发送请求，并从其中接收响应，例如 HTML 页面。如果使用多播寻址发送请求，则发送方必须期望来自多个接收方的响应。如果重复需要相同的信息，则发布—订阅程序会减轻总线系统的负担。对信息感兴趣的对象一旦登记了其对信息的兴趣（即订阅），则信息提供方定

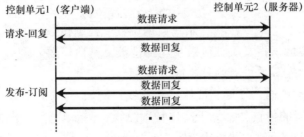

图 2.13　信息请求

期或在数据更改时（根据事件）传递信息而无须进一步查询。

如果信息量大于单个报文的有用数据长度，则该信息必须在发送方分解（即分段），并在接收方重新组合（即重组），通常在协议栈的网络和传输层（即所谓的传输协议）中完成（请参见第 4 章）。为了保护接收方免于过多的数据或彼此之间过快跟踪的报文，这些协议通常还具有流控制功能，在这种控制中接收方以一定的时间间隔通知发送方它正在接收多少报文，甚至使发送者暂停传输。

应用程序与协议栈或协议栈各层之间的接口，通常使用图 2.14 所示的序列。应用程序指示协议栈发送报文（即传输请求），并可选择性确认完成传输（即传输确认）。在最简单的情况下，应用程序随后应等待，直到响应到达（即同步或阻塞操作）。另一方面，如果应用程序继续工作（即异步或非阻塞操作），则协议堆栈必须在响应到达时通知应用程序。可以通过设置应用程序随时查询的标志（即轮询），或协议栈调用应用程序的中断或回调函数（即接收指示、通知或回调），来完成此反馈。

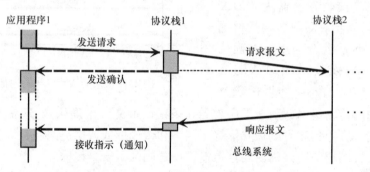

图 2.14　发送和接收报文时的操作顺序

2.1.5　基于字符和比特流的传输、用户数据速率

由于总线系统中的比特率 f_{bit}（即比特在总线上的传输速度）是由电气工程边界条件限定的，报文头部和尾部也需要传输时间（即协议开销），因此用户数据比特率 f_{Daten} 至少须满足：

$$f_{Daten} = f_{bit} \times \frac{用户数据位数}{用户数据位数 + 控制位数} \tag{2.4}$$

其中：控制位数 = 报文头部位数 + 尾部位数 + 其他位数。

通过总线传输实际数据有两种不同方法：
- 基于字符的传输，常见于低比特率总线，例如 K – Line、LIN。
- 基于比特流的传输，常见于高比特率总线，例如 CAN、FlexRay。

通过基于字符的传输（相关术语：异步传输、启动—停止过程、基于 UART 的传输），将报文中传输的数据（包括报文头部和尾部）分为 8 位的组（即一个字符),每个字符单独传输(图 2.15)。传输线在字符之间处于空闲状态(逻辑 1)。传输起始位(逻辑 0)以标识字符的开头,随后是字符的 8 位,从最低有效位(Least Significant Bit,LSB)开始,发送一个奇偶校验位,通过奇偶校验位可以检测到简单的传输错误。随后发送一个停止位(逻辑 1)。该行保持空闲状态,直到下一个字符开始。这种方法的优点是通信控制器非常简单,并且实际上已经在每个微控制器上集成为所谓的通用异步接收器和发送器(Universal Asynchronous Receiver and Transmitter,UART)。UART 独立处理字符的发送和接收,包括起始位和停止位以及奇偶校验位的生成及其检查。另一方面,每个字符的提供和进一步处理必须由协议软件执行,计算机负载相对较高或实际上受限于低的数据速率。比特率是恒定的,由 UART 产生。协议中通常通过最小值和最大值指定单个字符 TICB(字符间中断)之间的时间间隔,以及报文的最后一个字符与下一条报文的第一个字符 TIFB(帧间中断)之间的时间间隔,以便协议软件有足够的时间提供和处理数据。如果不间断地传输所有字符,在最佳情况下(没有奇偶校验位和中断),由于 8 个数据位需要额外的起始位和停止位,可以实现 f_{Daten} 的最大用户数据速率。字符和报文之间的暂停时间进一步降低了用户数据速率:

$$f_{\text{Daten}} = f_{\text{bit}} \times \frac{8}{10} \tag{2.5}$$

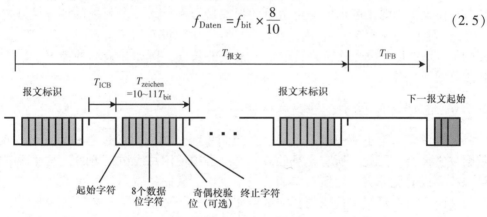

图 2.15 基于字符的传输(ICB:字符间中断,IFB:帧间中断)

使用基于比特流的传输(也称同步传输,图 2.16)时,报文的所有数据(包括报文头部和尾部)都将作为块(帧)以比特率(也称比特流)传输。在协议中同样使用最小值和最大值指定帧 T_{IFB}(帧间中断)之间的暂停。与基于字符的传输相比,报文中的无暂停传输使得用户数据速率显著提高。但该类传输需要更复杂的通信控制器,该控制器以硬件方式处理整个传输,协议软件仅需提供或进一步处理报文。

发送方和接收方通常与自身本地时钟发生器一起工作,以产生位时钟。尽管发送方和接收方始终以相同的标称比特率工作,但实际上无法避免较小的容差。

在基于字符的数据传输中,接收方的位时钟发生器在接收到起始位的开始处,通过信号沿进行同步。字符末尾的位时间容限必须大大小于位持续时间，否则字符末尾的位将不再正确接收。由于字符由相对较少的位（通常为 10 位，包括 1 个起始位、8 个数据、1 个停止位）组成，因此允许相对较大的公差，例如累积的允许误差为 $0.5T_{bit}$，最高为 ±5%。

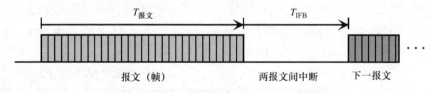

图 2.16　基于比特流的传输（IFB：帧间中断）

在某些情况下，报文的基于位流的字符传输远超过 100 位，实际上不再可能需要小于基于字符的传输公差十分之一的公差。因此，在接收报文时必须重新同步位时钟生成器。虽然办公 LAN 使用特殊的位编码方法（例如，曼彻斯特编码），需要更高的传输带宽并导致更大的 EMC 问题，必须使用插入的车辆总线系统中常见的 NRZ 编码，将其他同步位添加到数据流中。一个示例就是所谓的位填充，如果连续数据位太多，则在逻辑上一定数量的报文后总是插入一个附加的填充位 0 或 1（例如，对于 CAN 为 5 位），因此在发送的信号中将没有用于重新同步位时钟发生器的信号沿。填充位会根据数据位增加报文的长度，例如在最坏的情况下，CAN 最多可增加 25%。

2.1.6　总线访问程序、检错和纠错

如本章 2.1.1 小节中所示，当多个控制单元试图同时通过总线发送数据时，就会发生冲突。因此，所有常见的总线系统必须使用总线访问策略，通过该策略可以检测或避免冲突。在所有车辆总线系统中，共同的原则是传输不会中断。在任何情况下，在总线上传输的报文都会完整传输。每个发送方必须在开始传输尝试之前检查总线是否空闲，可以使用表 2.2 中所示的访问方法，来确定允许哪个控制单元发送。

所有协议均进行错误检测，在某些情况下还使用协议栈进行不同级别的错误纠正。在传输过程中，将发送的数据位与总线上的实际数据位进行比较，以检测冲突和传输错误。传输字符时，可以通过奇偶校验来保护单个字符，并通过校验来保护整个报文，通常方法是循环冗余校验（Cyclic Redundancy Check，CRC）。除了数据的正确性之外，传输协议的时间条件（超时）同样是检查内容。通常发送方从接收方收到无错误传输的确认。与 CAN 一样，可以通过在报文末尾立即发送的确认位、特殊的确认报文（Acknowledge，ACK），或作为接收方常规响应报文的一部分来完成。发生错误时，发送方通常会重复发送，接收方丢弃错误接收的数据。

表 2.2 总线访问程序

主 – 从	一个控制单元（主机）被允许开始数据传输，该控制单元定期或根据需要查询其他控制单元（从机）。从机仅允许发送数据以响应寻址到它们的查询。即使有非常紧急的信息要发送，也必须等待主机的请求。从机无法直接相互通信。如果主机发生故障，则不能再进行通信，除非指定新主机。该方法可与 LIN 总线一起使用
异步 （基于事件） CSMA/CD 载波侦听 多路访问 冲突检测 CSMA/CR 载波侦听 多路访问 冲突检测	每个控制设备都可以随时自由访问总线。如果多个控制单元同时占用总线，则总线上的电信号会损坏。由于每个控制单元无论如何都会监视总线上的信号以进行错误检测，因此可以识别冲突，并且控制单元可以在有冲突时立即停止发送并在稍后的时间点再次尝试发送。使用这种相对容易实现的方法，可以平均地获得随时间分布的报文最佳数据吞吐量。因此，CSMA/CD 方法最初是在占主导地位的办公以太网 LAN 中使用的 但是，该过程具有不确定性。由于所有报文都是平等的，并且可能与任何其他报文发生冲突，因此无法保证报文在传输之前最多需要花费多长时间。如果总线负载很高，则持续的冲突甚至可能阻止数据的传输。为了在汽车上使用，该方法针对 CAN 进行了修改，以便在发生冲突时，其报文具有更高优先级的发送方"获胜"（即仲裁）。具有较低优先级报文的发送方立即停止发送。具有更高优先级的报文将进一步传输而不会发生冲突（CSMA/CR）。报文的优先级编码在报文的标题中。利用这种方法，至少对于高优先级报文，传输是确定的
令牌传递	传输授权（令牌）依次运行。按照一定程序，控制设备在其传输时间到期或没有其他数据要发送时，将传输授权授予另一个设备。由于令牌的传输受到监控，该方法相对复杂，因此仅在机动车中 MOST 的异步通道中使用
时间同步 （基于时间） 时分多址 时分 多址	每个控制设备都会接收某个周期性的时间窗口，在该时间窗口中，仅允许该控制设备发送。如果某些设备比其他设备具有更多重要数据要发送，则它们将接收较长的时间窗口或以较短的时间间隔接收多个窗口。在汽车的应用中，通常在开发阶段静态配置时间窗口的分配。为了使该方法起作用，所有控制设备必须在相同的时间坐标下工作 与 CSMA 相反，本方法传输的时间行为是严格确定的，即可以准确预测在最坏情况下要传输的每个报文将花费多长时间。如果控制单元没有任何要发送的数据，则其时间窗口保持空闲。该方法特别适用于诸如测量值和控制回路之类的周期性传输，但仅适用于罕见、自发但可能非常紧急的报文（例如错误报文）或罕见但非常长的数据传输（例如闪光）。例如，FlexRay 或 TTCAN 就是按照这种方法工作的，但是由于上述原因，它提供了一个特殊的时间窗口，在此窗口中，控制单元也可以异步访问总线

通常在点火开关关闭时仍必须起作用的控制单元（例如内部照明控制）置于省电模式（待机、睡眠），以延长电池寿命。它们可通过外部信号（例如门接触）再次唤醒，然后使用特殊或任何总线报文将其他控制设备返回到正常操作模式（唤醒）。这就是所谓的网络管理任务，请参阅第 7 章。

2.1.7 数据传输中的抖动和延迟

对于车辆中的大多数应用，必须在实时方面保证可靠地传输相对少量的数据。与办公LAN相比，绝对数据吞吐量不是多少的问题，而是传输的时间条件如何可靠地遵守的问题：

- 在定期传输数据的情况下，按照法规的规定，传输周期不仅必须足够短以完成给定任务，而且各个传输的实际周期也可能仅波动至指定量（即传输抖动）。
- 对于不定期传输的数据（如控制任务），最大延迟（传输等待时间）很重要。

除了总线上的实际传输时间（由比特率、数据量和协议开销指定）外，总线访问方法还主要负责时间不确定性。因此，人们提出了许多优化方法，特别是在最新汽车总线系统下可以生效。

但是，由于协议上层结构以及车辆控制单元中性能相对较差的微处理器仍必须执行许多其他任务，相当大的延迟时间是由于数据的软件处理所导致的。这尤其适用于传输协议复杂，并且协议处理的部分不能在通信控制器中以更快的硬件进行处理的情况。因此，有必要得到从发送方在应用程序层提供数据，到接收方在应用程序层接收数据的总体视图（图2.17）。特别是在C类总线的情况下，与纯总线传输相比，软件处理的时间和在其中的抖动实际上占主导地位。

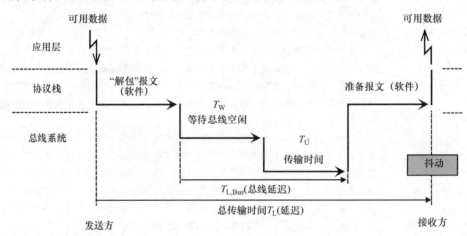

图 2.17 数据传输延迟

2.1.8 电气/电子架构

20世纪90年代的第一批网联汽车具有简单的电子架构，所有控制单元都简单地连接到公共CAN总线（图2.18）。另外，还有一个用于诊断的K-Line接口，其中一些以总线的形式路由到外部，有些也用于每个单独的设备。集中的车辆功能通常也集成在发动机控制单元中，因为这是汽车中能够安全保存的唯一控制单元，其他设备通常都是不同组合的特殊设备。

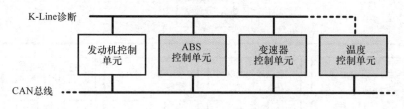

图 2.18　经典电子架构

在控制单元增加之后，总线利用率大大提高，以至于必须使用第二条总线甚至更多总线。总线由连接到多个总线系统的各个控制单元连接，除了它们的正常功能外，还负责总线系统之间的数据交换。系统的结构主要取决于电缆的价格和设备的多少及安装位置。在某些情况下，这只是制造商组织结构的反映。由于以这种方式增长的系统难以掌握，并且 ECU 通信的泛滥经常导致可疑的错误模式，因此 2000 年左右，逐渐建立起结构更加清晰的体系，其中 ECU 根据应用领域进行了分组。总线系统通过中央网关连接（图 2.19）。典型的应用领域是动力总成、底盘、车身以及娱乐系统和导航。

但是，随着驾驶员辅助系统的出现，分离到不同域的可能性越来越小，因为辅助系统通常需要跨域，各个域之间进行通信的需求也大大增加。中央网关控制设备（图 2.19）是一个瓶颈。因此，未来的车辆可能会再次分散网关功能，并通过高速总线（主干网）将各个网关相互连接（图 2.20）。同时，分散式网关不再被设计为普通控制设备，而是被设计为高性能计算机（即域控制器）。这些域控制器接管所有计算能力密集型任务，而其他控制设备可以简化为智能传感器-执行器控制单元。

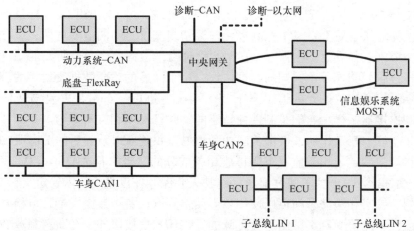

图 2.19　当前的异构电子架构

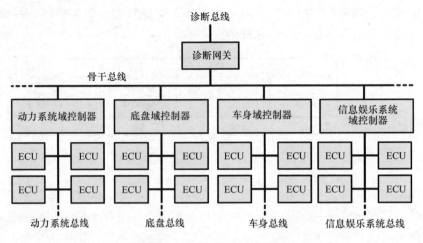

图2.20 未来可能的电子架构

将车辆功能分配给不同控制单元,其中网络、安装位置、电缆的优化以及车辆中必要电能的分配和控制,即所谓的电气/电子架构,是当今车辆开发中的复杂任务之一。

2.2 符合ISO 9141和ISO 14230的K-Line

K-Line是欧洲汽车用于诊断任务的最古老的总线协议。它是面向字符的协议(参见本章第2.1.5小节),几乎可以在每个微控制器和计算机中使用基于UART的串行接口轻松实现。

2.2.1 K-Line和KWP 2000的开发

该接口在20世纪80年代作为公司标准出现,并在1989年被标准化为ISO 9141。该标准从本质上定义了控制单元与诊断测试仪之间的电气特性、位传输类型和通信类型(初始化,"激励")。在初始化阶段,设备交换一个所谓的关键字,两个设备通过它们交换一个共同的数据协议,用于随后的诊断数据交换。关键字和基于关键字的诊断协议的允许值不属于ISO 9141标准的一部分,并且与所使用的电缆连接和连接器一样,它们是制造商特定的,并且长期相互不兼容。

在20世纪90年代初,根据美国加利福尼亚州政府以及随后的美国联邦环境保护局的提议,制定了用于监视车辆排放相关成分的法规,称为OBD(On Board Diagnosis,车载诊断)。为了将其显示给驾驶人并保存在设备中,需要定义诊断界面,主管部门、警察和检修车间可以使用该界面将测试设备连接至车辆,以检查与排放有关的组件。除了受到美国制造商青睐的SAE J1850接口外,在欧洲制造商的敦促下,有关部门还同意了基于ISO 9141的接口。原始标准中包含的自由度和选项受到限制,并由标准增补版 ISO 9141 – 2(ISO 9141 – CARB)进行了规定,尽管仍然可以通过制造商专有的关键字允许使用较多的协议变体,尤其是对于非排放标准而言。在美国 OBD 法规进一步发展的同时,欧盟于 90 年代中期采用了修改后的美国法规(欧洲 OBD、OBD – II、OBD – III)。在这种情况下,在统称关键字协议 2000(KWP 2000)下,诊断接口的规范被进一步指定为 ISO 14230,并扩展到更高的协议级别。该标准包括表 2.3 中列出的部分。

物理层和数据链路层,包括与排放相关的组件必不可少的限制,将在下面(以及第 5 章中)进行介绍。

表 2.3 KWP 2000 K – Line 诊断标准

ISO 14230 – 1	KWP 2000 通用诊断接口的物理层(与 ISO 9141 – 2 兼容)
ISO 14230 – 2	数据链路层
ISO 14230 – 3	分配给应用程序层的实施说明
SO 14230 – 4	诊断排放相关组件(OBD)时对物理和数据链路层的限制

2.2.2　K – Line 总线拓扑和物理层

K – Line 是处理所有数据流量的双向单线总线(图 2.21)。此外,可以选择使用另外一条但仅为单向的单线线路 L – Line,该线路仅用于初始化阶段。允许在同一车辆中混合使用带有和不带有 L – Line 的设备。诊断测试仪可以直接连接到车辆的内部总线,也可以通过网关与控制单元连接。实际上,通常在车辆内部总线不是基于 K – Line 而是基于 CAN 的情况下,才可以找到带有网关控制单元的配置。用于 CAN 的 KWP 2000 应用层是在 ISO/DIS 15765 – 3 中定义的,与符合 ISO 14230 的 KWP 2000 应用层在很大程度上兼容。

K – Line 和 L – Line 上的逻辑电平是相对于车载电压(电池电压 U_B)定义的,其中高电压 $> 0.8 U_B$,低电压 $< 0.2 U_B$(在车辆的变送器侧,要求较小的误差)。如今,诊断测试仪通常基于 PC 构建。由于其串行 RS232 C 接口具有不同的逻辑电平以及独立的发送和接收线,因此测试仪需要一个内部或外部接口转换器。位传输本身是标准 UART 兼容的,每个字符具有 1 个起始位、8 个数据位和 1 个停止位。尽管控制单元理论上可以通过 K – Line 相互通信,但实际上,通信仅在测试仪和控制单元之间进行,可能以网关作为中继。比特率由各个控制单元自由指定,范围从 1.2kbit/s 至 10.4kbit/s,测试仪必须对其进行调整。各个控制单元可以使用不同的比特率。与排放有关的控制单元要求 10.4kbit/s 的固定比特率。对于应用和生产阶段中的特殊应用程序(测量、调整、闪烁),在标准的电气规范范围之外,使用更高的比特率,这可能导致传输和兼容性问题。

对于比特率,该标准还定义了允许的线路电容、内部电阻,以及线路驱动器的上拉和下拉电阻,所需的过电压电阻、比特率误差等,最大比特率为 10.4kbit/s。

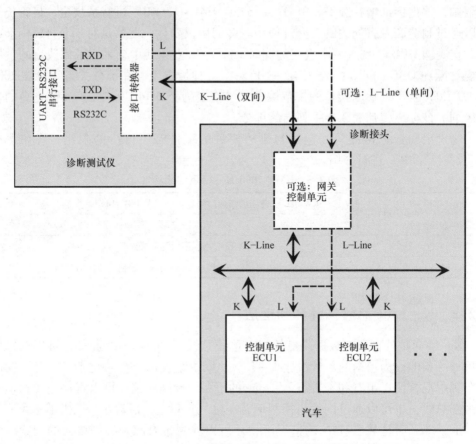

图 2.21 K-Line 总线拓扑（无接地和电池连接）

12V 车辆电气系统（乘用车，美式货车）和 24V 车辆电气系统（欧洲货车）的驱动器所需的内部电阻有所不同，但可以设计控制单元的驱动器电路，使其可用于两种车辆电气系统电压。这仅在有限的程度上适用于测试仪。

诊断插座的形状已通过 ISO 15031-3 和 SAE J1962 进行了标准化（图 2.22）。该 16 针连接器包含符合 ISO 9141、SAE J1850 和 CAN 的总线系统连接，以及测试仪的电池电压连接。图片中未标注的触点可以分配给特定制造商。可以预见，这些连接中的某些连接将来会被其他总线系统占用，例如 LIN、FlexRay 或以太网。

美国制造商（例如克莱斯勒、福特、通用汽车）生产的汽车上经常使用 SAE J1850，在欧洲，

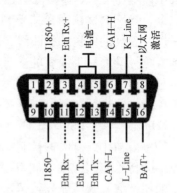

图 2.22 符合 ISO 15031-3/SAE J1962 的 OBD 诊断插座

经常使用 ISO 9141/ISO 14230 K-/L-Line，现在使用 ISO 15765 CAN 较多。插座通常位于仪表板下方或中央控制台中。

与更新后的 ISO 14230 相比，原版 ISO 9141 还可以选择允许将 K-Line 和 L-Line 分别单向用作数据线。除了以下所述的 5 波特初始化外，还可以通过连接其 K/L-Line 至少 1min 来初始化单个控制单元以进行纯点对点连接。与更新后的 ISO 14230 相比，ISO 9141 更宽泛地指定了时间窗口（即超时）。

2.2.3 数据链路层

当进行通信时，诊断测试仪始终是主控方或客户端。控制单元是响应请求的从站或服务器。测试仪和控制单元之间的所谓诊断会话在 K-Line 上分三个阶段运行：

- 建立连接（初始化，即所谓的"刺激"）。
- 数据交换。
- 断线。

连接的建立和断开：ISO 14230 定义了两个允许的建立连接过程：

- 快速初始化，尚未在 ISO 9141 中定义。
- 5 波特初始化，已在 ISO 9141 中定义。

快速初始化仅允许控制单元以固定比特率 10.4kbit/s 进行工作（图 2.23）：

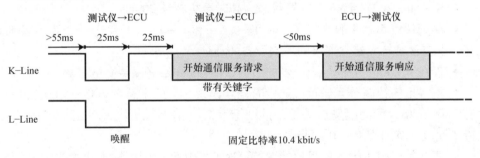

图 2.23 快速初始化

- K-Line 和 L-Line 在接通至少 300ms 后，或在空闲状态为高时，清除先前的连接至少 55ms 之后。
- 测试仪同时将 K-Line 和 L-Line 设置为低电平 25ms，然后又设置为高电平 25ms（唤醒模式）。
- 仅在 K-Line 上进行进一步的通信，L-Line 始终保持高电平。
- 测试仪发送一个"开始通信服务请求"报文（按照图 2.24 的普通报文格式），其中包含要与之建立连接的控制单元的地址。
- 被寻址的控制单元在 50ms 内，以包含所谓的关键字"开始通信服务响应"报文进行响应。

此初始化序列大约需要 100ms。

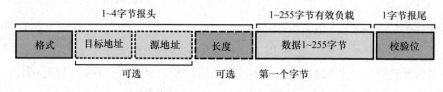

图 2.24　KWP 2000 报文格式

如果使用非 10.4kbit/s 的比特率，则必须进行所谓的 5 波特初始化（图 2.25）：

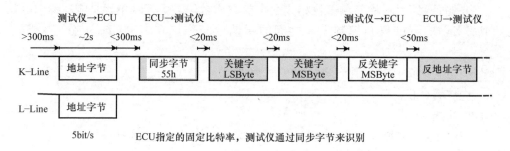

图 2.25　5 波特初始化

- K – Line 和 L – Line 在闲置状态为高时至少持续 300ms。
- 测试仪以 5bit/s 的比特率，在 K – Line 和 L – Line 上发送一个 8 位长的地址，其中包含要与之建立连接的控制设备的地址。
- 仅在 K – Line 上进行进一步的通信，L – Line 始终保持高电平。
- 被寻址的控制单元通过发送带有同步模式 55h 的字符在 300ms 内做出响应，然后以最大 20ms 的间隔发送关键字的两个字节（请参见下文）。控制单元以固定比特率发送，范围为 1~10.4kbit/s。
- 测试仪以同步模式测量比特率持续时间，从而识别控制单元工作的比特率。它将切换到该比特率，并在 20ms 内将第二个关键字节作为回声发送回去。
- 控制单元通过在 50ms 内将其反向地址作为回声发送回来确认连接的建立。

此初始化序列大约需要花费 2.5s。

在测试仪发出"停止通信服务请求"报文（见下文）时，连接断开。

1）数据交换、报文格式。所有通信均根据请求 – 响应过程进行。诊断测试仪将报文作为请求发送到控制单元，控制单元将包含所需响应或错误报文的报文发送回去。传输的报文具有图 2.24 所示的格式。

格式字节规定了是否跟随两个可选地址字节和长度字节。长度字节规定了随后的数据字节数。对于 ≤63 个数据字节的报文，可以在格式字节内编码数据长度，而长度字节可以省略。报文尾部的校验位是所有字节的 256 模和（校验位字节本身除外)。

在初始化期间，控制单元使用关键字向测试仪显示将使用的报头选项。协议（Protokoll，P）的名称 KWP 2000 来源于 2000~2031 年的关键字（Keyword，KW）。除了指定是否使用可选的地址字节和/或可选的长度字节之外，控制单元还会发出信号，指示在传输期间是否应使用常规超时参数集或扩展超时参数集（表 2.4）来监视超时。在控制单元支持的情况下，借助访问时序参数请求报文，测试仪还可以设置其他超时参数。

表 2.4　默认超时值，( ) 中的标准名称

两者间的距离	最小值	最大值
一条报文中的两个字节（ECU：P1，测试仪：P4）	0ms	20ms
测试仪要求和 ECU 响应（P2）	25ms	50ms
ECU 响应和下一个测试仪请求（P3）	55ms	5s

除点对点连接外，测试仪和控制单元必须可寻址。用格式字节区分所谓的功能和物理寻址。物理地址是车辆内唯一且由车辆制造商指定的任意 8 位值。功能地址是 SAE J2178 中为各个控制单元类别定义的 8 位值范围。例如，发动机控制单元为 10~17h，变速器控制单元为 18~1Fh，诊断测试仪为 F0~FDh 等。控制单元仅允许其识别自身地址时进行初始化和接收数据。

2) 数据传输服务（通信服务）。报文中传输的用户数据的第一个字节，包含所谓的服务标识符（Service Identifier，SID），用于标识报文的内容。用户数据字节包含关联的参数或响应，为每个测试仪请求和相关的控制单元响应定义一个单独的 SID。对于肯定和否定答案（即错误报文），通常具有不同的 SID。

必须在协议软件中实现以下服务：

- 启动通信服务请求（SID 81 h）：建立连接并传输关键字。
- 停止通信服务请求（SID 82 h）：断开连接。
- 访问时序参数请求（SID 83 h）：读取并更改数据传输的超时参数。更改是可选的，并且不必由控制单元支持。
- 发送数据服务：发送任何诊断服务。包含 SID 的最多 255 个数据字节的数据块，由应用程序层提供或在接收时传递给应用程序层（请参阅第 5 章）。

3) 错误处理。诊断测试仪和控制单元必须检查收到的报文是否存在错误（错误的报文长度、错误的校验位、超时错误）：

- 控制单元会忽略不正确的报文，并且不会发送答案（测试仪会通过超时识别出答案）。
- 如果答案不正确或没有答案，测试仪最多重复 3 次请求。

如果出现其他错误（错误的标题格式、接收到的数据中的错误），则控制单元将发送否定响应。测试仪可以监视连接线上的信号，并在出现错误的情况下重复传

输。控制单元既不必识别此类错误,也不必对其做出反应。

2.2.4 排放相关部件的限制(OBD)

与排放有关的系统,例如发动机控制单元,受到如下限制:
- 必须使用报文头部的目标和源地址字节,报文头部中的长度字节被忽略,即报文头部始终由3个字节组成。
- 报文中最多可以包含7个字节的用户数据。
- 测试仪的查询应使用功能地址作为目标地址,控制单元的响应必须始终使用物理地址作为目标地址。源地址始终是物理地址。
- 仅可以使用默认超时值。不允许查询或更改时序参数。
- 两种类型的初始化都是允许的,但是无论如何都将以10.4kbit/s的固定比特率进行通信。

2.2.5 软件与通信控制器之间的接口

实际上,K-Line接口始终通过普通UART而不是通过特殊的通信控制器来实现。通常UART仅独立处理单个字符的发送和接收。因此,实际上包括超时生成和监视在内的整个协议必须在软件中实现。由于大多数微控制器UART没有较大的发送和接收缓冲区,因此发送和接收通常由逐个字符进行中断控制。当CPU负载很高时,接收通常很关键。如果诊断测试仪以最短的间隔发送,则必须每毫秒从UART中以10.4kbit/s的速率读取一个字符,并且在最坏的情况下将其复制到260字节的RAM缓冲区中。由于校验和只能在报文的末尾进行检查,因此,仅当已接收到报文的所有字符时,才可以对报文进行进一步的处理。初始化序列需要采取特殊措施。由于通常无法将UART重新编程为5bit/s的低比特率,因此在等待5波特初始化序列时,必须在轮询过程中或通过捕获输入,来监视控制单元侧的接收线。通常可以对UART进行重新编程以检测快速初始化,因为(25±1)ms的低相位对应于大约360bit/s的0h字符传输,误差为±4%,因此可以将UART设置为此比特率并触发常规接收中断,可以监视随后的高电平,以便在25ms内不会接收到其他字符,因为UART会将这段时间内的每个低电平,都识别为另一个字符的起始位,没有事先初始化的字符可以忽略。

在测试仪发送初始化序列会出现相同的问题,特别是在PC上实现的情况。由于通常没有捕获比较输入/输出,因此通常的PC操作系统会导致较大的时间抖动,并且5bit/s或10.4kbit/s都不是标准比特率。ISO规范中的时间规范需要特殊的设备驱动程序和/或其他硬件。

2.2.6 较早的K-Line变体

在KWP 2000协议发布之前,其他K-Line协议较为常见,所有这类协议都基于 ISO 9141 和 5 波特初始化（就位传输和连接建立而言），使用特定的关键字切换为专有协议。例如，宝马使用的关键字 KW 71 协议就很受欢迎。该协议针对 1200bit/s 或 9600bit/s 的比特率实现，根据各个车辆制造商定义了不同的报文和服务。在通信过程中，诊断测试仪和控制单元之间进行握手，因为接收到的字符以回声的形式倒送回去。该协议现在与关键字变体 KW 81 和 82（欧宝）或 KW 1281（大众/奥迪）一样不再使用。

2.2.7 K – Line 总结 – 第 1 层和第 2 层

- 诊断测试仪和控制单元之间总线或点对点连接。
- 基于字符、基于 UART 的传输协议，具有双向单线线路（K – Line），比特率高达 10.4kbit/s，信号电平 U_B（蓄电池电压）。
- 诊断测试仪和一个控制单元之间的通信。测试仪和控制单元通过唯一的固定地址进行标识。
- 由诊断测试仪建立通信，控制单元指定比特率和协议选项，诊断测试仪必须进行相应设置。
- 根据请求 – 响应方法进行通信，即测试仪发出请求，控制单元进行响应。
- 带有 1~255 数据字节和 2~5 字节头尾的报文。
- 报文字节之间的距离（字符间中断）最大 20ms，测试仪的请求与控制单元响应之间的距离为 25~50ms。距下一个测试仪请求的距离至少为 55ms。
- 以 10.4kbit/s 传输具有 255 个数据字节的报文的持续时间。
- 最佳情况：250ms，最坏情况：5.5s，这意味着用户数据速率 <1KB/s。
- 通过校验位、格式监视和超时进行监视。如果测试仪检测到传输错误，则最多尝试 3 次传输。如果控制单元检测到传输错误，则会将错误报文发送到测试仪。
- 协议几乎完全在软件中实现。UART 用于字符传输。

2.3 SAE J1850

SAE J1850 是一种曾经使用、面向比特流的 A/B 类协议，用于车载通信，主要由美国汽车制造商使用[4,5]。它实际上有两个总线系统在物理层和位传输层上彼此不兼容，但是使用公共数据链路层（表2.5）。

表 2.5 SAE J1850 总线系统的特性

	SAE J1850 PWM	SAE J1850 VPWM
主要代表	福特	通用、克莱斯勒
位编码	脉冲宽度调制（PWM）	可变脉冲宽度调制（VPWM）

(续)

	SAE J1850 PWM	SAE J1850 VPWM
比特率	41.6kbit/s	10.4kbit/s（平均）
数据线	两线（双绞线）	单线
信号电平	5V - 差分信号 低压 <2.2V，高压 >2.8V，最大 6.25V	U_{batt} 单极 低压 <3.5V，高压 >4.5V，最高 20V
有效载荷	每条报文 0~8 字节	
报文长度	最多 101 位（包括头尾）	
总线访问	CSMA/CA	

与 K-Line、CAN、LIN 和 FlexRay 都使用不归零（NRZ）位编码（总线信号在一个位持续时间内，始终保持低电平或高电平）进行工作相反，J1850 使用脉冲信号进行位编码。

在 PWM 变体中，每个位都以低-高转换开始（图2.26）。根据是将 1 还是 0 作为数据位进行传输，信号会在位持续时间的 1/3 或 2/3 之前保持高电平，然后在剩余的位持续时间内变回低电平。比特持续时间是恒定的，在 41.6kbit/s 时，$T_{bit} = 24\mu s$。

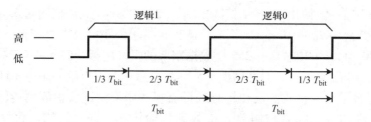

图 2.26 J1850 PWM 的位编码

在 VPWM 变体中，每个比特都以一个过渡开始，并以下一个过渡结束。过渡间的距离在两个固定值 $T_{bit,short} = 64\mu s$ 和 $T_{bit,long} = 2T_{bit,short} = 128\mu s$ 之间切换。对于要发送的每个数据位 0 或 1，有两个不同的脉冲信号可用（表2.6）。

表 2.6 J1850 VPWM 的位编码（持续时间和电平的不同组合）

信号电平	持续时间	对应数据位
低	$T_{bit,short}$	0
高	$T_{bit,long}$	0
高	$T_{bit,short}$	1
低	$T_{bit,long}$	1

始终选择用于传输下一个数据位的组合，会导致信号电平的变化，即线路上的过渡（图2.27）。因此，比特率不是恒定的，而是取决于数据比特的顺序，平均来说符合以下公式。

$$\frac{1}{(T_{\text{bit,long}} + T_{\text{bit,short}})/2} = \frac{1}{96\mu s} = 10.4\text{kbit/s} \tag{2.6}$$

在这两种情况下,特殊位[帧的开始(SOF)、数据的结束(EOD)、帧的结束(EOF)]都以不同的脉冲持续时间进行编码以区分。

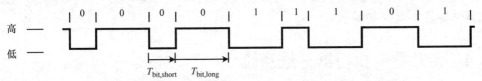

图 2.27　通过 VPWM 传输数据位序列 000011101……的示例

图 2.28 为通用报文格式。报文控制字节中的位可以显示报文具有哪个优先级(0~7,最高优先级为 0),是否使用 1 字节(克莱斯勒)或 3 字节头(GM、Ford),以及是否使用帧内响应(参见下文)。如果多个发送方同时访问总线,则与 CAN 一样,优先级最高的报文"获胜"。对于纯粹的点对点连接(由报文控制字节中的一位指示),目标地址和源地址字节是可选的。与 KWP 2000 一样,可以在功能上或物理上寻址接收方(即目标),同样由报文控制字节中的一位指示。发送方地址(源地址)始终是物理地址(请参见第 5 章第 5.1.3 小节)。8 位 CRC 校验位用于错误检测。

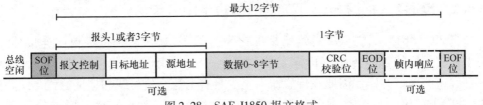

图 2.28　SAE J1850 报文格式

作为具有报文控制字节以及可选目标地址的和源地址字节的报文头部替代方案,有一种报头形式,具有纯 1 字节报头,报头用作报文标识符,与 CAN 一样。该形式多用于车辆中控制单元之间的车载通信。以这种形式,接收方必须执行与内容相关的接收过滤。

可选的帧内响应(IFR)是一项特殊功能。IFR 使接收方可以直接响应收到的报文,而不必发送自己的带有报头的报文等。还可以选择通过 CRC 校验位将响应保存在 IFR 中。IFR 可以包含一个或多个字节。通过 IFR 内的进一步仲裁,几个接收方也有可能以 1 字节来响应报文。

报头、用户数据、CRC 校验位和帧内响应(无 SOF、EOD 和 EOF 位)的报文总长度最大为 12 个字节,即 3 个字节的报头和 8 个字节数据在实践中很常见,帧内响应的最大长度为 1 个字节。

用于车载通信的服务格式在 SAE J2178 中指定,在此不再讨论。SAE J1979 中定义的服务用于车外通信(OBD 诊断),其内容与 ISO 15031 相同,将在第 5 章

5.3 节中进行说明。

由于特殊的位编码和逐位仲裁，导致 SAE J1850 比特率相对较低。而且 SAE J1850 协议过于复杂，以至于在软件方面无法使用常规微控制器的标准外设。因此，类似于 CAN，除总线收发器外，还必须将特殊的 J1850 通信控制器用作单独的模块或集成在微控制器上。

2.4 传感器-执行器总线系统

除了在控制和调节方面不断提高传输速率要求（这导致了 FlexRay 的发展）的应用之外，显然还有低成本总线系统的应用领域。在这些领域中，LIN（参见第 3 章 3.2 节）不够快，低速 CAN 从另一方面来说似乎太昂贵了[6]。无论如何，近年来已经形成了几个工业联盟，它们试图定义用于将传感器和执行器连接到控制单元，并在 SAE 或 ISO 框架内对其进行标准化的新总线系统。几乎所有主要的汽车电子制造商都在积极关注并以不断变化的角色参与这些联盟，因为标准有时相互竞争。由于该领域的市场仍然令人困惑，无法判断这些标准中哪些具有长期重要性，因此这里仅给出简要概述。

2.4.1 SENT-根据 SAE J2716 的单边半字节传输

自 2007 年以来，SENT 总线已标准化为 SAE J2716。它是一种单向连接总线，用于将测量值从智能传感器传输到控制单元。SENT 旨在替代模拟或 PWM 接口，并且像这些接口一样，需要在传感器上至少具有电源、信号线和接地的三个线路连接。SENT 协议的目的是确保传输过程中的 12 位分辨率，这对于模拟或简单的 PWM 信号来说很难做到。

SENT 报文由固定长度（168μs）的同步脉冲，以及 4 位状态信息、6 个 4 位数据值（即两个 12 位测量值）和一个 4 位 CRC 校验位组成。每 4 位值 $n = 0, 1, \cdots, 15$（半字节）作为电压脉冲发送，其中负信号边沿之间的距离根据 $T_{\text{Impuls}} = 36\mu s + n \times 3\mu s$ 而变化（图 2.29）。为了传输两个 12 位测量值，最大需要 $T_{\text{message}} = 816\mu s$。用户数据速率低于 3.7KB/s，约为 LIN 的三倍。由于接收方可以动态测量同步脉冲的持续时间，因此可以在传感器侧使用简单的 RC 时钟发生器。

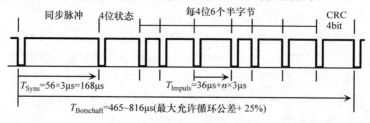

图 2.29　SENT 报文

状态信息的第一位通常用于错误信令。剩余的位以制造商特定的方式用于简单传感器，例如对传感器的测量范围进行编码。另外，所谓的慢速串行信道提供了发送更长的附加信息的选择。附加信息总共分布在 18 条 SENT 报文中，状态字段中的每个报文仅包含此附加信息的 2 位，然后必须再次组合这些位以在接收方提供完整的信息。在附加信息中，一个 4 位或 8 位长的标识符标识后续数据的内容。标识符可传输 SENT 协议版本、传感器类型、传感器制造商、序列号、传感器的校准数据，或有关已发生错误的更精确信息（诊断错误代码）。

2.4.2 PSI 5 – 外围传感器接口 5

与 SENT 直接竞争的是 PSI 5（Peripheral Sensor Interface 5），它来源于安全气囊领域，并正在取代加速度传感器中之前的各种接口。从中期来看，PSI 5 也将在车辆传感器技术的其他领域中使用。从规范的 2.0 版开始，除了安全气囊区域外，它还为底盘、安全控制和动力总成应用提供了配置文件。

与 SENT 相比，带有 PSI 5 的传感器仅需要两条线路连接，因为信号通过电源电压连接，或通过电源电压连接进行电流调制（图 2.30）。与 SENT 一样，PSI 5 通信的基本形式是单向的。从传感器到控制单元之间存在点对点连接，由此传感器会定期、独立地发送其数据（即异步操作）。另外，也可使用传感器的串联连接（菊花链）或从一个控制单元到多个传感器的总线连接，其中传感器在控制单元请求时发送（同步操作）。在同步操作中，有限的双向通信也存在可能。

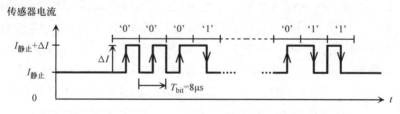

图 2.30　在 f_{bit} = 125kbit/s 时从传感器到控制单元的 PSI 5 报文

控制单元为传感器提供恒定电压。当传感器的电流消耗改变大约 ΔI = 26mA（低功率型号为 13mA）时，就会发生从传感器到控制单元的数据传输（图 2.30）。该位的表达使用曼彻斯特编码。该位中间的上升沿传输 "0"，下降沿传输 "1"。如果下一位与前一位具有相同的值，则总是在位边界处产生一个附加信号沿。它的比特率通常为 125kbit/s，但出于与较旧协议兼容的原因，也可以设置为 189kbit/s。

完整的传感器报文包括 2 个起始位、一个具有 n 位的数据字段以及 1 个奇偶校验位或 3 位 CRC 校验位（图 2.31）。从 V2.x 版本起，数据字段包含至少一个传感器值（10～24 位）、可选的第二传感器值（0～12 位）、状态信息（0～2 位）和各种控制位（0～6 位），因此不得超过 28 位的最大允许总长度。在之前的 V1.3 版本中，数据字段仍被限制为一个传感器值（n = 8、10 或 16 位）或两个传感器值（每个 10 或 12 位），即最大 24 位。传感器值范围的一部分仅用于测量值传输。例如，在 $n=10$ 的情况下，测量值仅在 -480 到 +480 范围内传送，其余区域保留用于状态信息。例如，+500 用于指示一般的传感器缺陷。

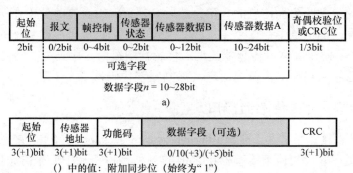

图 2.31　PSI 5 报文格式
a) 传感器→控制单元　b) 控制单元→传感器

在与 SENT 相当的条件下，即 $n=24$bit、有 CRC 校验位，以 125kbit/s 传输的 PSI 5 报文仅需 232μs，而最坏的情况下 SENT 需要高达 816μs。

与带有 SENT 的串行通道一样，PSI 5 除了提供实际的测量数据外，还提供了从传感器到控制单元的更多信息传输选项，这些信息分布在总共 18 条 PSI 5 报文中。对于每个报文，在其他可选报文字段中发送 2 位附加信息。整个附加信息依次包括 4 或 8 位标识符、6 位 CRC 校验位、一些控制位和实际数据（12 位或 16 位）。

在异步操作中，传感器自身确定发送数据的时间和频率。同步执行（可选）时，仅当控制单元将传感器的电源电压提高约 10% 时传感器才发送信号，30μs 至少 2.5V（V1.3 为 3.5V）（图 2.32）。因此可进行总线操作，其中多个传感器在预

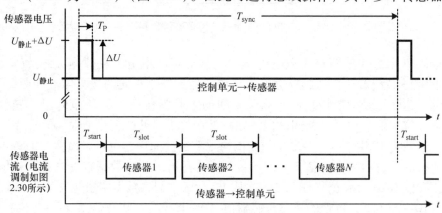

图 2.32　同步操作中的 PSI 5 报文

定义的时隙中一个接一个地发送。并且可以针对每种应用分别设置传感器的顺序、时隙的数量和持续时间以及同步脉冲之间的间隔 T_{sync}。

从控制单元到传感器的数据传输也可能通过同步脉冲而变慢,即 PSI 5 可以与其双向工作。同步脉冲可调制。在所谓的齿隙处理中,实际的同步脉冲发送逻辑"1",而丢失的同步脉冲被解释为逻辑"0"。但是,只有在 T_{Sync} 的值恒定时才可以执行此过程。为了允许同步脉冲之间的可变间隔,例如如果要根据速度执行传感器查询,则由于协议版本 V2.0,同步脉冲的脉冲持续时间调制(PWM)也可以实现。约 $T_P = 30\mu s$ 的短脉冲发送逻辑"0",约 $60\mu s$ 的长脉冲发送逻辑"1"。

ECU 传感器通信的报文格式包含 3 个起始位、一个地址和命令字段以及一个可变长度的数据字段、一个 3 位 CRC 校验和一个传感器响应字段(图 2.31b)。可以通过地址字段选择单个传感器,通过功能代码字段向其发送命令。然后在控制单元报文的最后 CRC 位之后的同步脉冲周期中给出传感器响应。为了使传感器能够清楚地识别控制单元报文的开始,在实际报文开始之前,必须首先至少出现 5 个带有"0"的同步脉冲或 31 个带有"1"的脉冲。另外,每 3 位之后,在控制单元报文中插入一个"1"位。

由于存在不同类型的传感器,并且协议提供了许多参数和选项,因此提供了一种初始化机制。在接通电源后,传感器最初会重复发送初始化报文,该报文包含有关传感器和正常测量数据传输开始之前使用的协议的信息。

但是,在物理级别和总线拓扑上,某些组合基本上是不兼容的。从协议版本 2.x 开始,已为各种应用程序领域定义了配置文件。例如,用于安全气囊应用的配置文件允许使用备用的总线或菊花链拓扑,而在动力总成领域则仅建议使用总线。为了实现从控制单元到传感器的传输,安全气囊仅允许使用齿隙方法,而在其他应用中也允许使用 PWM 方法。在同步模式下,如果可能的话,安全气囊系统应以 $500\mu s$ 的固定周期工作,而根据发动机转速的可变周期也可用于动力总成。由于实际的传感器和控制设备几乎不支持协议规范中提供的所有选项,因此在每种情况下都必须非常仔细地检查预期的 PSI 5 组件是否完全兼容。

2.4.3 ASRB 2.0 – 汽车安全约束总线(ISO 22898)

与 SENT 和 PSI 5 相比,Safe – by – Wire Plus 联盟定义的 ASRB 2.0 协议允许完全双向通信,因此不仅适用于传感器,还适用于必须由控制单元控制的执行器。像 PSI 5 一样,它源自安全气囊系统。原则上可以用于任何传感器和执行器的区域。总线拓扑非常灵活,除经典总线外,ASRB 还可以使用菊花链、环形和树形结构。

ASRB 是真正的主从总线系统,其中电源电压和信号通过两线连接同时传输。与 PSI 5 相比,电压电平被调制(图 2.33)。对于位周期的前半部分,主控制单元给低电阻总线施加大约 11V 的电压。此电源阶段用于为传感器和执行器（从动）供电。比特传输发生在位周期的后半部分，即数据阶段。主机以 6V 的高电阻驱动总线。在此阶段，发送方可以用 6V 的电压发送数据，从而发送一个"0"数据位，或者以低电阻将其下拉至 3V，从而发送一个"1"数据位。原则上，任何总线参与者都可以是发送方。主控制单元始终指定的比特率为 20kbit/s、40kbit/s、80kbit/s 和 160kbit/s。

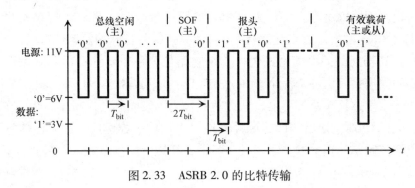

图 2.33　ASRB 2.0 的比特传输

即使在空闲状态下，主控制单元也始终发送"0"数据位。报文的开始由帧开始（SOF）模式指示，其中位持续时间被主机加倍（图 2.33）。随后是实际的报头，该报头也由主机专门发送。在报文的后半部分，根据报文的目的，主机或一个或多个从机将再次发送。因此，报文方案类似于 LIN 中的过程，其中报头阶段始终由主机发送，而有效载荷阶段则允许任何总线参与者发送。

主机通过 SOF 位的值发出两种类型的报文（图 2.34）。对于用于查询传感器数据的报文，即所谓的 S 帧，主控制单元以 SOF＝0，以及另外两个报头位 MSA 和 SEL 开始报文。然后，第一个传感器发送其数据和 CRC 校验位，随后第二个传感器发送，依此类推。在开发阶段要查询有多少个传感器，哪个传感器在哪个时隙中响应，以及传感器数据或 CRC 校验位包含多少位，这些必须为主机和从机所知。S 帧通常由主机定期发送。快速传感器为每个查询提供新的测量值，慢速传感器可以成对共享一个时隙，并且仅对第二个查询做出响应（时隙多路复用）。主机通过选择位（SEL）在报头中指定应配对的两个中的某个。采用与 SENT 和 PSI 5 示例相当的配置（查询 2 个传感器测量值，每个传感器测量值分别具有 12 位和 3 位 CRC，比特率为 80kbit/s），测量值的传输大约需要 425μs。

主机也可以查询任何特定的传感器。为此在报头中设置多路共享位 MSA＝1，并取代从机在第一个时隙中发送 6 位传感器地址字。在其余的时隙中，传感器会像往常一样使用其测量数据进行响应。在下一次查询中，主机再次在报头中设置 MSA＝0，随后先前寻址的传感器将其测量数据插入第一个时隙。所有其他传感器

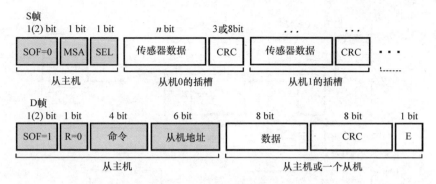

图 2.34 报文结构（以两倍的位持续时间发送 SOF 位）

都照常在各自的时隙中响应这两个报文。D 帧报文用于读取或写入数据。通过报文头中的唯一 6 位地址对从机进行寻址。只能发送一个数据字节，使用 8 位 CRC 校验位保存。4 位命令字段指示是读取还是写入。为了能够读取或写入数据值，主机必须首先使用写入指针命令选择从机中的存储器地址，然后再使用读取存储器或写入存储器命令，在第二条报文中读取或写入数据值。如果要寻址的字节数超过 256 个，则必须首先使用"写页面"命令通过另一条报文选择地址区域（页面）。传感器或执行器配置存储在定义的地址区域中，并且可以由主控制单元读取或重新编程。错误位 E = 0 在报文末尾发送。总线参与者可以通过用 E = 1 覆盖来表明传输错误。有许多特殊的机制可用于使用安全气囊并立即使用碰撞传感器向主机发出警报。

随着 PSI5 和 SENT 的出现，ASRB 的相关事宜没有变化。自 2006 年以来，相关的 ISO 22896 标准一直保持不变。

2.4.4　DSI – 分布式系统接口

DSI 为另一个公司联盟所倡议，该联盟旨在将约束系统用于与 ASRB 和 PSI 5 相同的应用程序中。DSI 将一个主控制设备与最多 15 个从设备相连。在协议版本 DSI 2.5 中，主机发送电压调制信号，其中占空比信息中包含位信息。电压信号还用于为从机供电（图 2.35）。该通信是双向的。从机通过主机指定的比特率在 $0.1 \sim 12\mathrm{mA}$ 之间调制电流消耗来给出响应。

主机的标准报文格式包含一个数据字节、一个 4 位从机地址、一个 4 位命令代码和一个 4 位 CRC 校验位（图 2.36）。

从机响应有时间延迟，即主机已发送下一条命令报文时，从机才响应。该响应包含两个数据字节以及一个 4 位 CRC 校验位。在特殊命令下，主机可以切换报文的格式。标准格式称为标准长字，反之称为短字。使用短字格式时，将省略第一个字节，而使用标准格式时，可以配置数据或 CRC 长度。

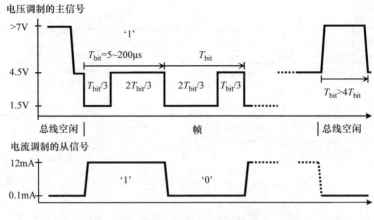

图 2.35 DSI 2.5 的位传输

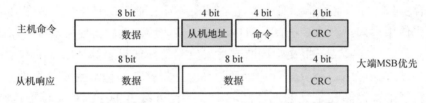

图 2.36 分布式系统接口 DSI 2.5 的报文格式

在 2011 年提出并大规模修改了 DSI 3 的后续协议,该协议将其自身定位为 PSI 5 的替代协议。电压和电流调制的基本概念得以保留,但信号电平和时间行为发生了变化。在两种设备类别和两种传输模式之间进行了区分。在最简单的情况下(传感器类别),只有传感器连接到总线系统,该总线系统会定期将测量数据传输到控制单元(主机)。这种周期性的数据收集模式大致对应于 PSI 5 的同步操作。在空闲状态下,DSI 3 控制单元为传感器提供恒定电压,并且传感器保持其静态电流消耗恒定(图 2.37)。为了实现同步,控制单元会定期将电压短暂降低 2V 左右。然后,传感器依次发送其测量数据,再次通过电流调制完成位编码,从而使相应的传感器的电流消耗增加 12mA 或 24mA。为了检测传输错误,不是三个电流电平的所有可能组合均被使用,平均每 3 个时钟步长传输约 4 位。比特率通常为 125kbit/s,即 $T_{bit}=8\mu s$。可以在较宽的范围内配置测量数据报文(周期性数据)的格式(图 2.38)。循环时间为 100μs 至 5ms。

除了简单的同步脉冲,控制单元还可以缓慢将数据发送到传感器本身(后台诊断)。这相当于 PSI 5 和 SENT 的串行通道。曼彻斯特编码(图 2.30)用于控制单元的位传输,由此 DSI 3 像简单的同步脉冲一样,将传感器电压调制至少 2V(图 2.37)。控制单元发送的命令报文分布在几个周期内(可配置)。这样传感器就可以通过测量数据之外的响应报文来明确响应命令报文,因此必须为此保留响应

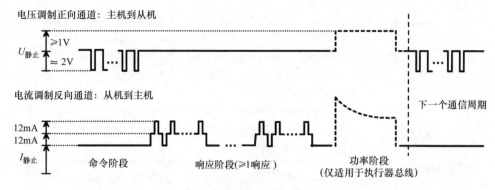

图 2.37 DSI 3 的位传输

阶段的时隙。

若传感器和执行器都连接到总线，则命令报文传输中的等待时间非常关键，并且执行器的电流消耗比简单传感器高得多。纯命令响应传输模式旨在用于此类功率级应用。控制单元使用电压调制来发送完整的命令报文，一个或多个传感器以图 2.38 所示的格式对响应报文做出响应。可自由配置的周期数据格式不能在此模式下使用。另外，对于每个周期增加一个功率阶段，在该周期中，控制单元将电源电压增加至少 1V。在此阶段，执行器可以为其内部缓冲电容器充电，而控制单元必须提供高达 400mA 的电流。由于电流消耗高且不一致，因此在此阶段无法进行数据传输。

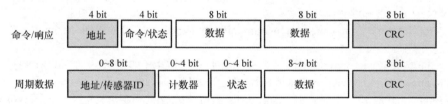

图 2.38 DSI 3 的报文格式

2.5 规范与标准

K – Line	ISO 9141 Road Vehicles – Diagnostic Systems – Requirements for interchange of digital information，1989，www.iso.org ISO 9141 – 2 Road Vehicles – Diagnostic Systems – Part 2：CARB Requirements for interchange of digital information，1994 and 1996，www.iso.org ISO 9141 – 3 Road Vehicles – Diagnostic Systems – Part 3：Verification of the communication between vehicle and OBD II scan tool，1998，www.iso.org ISO 14230（见第 5 章）
SAE J1850	SAE J1850 Class B Data Communications Network Interface，2006，www.sae.org

（续）

传感器-执行器总线	SAE J2716 SENT - Single - Edge Nibble Transmission for Automotive Applications，2010，www.sae.org PSI 5 Peripheral Sensor Interface for Automotive Applications，Technical Specification V1.3，2008，www.psi5.org PSI 5 Peripheral Sensor Interface for Automotive Applications，Technical Specification V2.0，2011，www.psi5.org，basic standard and domain - specific documents for airbags, vehicle dynamics and powertrain PSI 5 Peripheral Sensor Interface for Automotive Applications，Technical Specification V2.1，2012，www.psi5.org，basic standard and domain - specific documents Safe - by - Wire Plus：Automotive Safety Restraints Bus Specification（ASRB）V2.0，2004，www.nxp.com/acrobat_download/other/automotive/safe_by_wire_plus.pdf ISO 22896 Road Vehicles - Deployment and sensor bus for occupant safety systems（corresponds to ASRB V2.0），2006，www.iso.org DSI（Distributed Systems Interface Standard）Bus Standard V2.5，2009，www.dsiconsortium.org DSI3 Bus Standard Rev.1.0，2011，www.dsiconsortium.org

参 考 文 献

[1] A. S. Tanenbaum: Computer Networks. Prentice Hall, 5. Auflage, 2010

[2] G. Schnell, B. Wiedemann: Bussysteme in der Automatisierungs- und Prozesstechnik. Springer-Vieweg Verlag, 8. Auflage, 2011

[3] O. Strobel (Hrsg.): Communication in Transportation Systems. IGI Global EBook, http://www.igi-global.com, 2013

[4] R. K. Jurgen (Hrsg.): Automotive Electronics Handbook. McGraw Hill Verlag, 2. Auflage, 1999

[5] R. K. Jurgen (Hrsg.): Multiplexing and Networking. SAE Verlag, 1999

[6] D. Paret: Multiplexed Networks for Embedded Systems: CAN, LIN, FlexRay, Safe by Wire. Wiley & Sons Verlag, 1. Auflage, 2007

第3章 汽车总线系统——物理层与数据链路层

3.1 ISO 11898 描述的控制器局域网

目前，无论是在低速还是在高速传输应用中，CAN 都是最常使用的汽车总线系统。

3.1.1 CAN 的发展

CAN（控制器局域网）是在 20 世纪 80 年代后半段由博世公司开发的，并在 1991 年成为在汽车上应用的第一个 C 级网络[1,2]。不久之后 CAN 标准又被进一步修订，引入了 29 位标识符，并由博世发布为 CAN 2.0A 和 2.0B 版本。直到今天它都是所有 CAN 应用的基础。在全球范围内 ISO 标准 ISO 11898 和 SAE 标准 SAE J2284 规定了乘用车的应用协议，SAE 标准 SAE J1939 规定了商用车的应用协议。CAN 在欧洲乘用车生产商和全球几乎所有商用车生产商中得到了快速的应用，而美国的乘用车生产商在本土市场还是长期保留了 B 级总线 SAE J1850。不过这些生产商慢慢地也完全转而使用 CAN。对于 2008 年之后的新车，CAN 是唯一允许连接尾气排放相关元件的诊断测试接口（OBD）的总线。

CAN 的实现最早是由博世和英特尔合作完成的。不过博世很早就提出了开放授权的政策，这样每个微控制器生产商都可以提供 CAN 模块，甚至可以把 CAN VHDL 模块集成到 ASIC 和 FPGA 里。博世提供了一个参考模型和测试步骤，来保证所有 CAN 控制器可以互相兼容地进行通信。

由于汽车领域大量地使用 CAN，使得 CAN 控制器比大多数在自动化领域广泛使用的现场总线（如 Pfofibus）的 ASIC 都要便宜得多。CAN 也因此在工业领域被用作传感器-执行器总线（自动化领域 CAN）。

博世最早的 CAN 标准最大的缺点是，基本上只对数据链路层进行了规定。对物理层比如比特率则只有少量建议。这是为了让不同厂家可以各自进行实现。对应用层则根本没有提及。不出意外，这种高自由度导致了非常多样的解决方案。物理层的不同主要是出于对总线长度和比特率之间的取舍。而各家的应用层则基本上互不相容。接下来两小节会讲述物理层和数据链路层,包括对排放相关元件的限制。本章 3.4 节会介绍传输层,本章 3.5 节会简述应用层。通过本书的介绍,读者可以对 CAN 有个大致的了解。对于具体的细节,则还是要参考标准文档(表 3.1)。

表 3.1　几个重要的 CAN 标准

ISO 11898 - 1	数据链路层,对应博世的 CAN 2.0A 和 CAN 2.0B 标准
ISO 11898 - 2、5、6	高速 CAN 物理层
ISO 11898 - 3	低速 CAN 物理层
ISO 11898 - 4	用于时间控制通信的数据链路层扩展(时间触发 CAN)

3.1.2　总线拓扑结构和物理层

CAN 是一个基于比特流的线型总线,其最高比特率是 1Mbit/s。CAN 使用的是 CSMA/CR 总线使用方法,包括错误监测。它要求所有控制器要能在一个比特的时间内做出反应。因此,总线的比特率越高,其长度就越小。需要遵循的条件是:

$$总线长度 \leq 40 \sim 50\mathrm{m} \frac{1\mathrm{Mbit/s}}{比特率} \tag{3.1}$$

式(3.1)是一个经验公式,在高比特率的时候,总线收发器的延迟会进一步降低允许的总线长度。或者在自动化领域里,当总线长度很长的时候需要引入信号增强器,这也会进一步限制比特率。总线上所有控制器必须使用同一个比特率。

CAN 的 ISO 标准的附件 ISO 11898 - 2 规定,对于比特率 ≥ 250kbit/s(高速 CAN,即 C 级),应尽可能使用双绞线作为物理总线,并且各个控制器与总线的连接线长度最长为 30cm。双绞线总线两端必须各接一个终端电阻,通常为 120Ω(图 3.1)。差分信号电压差约为 2V(图 3.2)。当双绞线中有一条线断开或者短路时,整个总线就无法工作。在乘用车里,高速 CAN 总线在动力总成领域通常比特率为 500kbit/s,在商用车里也有用 250kbit/s 的(C 级)。这两个比特率也在 SAE

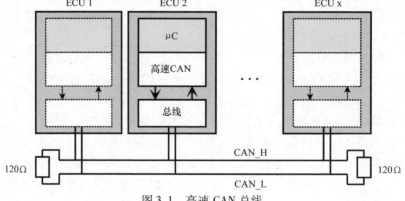

图 3.1　高速 CAN 总线

标准里作为乘用车（SAE J2284）和商用车（SAE J1939）CAN 的标准。更新的附加标准 ISO 11898-5 和 ISO 11898-6 规定了各种节能的方法。

在附件 ISO 11898-3 里规定了对于比特率≤125kbit/s（低速 CAN，即 B 级）的 CAN 总线，比如用于车身电子，同样使用双绞线连接。由于比特率较低，总线相应地可以更长一些，不需要终端电阻，以及没有对控制器连线长度的限制。差分信号电平差比高速 CAN 要明显大一些（图 3.2）。在有一条线断开或者短路的情况下，低速 CAN 依旧可以工作。在欧洲乘用车里，低速 CAN 通常用于车身电子，比特率为 100~125kbit/s。

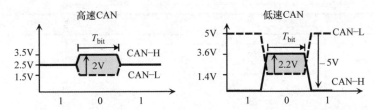

图 3.2　ISO 11898-2 和 ISO 11898-3 里规定的高速和低速 CAN 的信号电平

SAE J2411 里还描述了用于汽车舒适电子领域的单线 CAN，比特率分别为 33kbit/s（通用汽车使用）和 83kbit/s（克莱斯勒使用），电平差为 5V。

ISO 11992 规定了用于连接货车牵引车与拖车的点对点双绞线方案，比特率为 125kbit/s，信号电平为蓄电池电压。

对于在商用车里的应用，SAE J1939/11 规定了一个固定的比特率，数值为 250kbit/s，基本上对应 ISO 11898-2 里高速 CAN 的标准。但是它要求使用屏蔽双绞线，最长总线长度为 40m，最大控制器数量为 30。SAE J1939/12 定义了一个无须屏蔽线缆的版本。SAE J1939/21 里规定了一个数据链路层，对应之后要提到的 CAN 2.0B。

汽车控制器的 CAN 接口通常使用普通的控制器插头。在自动化技术领域，自动化 CAN（CiA）的推荐标准 CiA DS 102 规定了一个类似 ISO 11898-2 的物理层，比特率为 10kbit/s 到 1Mbit/s。DeviceNet 则使用 125~500kbit/s 的比特率。在自动化领域，CAN 接口是用 9 口的迷你 Sub-D 插头，以及各种其他类型的插头。

对于所有 CAN 的实现类型，市场上都有相应的收发器。不同类型的物理层是不互相兼容的，因为其信号电平不一致（图 3.2）。在所有类型中，高阻抗的信号电平（隐性）代表逻辑 1，而低阻抗的信号电平（显性）表示逻辑 0。

与简单的 UART 不同，大多数 CAN 控制器的总线信号的采样点（位时序）可以且必须由使用者设置（图 3.3）。采样周期被称为 T_Q，它决定了比特率 T_{bit}。在第一个部分，同步部分 $T_{SyncSeg}$，发送者给出信号切面。传递部分 $T_{PropSeg}$ 表示发送者和接收者的收发器里处理信号的时间，以及信号在总线上传输所用的时间。由于 CAN 用的是位仲裁（具体下面一节会讲到），$T_{SyncSeg} + T_{PropSeg}$ 必须至少是最大信号延迟的两倍。位的采样大概是在剩余时间 $T_{PhaseSeg1} + T_{PhaseSeg2}$ 的中间到结束。这两个区域的时长可以由 CAN 控制器动态地延长或者缩短，来让接收者的比特率自动和发送者的同步。这个调整是以 T_Q 为步长，最大为同步跳跃宽度 T_{SJW} 为 1 到 min ($4T_Q$, $T_{PhaseSeg1}$)。由于位时序对于软件开发者不可见，ISO 15765-4 里对用 CAN 进行尾气相关系统的诊断给出了一些推荐设置。在比特率为 500kbit/s，允许误差为 ±0.15%，$T_Q = 125$ 时，位长为 $T_{bit} = 16T_Q$。推荐的是 $T_{Seg1} = T_{PropSeg} + T_{PhaseSeg1} = 12T_Q$，以及 $T_{Seg2} = T_{PhaseSeg2} = 3T_Q$，其中 $T_{SJW} = 3T_Q$。

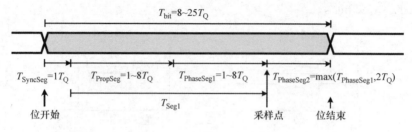

图 3.3 CAN 位的时间片拆分

3.1.3 CAN 的数据链路层

在基于比特流的 CAN 协议里，消息传递是通过通信模块（CAN 控制器）独立实现的。因此只有 CAN 控制器的开发者会关心比特流的细节，而 CAN 的使用者只需要大致知道报文的组成和传输的过程即可（图 3.4）。

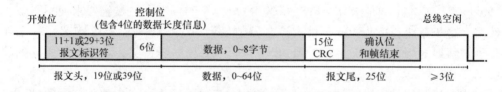

图 3.4 报文格式（长度表示不含位填充）

CAN 是一个广播总线系统，每个发送者发送的报文都没有目标和源地址，而是通过一个唯一的表示，即消息标识符来区分的。CAN 通信不需要先建立连接。总线上的每个控制器都会收到报文，然后根据消息标识符决定是要处理该消息还是忽略掉。消息标识符的长度最早为 11 位（CAN 2.0A），在第二代 CAN 里又加入了向上兼容的 29 位标识符（CAN 2.0B）。另外，在标识符场里还会传输 1 个或 3 个控制位。

CAN 的总线获取用的是 CSMA/CR 方法。当总线空闲至少 3 个位的时长时，每个控制器都可以发送。消息标识符表示了报文的内容及其优先级（越小的数表示越高的优先级）。如果发送出现了冲突，则是较高优先级的报文"胜出"。也就是说，消息标识符较小的发送者获得总线使用权。在图 3.5 的例子中，控制器 ECU1

和 ECU2 同时开始发送，ECU1 发送消息标识符 110 0101 1001B = 659H，ECU2 发送消息标识符 110 0111 0000B = 670H。在消息标识符的第 6 位出现了冲突，因为 ECU2 想要发送 1，而 ECU1 想要发送 0。如前面一节所说，由于信号 0 比信号 1 的阻抗要低得多，信号 0 占据了总线。控制器在发送的时候还会一直检查，总线上的信号电平是不是符合刚发送的位。因此，ECU2 立刻会察觉到出现了冲突，于是停止发送并切换到接收模式。这种冲突检测和解决被称为位仲裁。ECU1 的报文传递不会被影响，还会继续进行。而 ECU2 最早要等到该报文结束后总线空闲时，才能重新发送。

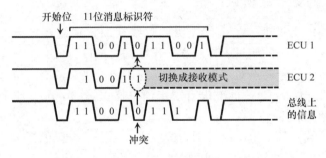

图 3.5　CAN 报文冲突

一个报文可以传输 0 到 8 个字节有效数据（负载），如图 3.4 所示。其长度由控制位里的数据长度代码（DLC）表示。另外，还会发送 15 位长的校验和（循环冗余校验）用于错误检测。

接收者根据发送者的起始位同步自己的比特采样器，并通过额外的所谓填充位再同步。填充位的数量取决于传输的数据。理论上最坏的情况是每 5 个位后就会添加一个填充位，以保证不会有连续多于 5 个位是同样的数值。由于填充位一方面可能是下一个填充段的一部分，另一方面在 CRC 检验和之后的报文尾不再需要位填充，因此一个报文在最坏的情况下，会因为位填充而延长约 25%[5,6]。在接收端，填充位会被自动忽略掉。

总线上的 CAN 控制器会检查报文格式及校验和，并会在确认场和帧结束场之间发送一个正确接收的确认或者错误报告（错误帧）。在出现错误报告时，所有接收者会忽略接收到的数据。这是为了保证整个网络里的数据是一致的。发送者接收到错误报告后，会自动尝试重新发送。

一个特殊的报文格式是远程帧。这种帧包含一个正常的消息标识符，但没有有效数据，消息标识符后面会有一个被置位。通过这种帧控制器可以要求另外一个控制器发送属于这个消息识别码的数据。

3.1.4　错误处理

不同的错误识别方法都是为了更高的传输可靠性。通过一系列试验，人们确定

CAN 出现错误的可能性远远小于 10^{-11}。由于错误在被发现之后，最晚在报文结束时就会被报告，因此可以很快地自动重新发送。每个 CAN 控制器都有错误计数器，用来记录自己的发送和接收错误，并发送错误报告（主动错误监测）。其中，它会区别是它自己发现了错误还是其他 CAN 控制器也发现了。如果 CAN 控制器发现是它自己出错，会先停止发送错误报告（被动错误监测），如果还一直出错则完全关闭（总线断开）。当问题消失后，比如只是因为短暂的电磁干扰，CAN 控制器会重新激活自己。

3.1.5　CAN 的更高级协议

由于较短的报文长度，基于优先级的总线获取方式以及较高的安全性，CAN 总线是专门为实时应用的测量、控制和操作数据交换设计的，最早是用来取代汽车里基于模拟和数字信号的点对点连接。这些应用要求极高的灵活度和尽可能少的额外信息，因此最开始的 CAN 标准没有规定消息标识符的分配，或者传输数据的意义、格式和标准化。

在乘用车领域，各个生产商分别为这些方面制定了自己的标准。其中最主要的工具是 CAN 矩阵或者通信矩阵，主要是以表格的格式呈现的。

- 哪些控制器在哪种情况下以多长的周期发送哪些报文。
- 哪些控制器要处理这些报文。
- 报文包含哪些数据（信号），这些数据如何标准化，即十六进制值和真实物理值或逻辑值之间的换算关系。
- 以何种优先级，即用哪个消息识别符发送消息。

至少一个车型里的所有控制器必须这样统一确定参数，并由不同的控制器供应商实现。CAN 开发和测试环境的供应商为此提供了专门的用来建立和维护 CAN 矩阵的数据库工具。

当今，在每个汽车控制器的开发和标定阶段，要有几千个数据需要根据具体车型而确定。因此人们越来越多地使用自动化的标定工具。汽车工业在 ASAM 委员会里致力于对数据的表示（格式化，统一化）进行标准化，至少在标定工具的数据交换格式层面。

在商用车领域人们更早地意识到这个问题。基于在 20 世纪 90 年代初在美国就已经广泛使用的基于字符的 A 级协议 J1587/J1708 的经验，人们在 90 年代中期在 SAE J1939 里规定了上述 CAN 的内容（见第 4 章 4.5 节）。

由于当时现有维修和生产车间的设备主要是基于 K 线接口，直到 90 年代末还不是所有汽车控制器都有 CAN 接口，因此一开始 CAN 并不被用于诊断接口和生产线末端程序烧写。CAN 标准因此也没有预先设想传输大于 8 字节的数据。现在 CAN 也被用在这些领域了，其必要条件是 ISO 15765 标准，它描述了如何在 CAN 上实现 KWP 2000 和 UDS 协议。ISO 15765-2 还定义了一个传输协议（TP），使得

把最多4K字节的数据用多个CAN报文传输成为可能。(见第4章4.1节)

3.1.6 协议软件和CAN控制器间的接口

报文的传输，包括错误检测都是由通信模块（CAN控制器）独立完成的。现在CAN控制器一般作为片上模块集成在微控制器里了，而其与总线的物理连接则还是通过单独的CAN收发器（图3.1）。基本上比较新的CAN控制器都可以通过配置，既支持11位消息标识符，也支持29位的，也就是可以同时支持CAN 2.0A和CAN 2.0B。

在软件方面，CAN控制器提供了一系列控制器寄存器以及存储区域来处理多个报文（图3.6）。传输报文时，软件把消息标识符、数据字节数以及数据本身写进报文存储器，而发送则由控制器独立完成。接收报文的时候，软件只要从报文存储器里读取数值即可。借助状态位和中断，CAN控制器和微处理器可以同步完成对报文存储器的使用（握手），并交换错误信息。

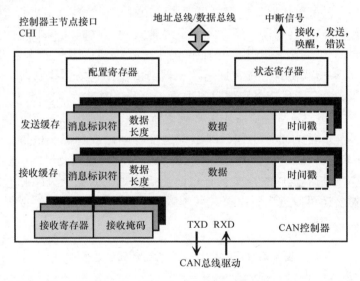

图3.6 典型的CAN通信控制器

最早的半导体生产商提供两种不同的CAN控制器类型，它们可以在同一个CAN总线上相互兼容地进行通信，但在接收过滤（见下）方面，以及相关的电路和软件实现难度上有所区别。

- 基础CAN控制器通常对发送和接收报文各有一个存储区域。接收过滤，即根据接收到报文的消息标识符决定该控制器是否要处理这个报文，是由控制器的CAN软件实现的。为了降低接收信息对控制器产生的负载，基础CAN控制器通常可以选择忽略掉带特定消息标识符的报文。这一般是通过消息标识符的位掩码实现的。发送和接收报文的存储区域一般是有两个缓存的，这样在前一个报文被完全发送或被软件处理好之前，就把下一个报文写进相应的报文存储器里，或从存储器读取出来。如果报文存储器都未空闲，则前一个报文会被覆盖，或者最新的报文会被忽略，这取决于不同半导体生产商的实现策略。发送和接收存储器很少使用 FIFO（先进先出）结构，因为 CAN 的优先级方案使得有可能要让后接收到或者要发送的报文比之前的报文先被处理或者发送，如果后一个报文比前一个优先级更高的话。这需要对 FIFO 型消息存储器进行动态调整。基于报文优先级的实时性不仅需要考虑总线获取，还要考虑报文在 CAN 软件里的处理方式。

- 完全 CAN 控制器通常有 8~16 个报文存储区，每个存储区可以被配置用于发送或者接收一个特定的报文。接收过滤是自动的，即在 CAN 控制器硬件里实现的。每个报文存储区都可以被配置只接收哪些消息标识符。新到达的报文会覆盖掉之前在相应存储区里的报文。借助基于硬件的接收过滤，完全 CAN 控制器在接收报文时的软件负载要远远低于基础 CAN。不同报文有不同的报文存储区，这可以让控制器有更多时间处理接收到的报文。CAN 控制器在要发送报文里总是先处理优先级最高的，这可以让要发送报文可以成组地并且相对独立地进行准备。

今天的 CAN 控制器（图 3.6）大都是混合式的。它们既有带硬件接收过滤的完全消息存储区（完全 CAN），也有带软件接收过滤的发送接收存储区（基础 CAN）。在发送和接收消息之前，通信控制器会由操作它的微控制器（主机）初始化，会按照图 3.3 设置比特率和位时序进行，设置接收过滤，选择操作模式。除了正常工作模式之外，CAN 控制器还常常被设置成只接收消息（监听模式或者静默模式）而不参与正常的总线工作，即不发送接收确认或者错误报告。这个模式一般用于分析总线数据而不会打扰总线工作。在开发阶段进行测试的时候会使用闭环模式，让 CAN 控制器发送的报文只有自己能接收到，而完全关闭总线发送器。此外，CAN 控制器还可以进入省电模式（睡眠模式），再有微控制器或者接收到任意 CAN 报文重新被唤醒。

表 3.2　11 位标识符的接收过滤器设置举例

位	10	9	8	7	6	5	4	3	2	1	0
接收寄存器 AR	0	1	1	0	1	1	1	0	0	0	0
接收掩码 AM	1	1	1	1	1	1	1	0	0	0	0
有效接收过滤器 AF	0	1	1	0	1	1	1	X	X	X	X

37Xh=370~37Fh

在退出配置模式后，微控制器可以把由消息标识符、数据及其长度组成的报文写进发送存储区里，并通过置相应的状态位来允许发送。如果在不同的发送存储区里有多个报文待发送，通信控制器会根据优先级或者发送要求，把报文按顺序发出去。至于报文是否成功发送，微控制器可以通过询问状态位（轮询）或者自动通知（发送中断）获知。控制器还可以读取发送存储区的时间戳，它表示的是总线参与者何时通过发送确认位确认收到报文。类似的，接收存储区的时间戳表示报文的接收时间。接收过滤器给出了要接收哪些消息（表3.2）。每个接收过滤器一般由一个登记要接收的消息标识符的寄存器 AR，及一个表示要检查消息标识符的哪些位的掩码 AM 组成。这样可以选择哪些位不需关心，并可以选择整个标识符的区域。在表3.2的例子里，接收过滤器被置为37Xh，于是区域370h 到 37Fh 被激活。微控制器通过询问状态寄存器或者接收中断知道接收到了报文。类似地，当一个报文由于接收存储区满了或者总线上有错误而丢失了，微控制器也可以知道。

3.1.7 CAN 系统的时间特性以及报文优先级的选择

CAN 报文的长度（包含两个相邻报文之间3个位的总线空闲期）是

$$T_{帧} = n_{帧} T_{位} = (n_{报文头} + n_{报文尾} + n_{空闲} + n_{数据} + n_{填充}) T_{位} \quad (3.2)$$

其中，当是由11位消息识别码时，$n_{报文头} + n_{报文尾} + n_{空闲} = 47$ 位（67位）。使用29位识别码时候的数值用（…）表示。有效数据区的长度 $n_{数据}$ 为 0~64 位，为8的公倍数。

填充位的个数与报文内容相关，根据参考文献【5,6】应为：

$$n_{填充} = 0 \cdots \left[\frac{n_{报文头} + n_{报文尾} + n_{空闲} + n_{数据} - 14 \text{位}}{4} \right] \quad (3.3)$$

其中，【…】表示分数要取整为下一个整数值。经验公式是

$$T_{帧} < 1.25 [47 \text{位}(67 \text{位}) + n_{数据}] T_{位} \quad (3.4)$$

表3.3给出了最小和最大长度及其相应的数据速率 $f_{数据} = n_{数据}/T_{帧}$ 的一览。

表 3.3　$f_{位} = 1/T_{位} = 500\text{kbit/s}$ 时位报文长度和数据速率

CAN ID	$n_{数据}$	无位填充的长度		有位填充的长度		$f_{数据} = n_{数据}/T_{帧}$
		$n_{帧,最小}$	$T_{帧,最小}/\mu s$	$n_{帧,最大}$	$T_{帧,最大}/\mu s$	
11 位	1 字节	55 位	110	65 位	130	7.5KB/s
	8 字节	111 位	222	135 位	270	28.9KB/s
29 位	1 字节	75 位	150	90 位	180	5.4KB/s
	8 字节	131 位	262	160 位	320	24.4KB/s

CAN 是基于事件触发的。理想情况下，一旦报文被写入通信控制器的报文缓存区，并且相应的发送位被置位，报文立刻就会被发送。如果忽略掉信号在收发器里以及在总线上传输的时间，则从发送端准备好报文到接收端收到报文，即总线延迟，在最好的情况下（图2.17）为：

$$T_{延迟,最小} = T_{帧} \quad (3.5)$$

当总线被占用或者有其他更高优先级的报文等待被发送，那当前的报文就要等

到总线空闲才能被发送。由于 CAN 协议并不会保证这个等待时间的上限,因此 CAN 总线并不是确定性的(硬实时的),严格意义上来说不适用于类似底盘控制这类对时间精确度要求极高的应用。Tindell、Burns 和其他人的理论研究以及长年的经验表明,CAN 的最大延迟时间在特定条件下是可以得到保证的。然而其上限的值相对较大,并且要求较小的总线负载,使得 CAN 并不是应为其理论缺陷而更主要的是因为其较低的比特率只能有限地适用于快速实时控制。

1. 计算最大延迟时间

图 3.7 表示了最大延迟时间的场景。一个中等优先级的报文 M 在时间点 $t = t_{QM}$ 的时候被放进发送缓存里(发送等待队列)。这时总线刚好被另外一个报文 L 占用。由于进行中的 CAN 传输无法被中断,该报文无论优先级如何都可以被完全传输完。报文 M 因此必须至少等到时间点 $t = t_{SA}$。这期间又有其他报文 A、B 和 C 准备好被发送,它们都比报文 M 的优先级高。因此报文 M 还必须等这些报文发完。在这个例子里,报文 M 的等待时间长到以极短周期 T_A 发送的报文 A 甚至被发送了两遍。直到时间点 $t = t_{SM}$ 报文 M 才终于被发送出去。

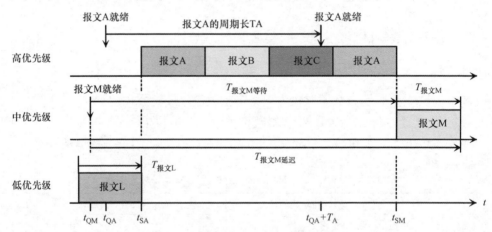

图 3.7 确定最大延迟时间的场景

计算最差情况延迟时间的前提是[4,5]:

• CAN 总线系统里所有报文的消息标识符及其优先级以及长度 $T_{Frame,k}$ 必须是已知的。LP(M)是所有优先级比报文 M 低的报文的数量。HP(M)是所有优先级更高的报文的数量。

• 所有周期发送的报文的发送周期 T_k 必须是已知的。对于不是周期性发送的报文,可以把相邻两个发送之间的最小间隔认为是 T_k,这也必须是已知的。

• 所有传输都是严格按照报文的优先级。CAN 通信控制器里的发送和接收缓存对报文的处理也必须是如此。简单通信控制器里用的 FIFO 类型的缓存就不遵循这个规则。

- 没有传输错误，因而也没有自动重发。

报文数据是由控制器应用软件提供的导致其准备好的时刻多少有些波动。这部分波动在此不作考虑。第 7 章会介绍典型控制器操作系统的时间特性。

在这些条件下，报文 M 的等待时间为：

$$T_{等待,M} = \max_{k \in LP(M)}(T_{帧,k}) + \sum_{k \in HP(M)} \left\lceil \frac{T_{等待,M}}{T_k} \right\rceil T_{帧,k} \tag{3.6}$$

其中第一项表示的是等待最长低优先级报文的时间。求和项表示的是等待高优先级报文的时间。因素 $T_{等待,M}/T_k$ 必须取下一个整数，它表示报文 M 的等待时间可能长于高优先级报文的发送周期，而使得该报文可能在等待期间多次被发送。由于 $T_{等待,M}$ 在等式两边都出现了，因此该结果无法直接求得，而只能通过迭代确定。人们一般把求和项为 0 作为迭代的初始值。迭代的收敛条件是平均总线负载：

$$BL = \sum_{所有k} \frac{T_{帧,k}}{T_k} < 100\% \tag{3.7}$$

报文 M 的最大延迟为：

$$T_{最大延迟,M} = T_{等待,M} + T_{帧,M} < T_D < T_M \tag{3.8}$$

在实时应用中一般会对每个报文的延迟有个上限 T_D（最后期限）。通常来讲这个上限要比该报文的周期 T_M 有效。如果这个条件不能被满足，则报文有可能丢失。在大多数通信控制器里，当下一个带相同消息标识符的报文在前一个报文发出去之前被写进发送缓存里的时候，缓存会被覆盖。延迟的波动范围是：

$$T_{波动,M} = T_{最大延迟,M} - T_{最小延迟,M} \tag{3.9}$$

表 3.4 表示了 CAN 报文的根据上面公式算得的延迟时间。所有报文可以在规定的周期内被发送。然而由于高达 85% 的总线负载，CAN ID 位 6、9 和 10 的报文只有非常小的安全间距。如果多个带少量有效数据的报文可以被组成一个较大的报文，那总线负载及其最大延迟可以被减少。当然这只对同一个发送者的报文才有可能。

表 3.4 CAN 报文的参数（$f_{比特} = 125\text{kbit/s}$，最差位填充情况）

CAN ID	$n_{数据}$	周期 T/ms	$T_{最小延迟} = T_{帧}$/ms	$T_{最大延迟} = T_{最长等待} + T_{帧}$/ms
1（最高优先级）	1 字节	50	0.5	1.4
2	2 字节	5	0.6	2.0
3	1 字节	5	0.5	2.6
4	2 字节	5	0.6	3.2
5	1 字节	5	0.5	3.7
6	2 字节	5	0.6	4.3
7	6 字节	10	0.9	5.0
8	1 字节	10	0.5	8.6
9	2 字节	10	0.6	9.2
10（最低优先级）	3 字节	10	0.7	9.9

2. 确定报文优先级

这个例子跟预想中的一样，最大延时以及抖动都跟报文的优先级密切相关。推荐对周期更小也就是期限更短的报文，选择报文优先级更高，即更小的消息标识符（速率单调优先级即期限单调优先级）[4]。这个经验规则很容易应用，但在极限情况下可能不是最优的。如果各个报文都无法遵守规定的延迟，可以用参考文献[5]里描述的 Audsley 迭代方法检查是否存在可以符合要求的优先级分配。

传输错误会让延迟变大。当通信控制器发现一个错误的时候，会发送一个 31 位的错误帧，然后发送者会重发出现错误的报文。人们可以通过在式（3.6）的右边加上以下项来建模：

$$E(T_{等待,M} - T_{帧,M}) = [31\, T_{位} + \max_{k \in HP(M) \cup M}(T_{帧,k})]\left(\frac{T_{等待,M} + T_{帧,M}}{T_{错误}}\right)$$

(3.10)

其中，假设错误是以 $1/T_{错误}$ 的频率出现的。更复杂的错误模型，比如成串出现的错误（爆炸错误）在参考文献[7]中会提到。

3. 确定报文周期和偏移

当所有报文同时准备发送的时候，延迟时间最大。通过选择公倍数作为报文周期，以及设置各个报文之间固定的相位关系，可以避免这种情况出现。由于 CAN 的数据链路层不提供通信控制器网络同步，这种方法只能用于各个总线节点本地的报文，或者是需要借助各个节点之间的同步报文由应用软件来实现[8]。图 3.8 表示了两个报文不同步的问题。报文 A 每 $T_A = 5$ms 发送一次，报文 B 每 $T_B = 8$ms。首先是报文 A 先开始发送。3ms 后报文 B 开始第一次发送。当 $t = 11$ms 时报文 B 应该第二次被发送。由于这是报文 A 又占用了总线，报文 B 只能延迟。这使得实际的周期延长为 9ms，而下一个周期缩短到了 7ms，因为报文 B 在 $t = 19$ms 时又是按计划被发送。$t = 20$ms 时报文 B 还占用着总线，因此本该被发送的报文 A 只能在 $t = 21$ms 时被发送。其周期因而延长到 6ms，而下一次报文 A 的正常发送则缩短到了 4ms。在这个例子中，两个报文周期都是以 ±1ms 波动。更好的办法是，选用整数倍数作为报文周期，比如 $T_A = 5$ms，$T_B = 2T_A = 10$ms，并让报文序列以相位偏移 $T_A/2 = 2.5$ms 启动。这下报文就不会出现冲突，因而报文周期也保持恒定。这个例子展示了相位偏移的积极作用。如果人们在计算中要考虑这个[9]，并不只是唯一一种最坏情况，而是必须研究所有相位的搭配组合。这如果用手动来做是非常费力的，因此需要借助调度分析工具。在第 9 章 9.8 节会对此给出详细介绍。

3.1.8 时间触发 CAN（TTCAN）确定性的总线获取

CSMA/CR 方法里只有最高优先级的报文的实时性是确定的，其他报文只能在特定条件下保证最大延迟时间，在这个最大延迟内报文在最坏的情况下也能安全地传输(见上节)。但只要控制器不是完全时间同步地控制总线,就都有可能出现明显的波动延迟,也就是抖动。这会导致当所有控制器同时想要发送的时候,总线出现短暂的负载高峰。借助计算和仿真理论上可以确定最大延迟时间和抖动。然而实际上在复杂的带许多控制器和报文的网络中,并不是所有的报文都能完全遵守全部边界条件。这通常跟控制器里的实现细节以及实际配置有关。这可以通过开发项目中一辆车的配置种类或者在量产的中期改动中改变,但这个改变很难预测。因此CAN并不是严格意义上的确定性总线系统,即使它在大多数实际应用中已经"足够好"了。因此传统CAN在对安全性要求极高的应用中,比如线控转向和线控制动,只能有条件地使用。

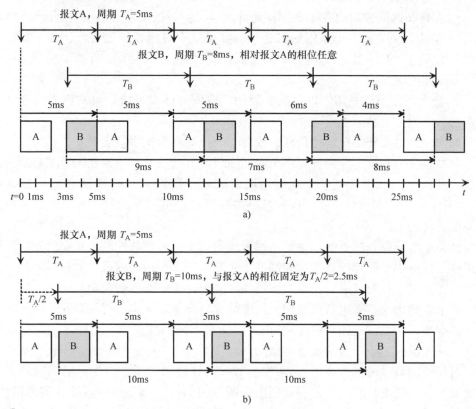

图3.8 报文周期和相位对延迟时间的影响
a) 随机周期和相位　b) 整数倍数作为周期,以及固定相位关系

为了保证严格的确定性传输,必须要有一个同步的总线获取。也就是规定哪个控制器允许在哪个时间窗口获取总线(时分多路,TDMA)。ISO 11898-4建议了以下CAN方案。

有一个控制器作为时间主节点,它会周期性地发送一个参考报文(图3.9),形成一个TTCAN基础周期。所有其他控制器都通过这个报文与基础周期同步。基

础周期的下一段包含了可以自由选择的时间窗口数量,其长度是可以自由定义并且各不相同的。一共有如下 3 类时间窗口:

图 3.9　TTCAN 基础周期

- 在专门预留时间窗口里只有一个控制器可以发送它的报文。也就是说这个时间窗口是为时间同步通信设置的。在这个时间窗口里不会出现总线冲突。
- 在仲裁时间窗口内各个控制器允许发送它们的报文,这里用的是传统的 CSMA/CR 总线获取方法,即事件触发通信。如果这个时间窗口足够长,多个控制器可以陆续发送它们的报文。不过每个发送者在发送前需要检查,在当前窗口结束时能否把报文传输完。
- 自由时间窗口是用于以后的扩展的,以便可以添加新的报文而无须改动通信格式。

如果一个报文要很频繁地传输,或者一个控制器有很多报文要发,也可以为一个控制器在一个基础周期内分配多个时间窗口。有些报文并不是在每个基础周期内都会被发送,人们可以把多个基础周期组成一个所谓的系统周期(或者矩阵周期),其中同个时间窗口会在不同的基础周期里发送不同的内容,整个流程是按系统周期循环的。

整个系统是静态配置的,也就是说时间窗口及其分配的控制器是在开发阶段而不是在运行过程中确定的。每个控制器不必知道整个通信调度表,而只需要知道它在哪些时间窗口里允许发送,以及在哪些时间窗口里需要接收报文。

为了避免出现时间主节点完全失效的情况,一个系统可以有至多 8 个时间主节点,其参考报文通过选择 CAN 消息识别码拥有不同的优先级,这样永远是当前拥有最高优先级的主节点来给定基础周期。

时间控制可以通过传统的 CAN 控制器以及软件来实现,前提是时间窗口定义得足够大,软件进行时间控制和数据准备所造成的时间抖动在可以接受的范围内。问题是出现传输错误时候的自动重发,以及在仲裁时间窗口"输掉"总线使用权的报文重发。如果传输重发不能在当前时间窗口内完成的话,那自动重发必须被关闭。这对较新的 CAN 控制器来说是可以做到的。

为了避免通过纯软件实现时序控制而对微控制器造成过多负载,目前相应的 CAN 控制器都可以支持在硬件层面实现 TTCAN 协议,并只需要通过软件进行配置。

时间同步通信特别适合用于需要周期性进行的测量和控制任务。为了避免额外的、变化的空白时间,控制器内测量和控制任务的处理也应该和 TTCAN 的基础周期时间同步。对于事件触发的报文，特别是对于高优先级报文，其在 TTCAN 里的延迟时间通常会高于普通 CAN，因为只有基础周期的一部分被预留给这类报文。

TTCAN 还定义了一个更高级的系统同步方法。它是会传递一个全局系统时间，并在一个基础周期内修正各个本地的时钟。

TTCAN 虽然保证了报文的确定性传输，但并不支持比传统 CAN 总线更高的比特率。这是因为在事件触发的时间窗口里用的还是位仲裁，而且在每个报文尾确认位发送积极或者消极的接收确认的机制也被保留下来。因此，带宽不足以支持高强度应用这个根本性问题还是没有得到解决。这也是 TTCAN 直到现在也没有得到应用的原因。中期来看在底盘和动力总成电子领域 CAN 总线会被 FlexRay 取代。另一方面，CAN 灵活速率版本也提供了一个有趣的可供选择的方案（见下节）。

3.1.9 节能措施：唤醒和局部网络

大多数控制器在发动机关闭的时候都可以关机，然而某些系统，比如车门锁，还需要继续工作。不过为了减少蓄电池消耗，这些控制器也会转入节能模式（睡眠模式），然后时不时地被唤醒。根据 ISO 11898-5，连接在 CAN 总线上的控制器可通过一个 CAN 唤醒信号被唤醒。这个唤醒信号是 CAN 总线上在前一个隐性静止状态后的一个超过 $5\mu s$ 的显性位。为了抑制干扰的影响，不足 $0.75\mu s$ 的脉冲会被忽略。实际中唤醒信号是通过发送任意一个包含足够长串 0 的 CAN 报文。控制器在睡眠状态时通常只有 CAN 收发器还工作着，CAN 通信控制器和 CPU 则被关闭（图 3.1）。收到唤醒信号后会需要一段时间控制器才能完全正常工作。控制器何时以及怎样从工作状态进入省电状态以及反过来，需要由应用层来确定。用于协调这个过程的有 OSEK 及 AUTOSAR 网络管理（第 7 章 7.2.3 小节和第 8 章 8.5 节），以及 AUTOSAR ECU 状态管理器（第 8 章 8.2 节）。

在应用中，人们希望可以只是有选择地激活某个或者一组控制器（选择性唤醒），而不是所有控制器。人们甚至想不只是在关闭发动机的时候关闭控制器，而是在行驶过程中也可以关闭某些控制器来节省能量。比如在高速公路上行驶的时候，就没有必要让泊车辅助控制器工作。

CAN 总线系统里只有一部分控制器工作的模式被称为局部网络模式。对于局部网络模式，人们建议不是用一组简单的比特流而是用一个完整的 CAN 报文也就是唤醒帧来唤醒。为了唤醒控制器，唤醒帧的 CAN 消息识别码和长度（DLC）必须和控制器里预先配置的值一致。这样可以用一个 CAN 报文选择性地唤醒最多 64 个控制器。相对于今天大多数 CAN 收发器都可以识别的唤醒信号，要让收发器识别一个完整的 CAN 报文则要复杂得多。因为这需要把 CAN 通信控制器里的一部分数据链路层额逻辑复制到收发器里，并且要让收发器可以由微控制器进行配置。因此等到响应的 CAN 标准化工作完成，以及响应的 IC 出现在市场上还需要一段时间。之后，人们才能在网络管理和应用层进行相应的定义和实现。

3.1.10 更高的数据速率：CAN 灵活速率 CAN FD

由于有限地总线带宽，很长一段时间以来 CAN 都是未来底盘和动力总成系统发展的瓶颈。作为 CAN 继任者而设计的 FlexRay 总线（见本章 3.3 节）目前还无法满足人们的所有要求。一方面，由于在 FlexRay 协议里短报文对资源的利用效率不高，导致有效的总线带宽相对其高比特率并没有增加那么多。另一方面，FlexRay 的 TDMA 方案比较僵硬，以致在开发阶段设计通信调度表的时候必须非常小心，因为一旦确定之后要再修改就很困难。另外，要把软件从事件触发转换为时间触发也是 CAN 系统向 FlexRay 系统转换的一大困难。为此，博世在 2012 年发布了 CAN 灵活速率标准 1.0 版本。它让 CAN 系统向下兼容地提升了带宽。这主要是通过两种手段实现的。

1. 更长的报文

CAN 报文的有效数据长度被从 8 字节提高到了 64 字节。CAN FD 报文可以像之前那样包含 0 到 8 个字节，现在还可以是 12，16，20，24，32，48 或者 64 字节。报文头的控制位里的数据长度码 DLC（图 3.4）之前就已经有 4 个位长了，所以现在只需要利用之前未使用的数值即可。另外，报文尾的 CRC 校验和也需要相应地修改，才能对更长的报文保证同样的数据可靠性。8 字节以内的报文继续使用 15 位的 CRC。对于 12 字节和 16 字节的报文，校验和长度延长到 17 位，20 字节以上的报文使用 21 位的 CRC。为了能将 CAN FD 报文和普通的 CAN 报文区分开来，人们在报文头引入了一个扩展数据长度位 EDL（图 3.10）。

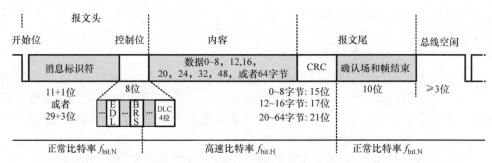

图 3.10 CAN FD 的报文格式（长度数值都是没有考虑位填充的）

2. 更高的比特率

限制 CAN 带宽的因素主要是在报文头里消息标识符的位仲裁，以及在报文尾里用于确认正确收到消息的确认位。所有控制器对这些位的处理必须在每个位的时间内完成。而信号在总线上传输的时间是无法变动的，根据式（3.1）可以得到总线长度与最小位时长，即最大比特率的关系。对于数据场和 CRC 校验和来说，则并不是一定要遵守这个要求。不过国际标准 ISO 11898 的 1.0 版里并没有给出具体的数值。在博世公开的其他报告里[8]有提出要达到 ISO 11898-2 里所述物理层的 4Mbit/s。比特率的切换是可选的，是通过一个新引入的报文头的控制场里的比率切换控制位 BRS 来表示的（图 3.10）。在报文尾 CRC 场结束后则切换回正常的比特率。

表 3.5 有效数据速率估算（11 位消息标识符） （单位：KB/s）

$n_{数据}$	经典 CAN2.0 $f_{bit} = 500\text{kbit/s}$	不带比特率变换的 CAN FD $f_{bit,N} = f_{bit,H} = 500\text{kbit/s}$	带比特率变换的 CAN FD $f_{bit,N} = 500\text{kbit/s}$，$f_{bit,H} = 4\text{Mbit/s}$
8 字节		29	79
16 字节		35	131
32 字节	不允许	40	195
64 字节		44	260

CAN FD 的报文头增加了新引入的 EDL 和 BRS 位。报文尾根据有效数据的长度不同最多增加 6 位的 CRC 校验和。参照式（3.4）可以估算报文的时长为：

$$T_{帧} < 1.25 \left[29\text{bit}(49\text{bit}) \frac{T_{等待,M} + T_{帧,M}}{f_{bit,n}} + \{26\text{bit} + n_{数据}\} \frac{1}{f_{bit,H}} \right] \quad (3.11)$$

其中，$n_{数据}$ 表示数据的位数；因子 1.25 表示最差情况下的位填充。（）里的值（49bit）是针对 29 位消息标识符的。有效数据速率为 $f_{数据} = n_{数据} / T_{帧}$。如表 3.5 所示，如果可以可靠地切换到高比特率，CAN FD 确实极大地提升了有效数据速率。

3.1.11 CAN 总结 - 第 1 层和第 2 层

- 用于多个车辆控制器之间的通信，在实时运行中以较高的可靠性交换测量、指令和控制器信号。
- 面向比特流的传输协议，使用双向双导线的线型总线。总线长度和引线长度与比特率有关。最大比特率为 1Mbit/s，对应的总线长度小于 40m，引线长度小于 30cm。
- 汽车上常用的比特率为 500kbit/s（高速 CAN），以及 100~125kbit/s（低速 CAN），也可选择其他速率。
- 报文带 0 到 8 字节有效数据以及 6 到 8 字节的额外信息（报文头和报文尾）
- 需要 CAN 控制器、收发器和微控制器。
- 广播系统。报文使用消息标识符来标识，接收者可独立决定是否接收报文（接收过滤）。消息标识符同时表示了报文在发送时的优先级（CSMA/CR 总线获取方法）。消息标识符有 11 位长和 29 位长的（CAN 2.0A 和 CAN 2.0B），可以在同一个 CAN 网络中混合使用。
- CAN 控制器包含硬件接收过滤（完全 CAN）和软件接收过滤（基础 CAN）

- 全网络的数据一致性。因为一旦有一个或多个设备发现传输中出现错误，所有 CAN 控制器都会忽略掉接收到的数据。出现错误时 CAN 控制器会自动重发。CAN 控制器无法正常工作时会自动关闭。
- 在 500kbit/s 时并且考虑最差位填充的情况下传输一个 8 字节的报文所用时长是：270μs（11 位标识符）以及 320μs（29 位标识符）。这也是最高优先级报文在最坏情况下的延迟时长。
- 理论最高有效数据速率为 29KB/s（11 位标识符）以及 24KB/s（29 位标识符）。
- 通过增加报文长度到 64 字节以及动态切换到高比特率来提高有效数据速率的方法正在开发中。

3.2 局域互联网络

LIN（Local Interconnect Network，局域互联网络）是一种相对较新的总线系统，是在 20 世纪 90 年代末被开发出来的，是在简单的传感器－执行器应用领域（如车门、座椅或者天窗的电子系统）取代 CAN 总线系统的一种低成本解决方案[10]。它是由半导体生产商摩托罗拉（如今叫飞思卡尔）和各个汽车制造商合作推出的。这些公司一起成立了 LIN 标准委员会。LIN 的标准是公开的。由于它使用了简单的面向符号的协议，可以用异步收发传输器（UART）实现，因此 LIN 总线标准实际上是可以免费使用的。

3.2.1 概述

LIN 的物理层和位传输层（8 数据位的 8N1 UART 字符，开始位和结束位各一位，无奇偶校验）和 K 线协议一样（见第 2 章 2.2 节）。比特率可以从 1kbit/s 到 20kbit/s，其中 2.4kbit/s、9.6kbit/s 和 19.2kbit/s 是推荐使用的 3 个比特率。第一代 LIN 的重点放在了实现低成本的网络节点。为了能尽快将 LIN 引入市场，人们把 LIN 定位为 CAN 网络的子网络。其中需要一个主节点作为上层 CAN 网络的网关，并且是唯一拥有精确时钟基准的节点，来负责整个网络的配置。其他所有节点均为从节点，它们的时钟会自动同步。它们不需要整个网络的配置信息。在总线层面上，LIN 只有少量机制来识别传输错误，也没有规定自动改正这些错误的机制。

LIN 标准的 2.0 版本不止对一些部分做了更精确的规定，而且扩展了许多不同的、部分是可选的机制，这些机制让设备变得复杂了许多。其中包括 KWP 2000 或者 UDP 诊断消息的可选通道。但这要求在 LIN 控制器里集成 ISO 诊断功能，以及即插即用机制，来实现 LIN 主控制器对从控制器的自动配置。但这个机制只对拥有 Flash ROM 和 EEPROM 存储器的控制器有用。因此这也受到了一部分人的质疑，毕竟这会推高 LIN 的成本，从而违背了此系统的初衷。

此外，这些改动并不是完全向后兼容的。特别是校验和的计算有了很大改动。一个 2.0 版本的主控制器可以和 1.3 版本的从控制器兼容，而一个 1.3 版本的主控制器却不能和 LIN 2.0 版本的从控制器通信。LIN 2.1 和 2.2 版本继续对一些细节向后兼容地作了补充，特别是消除了之前版本里一些不清楚的地方。

LIN 版本 2.0 是由通用汽车和福特汽车推动的，作了一些轻微的改动，比如比特率最高为 10.4 kbit/s。这个版本被提交为标准 SAE J2602。另外，还有一些专用 LIN 版本，比如丰田的版本，或者空调生产商的版本，称为冷却总线。

在最初的热情过后，人们发现要达成一开始目标，也就是让 LIN 节点的成本只有低速 CAN 总线节点的一半，不是那么容易的。这主要是因为 CAN 总线收发器由于产量巨大，并不比 K 线收发器贵多少。而且 LIN 收发器由于需要稳定的电压，只能使用某些半导体工艺直接集成到微控制器上。如果 LIN 总线极低的比特率真的够用了，那其实也可以使用单根线的低速 CAN 总线。最后，通过将 CAN 控制器直接集成到微控制器里，在今天这种集成密度下，其相对 UART 多出的成本已经可以忽略不计。相反，CAN-LIN 网关的功能使得整个网络变得更复杂，因而也更容易出错。尽管如此，LIN 总线在车身电子，比如车门、后视镜和窗户的控制，或者多功能方向盘、内外照明设备上，目前还是获得了广泛应用。在 ISO 17987 的框架下，人们对其做了进一步的标准化。

3.2.2 数据链路层

LIN 总线系统里，在 LIN 标准里也叫 LIN 集群，有且只有一个规定的控制器作为主控制器，通过主节点发送头报文、一个从节点响应并发送数据报文，来实现对整个网络通信流程的控制。其中，主节点发送数据报文也应该和头报文的发送在逻辑上互相独立，这样所有控制器发送数据本质上都是实现一个从功能（图 3.11）。一般主控制器也承担了与上层 CAN 总线的通信网关功能。

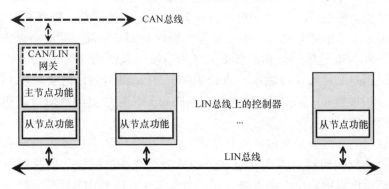

图 3.11 LIN 总线的结构

主控制器发送一个报文头（图 3.12）。报文头一开始最少是 13 个低电平位和 1

个高电平位。其中,至少要有11个低电平位在总线结束空闲状态后能被从节点识别。这些被称为同步字节的位序列是唯一非标准UART的字符,因此可以作为报文头被每个接收者在任何时候识别到。之后是一个高低位交替的同步字节(55h),它让接收者可以进行位同步。主节点发送报文头的最后一个字符是身份识别字节。和CAN一样,LIN的身份识别符可以表明之后的报文内容。配置好的控制器会在收到LIN身份识别符之后返回一个1到8个字节的数据报文和一个校验码字节(非条件帧)。

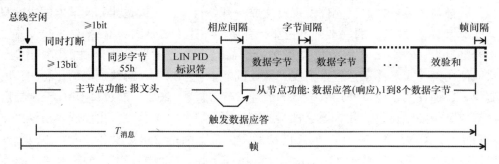

图 3.12 LIN 报文格式

和CAN总线一样,LIN总线也是无连接通信的。LIN的身份识别码表示了所需数据报文的内容,而不是一个静态的地址,也就是按内容进行地址分配。所有连接在总线上的控制器必须接收和评估报文头,并且可以监听所有数据报文。身份识别码由6个位组成,用来表示接下来的数据报文的内容。另外,还有2个奇偶校验位,用来识别身份识别码是否有传输错误。这个由身份识别码和两个奇偶校验位组成的字节,在LIN标准说明里被称为受保护的身份识别码PID。LIN 1.x版本中身份识别码还表示了报文长度,其中有32个身份识别码是给2字节的数据报文的,16个是给4字节的数据报文的,其余的是给8字节的报文的。在LIN 2.x版本中,数据长度是在系统配置文件中(见本章3.2.6小节)规定的,与身份识别码无关,可以在1到8字节中随意选定。而对数据内容本身LIN标准描述没有做规定。身份标识码3Ch和3Dh是给指令和诊断报文(诊断帧)预留的(表3.6),它们使用了接下来会讲到的LIN协议传输层。身份识别码3Eh和3Fh是留给以后LIN协议扩展使用的(扩展帧)。提示:这里身份识别码和LIN标准里的数值可以相互理解而无须奇偶校验位。

从节点的应答数据是通过校验和来保障的。在LIN 1.3版本里校验和只涵盖了数据场(经典校验和)。LIN 2.0版本里,从节点在计算校验和的时候,还必须从报文头里把身份识别码也考虑进来(增强校验和)。和UART标准一样,各个字节都是由一个起始位和一个终止位包围起来,并先从最低有效位(LSB)开始传输。多字节数据的传输是按照小字节序,也就是低位的字节先发送。

表 3.6　LIN 身份识别码（无奇偶校验位）

标识符（6 位）	含义
00h ~ 3Bh	普通 LIN 报文，内容由 LIN 配置文件确定
3Ch	输协议中的主节点请求帧（MRF）。用于诊断和配置，见 3.2.5 小节 第一个数据字节为 00h：命令切换到睡眠模式 第一个数据字节不为 00h：诊断报文见图 3.13
3Dh	传输协议中的从节点响应帧（SRF）
3Eh、3Fh	预留给将来的功能扩展

LIN 数据字节0	LIN 数据字节1	LIN 数据字节2	LIN 数据字节3~7
ISO 地址信息 LIN NAD	ISO PCI	ISO SID	ISO 数据字节(最多5个字节)

图 3.13　ISO 15765 - 2 规定的 LIN 单帧诊断报文格式

　　LIN 标准里对错误识别和处理只做了部分定义。报文的发送者不会收到接收者的接收确认或者错误报告。每个发送者都必须同时检查自己发送的总线信号。如果它在总线上发现了位错误，就会终止发送。如果没有从节点应答报文头或者响应超时了，主节点必须能识别到。从节点会忽略身份识别码不明，或者奇偶校验位出错以及校验和出错的报文。被发现的错误会存在本地 LIN 协议软件的状态信息中，并可以被相应总线参与者的应用层调用（见本章 3.2.8 小节）。应用层的其他错误响应机制取决于各个应用本身，LIN 标准描述对此没有做定义。在 LIN 2.0 版本中新引入了一个机制，每个 LIN 从节点必须在其给主节点周期性发送的报文里至少提供一个状态位（错误响应位）。如果从节点在接收消息或者自己发送消息时发现了错误，会把错误响应位置为真。在发送带错误响应位的报文后，从节点会自动恢复该位。主节点要评估所有从节点的错误响应位以及自身的错误监测，并在其应用层做出相应的反应。状态信息要以什么周期来发送，以及主节点应该如何响应，也是取决于具体应用的。

　　通过发送身份识别码 3Ch 和第一个数据字节位 00h 的报文，主节点可以把所有从节点切换到睡眠模式，所有总线活动都会停止。另外，如果总线在至少 25000 个总线时间内（在 LIN 2.0 版本里最早 4s 后，最迟 10s 后）没有活动，一个从节点可以自己启动睡眠模式。每个总线参与者可以通过发送唤醒报文来终止总线的睡眠状态。唤醒报文是由一个符号 80h（不带报文头和校验和）组成的。在 LIN 2.0 版本里则修改为一个 0.25 ~ 5ms 的低信号。所有连接中的总线参与者都必须识别唤醒报文，并在 100ms 内重新初始化。主节点在至少 4 个，最多 64 个位时间后（在 LIN 2.0 版本是 100ms 后）重新开始发送头报文。如果没有成功的话，控制器会重发唤醒报文，最多 3 次，每次间隔 150 ~ 250ms。如果还没成功，这个过程会间隔

1.5s 再重复。

LIN 报文的定时要求定义得十分宽松。主节点的时钟节拍误差不应超过额定值的 ±0.5%。从节点的时钟节拍误差则允许在同步前达到 ±15%，只要它可以通过同步字节精确同步到 ±2%，并且保持在这个范围内直到报文结束。同步字节和身份识别码字节之间的同步中断时长仅规定了最小为 14 位，最长为 49 位的时长。类似的，报文头结束到数据应答开始的间隔（应答间隔）以及数据应答各个字节之间允许的最大间隔（字节间间隔）也可以自由选择。时间要求的各项细节会在本章 3.2.8 节进行阐述。

3.2.3 LIN 2.0 版本里的新报文类型

从 LIN 2.0 版本开始，除了一直周期发送的 LIN 报文（无条件帧），还有被称为偶发帧和事件触发帧的动态报文和普通报文一样，对这些报文也需要在报文列表里预留相应的时间片。

偶发帧是只有当主节点里确实有数据，或者主节点要求从节点应答时才会被发送，否则的话主节点不会生成头报文，总线在这段时间片里则保持静止。偶发帧通常可以为带不同身份识别码的报文预留同一个时间片，不过需要在配置时给这些报文静态地确定优先级，这样在出现冲突时主节点的调度管理器，每次只会发送优先级最高的报文。

事件触发帧是在用一个报文周期性要求多个从节点响应时使用的。事件触发帧是唯一可配置多个响应从节点的报文类型。事实上一个从节点只有当其内部相对应的数据发生变化时才会响应。因此，事件触发帧仅适用于那些由多个设备提供，但理论上每次只有一个设备里的数值会发生变化的数据。例如，询问车门接触开关，因为一般认为不会有多个门在同一时间被打开或者关闭。如果每个从节点里相关的数据都没有发生改变，则没有节点会响应。而如果出现多个从节点里的数据同时发生改变，多个设备要应答头报文的特殊情况，就会出现冲突。各个从节点可以通过读取已发送数据来识别冲突，并提前终止发送。主节点在这种情况下会识别到接收或者超时错误。在下个属于该事件触发帧的时间片，主节点会依次用普通报文询问从节点（也就是用不同的身份识别码），之后才会重新发送事件触发帧。也就是说每个要对某个事件触发帧的身份识别码响应的控制器，还都需要各自设定一个唯一的普通报文身份识别码。由于这种延迟使得事件触发帧不再是严格时间确定的。LIN 2.1 版本对冲突处理作了更精确的描述和要求。主节点要在识别到冲突之后切换到另一个报文时序表，来保证不再出现冲突。这个新时序表只会被使用一次，然后就会重新切换回原来的报文时序表。

3.2.4 LIN 传输层和通过 LIN 进行 ISO 诊断

因为 LIN 总线上的控制器和其他车载控制器一样要能对维修厂诊断开放接口，

所以主控制器一般都带有标准诊断接口（通过 CAN 的 KWP 2000 以及通过 CAN 的 UDS 协议，见第 5 章）。在 LIN 1.3 版本里，与 LIN 从节点控制器的数据交换则通过带普通 LIN 报文身份识别码的普通 LIN 报文，这样 LIN 从节点本身不必集成 KWP 2000 或者 UDP 协议软件。LIN 2.0 版本则允许按照 ISO 15765 和 ISO 14229，借助类似 ISOTP 的传输协议（见第 4 章）通过 LIN 总线来传输 KWP 2000 和 UDS 协议。在这种情况下，LIN 从节点除了 LIN 协议之外还必须在应用层实现 UDS 和 KWP 2000 协议。但这就和 LIN 一开始尽可能简化从节点的目标不太相符。LIN 2.1 版本则通过引入所谓的设备等级（诊断等级）来简化对支持诊断协议的规定。等级 1 的从节点为简单的传感器/执行器设备，只需要支持用于动态设备配置的单一报文（见本章 3.2.6 小节）。等级 2 的控制器需要支持所有传输协议报文，不过只需要实现 UDS/KWP 2000 诊断服务里的按编号读数据这个功能，来用于读取控制器数据，比如设备信息等。在最高的等级 3 里，还要求支持诊断会话（诊断会话控制）、读取和控制控制器输入输出（输入输出管理）、读写故障存储器（读取/擦除诊断故障码信息）以及可选配的闪存烧写（见表 5.19 和表 5.20）。

用 LIN 传输 UDP/KWP 2000 协议需要由主控制器/网关用编号 3Ch 的 LIN 报文发送 UDS/KWP 2000 的诊断请求（MRF），并由从节点回复编号 3Dh 的诊断响应（SRF）。ISO 15765 – 2 的报文格式里的单一帧和多帧格式的头帧与连续帧是由 8 个数据字节的 LIN 报文构成的，如图 4.2 所示。在 CAN 总线里面所必须的，用流控制报文实现的流控制，在 LIN 总线里不是必要的，主要是由于 LIN 的时间同步传输特性。

在 LIN 层面这些报文被认为是广播报文，也就是说所有支持 LIN ISO 诊断的 LIN 从节点都必须接收编号 3Ch 的请求报文。选择诊断的目标控制器是通过 ISO 地址（见第 5 章 5.1.3 小节），在 LIN 里被称为节点诊断地址（Node Diagnostic Address，NAD）。它是在第一个数据字节里传输的。其值 1 到 7Dh 表示设备地址。7Eh 表示可以进行功能寻址，7Fh 则作为广播地址。从节点在响应报文里则用自己的地址。编号 3Ch 的主节点请求报文和编号 3Dh 的从节点响应报文必须是含 8 个数据字节，不足的数据位要用 FFh 补足。

报文时序表对诊断报文也要有一个确定的时间片。不过仅当主节点要发送请求报文或者等待从节点的响应报文时，才会使用这个时间片。

ISO 15765 – 2、KWP 2000 和 UDS 都对通信监控提出了相对严格的时间要求（表 3.7），而 LIN 2.0 版本却对通信的延迟没有具体规定。从 LIN 2.1 版本开始，人们要求一个报文从请求发送到实际发送之间，以及两个相邻的连续帧之间都不能超过 1s，而在具体的应用中可以设置到更短。

表 3.7 传输协议和诊断的设备分级

控制器级别	ISO 15765-2 规定的传输层（第 4 章）	ISO 15765-3 和 ISO 14229 规定的诊断服务标识符 SID（见第 5 章）
一	只有单帧	配置服务见本章第 3.2.6 节（B2h，B7h，另有 B0h，B3h~B6h 可选）
二	单帧、头帧和连续帧	配置服务同级别一 诊断服务 22h，2Eh
三		同级别二，还支持诊断服务 10h，14h，19h，2Fh。另有 31h 和烧写程序为可选

3.2.5 LIN 配置语言

LIN 标准说明规定了一种配置语言，借助它人们可以对网络参与者（节点）、要传输的数据（信号）和由这些数据组成的报文（帧）进行详细描述。虽然配置文件用的是简单的文本文件格式，理论上可以简单地用文本编辑器创建编辑，但在实际中人们还是用专门的配置工具。人们可以从网络参与者的配置文件（节点功能文件 NCF）生成整个网络的配置文件（LIN 描述文件 LDF，图 3.14）。另外，人们还可以用工具自动为控制器生成实现主从节点功能的 C 源文件和头文件。

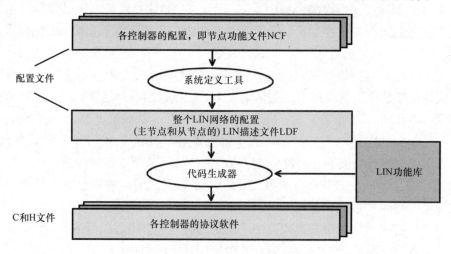

图 3.14 LIN 总线配置

另外，人们还可以基于 LIN 配置文件来模拟网络的工作。

公开的 LIN 总线标准只定义了配置语言，以及 LIN 协议软件与应用软件、UART 驱动软件之间的程序接口（API，图 3.15）。相关工具则涉及了不同厂商提供的商业产品。

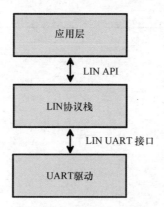

图 3.15 LIN 协议软件接口（LIN 协议栈）

表 3.8 **LIN 配置文件**

```
LIN_description_file;
    LIN_protocol_version = "1.3";
    LIN_language_version = "1.3";
    LIN_speed = 19.2 kbps;
Nodes {
    Master:CEM,5 ms,0.1 ms;    // 主节点控制器,时序表周期为5ms
    Slaves:LSM,CPM;    // 从节点控制器
    }
Signals { // 信号定义
    CPMOutputs:10,0,CPM,CEM;
    HeaterStatus:4,0,CPM,CEM;
    CPMGlowPlug:7,0,CPM,CEM;
    WaterTempLow:8,0,CPM,CEM,LSM;
    WaterTempHigh:8,0,CPM,CEM,LSM;
    CPMFuelPump:7,0,CPM,CEM;
    ...
}
Signal_encoding_types {
    Temp {
    physical_value,0,250,0.5,-40,"degree";
    physical_value,251,253,1,0,"undefined";
    logical_value,254,"out of range";
    logical_value,255,"error";
    }
    ...
}
Signal_representations {
    Temp:WaterTempLow,WaterTempHigh;
```

(续)

```
    ...
}
Frames { // Definition von Botschaften
    VL1_CEM_Frm1:32,CEM,3 { // - - - 报文 1
    ...
    }
    VL1_CPM_Frm1:50,CPM { // - - - 报文 2
        CPMOutputs,0;
        HeaterStatus,10;
        WaterTempLow,32;
        WaterTempHigh,40;
        CPMFuelPump,56;
    }
    ...
}
Schedule_tables { // 报文列表
    VL1_ST1 {
        VL1_CEM_Frm1 delay 15 ms; // - - - 报文 1 延迟 15ms
        VL1_CPM_Frm1 delay 20 ms; // - - - 报文 2 延迟 20ms
        ...
    }
}
```

LIN 配置文件主要包含了以下部分（表 3.8）：

- 包含总线协议版本号、配置语言以及网络比特率的文件头。
- Nodes {...}：定义了主节点和所有从节点的字符名称。另外，它还给出了主节点的时序周期和时间容忍度（抖动）。Node_attributes {...} 是 LIN 2.0 版本新加的，给出了每个控制器支持的协议版本、诊断地址 NAD、LIN 产品信息（见本章 3.2.6 小节）和一些其他参数，比如哪些报文有可以动态配置的 LIN 身份识别码。
- Signals {...}：定义所有要传输数据的字符名称、大小（1 到 16 位以及 1 到 8 字节）和初始值。初始值是在当前数值没有被应用层给定时，或者从总线上收到时使用的。另外，它还会给出每个信号可以由哪些控制器（节点）发送（发布）以及由哪些控制器接收（订阅）。为了接收短报文，可以在传输时将多个少于 16 位长的信号组成 1 个或 2 个数据字节。相关的大于 1 字节的数据结构可以组成一个字节数组（在 1.3 版本里被称为信号组）。
- Signal_encoding_types {...}：为可选内容。它定义了传输的十六进制数的数值范围以及将其换算成真实物理值的公式：

物理值 = 系数 × 十六进制数值 + 偏移量

- 每个换算公式都有一个符号名称。在小节 Signal_representations {…} 里，人们可以给每个信号指定一个换算公式。
- Frame {…}：定义每个报文的符号名称、身份识别码、由哪个控制器发送以及由哪些信号组成，确定每个信号在报文里的位置（用从报文第一个数据位开始的位偏移量来表示）。少于 8 个位的信号会拼凑成一个字节。
- Schedule_tables {…}：定义一个含有所有传输报文（帧）及其重复周期的表格。通过这个表格主节点可以确定什么时候发送哪个头报文。生成配置文件时，使用者需要借助配置工具，来保证每个报文的重复周期是 LIN 总线时序周期的整数倍，并且所有在报文列表里定义的报文，在考虑传输耗时和时序周期抖动等情况下都能完成传输。在 LIN 2.0 版本里还在这个配置段落里引入了一些其他的属性。通常会为一个系统的不同工作状态设置多个调度表。

从 LIN 2.0 版本后加入了以下内容：

在 Diagnostic_frames {…} 里可以定义整个诊断报文（LIN 标识符 3Ch 和 3Dh）并通过 Diagnostic_signals {…} 来定义其中的数值。

在 Sporadic_Frames {…} 和 Event_triggered_frames {…} 可以定义本章 3.2.6 节中所描述的动态报文。

节点功能文档描述了各个设备的功能。它用的是跟上述几乎一样的语法，不过包含了其中的一部分。对某些数据，例如报文的重复周期，节点功能文档只能说明其允许的数值范围，而不是对每个报文都给定一个值。

LIN 2.1 版本对一些细节进行了改动，从而可以对新添加的报文进行描述。除了 LDF/NCF 文件根式，还引入了更新的 FIBEX 配置文件格式（见第 6 章 6.3 节）。FIBEX 格式除了适用于 LIN，还可以适用于 CAN，FlexRay 和其他总线。

3.2.6 LIN 从节点控制器的动态配置

LIN 2.0 版本引入了一个可以对 LIN 从节点进行动态配置的算法。其背后的想法是，一些简单控制器可以由生产商用一个固定的默认设置供货，在安装到位后再通过主节点来进行配置。这个方法通常被用在座椅和通风控制器上。这样可以无须对从节点控制器不同的变种分开存储。类比于个人计算机领域，这种动态配置被称为 LIN 的即插即用。

默认设置会预先给出控制器的诊断地址 NAD 和所有报文的 LIN 标识符。这些内容之后可以在配置流程中由主节点重新进行配置。为了让总线系统可以在上电后立刻就可以投入使用，人们尽可能只在整车制造厂，或者在维修车间更换控制器时使用这个动态配置。因此，LIN 2.0 版本控制器最好都应该有 Flash 存储器或者 EEPROM 存储器，来存储这些动态配置数据。

控制器包含了一个固定的设备编号，也就是 LIN 产品编号。它是由 3 部分组成：1是LIN标准委员会颁发的表示设备的制造商的16位二进制码，2是由生产商给定的表示功能的16位二进制码，3是由生产商给定的表示控制器版本号的8位二进制码。

动态配置使用的是已经为诊断报文定义好的报文格式。如图3.13所示，LIN标识符3Ch是用于主节点发送的报文，3Dh是用于从节点的响应。至于服务标识符SID，则是使用在ISO诊断里各个厂家对应的SID值，在LIN 2.1版本前是B0h到B4h。从LIN 2.1版本开始是B5h到B7h。如本章3.2.4节所说，这些报文会被作为广播报文发送。选择要进行配置的控制器是通过NAD ISO地址字节（报文的第1个字节）。允许的数值范围是从1到126。LIN 2.1版本里则把NAD数值7Eh（126）预留给LIN控制器在ISO诊断中的地址分配。

借助SID = B1h的诊断报文（指派帧标识码），主节点可以给从节点里预定义好的一个LIN报文指定新的标识符。除了旧的和新的标识符，主节点还要在这个报文里一并发送生产商的识别码，以减少错误配置的概率。从LIN 2.1版本开始，这个功能由SID = B7h（指派帧标识符范围）的报文代替。新的报文也可以完成相同的功能，但可以同时指定多个标识符。

在这之前和之后，主节点可以借助SID = B2h（按标识符读取）的诊断报文来检查当前的配置。出于安全的考虑，主节点除了选定要读取内容的选择字节之外，还要发送生产商校验码和功能校验码。如果主节点发送数值0作为选择字节，那么可以收到完整的LIN产品信息作为响应。如果发送1则可以收到设备生产商的序列号，发送16到63中的一个则可以收到设备里预定义的报文的LIN标识符。在LIN 2.1版本里这个数值区域被限定到了32到63。

另外，也可以用SID = B0h（指派NAD）和SID = B3h（有条件地改动NAD）来重新确定控制器的诊断地址。当多个控制器在默认配置里使用了同个NAD时，就有必要使用这个方法来重新分配NAD。出于安全考虑，主控制器在发送新地址的同时还会一并发送生产商和功能校验码。从节点要先检验这些信息，正确无误才会接受新的值。不过，如果是多个同厂商同默认NAD地址的同个设备同时存在，这种校验机制就不起作用了，因为它们会同时响应主节点的诊断报文，导致冲突。LIN 2.0版本的标准建议，在这种情况下，从节点可以比如通过各自唯一的序列号自行修改其NAD值，而不用一一去具体设置。然后，主节点可以一个个NAD地址去试，直到有从节点正确地响应。LIN 2.1版本则在一个分开的文件里提及了一个还未定义完善的从节点位置检测方法（Slave Node Position Detection，简称SNPD），并定义了一个新的SID = B5h（用SNPD方法指派NAD）。

在LIN 2.1版本里新引入的还有保存设置报文（SID = B6h）。主节点可以通过该报文要求从节点保存当前的动态配置。

设备生产商还可以通过SID = B4h（数据转储）来和控制器交换一些厂商相关的数据。这个机制是专门为设备生产商的制造和测试设置的，不应用于整车的系统集成。

3.2.7 LIN 应用编程接口（API）

LIN 标准文档中为 LIN 协议软件开发者给出了一个统一编程接口的建议。这在 LIN 协议栈软件是由自动代码生成器生成，或者由其他软件供应商提供时非常重要（图 3.15）。

这些 API 包含了以下基本功能组：

• LIN 协议软件的初始化 [l_sys_init（）]，配置 [在 UART 中用 l_ifc_init（）和 l_ifc_ioctl（）设置波特率寄存器]。在 LIN 1.3 和 2.0 中还有可以激活和关闭 LIN 接口的功能 [用 l_ifc_connect（）和 l_ifc_disconnect（）开始和结束报文的收发]。主节点控制器的应用程序可以通过调用 l_ifc_goto_sleep（）发送睡眠报文，来关闭所有控制器的 LIN 通信，直到有一个应用程序通过调用 l_ifc_wake_up（），重新唤醒总线。

• 读写 [l..._rd（）和 l..._wr（）] 1 位，8 位或者 16 位数据，以及字节数组（在 LIN 语言中称为信号）。读取的时候，每次会获取最后收到的值，写的时候会把新数值填进一个信号表格里。控制器收到含有相应标识码的头报文并且通过数据报文把数据发回。

• LIN 协议软件的内部状态会通过不同的标识位来储存。标志位的名字取决于具体的实现。应用软件可以读取和重置标识位 [l_flg_tst（），l_flg_clr（）]。通过这些操作，可以例如询问是否有收到某个特定的信号。LIN 2.0 版本引入了 l_ifc_read_status（）。通过它应用软件可以询问，最后收到的是哪个标识符，以及在发送和接收过程中是否有错误出现。

• l_ifc_rx（）和 l_ifc_tx（）被用作与 UART 驱动的接口。发送或者接收一个符号的时候要调用这个函数。如果 UART 及其软件驱动可以自行识别同步中断，则调用 l_ifc_aux（）。

• 有些 LIN 协议栈需要允许在进行内部管理操作，短时间关闭控制器中断。为此，为应用软件提供了 l_sys_irq_disable（）和 l_sys_irq_restore（）函数。

• l_sch_tick（）和 l_sch_set（）是为主节点的功能设置的。l_sch_set（）可以激活一个消息列表（调度表）。这个列表包含了需要周期发送的消息。调度管理器以一个固定的时间间隔进行调度。调用 l_sch_tick（）可以告诉协议软件下一个周期。

• 对于 LIN 传输层和基于 LIN 的 ISO 诊断，LIN 标准 2.0 版本提出了两个不同的 API 建议。作为 CAN 总线和 LIN 总线之间网关的主节点，原则上只需要转发消息，而无须对其内容进行分析。原始 API 函数 ld_put_raw（）和 ld_get_raw（）是为此设置的 API 函数，它们可以把 ISO 诊断消息写进 LIN 消息存储器，以及从里面读取数据。因为 CAN 和 LIN 的传输速度相差甚远，通常 CAN – LIN 网关会设置缓存，比如 FIFO。通过 ld_raw_tx_status（）和 ld_raw_rx_status（）可以询问缓存的状态。对于 LIN 从节点，则各适合用加工 API 函数。通过 ld_receive_message（）和 ld_send_message（）可以读写完整的 ISO 消息，从诊断服务服务代码 SID 算起总共最多 4095 个字节。分包和组包是由 LIN 协议软件完成的。这两个函数是异步的，也就是说它们在执行完后，会在没完成数据接收和发送前就立刻返回。应用程序可以用 ld_tx_status（）和 ld_rx_status（），查询这个数据收发过程时候完成。

- 函数 ld_assign_frame_id（），ld_read_by_id（），ld_assign_NAD（）和 ld_conditional_assign_NAD（）是为 LIN 2.0 版新引入的动态配置设置的，由主节点使用。通过它们可以生成本章 3.2.6 节里所描述的报文。通过 ld_check_response（）和 ld_is_ready（）可以询问配置是否成功。主节点可以通过 ld_save_configuration（）要求某个或某几个从节点接受配置。从节点通过调用 ld_set_configuration（）来保存配置，以及用 ld_read_configuration（）读取配置。

3.2.8　LIN 系统的时间特性

一个 LIN 报文的时长（表 3.9）为：

$$T_{\text{Frame}} = T_{\text{Header}} + T_{\text{Response}}$$
$$T_{帧} = T_{头} + T_{响应} \tag{3.12}$$

表 3.9　$f_{位} = 1/T_{位} = 19.2\text{kbit/s}$ 时候的报文长度

$n_{数据}$	$T_{报文头,最小}/\text{ms}$	$T_{响应,最小}/\text{ms}$	$T_{帧,最小}/\text{ms}$	$T_{帧,最大}/\text{ms}$
1 字节	1.8	1.0	2.8	3.9
8 字节		4.7	6.5	9.0

其中，$T_{报文头,最小}$ 为 34 位 T 位；$T_{响应,最小}$ 为 $(n_{数据} + 8\ 位)T_{位}$。

其中，$n_{数据} = 0$ 到 64 位，是指数据的位数，只能是 8 的倍数。系数 10/8 考虑的是，UART 里通常会给每个字节添加一个开始和结束位。当通过同步中断场的长度为最小值（13 位），并且各个字节之间以及头报文和响应之间没有中断，就是最小时长。LIN 标准中，最大允许长度为：

$$T_{帧,最大} = 1.4(T_{报文头,最小} + T_{响应,最小}) \tag{3.13}$$

为了简化 LIN 驱动软件的实现，通常 LIN 报文的发送是同步的。主节点通过发送头报文来给出时间间隔（帧槽），并且通过头报文里的识别码来确定，在该时间片里发送哪个报文。所有报文的顺序和重复周期是在网络开发阶段就确定下来的，并保存在主节点里所谓的消息表（调度表）里，由主节点的应用来处理（消息调度）。这种调度表可以有不止一个，主节点的应用程序可以在不同调度表间进行切换。配置调度表的时候，开发者需要借助配置工具来确保所有报文可以一直按确定的重复周期进行传输。这样 LIN 总线的传输特性是确定性的。

确定每两个报文之间一个时间片的时长 $T_{槽}$ 的时候，还要考虑即使在有偏差

（调度抖动）的情况下，其时长依然始终大于报文的 $T_{帧}$，也就是说

$$T_{槽} > T_{帧,最大} \tag{3.14}$$

对于比特率位 19.2kbit/s 的 LIN 总线系统，选择 $T_{槽}$ =10ms 比较合理。报文时序每过 N 个时间片（槽）就重复一次（图3.16），那么周期时间为：

$$T_{周期} = \sum_{i=1}^{N} T_{槽,i} \tag{3.15}$$

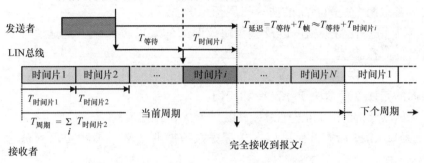

图 3.16 LIN 报文周期循环

单个报文也可以以更高的频率重复。这需要把这个报文放进一个周期里的多个时间片。传输的延迟时间跟 CAN 一样，也是由发送开始前的等待时长 $T_{等待}$ 和自身的传输时长 $T_{帧}$ 组成：

$$T_{延迟} = T_{等待} + T_{帧} \tag{3.16}$$

最好的情况下，报文会刚好在其所属的时间片开始前准备好，就没有等待时间。在最坏的情况下，发送数据刚好在其时间片开始后准备好，因而只能在一个完整周期后才能被发送：

$$T_{延迟,最小} = T_{帧} < T_{延迟} < T_{延迟,最大} = T_{周期} + T_{帧} \tag{3.17}$$

为了尽可能降低波动，应用程序在提供数据的时候应该和 LIN 总线系统的周期同步。

3.2.9 LIN 总结 – 第 1 层和第 2 层

- 面向字符的基于 UART 的传输协议，单线双向（和 K 线一样），比特率在 1kbit/s 到 20kbit/s（通常选 19.2kbit/s），信号电平 U_B（电池电压），为简单的传感器 – 执行器应用以低成本为目的开发的总线系统，最大有效数据速率在 1.2KB/s 以下（在比特率 20kbit/s 的时候）。
- 受物理电路和报文识别码数量所限，总线参与者的数量小于 16，总线长度相对较短，小于 40m。
- 一个控制器作为主节点周期性发送报文头，总线中的一个设备（从节点）

- 所有报文的发送会间隔一个固定的时间。这个发送间隔是在主节点里用消息列表（调度表）静态配置好的，可以为不同的工作状态设置不同的消息列表。常见的发送间隔为 10ms，其中最长报文时长约为 9ms（带 8 个字节有效数据，比特率为 20kbit/s），主节点内部则可以以 5ms 周期进行工作。
- 报文的内容是根据标识码（由主节点发送的报文头）进行选择的（像 CAN 一样是基于内容的地址分配）。可设置 60 个不同的报文。有两个识别码是用于特殊报文，还有两个是为将来的协议拓展预留的。
- 对从节点比特率精度以及整个协议时效的要求较低，也就是说从节点可以没有自己的晶振。
- 简单的错误监测（回读发送信号，校验和响应时间监控），没有错误修正。应用层面的错误处理取决于生产商和应用。
- 主节点通常作为和其他总线系统的网关，比如 CAN。
- 从 LIN 2.0 版本开始可以发送带更大数据的报文（传输协议）或者 ISO 诊断报文。

3.3 FlexRay

FlexRay 是为了未来线控应用（X – by – Wire, X = Brake, Steer,...）开发的总线[11-13]，现在由 ISO 17458 进行了标准化。虽然它的要求在很多方面和 CAN 类似，很多专家还是觉得有必要重新开发一套系统。开发的主要动力是，CAN 里面位仲裁的基本原理将最高比特率限制在了 1Mbit/s，并且由于其线型总线拓扑结构，引线的长度也受到限制。这部分导致了在车辆制造时并不理想的线束布置。此外，CAN 虽然保证了较高的传输安全性，但在对安全性要求极高的应用里还是有所不足。主要是由于 CAN 是一个单通道系统，一旦总线连接出现问题就无法工作。虽然也可以搭建两条通道，但由于没有通道间同步和可靠性检测的机制，这就需要由软件非常复杂地实现。另一方面，由于 CAN 的非同步总线获取方法并不具有严格的确定性。这使得只有最高优先级报文的传输延迟可以得到保证。优先级不太高的报文在某些条件下（类似实时操作系统的任务调度），还是可以保证一个最高延迟时间。然而，其最坏情况下的条件往往是大得不靠谱的值，并且在高总线负载下能否遵守这些条件也是很难验证和保证的。这些主要在学术界引起讨论的问题催生出了向上兼容的 CAN 扩展，即时间触发 CAN（TTCAN）（见本章 3.1.7 节）。不过 TTCAN 并没有解决比特率和有效数据速率受限的问题。通过学术界不同的尝试，比如时间触发协议/架构总线 TTP/TTA，以及用于特殊应用领域的解决方案，比如 Byteflight，诞生了一系列方案。这些方案为不同汽车生产商和供应商所用。最终德国主要的生产商和供应商达成一致，将这些方案中最好的基本思想总结到一起，并重新共同开发一个类似于 CAN 的共同的开放标准，并可以快速地投入市场以及显著降低成本。这个标准就是 FlexRay。

3.3.1 总线拓扑结构和物理层

FlexRay 支持单通道或双通道系统，既可以是线型的也可以是星形结构（图 3.17 和图 3.18）。目前已有的通信控制器都是支持双通道的。线型总线和被动星形总线结构上离得最远的两个总线参与者的最大例子为 24m。

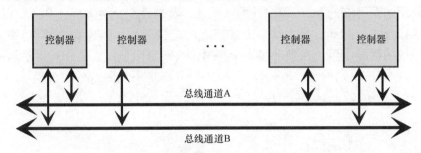

图 3.17 双通道线型结构的 FlexRay 总线示例

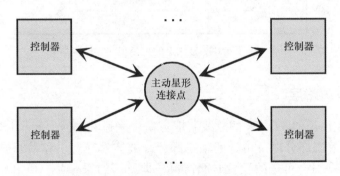

图 3.18 单通道星形结构 FlexRay 总线示例

带被动连接点的星形结构的电特性较差，因此只适用于连接较短或者比特率较低的地方。所以通常星形结构需要一个主动连接点。它是作为一个双向收发器和增强器隔离开各个连接，把收到的报文转发给所有连接的控制器。也就是说星形结构从逻辑上看也是一条总线。使用主动星形连接器的话，每个控制器最多可以距离连接点 24m 远。人们还可以把两个星形连接点连起来，它们之间的最大距离同样是 24m。这样离得最远的控制器距离可以达到 72m。使用主动星形连接点时，导线两端都必须装上终端电阻。

FlexRay 允许的最大比特率为 10Mbit/s。大规模的网络需要使用主动星形连接点才能达到这个速度。在线型结构和被动星形结构里，导线的长度和参与者的数量会大大受限。从协议版本 3 开始规定了 2.5Mbit/s 和 5Mbit/s 的比特率，以方便实现简单的线型总线。

如果系统有两条通道,即两组平行的总线,那么每个控制器可以与两条通道都连接,也可以只连接其中一个通道(图3.17)。不过只有连接在同一个通道上的控制器可以互相通信。也就是说,只连接在通道A上的控制器,无法与只连接在通道B上的控制器通信。双通道既可以用于与安全相关的报文的冗余,即在两个通道上同时发送同个报文,也可以用于提高带宽,即在两条通道上发送不同的报文。

理论上还可以在双通道系统中使用混合拓扑结构,例如通道A用的是星形结构而通道B用的是线型结构。

总线用的是屏蔽的和/或缠绕的两条导线,其特性阻抗为80~110Ω。在线型总线的两端以及在控制器,与主动星形连接点的连接两端,需要像高速CAN一样安装一个相应的终端电阻。在被动星形结构里,终端电阻应该安装在离得最远的两个设备上。与CAN不同的是,FlexRay里的0和1都是用低阻抗的差分信号(显性)进行传输的(图3.19)。在不工作的时候两条导线上都是高阻抗,电压保持约为2.5V。

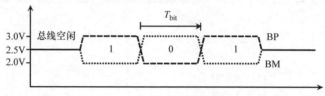

图3.19 FlexRay总线上的信号电平BP和BM

3.3.2 数据链路层

FlexRay使用类似TTCAN的总线获取方法,来避免冲突。FlexRay周期性的通信循环被分为静态部分以及可选的动态部分,被称为静态段和动态段(图3.20)。在动态段后还有一个可选的短暂时间窗口,即所谓的符号窗口。之后网络进入静

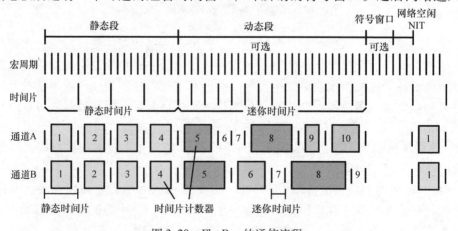

图3.20 FlexRay的通信流程

止状态（网络空闲时间 NIT），直到下个通信循环开始。每个总线参与者都会从 0 开始数通信循环的次数（循环计数器）（见本章 3.3.3 小节）。所有时间片都是一个对于整个网络和两个通道都一致的虚拟时间单元的整数倍。这个时间单元被称为宏周期，一般是 1~6μs。静态段是用于传输周期性报文，动态段则主要是用于事件触发的传输。

静态段使用固定数量的时间片组成的。它的时间长度可以完整传输一个 FlexRay 报文。静态段的报文和时间片都有一样的固定的长度，并且在两个通道上是同步运行的。每个通道的每个时间片只属于一个控制器（时分多路，TDMA），这样（当控制器正常工作时）就永远不会出现冲突。为了提高数据传输的冗余安全性，一个控制器可以同时在两个通道上发送。或者为了提高带宽，一个控制器可以在同一通信循环的多个时间片上发送。每个控制器对每个通道分别有一个时间片计数器，在每个通信循环里从 1 开始数时间片的个数。在静态段里时间片计数器表示当前是哪个设备有发送权。静态段至少要有 2 个时间片，最多可以有 1023 个。

在动态段一样也有时间片，被称为迷你片段，其长度要比静态段的时间片小很多。在每个迷你片段上同样只有一个控制器可以发送（两个通道是互相独立的）。每个发送报文可以是任意长度，两个通道上的报文长度也可以不一样。前提是最终总长度不能超出动态段的总长度。在一个报文传输完成后，时间片计数器会加一，发送权被移交给下一个控制器。如果当前控制器没有数据要发送，则会放弃本次发送权。时间片计数器会在报文发送完成后加一，或者当没有报文发送时立即加一。由于报文数量和长度不一，在动态段中两个通道上时间片计数器的状态是不同步的，并且在每个通信循环里也可能不一样（灵活时分多路，FTDMA）。因此，动态段里时间片计数器不仅表示哪个控制器有发送权，还间接表示了相应报文的优先级。对应计数器数值高的报文有可能无法在当前通信循环传输，因为对应低计数器数值的报文已经把动态段用完了。因此数值高的报文必须等到下一次通信循环才能被传输。静态段和动态段时间片的总数最多为 2047。所有时间片都是网络上虚拟宏周期的整数倍。

可选的符号窗口，可以用于传输所谓的冲突避免 CAS 以及媒介获取测试 MTS 符号。MTS 是一串 30 位长的低信号，用于测试总线监视器（本章第 3.3.4 节）。协议版本 3 开始规定了符号窗口里的唤醒信号。在网络空闲时间 NIT 里会进行通信控制器里时钟发生器的再同步。

图 3.21 表示了一个 FlexRay 报文的组成。报文一开始是报文头，包含了一些控制位以及帧 ID 场里的时间片序号，还有有效数据长度。数据长度表示的是 16 位数据字的个数，虽然数据可以是按字节分割。有效数据长度只能是偶数，即 0，2，4，…报文头的最后是当前的通信循环编号，即循环计数器。它在网络开始的时候初始值为 0，之后在每个通信循环递增 1。报文头（不包括循环计数器）和整个报文都会通过循环冗余校验和（CRC）检查是否有传输错误。

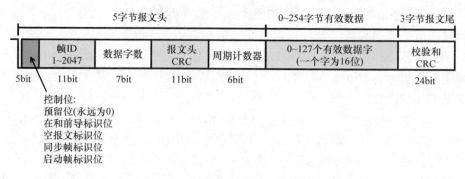

图 3.21 FlexRay（数据链路层）的逻辑报文格式

通过报文头里的 5 个控制位中的 4 个可以表示特殊报文。载荷前导标识位表示通信循环静态部分的 0 到 12 数据字节，包含了用于网络管理的额外信息。动态部分的前 2 个数据字节，包含了消息 ID，即报文标识符，它表示了报文之后数据代表的意义，接收者也可以像 CAN 的消息标识符那样进行接收过滤。空报文标识位表示该报文没有有效数据。这主要是用于通信循环的静态部分的一个发送者，当前没有有效数据时，为了不触发接收者可能设置的超时监控，依然要发送一个空报文。在通信循环的动态部分发送者，在这种情况下可以直接发送一个没有有效数据的报文，而在静态段却没办法这么做，这是因为静态段的所有报文必须一直含有相同长度的有效数据，无论数据有效与否。启动帧标识位以及同步帧标识位是用于所有总线参与者在网络启动以及运行过程中的同步。这部分的细节请见本章第 3.3.3 节。

图 3.21 表示 FlexRay 报文的逻辑组成。类似 CAN，在位传输层会有一些额外的位被添加进数据流里，用来同步通信控制器的位采样。CAN 用的是与数据长度无确定关系而是取决于数据内容的位填充。FlexRay 则是如图 3.21 所示，在逻辑报文格式的每 8 位数据场前传输额外的 1 – 0 位序列，即所谓的字节开始序列 BSS。这会使有效数据速率降低 20%。在整个报文的开始有一个 3 到 15 位长的被称为传输开始序列 TSS 的 0 位序列，以及帧开始序列 FSS 位。TSS 的长度是取决于主动星形连接点的收发器需要多少时间在发送和接收方向间切换。其中 TSS 到达接收者的部分可能动态地缩短。帧结束序列 FES 的 0 – 1 位序列标志着报文结束，它由至少一位 0 和一位 1 组成，并填充满直到下个迷你时间片开始的时间。

由于通信循环的静态部分的报文长度在每个时间片里都必须是一样的，所以人们更倾向于在那里定义短报文。如果人们像 CAN 报文一样在此发送最多 8 字节有效数据的报文，则在比特率为 10Mbit/s 时，整个系统的最大有效数据速率为 500KB/s。由于现实中时间片总是要比报文长度稍微长一点，所以动态段是很难被完全利用的。此外，有时候还需要为可选的符号窗口和总线空闲时间预留一部分空间，因此实际中能达到的数值可能还要更低一些。相比于 500kbit/s 的 CAN 总线，10Mbit/s 的 FlexRay 总线可以有十倍多的带宽。

3.3.3 网络启动和时钟同步

对于时间同步的总线系统来说，关键的一点是如何实现参与者的时间同步，以及网络的有序启动。在异步总线获取的系统中只需要让参与者的位同步，就像在 CAN 里面的位填充以及 FlexRay 里的字节开始序列 BSS 一样。而 TDMA 总线获取方法要求在宏周期和时间片层面实现同步。出于可靠性的考虑，不能让某个单一的控制器来作为时间主节点，而是必须采用一种分布式的同步方法。

在网络开发阶段要确定至少 2 个控制器，最好是 3 个作为冷启动节点，来负责网络的启动。触发启动可以是通过给控制器通电，或者是任一总线节点在一个通道上发送所谓的唤醒信号 WUP，它是由两个或更多的唤醒符号 WUS 组成的。

一个或者多个冷启动节点一开始，先是在两个总线通道上发送所谓的冲突避免符号 CAS（图 3.22）。在发送前后它们会检查总线是否真的空闲，即只有一个 CAS 符号，因为其他冷启动节点一旦发现有其他节点在发送 CAS，便会立刻停止发送。唤醒符号 WUS 和冲突避免符号 CAS 是一些跟 FlexRay 总线上其他位序列不同的特殊位序列，是为了让所有连接在总线上的控制器知道网络要从 0 开始控制循环了。唤醒信号由于安全原因只允许在一个通道上发送，与之相反，CAS 必须在两个通道上同时发送，这是为了让两个通道的通信可以同步启动。冷启动节点因此也必须一直连接在两个通道上，而出于安全原因，总线两个通道的唤醒需要分别由两个不同的设备完成。

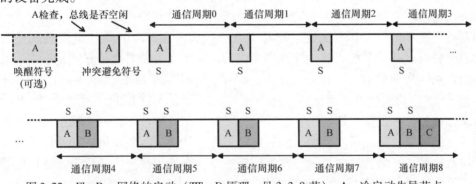

图 3.22 FlexRay 网络的启动（TT – D 原理，见 3.3.8 节），A：冷启动先导节点，B：冷启动后续节点，C：普通控制器，S：启动和同步帧

接下来，成功发送 CAS 符号的冷启动节点，也就是所谓的冷启动先导节点，会从 0 开始进行通信循环，并在相应时间片里发送普通报文。这些报文的报文头里的启动帧标识位和同步帧标识位（图 3.21）会被置位。其他冷启动节点在收到至少 4 个这样的报文并与时间片完成同步之后，也会开始在相应时间片里发送普通报文，报文头的启动帧标识位和同步帧标识位也会被置位。其他控制器在分别从两个不同的冷启动节点收到 4 个连续的报文后，也开始发送报文。这样一来，网络的启动在最好的情况下，需要 8 个完整的通信循环才能完成。这要至少有两个冷启动节

点在发送报文,其他控制器就可以随时加入通信。

在通信过程中,所有总线参与者会一直将其本地时钟,即所谓的微周期,与总线系统的全局时钟,即宏周期进行同步。每个控制器,包括冷启动节点,都会测量与所收到带同步帧标识位的报文的时间偏差,并不断修正自身时间基准的频率和相位。相位偏移是通过比较同步帧的开始与相应时间片的开始位置得到的,频率偏差则是通过比较两个相邻通信循环的相位偏移变化得到的。通信控制器会保存多个测量值。每两个通信循环会通过求它们的平均值来得到修正值。其中,偏差过大的测量值会被忽略(容错中点算法)。这个计算是在隔一个循环的网络空闲时间开头自动进行的。修正相位是通过直接延长或者缩短网络空闲时间,而频率修正是通过修改宏周期平均到整个循环中。通过这种方法可以修改的最大时钟频率误差在 1500×10^{-6},也就大概是普通晶振发生器的误差。为了避免多个节点同时修正其时钟周期而导致系统出现大幅波动,这种修正方法的敏感度需要非常小心地调参(群体漂移抑制)。微控制器可以读取和影响通信控制器测量值和修正值,通过软件来让总线系统与外部时钟源同步(外部偏移和频率修正)。

在网络里需要有至少 2 个、至多 15 个控制器作为同步节点。它们在通信循环的静态部分发送同步帧报文,使得在某个控制器失效时网络依然可以正常进行同步。FlexRay 系统的两个通道必须同步工作,因此同步节点需要一直在两个通道上发送带同步帧标识位的报文。

静态段中用来发送同步帧和启动帧报文时间片也被称为关键时间片。通信控制器可以通过配置,在网络启动后直接进入所谓的单时间片模式。在这个模式下,它们在每个循环里只会在其关键时间片里发送报文,在其他时间片里则进入被动模式。这样可以减少系统启动时的网络通信,直到所有控制器准备好开始正常通信。

在网络启动出错时,有可能出现所谓的集团形成。即会出现多组控制器(集团),每组内的控制器是相互同步的,而各组之间是不同步的。当两个 FlexRay 线型总线通过一个主动星形节点相互连接,并且主动星形节点在两个线型总线上的控制器已经分别同步之后才启动,就有可能出现这种错误。集团形成和其他通信问题可以通过例如网络管理向量来发现。如果一个静态段的报文的载荷先导标识位被置位,那么该报文的前 12 个有效数据字节会被认为是网络管理向量。这些数据字节会被通信控制器保存在一个特殊寄存器里,并与其他同类报文用逻辑或连接。如果每个控制器在它的网络管理向量里将一个位置位,并将其他位置为 0,那么每个控制器都可以在网络管理寄存器里发现,它接收到了哪些控制器的报文,哪些控制器没有。要消除集团必须要结束当前通信并重启网络。如果在一个网络里配置不超过 3 个控制器作为时间同步节点,基本上就可以避免集团形成。

3.3.4 错误处理、总线监视器

借助各种计数器(循环计数器,时间片计数器)和时间监控,以及两个 CRC

校验和，通信控制器可以识别大部分的传输错误。根据错误的严重程度，通信控制器会切换到被动模式，即不再发送消息，只是接收报文并且尝试重新同步；或者会完全关闭。但无论如何通信控制器都会向上层的软件协议层报告错误。CAN 的通信控制器在发现错误时会自动重发报文，这种机制在 FlexRay 里是没有的，主要是为了保证总线运行的时间确定性。

在要求高安全性的系统里，FlexRay 的双通道结构可以在一条通道失效的情况下继续工作。不过还有一种风险，就是一个连接在两条通道上的控制器出错了，在两条通道上不受控制地在任意时间发送消息。这种错误被称为"乱说话的白痴"。为了处理这种错误，可以选择在通信控制器和总线驱动器之外，或者在主动星形连接点引入所谓的总线监视器（图 3.23）。总线监视器是一种简单的通信控制器，它本身不发送任何消息，而是能知道通信循环的时间流程，并且只在轮到某个控制器允许发送的时间片时，开放其通信控制器和总线驱动器的发送部分。通过这种方式，一个出错的控制器虽然还是可以错误地发送自己的报文，但不会影响到其他控制器的发送。理论上一个总线监视器应该与通信控制器在电路上是互相独立的，不过在实际当中由于成本的关系，它更多地被集成在通信控制器或者总线驱动器里，这使得其监控功能只实现了有限的冗余。除了控制器里的本地总线监视器，人们也可以使用中央总线监视器，它一般是集成到主动星形连接点里。不过这两种类型相应的标准都只是临时的，目前还没有可以适用于量产的实现方法。

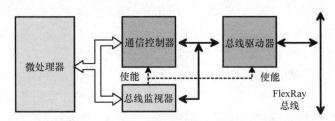

图 3.23　通信控制器，总线驱动器和总线监视器（示例为单通道系统）

3.3.5　配置和上层协议

类似于 CAN 刚产生的时候，FlexRay 的最下面的第 1 和第 2 层协议层都定义得很详细，但有些部分还是定义得不够清晰。而在更高级的协议层完全没有相应的定义或者还在制定当中。把每个时间片分别指定给一个控制器的这种通信循环模式主要还是使用静态配置，也就是在开发过程中就定义好了。这主要是因为 FlexRay 通信控制器的动态配置非常麻烦，而且一般要都需要中断总线通信才能完成。FlexRay 使用了跟 CAN 类似的 OSEK 网络管理（见第 7 章），以及类似 ISO 15765 - 2 的传输协议（见第 4 章）。目前，它的主要功能都是在 AUTOSAR 框架内实现的（见第 8 章）。

FlexRay 的引进进展要慢于 CAN。这是由于要在 FlexRay 委员会众多成员中对标准达成一致是需要很长时间的，这也导致了半导体供应商退后了通信控制器的提供。此外，把 FlexRay 作为关键技术的分布式 X – by – Wire（线控）应用的引进，由于 FlexRay 之外的技术以及经济性方面的原因，进展比预期的要慢。

3.3.6 FlexRay 系统的时间特性，以及配置示例

FlexRay 报文的长度（图 3.21）近似等于

$$T_{帧} \approx \left[\frac{10}{8}(n_{报文头} + n_{报文尾} + n_{数据}) + n_{TSS + FSS + FES}\right]T_{位} \tag{3.18}$$

其中，$n_{数据} = 0$ 到 2032 位，表示数据的位数，必须是 16 的倍数。报文头和尾包含了 $n_{报文头} + n_{报文尾} = 64$ bit。因数 10/8 表示物理层会在数据链路层的每个字节前额外添加一个字节开始序列，为 2 位。此外，通信控制器会在帧开头添加一个 3 到 15 位的传输开始序列 TSS，来补偿收发器的启动延迟，还会添加一个帧起始序列 FES。并在帧结束的地方添加两个帧结束序列 FSS，总共位 $n_{TSS + FSS + FES} = 6$ 到 18 位。表 3.10 中这部分是按 10 位计算的。

表 3.10 $f_{Bit} = 1/T_{bit} = 10$Mbit/s 时的报文长度

$n_{数据}$	$T_{帧}/\mu s$	$n_{数据}$	$T_{帧}/\mu s$
8 字节	17	32 字节	41
16 字节	25	254 字节	263

例子中用的是一个按照[11]设置的 10Mbit/s 的 FlexRay 系统。静态段的报文包含 $n_{数据} = 16$ 数据字节，对应的帧时长 $T_{帧} = 25\mu s$。报文的发送会从时间片的开始偏移一个所谓的动作点偏移 TAP，并且必须在时间片结束前至少 11 位时间（通道空闲分隔符）完成（图 3.24）。通过时间片开始和结束位置留的空隙，可以保证从接收者的角度来看，报文总是在一个时间片内开始和结束的，即使有总线驱动器和导线传递时间造成的延时（传递延时，根据标准要求最大 $2.5\mu s$），以及发送者和接收者的本地时间基准虽然有时钟同步机制，但多少还是会有误差（根据[14]的假设时钟精确度通常为 1 ~ $3\mu s$）。在这里的例子中，空隙 $T_{动作点偏移}$ 和 $T_{通道空闲}$ 分别为 $5\mu s$，静态段一个时间片的总时长为

$$T_{静态时间片} = T_{帧} + T_{动作点偏移} + T_{通道空闲} \tag{3.19}$$

在这个例子里为 $35\mu s$。这个市场必须是一个宏周期 MT 的整数倍，这里的 $T_{MT} = 1\mu s$。在标准中 1 ~ $6\mu s$ 都是允许的。在动态段的迷你时间片和符号窗口中，也需要类似的安全距离。由于动态段的一帧时长总分为几个迷你时间片，并且是在不同迷你时间片开始和结束的，因此迷你时间片的时长 $T_{动态时间片} = 5T_{MT} = 5\mu s$ 就足够了。

通信控制器内部的时钟周期 $T_{微控制器周期}$，即总线信号采样使用的周期，根据 FlexRay 标准应为 $T_{采样} = T_{位}/8$。当 $f_{位} = 10$Mbit/s 时，$T_{采样} = 12.5$ns。一般为了实现尽可能高的分辨率会选择 $T_{微控制器周期} = T_{采样}$ 作为宏周期，即使双倍的时长也是允

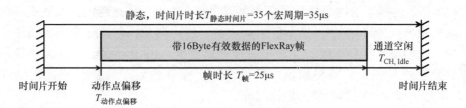

图 3.24 一个静态段时间片的组成

许的。在本书的例子中 $T_{MT}=80T_{微控制器周期}$。

在通信周期 $T_{周期}=5ms$ 时，其中静态段会被定为 $T_{静态段}=3ms$（图 3.25）。静态段总共可以容纳大约 85 个图 3.24 中所表示的报文，每个带 16 字节数据，这样有效数据速率大约为 270KB/s。剩下的动态段、符号窗口 SYM 和网络空闲时间 NIT 总共加起来为 2ms。通过静态段和动态段之间的不对称分布可以为快速控制任务设置一个 2.5ms 的时间周期，在这其中在静态段的开始和结束分别要传输一个大约 500μs 的窗口。之后是每 5ms 传输一次的数据，最后是每 2 个周期、每 4 个周期等发送一次的信号（时间片和循环复用）。

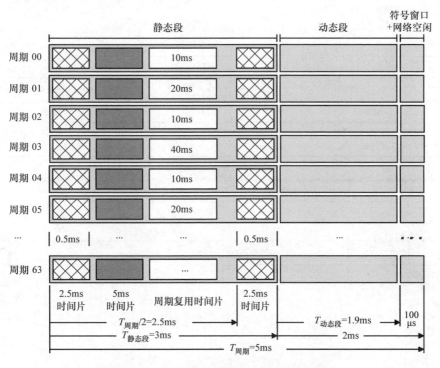

图 3.25 类似参考文献【11】中的通信循环

借助这个通信调度表可以将静态段用于典型的分布式控制系统。在最简单的情况下，控制数据会每周期传递一次，即控制系统的采样时间等于循环时间

(图 3.26a)。通过系统的非对称分布也可以在每个周期里传递两次控制数据,使其采样时间减半(图 3.26b)。如果控制算法器、传感器和执行器分别分布在 3 个控制器中,人们可以在静态段的开头传递传感器数据(图 3.26c),这样控制算法器可以有足够的时间来计算输出值,并且在同个循环内发送给执行器(同循环响应),这样可以减小控制循环的停机时间。

在动态段中可以发送不同长度的报文。在有效数据长度为最大值 254 字节时,一个帧大约耗时 265μs,加上安全余量总共需要大约 55 个迷你时间片。符号窗口 SYM 必须足够长,来传输冲突避免符号 CAS(30 位)以及传输起始序列 TSS(最多 15 位)。再加上跟静态段一样的安全距离(图 3.24)总共需要大约 15μs。网络空闲时间 NIT 必须足够长,让通信控制器在最差的情况下也可以计算时钟频率和相位的修正值,并且可以进行相位修正。在动态段就可以开始相应的计算了。在该例子中为符号窗口和网络空闲时间一共预留了大约 $T_{符号窗口} + T_{网络空闲时间} = 100μs$。在一个 $T_{动态段} = T_{循环} - T_{静态段} - (T_{符号窗口} + T_{网络空闲时间}) = 1.9ms$ 的动态段中可以容纳超过 7 个带 254 字节有效数据的报文,在最差的情况下有效数据速率大约为 350KB/s。如果只发送有效数据长度平均为 16 字节的报文,则动态段的有效数据速率会降到 180KB/s 以下。

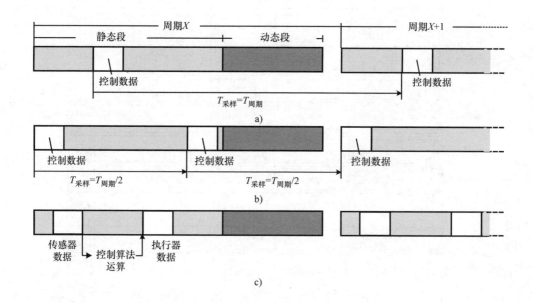

图 3.26 在分布式控制系统中使用静态段

相比于上面的例子,表 3.11 表示的是宝马在量产应用中的 FlexRay 参数。

表 3.11 参考文献【11】中描述的宝马使用的 FlexRay 参数

周期时间	5ms	宏周期时长	1.375μs
静态段时长	3ms	动态段时长（包括网络空闲）	2ms
静态段有效数据	16 字节	动态段有效数据	2~254 字节
静态时间片个数	91	迷你时间片（动态时间片）	289
静态时间片时长	33μs	迷你时间片时长	6.875μs

静态段和动态段的延迟时间

静态段的延迟时间和 LIN 的原理（本章 3.2.8 小节）差不多。它可以通过以下公式求得：

$$T_{帧} < T_{静态段延迟} < T_{周期} + T_{帧} \tag{3.20}$$

为了尽可能减少抖动，提供数据的应用程序应该和总线的周期同步。

在动态段里，后一个迷你时间片的报文可能由于前一个迷你时间片的报文而被推迟。如果这个推迟大到该报文无法在当前动态段结束前完成传输，那么这个报文会被推迟一个甚至多个周期。为报文分配迷你时间片相当于确定了报文的优先级。在计算延迟时我们先做以下假设：

- 报文在动态段开始时就准备好发送了。延迟从这个时间点开始计算。
- 迷你时间片的序号是从 $k=1$ 开始。假设报文要在第 m 个迷你时间片发送，一个迷你时间片的时长为 $T_{动态时间片}$。
- 动态段报文分别按各自的周期 T_k 发送。通常 $T_k > T_{循环}$，否则该报文也可以放到静态段区发送。对于不是周期发送的报文，T_k 可以理解为两次传输之间的最小间距（间隔时间）。

报文的延迟时间是由等待开始传输的时间和传输所用时间组成的（图3.27）：

$$T_{动态段延迟m} = T_{等待m} + T_{帧m} \tag{3.21}$$

当动态段里在报文 m 前面没有其他报文被发送，它的等待时间最短。该报文只需要等待 $(m-1)$ 个空的迷你时间片就可以开始发送了：

$$T_{最小等待m} = (m-1)T_{动态段时间片} \tag{3.22}$$

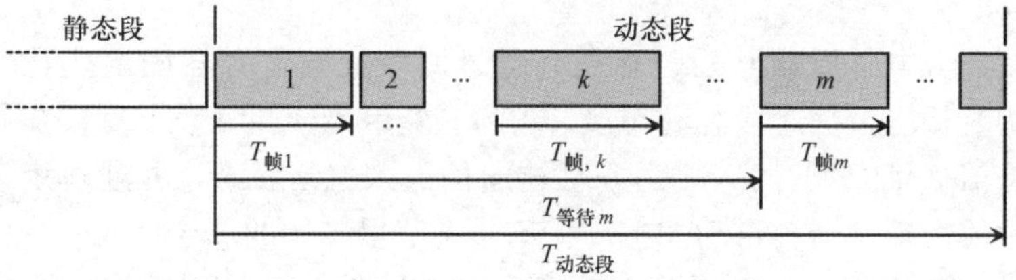

图 3.27 动态段的报文

当动态段里前面的 $(m-1)$ 迷你时间片都有其他报文发送时，报文 m 的延迟时间最长。这时的等待时间估算为：

$$T_{等待m} \approx \left(\sum_{k=1}^{m-1} T_{帧,k}\right) 取模 T_{动态段} + \left[\frac{\sum_{k=1}^{m-1}\left[\frac{T_{等待m}}{T_k}\right]T_{帧,k}}{T_{动态段}}\right]T_{周期} \quad (3.23)$$

其中，第一项表示的是在同个动态段里在报文 m 之前发送的报文所造成的延迟。没有使用的迷你时间片则 $T_{帧,k} = T_{动态时间片}$。第二项是当报文 $k = 1 \cdots m$ 无法放进一个动态段里时，即当

$$\sum_{k=1}^{m-1} T_{帧,k} > T_{动态段} \quad (3.24)$$

时，这种情况下等待时间会增大到一个甚至多个周期。

式（3.23）中【…】项表示了额外周期的个数，它是取整到下一个整数。【…】中的数需要取整到下一个整数，它是考虑到其他报文在较长的等待时间期间可能多次准备好发送。和 CAN 类似（本章 3.1.7 小节），这个等式也只能通过迭代来解。式（3.23）只是提供了一个大致的估算，因为它没有考虑到不只是报文 m 在当前循环里需要发送，其他报文也需要。否则它们也必须等待至少一个循环。这样子甚至出现发送顺序改变的情况。例如，当该报文在一个靠前的迷你时间片中由于排不进去而无法被发送，而属于靠后的迷你时间片的报文由于比较短而排进了。在每个循环里各个迷你时间片是空闲的。最差情况的准确计算是非常复杂的，参考文献【16】给出了一种表示。

式（3.24）把动态段分为两类报文。一类报文的传输延迟是可确定的，即使动态段的传输是事件触发的。第二类报文的传输延迟波动非常大，很难给出一个上限。

3.3.7 与 FlexRay 控制器的接口

FlexRay 通信控制器（图 3.28）首先要进行配置，才能够发送和接收报文。FlexRay 标准为此定义了一个状态机"协议操作控制"POC（图 3.29），并确定了相应的命令。微控制器可以借助这些命令通过控制器主机接口 CHI 来触发状态机的状态切换。

在控制器上电（重启）后，首先会通过协议配置寄存器确定比特率、宏周期和微周期的时长以及静态段、动态段、符号窗口和 NIT 的长度。接着微控制器要配置报文存储器（消息缓存），之后它会让通信进入就绪状态，并通过启动命令开始通信。然后通信控制器会自动如本章 3.3.3 小节里描述的那样接入一个已有的总线通信，或者如果它通过命令"允许冷启动"被配置为冷启动节点，则会在网络开始时主动参与网络同步。在成功进行同步后，通信控制器会切换早正常工作状态，并发送和接收预设值好的报文。如果通信控制器被配置成一开始只在单时间片模式工作，那么它会通过命令"允许所有时间片"被切换到正常工作模式，即可以在所有配置的时间片中发送。在出现同步错误时，通信控制器会根据错误的严重程度

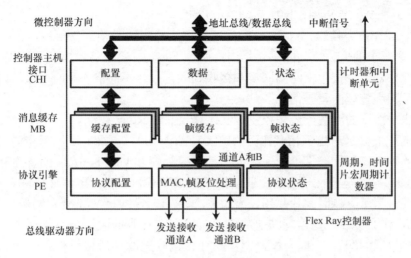

图 3.28 典型 FlexRay 通信控制器的模块图

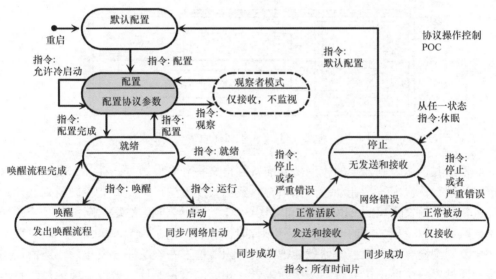

图 3.29 FlexRay 通信控制器的 POC 状态（简化版）

切换到被动工作模式，即只能接收报文，或者是切换到停止状态，并且只能通过重新配置来脱离这个状态。有必要时，微控制器会暂停通信，并把通信控制器切换到就绪状态，即不能发送或者接收报文，而只能接收唤醒信号 WUP。微控制器可以通过自己发送唤醒信号来重新启动通信，也可以通过启动命令。除此之外，许多 FlexRay 通信控制器还可以进入监视模式，即可以接收报文和符号，而无须与时间片和循环进行同步。这个模式可以类似于 CAN 通信控制器的监听或者静默模式

(见本章 3.3.6 小节）用于网络启动时的诊断。

除了 CHI 命令接口，FlexRay 标准还规定了控制器必须提供哪些状态信息。这超过 40 个要求的值，里面除了包括当前两个 FlexRay 通道的宏周期、循环计数器、时间片计数器外，还包括时间同步和接收到的符号、不同格式和时间监控的错误状态，以及网络管理向量等信息。

相比于协议的配置、流程控制、状态访问，FlexRay 标准对报文存储器（消息缓存）的组成只是给出了相对宽泛的定义（图 3.30）。因此，不同生产商之间实现方法的差别也比较大。无论如何，人们都可以配置和调整 FlexRay 的通道和帧以及时间片 ID，来决定报文是在每个通信循环都被发送和接收，还是只是每 2 个、每 4 个循环等。为了支持时间片复用，有时候会在动态段的报文开始时发送一个 16 位的消息 ID 作为接收过滤器。其他情况下对发送和接收的决定是基于通道、循环和时间片计数器的配置。和 CAN 控制器一样，接收过滤器通常是被配置成一个报文存储器可以用于一组报文。

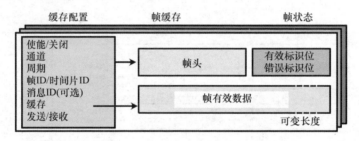

图 3.30 典型的 FlexRay 报文存储器（消息缓存）

发送时，微控制器上的应用需要准备好报文头和有效数据。在静态段只需要对报文头进行一次配置。在动态段如果有效数据长度发生了改变，微控制器则必须每次重新计算报文头里的 CRC 校验和（图 3.31）。不属于报文头校验和一部分的循环计数器，以及报文尾的 CRC 校验和则都是由通信控制器自动算出的。等到数据完全复制到缓存里，微控制器就会把有效标识置位。在报文完成发送后，通信控制器会通过置一个标识位或者触发中断来告知相应的微控制器。另外，通信控制器可以选择在发送完成后自动把有效标识位重置，这样就只能发送微控制器更新过的数据（事件触发发送）。如果在发送时刻报文缓存里没有有效的数据，在静态段里通信控制器会发送一个空报文，在动态段里则不发送。类似，通信控制器在接收到报文时，会通过把有效标识位置位来告知微控制器，并可选择触发一个中断。无论在发送还是接收时，通信控制器都会检查报文头格式以及校验和是否正确，以及帧开始和结束的时间要求是否被遵守，发现错误时会把相应错误标识位置位。

标准还要求至少需要有两个绝对或相对时钟，在到达特定循环、宏周期以及时间片计数器时通过中断来提醒微控制器，以便让运行中的程序和总线系统同步，并及时准备好发送报文。

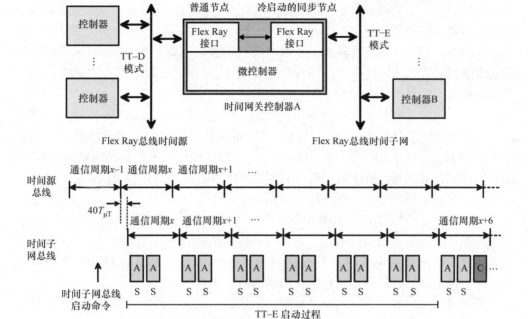

图 3.31　TT–E FlexRay 网络的启动过程（S 指启动和同步帧）

报文存储器的数量和大小，以及微控制器和协议控制器如何同步获取报文存储器的机制，都是和实现方式无关的。例如，参考文献 [14] 里描述的通信控制器，可以存储 128 条带 48 字节有效数据的报文，或者 30 条带 254 字节有效数据的报文。一部分报文存储器可以被配置为 FIFO，可以接收没有专属报文存储器的报文。获取报文存储器的同步可以使用更复杂一点的双缓存方案，也可以使用较简单的锁定/解锁机制[15]。在双缓存方案中，控制器可以读取一个报文缓存，同时协议控制器在后台存储器中写一个新的报文，反之亦然。在锁定/解锁方法中，获取存储器的设备会阻止另一个设备获取该存储器，这样至少不会读取或者发送不完整的报文，但有可能会导致报文丢失。

如果要发送或者接收的报文多于可用的消息缓存，则驱动程序必须动态配置缓存。这是一个相对高难度的操作。如果一个接收或者发送缓存太晚被激活，报文在某些情况下可能会丢失。如果一个发送缓存太早被激活或者被禁用，甚至有可能导致总线出现冲突，比如动态段里的同个时间片在复用模式下，同时被另一个总线参与者使用。本来动态段驱动软件的时间同步已经非常关键，因为一个时间片的精确位置取决于之前哪些报文已经被发送，哪些没被发送。某些情况下甚至会出现推迟到下一个通信循环的情况，比如当前动态段已经被前面的报文占用太长时间。

3.3.8　进一步的发展 FlexRay 3.x

FlexRay 协议在 2.1A 版本到达了一个稳定状态，在那之后市场上出现了一系列通信控制器,以及第一批使用 FlexRay 的量产车。2010 年发布的 3.0 版本处理了协议标准里未解决的问题,对 FlexRay 系统里参数的边界条件和相互关系作了更进一步的描述,然而还是没有给出一个默认参数配置。因此,要让 FlexRay 开始运作需要大量的配置工作,这些工作对没有足够 FlexRay 经验以及工具支持的开发者来说非常麻烦,并且很容易出错。

还有一些涉及周期复用和时间片复用的一些更小的改动,即把一个时间片的发送权利在不同的通信周期分配给不同的控制器。复用的周期系数只能是 2 的倍数(2,4,…),或者 5 的倍数(5,10,…)。周期计数器原来总是要跑满 64 个通信周期,而现在可以在 8~64 之间的任意偶数值之后重置。另外,时间片复用现在不只可以应用在动态段,静态段也可以使用了。

FlexRay3.0 除了定义了 10Mbit/s,还定义了 2.5Mbit/s 和 5Mbit/s 的比特率。低比特率可以减少电磁兼容问题,也可以舍弃掉昂贵的主动星形节点,从而用更便宜的线型总线拓扑结构来建立 FlexRay 系统。这个改动主要是由 JASPARK 委员会推动的。这个委员会负责评估在日本的制造商中采纳 FlexRay 和 AUTOSAR 标准。

另外,还有一些关于网络启动和时钟同步的改动。在此前被称作分布式时钟触发(TT – D)的方法中,必须至少要有两个控制器作为冷启动节点(本章 3.3.3 小节)。这些控制器分别在一个各自专属的时间片里(即关键时间片),发送带显性启动帧和同步帧标识位的报文。通过这些报文,整个网络最快可以在 8 个通信周期内启动并完成时钟同步(图 3.32)。为了提高网络在出现个别控制器失效情况下的可用性,可以配置最多 15 个控制器作为冷启动节点(表 3.12)。除了冷启动节点之外,还可以把一些控制器当成不参与冷启动的同步节点。这些控制器在它们专属的关键时间片里发送带显性同步帧位和隐性启动帧位的报文。这样这些节点可以参与时钟同步,但无法自己启动网络。

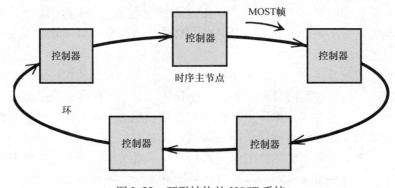

图 3.32　环形结构的 MOST 系统

在 V3.0 的协议版本里引入了时间触发 – 本地主节点(TT – L)的方法。用 TT – L 方法可以实现更简单的网络组成,只由一个控制器即本地主节点来负责网络启动和时间同步。这个控制器在两个关键时间片里发送带显性启动帧位和同步帧位的报文。对于其他节点来说，网络启动则和 TT – D 方法一样（图 3.22）。因为 TT – L 方法中省掉了 TT – D 方法中的第二个冷启动节点，使得 TT – L 网络最快只要 6 个通信周期就可以完成网络启动，而不是之前的 8 个。

表 3.12　不同网络启动方案的配置

	TT – D	TT – L	TT – E
冷启动的同步节点数量 N	2 ~ 15	1	1 ~ 7
非冷启动的同步节点数量 M	0 ~ 15 – N	0	0
每个冷启动节点和每个非冷启动的同步节点的关键时间片数量	1	2	2
其他控制器的关键时间片数量	0	0	0

使用新的外部时间触发 TT – E 方法可以实现更复杂的系统，即让多个 FlexRay 总线可以互相同步。其中一个总线系统作为时间源，使用 TT – D 网络方法工作，来给定全局通信循环（图 3.21）。而 TT – E 总线系统作为时间子网，会通过至少一个作为时间网关连接两个 FlexRay 网络的控制器与时间源网络连接。对于时间源网络来说，时间网关就是一个普通的 FlexRay 节点，可以参与冷启动和同步，也可以不参与。而在时间子网中，时间网关则必须要承担冷启动和同步节点的角色。对于时间子网中的其他控制器来说，TT – E 网络的启动就和 TT – L 网络一样。TT – E 网络的通信周期和宏周期会相对时间源网络保持 40 个微周期的延迟。为了提高可用性，也可以把多个控制器作为同一时间源网络的时间网关。

3.3.9　FlexRay 总结 – 第 1 层和第 2 层

- 用于多个汽车控制器之间的实时测量、命令和控制信号传输，有很高的安全性。
- 由于 FlexRay 拥有较高的带宽，因此也可以作为骨干网把不同子网的网关连接起来。
- 每个总线区块最多可以有 64 个控制器。
- 基于比特流的传输协议，使用双向双股线，可以是线型总线或星形总线结构。控制器到星形连接点的最大总线长度为 24m。
- 可以是单通道也可以是双通道系统。第二条通道可以用于对安全性有高要求的应用的冗余传输，也可以用来传输不同内容以提高带宽。
- 比特率有 2Mbit/s、5Mbit/s 和 10Mbit/s，将来理论上也可以做到更高的比特率。
- 需要专门的 FlexRay 控制器、收发器和微处理器。有总线监控器可选。
- 广播式总线系统，为各个控制器在一个通信周期内的固定时间片分配发送权和发送内容。在通信周期的静态段是用时间同步的总线获取方式（TDMA），每个时间片的长度是固定的。而在动态段用的是改进的 TDMA 方法（即 FTDMA），时间片长度可变,并使用基于位置的优先级仲裁方式(即处于前面时间片的控制器可以阻止处于后面时间片的控制器的发送)。

- 报文可以带 0 到 254 字节的数据以及 8 字节的报文头和尾。位传输层面的控制位占大约 20% 的额外负载。每个 10Mbit/s 通道的有效数据速率从小于 500KB/s 到 1000KB/s。数据传输通过 CRC 校验和来保证安全,不过在发生错误时没有自动重发机制。

3.4 面向媒体的系统传输

到目前为止我们讨论的总线系统都是为机器控制目的开发的(控制总线),而 MOST 总线系统则是为远程通信和多媒体应用开发的(娱乐总线),也就是用于连接汽车收音机、DVD 机、电话、导航系统和电视设备[17,18]。这些应用对实时性和传输安全性的要求较低,对传输带宽的要求则高于传统控制任务。为了可以传输电话通话质量的语音,至少需要达到 8KB/s 的无压缩有效数据速率。传输无压缩立体声道 CD 质量的音乐信号(双通道 16 位采样精度 44.1kHz 采样频率),则至少需要 176KB/s 的带宽,远远高于 CAN 所能达到的速率。压缩过的立体声道音频信号需要 16KB/s(MP3)到 24KB/s(AC3),杜比环绕声(AC3 5.1)则需要 56KB/s。DVD 上常用的按照 MPEG-1 和 MPEG-2 压缩的标准电视质量的视频信号,需要 1.5MB/s 的带宽。

娱乐总线系统的目标是,用数字信号在分布式设备间传输音频和视频数据,以增强抗干扰性。MOST 总线的上一代是飞利浦公司开发的内部总线(D2B)。不过 D2B 只在少量汽车上得到了应用。其后续开发已经停止。除了 D2B,一开始还有一些参照消费电子领域的 SPDIF 标准的通信系统。由于无法通过 SPDIF 将多个部件智能地连接起来,这种方法最后也没能得以实施。

MOST 一开始也和 D2B 一样,是由单一厂商开发的,也就是绿洲硅系统公司(后来改名为 SMSC,也就是今天的微芯科技公司)。1998 年,在一些汽车制造商的推动下,MOST 的后续开发工作由一个跨公司的标准委员会(MOST 协会)接手。很快 MOST 总线就在欧洲的各个高级车型里得到了应用。这除了归功于该总线系统优异的性能,还取决于 MOST 标准涵盖了整个 ISO/OSI 标准的 1~7 层(见第 2 章),而且很早就有可供使用的总线控制器和收发器。MOST 通信控制器和相应的收发器实现了 ISO 标准的第 1 和第 2 层,也就是位和数据传输层。而所谓的 MOST 网络服务层 1 和层 2 则几乎覆盖了 ISO 标准的第 3~7 层。

然而,MOST 标准的公开部分在某些地方,包括物理层、数据传输层以及更高的层都不完整,这些内容只有 MOST 协会可以获得。这些部分保密和受专利保护的内容虽然保护了商业利益,却阻碍了该标准的普及速度,而且由于关键系统部件受某个单一厂家所限导致带来了不确定性。MOST 标准委员会已经宣布,拥有 MOST

关键专利权的技术领导者会在将来施行更加开放的授权政策。

而另一方面，越来越多的消费者希望能将消费电子设备，如 MP3 与汽车进行连接。除了无线技术比如蓝牙，人们还需要 USB 接口连接移动电话和 MP3 播放器，并能接入互联网（用户便利接口）。除此之外，新兴的驾驶辅助系统也要求有更高的传输速率，来用于传输譬如后置高分辨率摄像头的实时视频信号。与 DVD 将图像进行压缩不同的是，传统嵌入式系统的计算能力通常不足以用来压缩实时传输的视频信号。

汽车行业曾考虑是否要引入已经通过 IDB 1394 标准化的火线系统。考虑一段时间后，最终还是转向了以太网，因为这样所有互联网设备理论上都可以与车载网络连接。而既然已经有车载以太网和以太网诊断接口，那么用以太网来取代 MOST 总线承担娱乐系统网络通信的任务也是理所当然的事。在研究和前期开发领域，人们甚至在评估是否能将以太网用于实时通信，也就是取代 FlexRay 和 CAN（本章 3.5 节）。MOST 协会将此视为一个潜在的强力竞争对手，开始尝试进行反制。比如开发更高的带宽如 MOST150 的 150Mbit/s，将来可能有更高的速度；廉价的总线线束；以及用 MOST 作为以太网数据的物理层的方案。

在这场讨论中不能忽略的是，MOST 总线是一个专门为汽车应用设计的总线系统。以太网虽然在办公领域经过了多年的检验，但用于汽车的话，人们需要对以太网进行调整，以使其满足汽车对物理层严格的边界条件，以及对实时性和传输可靠性的要求。

3.4.1 总线拓扑结构和物理层

第一代并且目前还在使用的 MOST 总线系统（MOST25）是基于光传播媒介，使用合成材料的光纤（塑料光纤维 POF）。经过编码的光信号传输使用曼彻斯特编码的数据，这种编码让接收者可以进行位同步。光束会被控制器里的光发射器（纤维光发射器 FOT）接收并接着发出，同时转化成电信号给通信控制器进行进一步处理。除了光纤目前还有一种使用双绞线的电传输版本，它是和第二代标准 MOST50 一起被引入的。发展到速率达 150Mbit/s 的 MOST150 则重新使用了光学介质。MOST150 也有一种电传输版本，但使用的是比 MOST50 贵得多的同轴电缆。MOST 传输协议本身则与物理传输媒介无关。

MOST 总线可以使用多种不同的总线拓扑结构。最常用的是逻辑环形结构，最多可以连接 64 个控制器（图 3.32）。物理上每个控制器之间则是间接点对点连接，也就是说每个控制器会重新生成光信号再传递给下一个控制器。因此每个控制器都有一个入口和出口。未激活的控制器会直接把收到的数据传递下去（旁通模式），激活的控制器会取走数据或者把自己的数据添加进数据流里。一开始会先设定一个控制器为主控制器（时间主控制器），它可以生成报文（帧）。其余的控制器（从控制器）会和主控制器进行位和帧同步，从环上收取消息以及把自己要发送的数据添加进去。这种总线系统的比特率通常为25Mbit/s（MOST25），更新的总线控制器可以达到50Mbit/s（MOST50）和150Mbit/s（MOST150）。MOST25中每个控制器的通过延迟为2帧，也就是大约45μs（图3.33），MOST50和MOST150中通过延迟则在1μs以内。

3.4.2 数据链路层

MOST总线使用的是比特流传输，一个区块由16个报文（这里称为帧）组成（图3.33）。每个报文都会沿着整个环传播一遍。报文的频率通常被设定为44.1kHz，也就是音频CD的采样频率。这样一个报文的时长为22.67μs。另外，也可以选择48kHz。这是DVD音频播放器或者DAT设备常用的频率，也是标准3.0版推荐使用的频率。整个网络的报文频率必须一致。如果一个设备内部的采样频率和总线系统的报文频率不一致，那该设备必须转换采样频率。MOST基本上是作为一个同步系统设计的，也就是说它会在连续的采样循环中一直发送同样的字节数。报文的格式则可以灵活选择，以便在同步架构里实现异步传输。

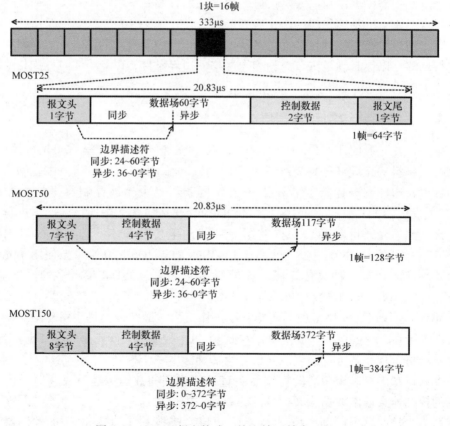

图3.33　MOST报文格式，块和帧（帧率48kHz）

1. MOST25 帧

每个帧开头是由一个序言（4bit）和所谓的边界描述符（4bit）组成的报文头（图 3.33）。序言表示了一个帧的开始，并使得系统可以为即将到来的比特流重新进行同步。区块的开始是由 16 个帧的头一个特殊序言来表示的。边界描述符把之后的数据场分成了一个同步区和一个异步区。边界描述符的数值乘以 4 就是同步数据场的字节数。同步数据场长度不得少于 24 字节。整个数据场长度为 60 字节，除去同步数据场剩下的部分就是用于异步数据，最多 36 字节。所有帧的边界描述符都是一致的，在运行过程中也不会改变。同步和异步数据场之后还有一个 2 字节长的控制数据场。最后的报文尾字节包含了其他控制和状态信息，提供了对传输错误的检查。位传输错误的平均概率为 1×10^{-10}。

2. MOST50 帧

MOST50 得帧频率和区块结构跟 MOST25 一样，比特率则是其两倍。这样一个帧可以装下 128 字节。报文头则有 7 字节，之后是 4 字节的控制数据，是 MOST25 的两倍。在一些文档里控制数据也和报文头在一起表示成一个 11 字节的报文头。117 字节的数据场可以通过边界描述符任意分成同步和异步数据场。相比于 MOST25 要改变同步和异步数据场的划分必须中断通信再重新同步，MOST50 则允许在运行过程中动态地改变划分。

3. MOST150 帧

MOST150 帧除了报文头多了 1 字节，其他的组成都和 MOST50 一样。由于有更高的比特率，在帧时长一样的情况下，一个帧可以包含最多 372 字节数据。

按照一个帧里数据场的划分方式，MOST 总线可以分为 3 种互相独立的数据通道种类，分别对应不同的应用目的。

- 同步数据（流数据同步或等时），例如音频、视频
- 异步数据（包数据），例如 TCP/IP 包
- 控制数据（控制通道），例如网络管理、设备间通信

在深入了解这 3 种数据类型前，有必要先介绍这里常用的一个概念——报文。在位传输层，这 3 种数据都是用同一个物理报文进行传输的，在 MOST 标准里用了英语里的词汇"帧"来进行表示。在一个帧里每种数据都有固定长度或可变长度的数据场。在异步数据和控制数据里，这些数据场只是更大的逻辑报文的一部分，这些逻辑报文在标准描述里被称为异步数据包（有时也用帧而不是包来表示，图 3.34）和控制数据帧（图 3.35）。在前文里这些逻辑报文通常被称为数据包，有时也直接就叫报文。

4. 同步数据区（流数据）

同步数据每 8bit 分为一个时间片，在 MOST 总线里称为物理通道。几个这样的物理通道可以再组成一个逻辑通道。一个逻辑通道（流通道）可以有从一个字节到整个同步数据的总长度。总线对这些时间片的使用是时间同步的，也就是按照

TDMA 方法。各个应用各自请求一个特定的通道,然后便可以在通道上发送数据,直到它们重新释放通道。通道内数据的格式可以是任意的。例如,可以直接用 CD 里存储的 16 位采样值传输音频 CD 的音乐信号。对于立体声信号则必须在同步数据区里分配 4 个物理通道,左右声道音频采样各 2 个。如果利用满整个 MOST 报文的数据场(MOST25 是 60 字节,MOST50 是 117 字节,MOST150 是 372 字节),可以分别传输 15、29 和 93 个无压缩的立体声音频 CD 通道。同步数据不包含发送和接收地址,其管理完全是通过控制数据的(控制通道)。同步数据区主要用于传输要求有很高并且可靠带宽的音频和视频数据。

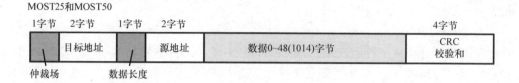

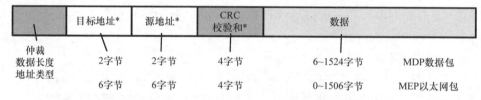

图 3.34 异步数据的 MOST 数据包(报数据通道 PDC)

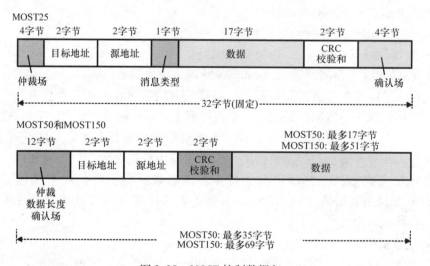

图 3.35 MOST 控制数据包

音频数据的采样率是固定的,有时候会跟 MOST 的采样频率不一样。而压缩数据，例如 MPEG 编码的视频流，频率则常常是变化的，它需要的是一个带宽保证。因此在传输前数据要么要转换成 MOST 的采样频率，要么用虚数据进行动态填充。在 MOST25/50 中这部分任务要由应用来完成，而在 MOST150 中额外引入了所谓的等时通道，这部分任务就由 MOST 通信控制器（INIC）接手了。

5. 异步数据区（包数据）

异步数据区主要是用于格式化的数据包（图 3.34）。由于异步数据每帧只有有限的字节数，必要时通信控制器会将报文分割成几个帧。报文的发送者和接收者是通过设备地址来进行标识的。只要异步数据区没有被其他异步数据包占用，发送者就可以获得总线使用权。这个过程可以通过仲裁场来实现。仲裁的细节在此则不进行展开。

标准情况下，MOST25 通信控制器最多可以在一个异步数据包里发送 48 字节的有效数据。数据长度场的值乘以 4 即为数据长度的字节数。如果使用通信控制器的应用可以足够快地提供发送数据，并且接收端可以足够快地读取数据，MOST25 的数据场最多可以拓展到 1014 字节，而这在 MOST50 系统里是标准长度。通信控制器会通过 CRC 校验和来检查异步报文的正确性。标准说明里还描写了确认机制和自动重发机制。

MOST150 中包数据的格式有了很大变化，引入了两种格式形式。MOST 数据包 MDP 格式中，16 位的设备地址被沿用下来，而可传输的数据长度达到了 1524 字节。MOST 以太网包 MEP 格式则是用于传输以太网报文的，而无须对其格式进行转换。因此可以用惯用的 48 位以太网 MAC 地址和以太网 CRC，而不是 MOST 自己的校验和。数据场在这里则可以达到 1506 字节。

异步数据区由于可以短时间内完成大数据量的传输，经常被用于传输导航系统的地图信息或者传递 TCP/IP 连接。

6. 控制数据

控制数据一方面用于网络管理，另一方面也可以用于环上各控制器的应用之间的通信。传输是在控制通道里由事件触发的，带宽较小。MOST25 里的控制报文长度为固定的 32 字节（图 3.35）。这 32 字节最开始是仲裁场，被分为一个个 2 字节大小的单元，分别分配给之后 1 个区块控制数据的 16 个连着的帧（图 3.33）。也就是说，如图 3.35 所示，控制报文控制数据场的头两个仲裁字节，表示了图 3.33 里一个区块的头一帧的目标地址，接下来第二帧的控制数据场的两个仲裁字节表示第二帧的，以此类推。一个区块的定义只和控制通道有关，因为 MOST25 里每个区块就只传输一个控制报文。相反，同步和异步数据通道就忽略区块边界。

控制通道用的是异步的以及基于优先级的总线访问方式，也就是 CSMA 方法，在仲裁场会给定报文的优先级。控制报文会通过校验和与消息确认机制来保证正确性。发生错误时会自动重发报文（低级别重试）。如果传输成功，接收者会返回一个确认（Acknowledge，ACK）。如果一条消息没有被成功地接收，比如由于地址错误或者接收者没有空余的缓存，则发送者认为是错误反馈（Not Acknowledge，NAK）。

目标地址和源地址场分别给出了16位长的接收和发送地址。每个控制器可以通过其物理或者逻辑地址被访问。物理地址是通过在环上与主控制器的相对位置计算出来的，通常只在系统启动的时候使用。主控制器的物理地址一直为400H，之后的所有从控制器物理地址分别递增1。逻辑地址则可以由网络主机为每个参与者特定地分发，但也必须和物理地址一样在环上不重复出现。通常人们分发逻辑地址时先从100H开始，先分发给网络主机，之后的设备递增1。不过这种方式并没有被标准化。此外，还可以将一条控制报文发送给一组控制器（群发，通常目标地址为300H+区块ID）或者环上的所有设备（广播，通常目标地址为3C8H）。

消息类型场表示了控制消息的类型。除了在应用层面定义功能的普通报文，还有预定义好的用于网络管理的控制报文。例如，资源分配和资源释放报文，分别用于预留和释放同步传输通道。通过远程读和远程写报文，一个通信控制器比如主控制器，可以读取或改写其他通信控制器的寄存器以及配置。通过远程获取源头报文可以询问是哪个控制器在往特定的同步数据通道上发消息。

控制报文的格式化自然是通过MOST通信控制器。它还会检查目标地址和CRC校验和是否正确，再将控制报文的有效数据传递给接收者的更上一级。

MOST50和MOST150中每一帧会传输控制报文的4个字节（图3.35）。控制报文的格式相比于MOST25有所改变。长度可以在35~69字节间浮动，并分不到多个帧中。MOST50和MOST150中不再有区块边界。

7. 仲裁和带宽

在同步数据区中每个发送者可以为自己预留必要的传输带宽，而对于异步和控制数据各个控制器则要竞争带宽。异步报文中，发送权利还会通过仲裁场从一个设备交给下一个设备（"令牌"传递）。

MOST标准中，控制器对总线的访问是通过公平的CSMA仲裁机制。其中报文优先级至关重要，它可以从0（低）到15（高）中进行选择。由于可选的优先级数量较少，而且通用通信控制器往往用默认优先级1发送控制报文，所以有可能出现冲突。至于"令牌"如何传递，仲裁具体如何进行，最坏情况下的延迟如何，标准文档的公开部分却没有描述，仅仅是规定了拥有最高优先级的控制报文赢得仲裁，以及每个通信控制器不允许在每帧中发送。

确定传输的带宽相对比较复杂。除了影响单个报文长度的比特率以及采样频率，对同步和异步通道的划分也至关重要。具体的计算举例请参见文献【17】。

3.4.3 通信控制器

MOST是一个专门为娱乐应用设计的技术，主要是用在中高端车型上。如此小的应用范围也直接导致了非常少的半导体生产商供应相关的通信元件。CAN总线里面通信控制器通常已经作为片上模块集成到许多微控制器里，而MOST的通信控制器通常是作为外部元件，通过各种接口和控制器的芯片进行通信（图3.36）。由于帧格式不同，MOST25，MOST50和MOST150的通信控制器无法向下兼容。

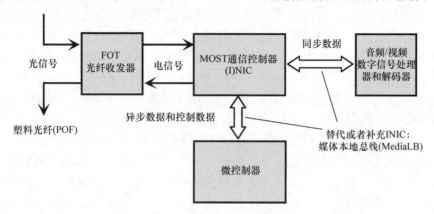

图 3.36　典型的 MOST 控制器结构

最早的 MOST 通信控制器，也被称为网络接口控制器（Network Interface Controller，NIC），实现了整个数据链路层，实现了数据源和数据接收端之间的数据流。一般异步数据通道和控制通道是一起通过一个接口（并行总线或者 I2C）与要操作设备的控制器进行传输。这里要求的带宽其实很少。相反，音频和视频内容需要较高的带宽，因而要通过被称为 I2S 或者流端口的接口，来与用于信号处理的特殊芯片（比如 MPEG 解码器）进行通信。

MOST 通信控制器会接收整个 MOST 数据流，在短暂的延迟之后又转发到环上。在这个延迟里，通信控制器把自己要发送的数据放进接收到的数据包里，并把数据包里给它自己的数据提取出来。控制通道和异步数据决定了每个报文的目标地址。路由表为同步数据定义了发送和接收的通道和时间片。

微控制器上的娱乐应用和通信控制器之间的数据交换，被封装在所谓的功能模块和网络服务里。它们一开始是被设计为微控制器里的软件层，而通信控制器本身还有传统接口，包括控制和数据寄存器。网络服务提供了基于 MOST 消息格式的带 FBlockID、FktIDs 等（详见后述）的接口。通信控制器的设置参数同样是由特殊的功能模块来调节的。

被称为智能网络接口控制器（Network Interface Controller，NIC）的新一代通信控制器已经拥有了网络服务层的功能，因此可以减轻微控制器的负担。这也可以使得从 MOST25 过渡到更新一代变得更容易，因为 INIC 的 API 是一致的。INIC 的另一个改进是引入了媒体本地总线（MediaLB）。它取代了连接微控制器、DSP、编解码器的传统接口，使得在控制器内部也可以支持 MOST50/150 的最高带宽。

3.4.4 网络服务和功能模块

之前介绍的其他总线系统大都在定义了物理层和数据链路层之后很久，才确定了更高级别的协议层，有些甚至没有。与之相反，MOST 标准还定义了更高层级的工作机制。这些更高层级的接口是由所谓的 MOST 网络服务（简称 NetServices）提供的，并分为两层。大致上人们可以把 MOST 第 1 层和 ISO/OSI 分层模型的第 3 层到第 5 层对应起来，把 MOST 的第 2 层和 ISO/OSI 的第 6 层对应起来（图 3.37）。网络服务里建立起了各个功能模块，它们为娱乐应用提供了面向对象的编程接口，对应了 ISO/OSI 的第 7 层。

MOST 标准将网络服务定义为一系列可以进入通信控制器和网络的功能。一些生产商在它们的通信控制器里，为这些服务提供了适当的软件实现。更新的 MOST 通信控制器（INIC）已经包含了第 1 层服务的硬件实现。网络服务能管理全部 3 组数据通道。网络服务为异步数据和控制消息提供了协议逻辑，而对同步数据通道只是管理，并把有效数据传递给具体应用进行信号处理。

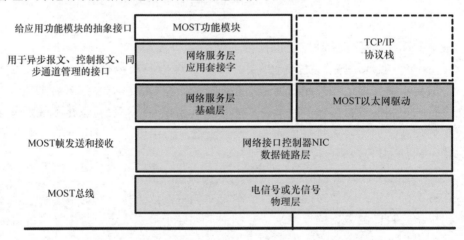

图 3.37　MOST 协议栈，包含 MOST150 为以太网的扩展

第 1 层服务包含了以下功能组：
- 同步通道服务 SCS 和套接字连接管理器 SCM：预留和释放同步通道，为同步数据配置接口（图 3.36）。新的网络控制器（INIC）把同步报文的管理通过所谓的套接字封装起来，而在老的通信控制器（NIC）里，通道的预留和释放以及信号源（Source）与信号目标（Sink）的连接都需要具体去实现（见本章 3.4.7 节）。
- 异步数据传输服务（ADS）：发送和接收异步数据，包括缓存和错误处理。
- 控制消息服务 CMS：发送和接收控制数据。
- 应用消息服务 AMS：通过控制数据通道分段发送和接收大于 17 字节的有效数据。

- MOST 收发器和处理器控制服务 MCS：配置通信控制器，设置边界描述符和帧率。
- MOST 监视器 MSV：可配置成为时序主节点或从节点，能量管理，网络启动和停止（见本章 3.4.5 节）。

第 2 层服务包含：

- 命令解读器（CMD）：调用应用函数来处理带控制数据的报文。
- 地址处理器 AH 和网络主节点阴影：获取网络主节点数据接口的拷贝，以及为网络管理进行集中登记。
- 通知服务 NTFS：当功能模块管理的设备的参数（属性）发生改变时，自动发送通知的机制。

第 2 层服务上面是功能模块。它们跟其他 MOST 对象一样是借助数字代号来引用的。这些功能模块的数字代号被称为 FBlockID。由于一些功能模块，比如诊断，可以在一个系统里多次出现，因此在功能模块数字代号之外还必须有一个唯一的实例编号 InstID。例如，音频功能模块组主要包含音频放大器（FBlockID = 22h）、外放设备（Handsfree Processor FBlockID = 28h），或者包含音量调节器、均衡器等的音频信号处理（Audio DSP FBlockID = 21h），而操作面板则属于人机接口的功能组（FBlockID = 10h）。每个控制器为各种类型的任务提供一定数量的功能模块。最终的娱乐功能，比如播放 CD，则是通过多个这样的功能模块一起工作来实现的。这里无论这些功能模块是在同一个设备里还是通过网络分配在不同设备里，对于应用来说都是一样的，因为各个功能组之间的通信已经通过网络服务封装好了。

除了对于娱乐应用很重要的功能模块，每个设备还必须实现功能模块网络管理（FBlockID = 01h），主节点必须实现功能模块网络主节点和主节点连接（FBlockID = 02h und 03h），它们包含了对总线和网络管理的控制。此外，一般每个控制器也都含有诊断功能模块，它们通常实现了更高层级的协议，比如 KWP 2000 或者 UDS。对于用于协调通信控制器之间总线工作的控制报文，除了伪模块之外还有 FBlockID = 00h 的通用模块。除了 MOST 定义的功能模块外，还有汽车生产商可以用于自己特殊目的功能组，比如系统监控或者软件下载。

娱乐应用通常会分配到多个由 MOST 连接起来的控制器上，比如操作设备，广播接收器，前级放大器和主动扬声器。功能模块的分配及其与应用软件之间的必要通信被封装在网络服务里。应用软件可以通过 FBlockID 和 FktID 简单地调用这些功能，而无须考虑这些功能是在哪个设备上。网络地址的分辨率，以及必要的总线消息的发送，也是由网络服务完成的。控制报文的有效数据域直接表示了功能及其参数（图 3.38）。

每个功能模块都有一系列的功能（FktID）。MOST 里面区分了属性和方法。属性是指可以通过相应的网络服务功能访问，或者直接改变其当前数值的状态或特性。一个典型的例子是音频放大器的音量。具体方法是指通过相应网络服务功能发

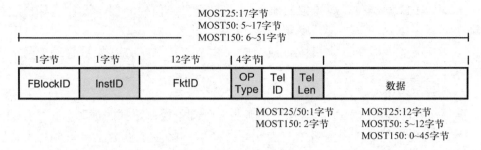

图 3.38 用于网络管理功能的控制报文的有效数据域

动,但这需要较长时间来执行才能得到结果的动作,比如广播接收器的电台搜索功能。具体的一个函数应该如何执行,是由 OPType 决定的。通常对于属性的操作是 Set()或者 Get(),对于方法的做作是 Start()或者 Abort()。人们可以选择一个参数列表来表示功能的参数。列表的长度是可变的,用 TelLen 场来表示。如果需要多于 12 字节,一个逻辑控制报文的数据会被分割为多个控制报文。TelID 场用于传输分段编号,对于不分段的报文它则为 0。网络服务既包括了发送端的分包,也包括了接收端的组包。在应用层面最多可以发送 64KB 的明文数据(应用消息服务 AMS)。

在使用功能模块时需要适应的是,功能和所属的控制报文经常是用一系列不同的数字代码 FBlockID. InstID. FktID. OpType(参数)在文档里表示的。例如 22.00.400.0.(20)表示音频放大器.00.音量.设置(20),也就是表示音频放大器(FBlockID = 22h)的实例 InstID = 00h,即第一个存在的放大器,收到了一个指令,即把音量(FktID = 400h)重新设置(OpType = 0),新的值为 20(数值范围为 0~255)。

这里描述的控制报文的结构(FBlockID, FktID 等),原则上也可以用于异步数据通道。唯一的不同是 TelLen 的大小,在异步数据通道里它被扩展到 12 位,使得最大允许有效数据量可以到达 1008 字节。

3.4.5 网络管理

MOST 的网络管理有多个不同角色,理论上它们可以分布在不同设备上,不过实际上一般还是把它们集中在娱乐系统的中央操作单元,即中控面板里:

- 时序主节点:生成位和帧的节拍。
- 网络主节点:记录系统配置,即在环上存在的设备及其特性(中央记录)。
- 能量主节点:协调总线系统的关闭(关机)。
- 连接主节点:管理同步传输通道。

1. 总线系统的开始和结束

网络的管理是通过通信控制器里的硬件和微控制器里的软件一起完成的。网络主节点在网络开始的时候,搜索网络上连接的控制器(系统扫描),询问其特性,并把这些信息存在一个表格里(中央记录)。问询的时候还会特别找出哪个设备有哪些功能模块。如果控制器之前不是关机而只是进入了省电模式(睡眠),则会被光信号或电信号唤醒。总线系统的关闭命令是由能量主节点通过状态报文(Net-Block. InstID. Shutdown. Query)发出的,之后每个控制器都有时间做必要的准备,然后主节点控制器就停止发送信号。从节点发现信号停止之后,至少也会将总线接口切换到睡眠状态。总线上的每个设备都可以通过重新开始发送信号,把总线系统从睡眠状态唤醒。环上的所有设备依次被唤醒。一旦设备跟接收到的信号节拍同步了(锁定),网络主节点就开始上述对网络的搜索。

2. 系统状态

从应用的角度 MOST 总线只有两种状态,正常或者异常。当前的系统状态是由网络主节点确定的。当状态发生改变的时候,会通过消息 NetworkMaster. InstID. Configuration. Status 通知所有通信参与者。系统在每次启动的时候初始状态都是异常。一旦网络主节点成功进行了中央登记,状态就会变为正常,控制器就会开始相互通信。如果有一个控制器改变了它的特性,或者网络主节点发现了一个变动或者错误,例如有一个设备关闭或者启动了,那么所有控制器都会通过刚才提到的状态消息收到一个异常通知。这样所有同步连接都会中断,然后通过重新建立中央登记重新配置网络。如果关键改动比较少,网络则还会保持正常状态,只是通过报文告知相应的信息。

除了这两种影响整个系统的状态之外,网络服务还逐一管理各个控制器的其他状态。其中最重要的是同步和失去同步。这个状态是由通信控制器检测的,但会直接影响应用程序。当控制器跟接收到的光脉冲信号可以同步的时候,控制器进入同步状态。如果这个同步出现问题,通信控制器就会告知微控制器失去同步,因为这种情况下收到的数据很有可能是错误的。应用程序会随即进行反应,例如放大器会把音频信号静音处理。

3. 同步通道的管理

当一个设备在同步数据区请求或者释放一个传输通道的时候,会通过资源分配报文或者取消资源报文来预留通道,并会收到一个同意或者拒绝的回复。连接主节点会把这个预定填进一个本地表格里(资源分配表),并自动发送给从节点(每1024 帧)。应用软件只需要在所请求的传输带宽不够的时候,在网络层面介入即可。

4. 对光纤连接的断环诊断

在环状拓扑结构里,每一处中断都会导致整个系统瘫痪。导致断环可能是一个控制器坏了,或者光纤真的断了。MOST 在网络管理里只规定了少数的诊断可能性,比如刚说过的同步和失去同步的情况。因此车辆和设备生产商各自使用自己的诊断策略，但它们实际上是基于同样的核心原理。MOST 控制器除了光接口外还有单线的 LIN 或 CAN 电信号接口。通过这个接口可以唤醒设备，以及与设备进行双向通信，虽然这看起来非常原始。在断环诊断的时候，所有设备会被要求发出光信号。然后会询问每个控制器是否收到光信号。这样子可以找出在环上哪两个设备之间出现了错误。

如果不是用光纤连接而是用电线连接，必要的时候也可以使用其他断环诊断方法。

3.4.6 更高级的协议层

MOST 高级协议 MHP 是与功能模块平行存在的、在软件里实现的传输协议。它是为两个 MOST 设备之间的，面向连接的传输而设计的。它允许分段传输大量数据，包括连接建立、连接断开以及流控制。MHP 基于网络服务第 1 层，可选择使用异步数据区，或者控制数据的数据包。除了 MHP，还可以借助 MOST 异步媒体控制 MAMAC 协议直接用 MOST25 传输以太网报文。MOST25 系统可以通过 MHP 和 MAMAC，与基于 TCP/IP 的笔记本电脑或者互联网相连，以及传输相应数据。对于 MOST150 来说，不再需要 MAMAC，因为其异步数据通道已经集成了对 MOST 以太网包 MEP 报文的支持。

出于防盗版保护的原因，音频和视频数据通常是加密的。这些数据的使用条款禁止通过像 MOST 这类在音乐和电影工业看来几乎是透明的数据网络来传输数据。因此，必须新开发加密数据传输功能。其中发送者和接收者需要互相验证身份以及交换密钥。为此，人们引入了一种源于通信电子的方法，并且在 IEEE1394 火线中使用，即数字传输内容保护 DTCP。

3.4.7 系统启动和音频连接示例

图 3.39 展示了含有 4 个参与者的 MOST25 环的建立。网络主节点、连接主节点和时序主节点一般是由中央娱乐控制器实现，也就是所谓的中控台，它也是系统与使用者之间的接口。其他 3 个参与者（从节点）提供服务供中控台使用。该示例网络是由一个导航系统、一个 CD 播放器和一个放大器组成。

表 3.13 所示的控制报文记录表示了系统的启动过程，以及简化过的

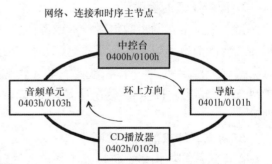

图 3.39 MOST25 环的示例（包括物理和逻辑地址）

CD 播放器与音频放大器直接同步音频连接的建立。

表 3.13　图 3.39 中 MOST 环启动过程的控制报文

从	到	消息类型	控制报文
0100	0400	04	ResourceDeAllocate. DeallocateAll 在 MOST 网络启动时，网络主节点撤回对同步通道的占用，并发送系统消息 Resource Deallocation（释放资源）。系统消息总是通过伪功能模块 00h 发送到目标地址 400h，并由网络服务来处理。该消息对应用层不可见
0100	0401	00	NetBlock. 01. FBlockIDs. Get
0101	0100	00	NetBlock. 01. FBlockIDs. Status. 520053000600
0100	0402	00	NetBlock. 02. FBlockIDs. Get
0102	0100	00	NetBlock. 02. FBlockIDs. Status. 31000600
0100	0403	00	NetBlock. 03. FBlockIDs. Get
0103	0100	00	NetBlock. 03. FBlockIDs. Status. 22000600 这一系列消息表示了系统扫描的过程。在这一过程中，网络主节点按顺序询问从节点，以得到其支持的功能模块。这里用到的是物理地址（400h + 环上位置），因为此时逻辑地址还未被定义。导航系统回复 FBlockID = 52h（导航系统），53h（TMC 解码器）以及 06h（诊断），其 InstID 都是 00h。CD 播放器支持功能模块 31h（音频碟片播放器）以及 06h（诊断）。功放器除了其主要功能音频放大（FBlockID 22h）之外，同样也提供诊断功能
0100	0101	00	NetBlock. 01. FBlockIDs. SetGet. 060001
0101	0100	00	NetBlock. 01. FBlockIDs. Status. 520053000601
0100	0102	00	NetBlock. 02. FBlockIDs. SetGet. 060002
0102	0100	00	NetBlock. 02. FBlockIDs. Status. 31000602
0100	0103	00	NetBlock. 03. FBlockIDs. SetGet. 060003
0103	0100	00	NetBlock. 03. FBlockIDs. Status. 2200060326002400 在一个 MOST 环里，FBlockID 和 InstID 的组合必须是唯一的。在当前这个例子中，诊断功能模块 06h 还不符合这一规则，因为所有从节点都针对这一功能模块回复了 InstID = 00h。网络主节点会给这些从节点的这一功能模块分配新的 InstID = 01、02 和 03，从而解决了多义性的问题
0100	03C8	00	NetworkMaster. 00. Configuration. Status. OK 在网络主节点通过各节点报告的功能模块完成集中登记后，会通过一个广播信息通知所有节点配置完成。之后 MOST 环就可以工作了
0100	0102	00	AudioDiskPlayer. 01. Allocate. StartResult. 01c
0102	0400	03	ResourceAllocate. 00010203
0102	0100	00	AudioDiskPlayer. 01. Allocate. Result. 010200010203 中控台请求 CD 播放器传输器逻辑数据源 01h。在这个例子中，数据源 01h 对应 CD 的立体声音频信号，其采样值分别为 16 位，也就是 4 个 8 位的物理通道。CD 播放器的应用会通过网络服务申请这些通道，并通过系统消息"分配资源"告知所有总线参与者这些通道被占用了。CD 播放器把数据源和预定的 MOST 通道连接，并确认资源分配成功。在确认信息里一同发送的参数还有数据源（01），相对主节点的同步数据的相对延迟（02）以及占用通道的列表（00 01 02 03）

(续)

从	到	消息类型	控制报文
0100	0103	00	AudioAmplifier. 00. Connect. StartResult. 010000010203
0103	0100	00	AudioAmplifier. 00. Connect. Result. 01
			为了让功放器能处理音频数据,网络主节点会通过"连接"功能请求功放器将其逻辑数据接收端(Sink)01 即数字音频输入与通道 0 到 3 上的同步数据连接起来
0100	0102	00	AudioDiskPlayer. 01. DeckStatus. Set. 00
			到目前为止 CD 播放器只是在传输空数据。通过功能"面板状态"可以命令它开始播放 CD。(参数 00 = 播放,01 = 停止)
0100	0103	00	AudioAmplifier. 00. Volume. Set. 1 F
0100	0103	00	AudioAmplifier. 00. Mute. SetGet. 0100
0103	0100	00	AudioAmplifier. 00. Mute. Status. 0100
			这里会设置功放器的音量(Volume)以及接触静音(Mute),以便音频信号可以通过喇叭真实地被听到

3.4.8 MOST 总结

- 面向位流的传输协议,使用塑料光纤,用于娱乐应用,也有少数用双线电缆或同轴电缆连接,主要用环形拓扑结构。
- 比特率大约为 25Mbit/s(MOST25),第二代为 50Mbit/s(MOST50),更进一步发展到 150Mbit/s(MOST150)。
- 用逻辑通道和预留传输带宽进行通信(当报文频率为 48kHz 时,MOST25 报文最多 60 字节,MOST50 报文最多 117 字节,MOST150 报文最多 372 字节),使用 TDMA 总线获取方法。当没有传输异步数据的时候,有效数据速率最大分别为 2.6MB/s(MOST25)、5.6MB/s(MOST50)以及 17.8MB/s(MOST125)。
- 如果无须为同步数据使用整个带宽,剩余的带宽可以用于面向数据包的异步传输。面向数据包的传输无法保证报文的延迟。通过 CRC 检验和保证传输可靠性。MOST150 也可以传输以太网报文而无须转格式。
- 此外还有控制报文,用于网络管理和应用,带自动错误处理,但同样无法保证报文延迟。数据速率约为 50KB/s。[17]

3.5 车载以太网

过去几年,汽车行业开始认识到它们应用了许多几乎只在汽车上应用的技术,因而推高了成本,并且要持续投入进行开发。在日益增长的带宽需求面前,人们开始考虑在汽车上引入早在办公和家庭领域普及的以太网。以太网作为一种总线(ISO 标准的第 1 和 2 层),由于应用数量庞大而降低了成本,并且由于应用广泛而一直得到发展。IP、TCP、UDP 等因特网的协议(ISO 标准的第 3 和 4 层)使得通信变得透明,因为今天所有类似电脑的设备都支持这些协议。这极大简化了其在用户设备上(如智能手机)的集成。

3.5.1 IEEE 802.3 中的以太网标准

一开始的时候,以太网是一种使用 CSMA/CD 访问方法的线型总线系统(参见第 2 章)。在这类系统里,传输的延迟会随着总线负载的增加而显著提升。所以,现在的以太网网络(图 3.40)使用的是星形拓扑结构,在节点的交汇处有一个交换机,它负责把收到的消息转发给一个指定的目标。这也就是所谓的交换网络。交换机会根据收到的报文里的以太网地址,解析出谁是正确的接收者。只有当接收者未知的时候,交换机才会把消息转发给所有与它连接着的设备。交换机能在运行中独立地通过收到的报文里的以太网地址,解析出有哪些设备跟它连接。

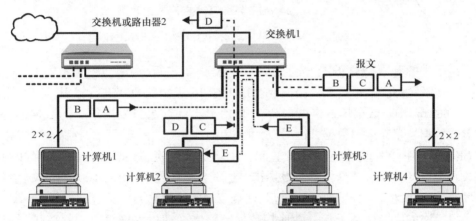

图 3.40 通过交换机连接的以太网网络拓扑结构

网络里的每台机器都是通过一对双绞线与交换机点对点连接。这样可以进行全双工通信。各条线路在交换机里是按照交叉开关的原理进行互相连接的,这样交换机可以同时把来自不同发送者的消息转发给多个接收者,例如图 3.40 里的报文 A 和 E,这避免了冲突。只有当多个报文在交换机里同时要发给同个接收者时,才会传输延迟。这种情况下,交换机会将第一条报文直接转发,将其余报文暂存起来,例如图 3.40 里的报文 C,它和报文 A 同时到达,隔一段时间后再发(Store and Forward 存储和转发)。只有当交换机里的缓存不够的时候,报文才会丢失。一个以太网网络可以包含多个交换机。这种情况下应该尽可能使用树形结构,这样每两个设备间都能有一条明确的连接路径。如果无法使用树形结构,现代的交换机则可以借助所谓的生成树协议自动进行设置,使得至少各节点间的逻辑路径是明确的。

一个以太网报文(图 3.41)一开始会有一组固定的位,包括序言和帧开始分隔符(SFD)。这是在某些物理层进行时钟同步所必需的。以太网里每个设备都有自己的地址。目标地址和源地址(媒体访问控制地址,即 MAC 地址)各为 6 字节长。MAC 地址是由芯片制造商分配给每个以太网通信控制器的，每个地址都是唯一的。除了这些唯一指定的地址，还有为各个设备组分配的组播地址，以及一个用于给所有已连接设备同时进行发送的广播地址。此外，还可以选择添加 VLAN 标签，用于建立子网，也就是虚拟局域网。一个虚拟局域网的成员可以相互间进行通信，而这些通信对子网外的设备是不可见的，因为它们的消息只在子网内部相互传递。此外，VLAN 标签场还可以包含优先级的要求。当多个报文同时到达交换机时，交换机会按照其优先级进行处理。

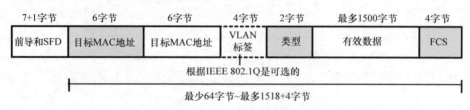

图 3.41　IEEE802.3 规定的以太网报文格式

接下来的有效数据的类型会通过一个类型场进行标识。比如如果这是一个 IPv4（互联网协议第 4 版）的报文，会用一个 16 进制的 800 进行标识，IPv6 则用 16 进制的 86DD。数据场最多能包含 1500 个字节。如果只发送很少的数据，需要在有效数据场填充空白数据，因为以太网报文必须至少包含 64 个字节（不含序言和 SFD）。在报文结尾会有一个校验和，也就是帧校验序列。在传输错误的时候，接收者会自动丢弃该消息，不会报告错误也不会确认收到。两个以太网报文直接必须要有一个 96 位长的最小间隔（包间间隔或帧间间隔）。

以太网的成功得益于其巧妙地将数据链路层（在以太网里称为媒体访问控制层 MAC）和位传输层（即物理层 PHY）分开。IEEE 802.3 标准里对它们进行了规定（图 3.42）。很多年来 MAC 层标准基本保持不变，而物理层则一直在改进，以达到更大的传输速率。以太网显示通过同轴电缆突破了 10Mbit/s 的传输速率，之后又使用了无屏蔽双绞线（以太网中用 10‐Base‐T 表示）。之后，它又使用了两组双绞线（快速以太网，100‐Base‐Tx），将传输速率提高到了 100Mbit/s。而今天在办公领域通常使用的是 4 组双绞线（千兆以太网，1000‐Base‐T），传输速度达到了 1Gbit/s。更高速率（10Gbit/s、100Gbit/s 甚至更高）的设备如今也已问世。此外，还有各种子型号的网线、光纤、用于小型设备的自带供电的以太网连接（以太网供电），或者反过来通过家用 230V 电网进行通信的以太网连接（电力线通信）。

在硬件实现时，通常也会把 MAC 层和物理层分开（图 3.43）。以太网的物理层元件不只是简单的收发器，而是据有完整的位传输逻辑。因为其接线口是电解耦的，因此还需要两个小变压器和一些被动元件。大多数物理层元件能独立识别其通信对象是用 10Mbit/s 还是 100Mbit/s 速率（自动协商）。MAC 层通常是集成在微控制器里。MAC 层和物理层之间的信号传输是用介质无关接口（MDI）标准进行规定的，这样不同生产商的元件也可以组合在一起使用。

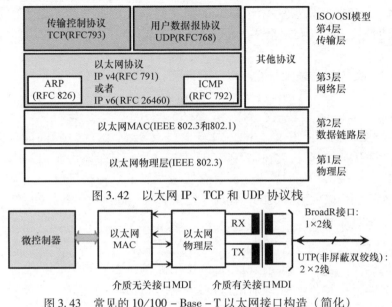

图 3.42　以太网 IP、TCP 和 UDP 协议栈

图 3.43　常见的 10/100 – Base – T 以太网接口构造（简化）

3.5.2　适用于汽车领域的物理层 BroadR – Reach

标准以太网元件由于线路和接口无法满足电磁兼容、温度、振动和湿度等方面的要求而不能直接应用到汽车上。在修车厂和生产车间的环境对这些方面要求不是很高，因此以太网诊断（DoIP）的接口还是使用传统以太网元件。而在进行车上通信的时候，则用的是 Broadcom 公司的一种特殊物理层，也就是 BroadR – Reach。它可以通过一对简单的双绞线实现 100Mbit/s 的全双通通信。其对线路和接口的要求不会高于 FlexRay 系统。Broadcom 公司和各家汽车生产商及供应商在 OPEN（One – Pair 以太网）联盟下成立了一个标准委员会，来对这个方案进行标准化和试验。其中至少一家汽车生产商已经宣布了量产项目，首先要用以太网来补充甚至取代 MOST 总线，之后是 FlexRay 总线。

BroadR – Reach 是否能取得成功，不仅取决于这些技术是否可以及允许被其他半导体制造商使用，这曾经是 MOST 总线的一个巨大障碍。对于以太网来说是否成功还取决于是否能开发出一套成本低又能满足实时性要求的方案。

3.5.3　IEEE 802.1 音频视频桥接 AVB 协议的实时性

一个以太网报文的时长可以这样估算：

$$T_{帧} \approx (n_{报文头} + n_{报文尾} + n_{数据}) \cdot T_{位} \tag{3.25}$$

如果连同序言和可选的 VLAN 标签一起考虑进去，一个报文的额外信息是

$n_{报文头+报文尾}$ = 30 字节 = 240 位。最短的以太网报文（序言加 64 字节，其中 42 字节是数据）在比特率为 $f = 1/T_{bit} = 100\text{Mbit/s}$ 时，可以在不到 $6\mu s$ 内传输完。在 $n_{数据} = 254$ 字节时，也就是一个 FlexRay 报文的最大数据长度，以太网传输需要 $23\mu s$。即使是最长的以太网报文，也就是 $n_{数据} = 1500$ 字节，也只需要 $123\mu s$ 就可以发送完。

一个以太网连接的最大带宽可以这么计算：

$$f_{数据} = \frac{n_{数据}}{T_{帧} + 96 \cdot T_{位}} \tag{3.26}$$

其中考虑到了两个报文之间必须至少要有 96 个位的时间间隔。因此一个 100Mbit/s 的网络，数据长度在 42 和 1500 字节之间，其带宽为 6~12MB/s。

相比于一个报文的耗时，发送者和接收者之间的总传输延时 $T_{延时}$ 则不太容易得出。要计算一个以太网报文的传输时长需要把发送和接收设备之间路径上所有交换机的通过延时加起来。

$$T_{延时} = T_{帧} + \sum T_{交换机} \tag{3.27}$$

通过延迟 $T_{交换机}$ 主要和交换机内部的工作机制有关。交换机至少要等到接收到一条报文的目标地址并且识别出该传递给哪个设备（转发），才能转发这个报文。因此可以推算理论上最小的通过时间：

$$T_{交换机,最小} = 112 \cdot T_{bit} = 1.2\mu s$$

然而，这个理论值在现实中是无法达到的，因为对地址的检查和可能的将报文复制到其他缓存器都需要花费额外的时间。工业转发交换机的制造商给出的数值是大约 $5\mu s$。有些交换机甚至要等到完整地收完一条消息后才会转发（保存并转发）。这种方式中交换机可以检查接收到的报文的校验和，并将出错的消息过滤掉。这类交换机的延迟 $T_{交换机} = T_{帧}$。

如果有多条给同个接收者的报文同时到达交换机，这些报文会都被暂存起来并先后转发。允许的通过延迟以及转发顺序，在以太网标准 IEEE 802.3 里都没有规定。因而以太网本质上不具有实时性。

尽管如此，为了在以太网上满足例如 IP 电话或者视频直播等应用的实时性要求，人们在协议栈的更高层引入了特殊的协议。例如，RFC 3550 标准里的实时传输协议 RTP。然而这些解决方案只能实现中等的带宽需求。变化不定的传输延迟的问题（抖动）没有被解决，而只是被掩盖了。关键的方法是，在接收端设立足够大的缓存，可以存储各种不确定延迟的报文，并按一定的间隔来读取和处理。这样虽然发送者和接收者之间的总延迟变大了，但能保持固定。对于声音和图像传输延迟变大造成的问题并不大，甚至偶尔丢失了一些信息，人们也不会察觉。

对于实时性要求高的控制数据或者在闭环控制中，对所有报文的传输都要保证其延迟上限。报文的丢失甚至可能造成严重后果。在工业控制领域，人们很早就引入了以太网，也发展出了一系列实时性解决方案，如 ProfiNet、EtherCAT、EtherNet/

IP，Modbus/TCP，Sercos III 或者 TTEthernet[19]。然而，这些解决方案通常只是由一家大的自动化生产商或一些小公司组成标准委员会支持的，并没有一个统一的工业标准。有些甚至改动了数据链路层协议，以便使用特定厂家的通信控制器。为了找出一个低成本、适用于量产市场的解决方案，各家消费电子和电脑生产商联合起来制定出了音频视频桥接协议（AVB）。它是直接在以太网数据链路层上进行实时传输。为了支持这个在 IEEE 802.1 里标准化的方案，这些生产商组成了 AVNU 联盟。与此同时 OPEN 联盟里的汽车制造商和供应商以及一些自动化生产商，也加入了这个标准委员会，以便让以太网完全满足实时性要求以及适用于汽车领域[20]。

AVB 协议是在 2012 年由 IEEE 802.1Q 标准规定的，包含了之前的子标准 802.1Qat 和 802.Qav。IEEE 802.1Q 主要规定了多流预留协议（MSRP），可以保证传输通道（流）的带宽和最大传输延迟。该标准预留多达 75% 的带宽给 AVB 消息，以保证在多达 7 段子线路（Hops）时，也就是在发送者和接收者之间经过 6 个交换机，总延迟在 2ms 以下。

一个要发送实时数据的设备，在该标准里被称为讲话者，可以借助一个讲话者广告消息来提出它的带宽需求（图3.44）。与它连接的交换机会检查是否有足够的缓存（队列）可供使用，只要它能满足带宽需求，就会将消息转发给其他所有设备。交换机会给报文补充一个通过延迟的估算值，这样收听者可以知道之后实时数据的延时。如果带宽要求不能被满足，讲话者会受到一个收听者就绪消息。一旦讲话者广告消息被至少一个收听者就绪消息所确认，所有的参与设备就会预留相应的带宽，传输开始。一个流会保持活跃直到被终止（参见第 2 章）。实时消息和 MSRP 协议消息，以及一些其他辅助协议是常见的以太网消息（图3.41）。消息类型和 VLAN 标签会被用来区分不同协议、不同流和不同的优先级。因为实时消息在交换机里是高优先级的，因此可以在一个兼容 IEEE 802.1Q 协议的网络里发送正常的消息，而不会干扰到实时通信。

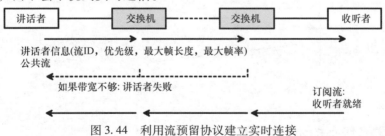

图 3.44　利用流预留协议建立实时连接

当然，当高优先级的消息需要被转发，而交换机刚好正在往同一个连接上发送其他消息，高优先级消息依然需要等待。唯一可能的解决办法是，在整个网络里引入一个同步的通信时间表，通过相互错开的发送来从根源上避免出现冲突和等待的情况。FlexRay 用的就是这种确定时间的通信计划（调度表），其分配的时间片（槽）和全网的时间基准（周期，宏，脉冲）都是固定的。相反，以太网用的是和

CAN 一样的事件触发发送机制，没有一个全网的时间基准。很久之前 IEEE 1588 标准就定义了精确时间协议（PTP），IEEE 802.1AS 标准是其中的一个子集，借助这个标准可以在全网范围内重新建立起一个时间基准。

　　进行时间同步时，网络会用最佳主时钟算法在一个树形结构里动态调整，确定拥有最佳时间基准的参与者为根。这个参与者被称为主节点。结构里下一级的成员基于这个时间基准进行相互同步，它们被称为从节点。在更下一级的结构里，这些从节点又扮演主节点的角色。每次只有两个参与者，一个扮演主节点一个扮演从节点的角色。通过这种方式，时间基准可以从树形结构的根部到端点进行同步。"同步"消息和"延时询问"消息是这种方法的核心（图 3.45）。它们的发送和接收时间是各自通过本地时钟确定的。主节点测出的时间会通过另外两个消息"跟进"和"延时响应"来告知从节点。通过这四个测量值，从节点不仅可以计算出自身时钟和主节点时钟的时间误差，还可以计算出报文传输所需的时间。这其中，人们假定传输时间是固定的，并且在来回两个方向上是一致的。因为本地时钟会有飘移，因此同步过程会一直重复进行。这个方法的精确度主要取决于以太网报文的发送和接收时刻能否被精确测出。如果测量是通过软件中断实现的，那么绝大多数微控制器测得的误差都要超过 $10\mu s$。而改动自由度低、内部可以自动产生硬件时间戳的以太网控制器，根据厂家给出的数据，它们在时间同步中所能达到的精度在微秒级以下。

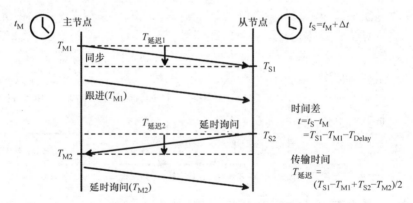

图 3.45　根据 IEEE 802.1AS 标准的时间同步原理

3.5.4　更高级别的协议层 IP、TCP 和 UDP

　　理论上，应用程序可以把数据直接装进以太网报文的数据场里。不过因为以太网不能支持消息分段和错误处理，无法直接用于远程网络通信和无线传输，所以人们又引入了更高一级的协议层。

　　在 ISO/OSI 模型（图 3.42）的第 3 层，人们使用了根据 RFC 791/2460 标准的 IP 协议。在这个协议里每个设备有自己的地址，地址可以是固定的，也可以根

RFC 2131 标准里的动态主机配置协议 DHCP 来动态分配。为了让全世界范围内的计算机都可以互相通信，IP 地址必须唯一。因此 IP 地址是由使用者组织 ICANN 集中分配给互联网服务供应商（ISP），再由互联网服务供应商分配给每个终端用户。然而一开始 IP 地址仅有 32 位长度，并且分发得很慷慨，以至于目前地址域已经分配完了。因此长期以来稳定使用的 IPv4 协议版本逐渐在被更新的、使用 128 位地址的版本即 IPv6 取代。不过报文头的长度也由 20 字节增加到了 40 字节。在一个以太网里，IP 地址和 MAC 地址的匹配可以通过地址解析协议（ARP）和邻居发现协议（NDP，RFC 826/4861 NDP）实现。数字表示的 IP 地址，比如 134.108.34.2，对于人类来说很难处理。因此人们又引入了明文地址，比如 www.hs-esslingen.de。网页浏览器可以向域名解析服务器 DNS 查询明文地址和 IP 地址的匹配，就像查电话号码本。一个 IP 报文的数据场长度最多可到 64KB（图 3.46）。虽然理论上 IP 报文可以分段传输，但在实际使用中人们通常限制每个 IP 报文的长度以使其能装进一个以太网报文里。如果一个 IP 报文例如因为 IP 地址错误无法被转发，发送者会从发现错误的设备受到一个错误报告，这个是由互联网控制消息协议（ICMP）实现的。不过，IP 层还有另外的错误处理方式，也就是只通过校验和来检查数据场。IP 只能进行无连接的不安全传输。其协议 ID 场表示了该 IP 报文是属于哪个上层协议，比如 1 表示 ICMP，6 表示 TCP，17 表示 UDP。

图 3.46　一个 IP 报文的组成（简化）

在更高一级的第 4 层，有 UDP 和 TCP 两种协议可以选择（图 3.42）。在第 3 层为设备分配 IP 地址的基础上，第 4 层引入了所谓的端口，可以为各个应用分配地址。端口号通常在服务器端是固定分配的。例如，80H 是给网络服务器的（公认端口）。而在客户端端口则通常是动态分配的。通过所谓的套接字，也就是 IP 地址和端口号的组合，一台计算机上的一个应用，可以与另一台计算机上的指定应用建立连接。

按照 RFC 768 标准的用户数据报协议（UDP）可以传输最多 64KB 的数据。传输无需建立连接，也没有确认反馈，仅通过校验和进行检查（图 3.47）。通过校验和接收者可以识别出传输错误的消息并舍弃掉，但不会反馈给发送者，发送者也不会自动重发。

相反，根据 RFC 793 标准的传输控制协议（TCP，图 3.47）则可以分段传输任意大小的数据。接收者会向发送者确认收到消息，如果出现错误发送者会重发该消息[21]。在传输开始前发送者和接收者之间必须要建立起一个连接，在传输结束后该连接会被关闭。发送者会自动动态调整分段数据的大小,有时甚至会缓存几段数据再一起发送,以减少传输的额外开销。所有这些过程对于应用程序来说是不可见的,应用程序也只能很有限地影响这些过程。因此 TCP 协议的实时性并不是很强,并不太适合实时应用。

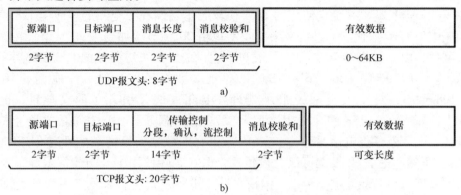

图 3.47 UDP 报文和 TCP 报文(简化)
a) UDP 报文 b) TCP 报文

以太网和基于以太网的 UDP/IP 协议则理论上可以用于实时应用。不过需要说明的是,表 3.14 里给出的有效数据速率对于真实控制器来说只是一个理论值。在实际中,并不是物理传输层而是控制器里的软件协议栈,最终决定了实际的延迟和所能达到的带宽,这一点以太网要比 FlexRay 更甚。在以太网协议层面,报文头和校验和跟 CAN 和 FlexRay 一样可以由通信控制器硬件自动生成,而 IP、UDP 和 TCP 的报文头以及真正的有效数据,都需要由软件来及时处理和准备好。如果没有足够大的内存来缓存消息,没有足够快的微处理器来计算和检查校验和,那么理论带宽就无法达到。虽然汽车上的高性能信息系统已经可以实现这些计算,但在驱动和车身系统里的控制器则需要进行升级,或者是把更多的协议栈在硬件上进行实现。最后,类似商用车的 SAE J1939/71 协议(见第 4 章 4.5 节),在乘用车领域也应该对传输的实时数据进行标准化,而不只是对传输系统。

表 3.14 以太网/IP 的带宽估计(100MB 以太网)

	每个报文的额外信息(字节)	最大有效数据速率/(MB/s)		
		每个报文的有效数据		
		64 字节	254 字节	1024 字节
100Mbit/s 以太网	30	7.5	10.7	12.0
使用 IPv4 的以太网	30 + 20 = 50	6.3	10.0	11.8
使用 IPv6 的以太网	30 + 40 = 70	5.5	9.4	11.6
使用 UDP/IPv6 的以太网	30 + 40 + 8 = 78	5.2	9.2	11.5
使用 TCP/IPv6 的以太网	30 + 40 + 20 = 90	4.8[①]	8.9[①]	11.4[①]

①:实时性见文字描述。

参 考 文 献

[1] K. Etschberger: Controller Area Network. Hanser Verlag, 3. Auflage, 2006

[2] W. Lawrenz, N. Obermöller: CAN Controller Area Network. VDE Verlag, 5. Auflage, 2011

[3] Hartwich, F.: CAN with Flexible Data-Rate. 13. International CAN Conference 2012. www.can.bosch.com

[4] K. Tindell, A. Burns, A. Wellings: Calculating CAN Message Response Times. Control Engineering Practice, Heft 8, 1995, S. 1163-1169

[5] A. Burns, R. Davis, R. Bril, J. Lukkien: CAN Schedulability Analysis: Refuted, Revised and Revisited. Real-Time Systems Journal, Springer Verlag, Heft 3, 2007, S. 239-272

[6] T. Nolte, H. Hansson, C. Norström, S. Punnekkat: Using Bit-stuffing Distributions in CAN Analysis. IEEE Real-time Embedded Systems Workshop, London, Dez. 2001

[7] S. Punnekkat, H. Hansson, C. Norström: Response Time Analysis under Errors for CAN. IEEE Real-Time Technology and Applications Symposium, Juni 2000, S. 258-265

[8] N. Navet, F. Simonot-Lion: Automotive Embedded Systems Handbook. CRC Press, 1. Auflage, 2009

[9] K. Tindell: Adding Time-Offsets to Schedulability Analysis. Technical Report YCS 221, University of York, 1994

[10] A. Grzemba, H.-C. von der Wense: LIN-Bus. Franzis Verlag, 1. Auflage, 2005

[11] J. Berwanger, M. Peteratzinger, A. Schedl: FlexRay-Bordnetz für Fahrdynamik und Fahrerassistenzsysteme. Sonderausgabe electronic automotive, 2008

[12] M. Rausch: FlexRay. Grundlagen, Funktionsweise, Anwendung. Hanser Verlag, 1. Auflage, 2007

[13] D. Paret: FlexRay and its Applications. John Wiley & Sons Verlag, 2. Auflage, 2012

[14] N.N.: E-Ray, FlexRay IP-Module, User's Manual Rev. 1.2.7. Robert Bosch GmbH, 2009, http://www.bosch-semiconductors.de

[15] N.N.: FlexRay Kommunikationscontroller MFR 4310 und Mikrocontroller mit FlexRay-Controller MPC556x und S12XF. www.freescale.com

[16] T. Pop, P. Pop, P. Eles. Z. Pong, A. Andrei: Timing Analysis of the FlexRay Communication Protocol. Real-Time Systems Journal, Springer Verlag, Heft 1-3, 2008, S. 205-235

[17] A. Grzemba (Hrsg.): MOST – The Automotive Multimedia Network. Franzis Verlag, 2. Auflage, 2011 und www.mostcooperation.com

[18] A. Meroth, B. Tolg: Infotainmentsysteme im Kraftfahrzeug. Vieweg+Teubner Verlag, 1. Auflage, 2007

[19] G. Schnell: Bussysteme in der Automatisierungs- und Prozesstechnik. Springer-Vieweg-Verlag, 8. Auflage, 2011

[20] R. Kreifeldt: AVB for Automotive Use White Paper. 2009, AVnu Resource Library, www.avnu.org

[21] R. Stevens: TCP/IP Illustrated. Addison-Wesley, 3 Bände, 2002

[22] E. Hall: Internet Core Protocols. O'Reilly, 2000

第4章 传输协议

当前所有总线系统都定义了具有有限有用数据长度的数据链路层报文。根据 ISO 11898（第 3 章 3.1 节），CAN 最多可以传输 8 个用户数据字节；根据 ISO 17458（第 3 章 3.3 节），FlexRay 每条报文最多可以传输 254 个字节的数据。最初，没有指定较大的数据块传输和允许报文通过网关在不同网络之间转发的寻址方法，而这种传输对于诊断应用或控制单元的快速编程是必须的。

因此，对于 CAN 或 FlexRay，即 OSI 层模型的第 3 级和第 4 级，传输层的协议是必须的，其任务是：

- 传输的数据块大于数据链路层的自然块大小（即分割，反分割）。
- 流量控制，即控制数据块之间的时间间隔，以使接收器不过载，并监视整个通信的时间（即超时）。
- 将报文转发到外部网络，就是说，转发到地址空间或寻址方法与本地网络不同的网络。

随着时代变迁，已经建立了几种解决方案。除了在 CAN 中应用的 KWP 2000，以及 CAN 中应用 UDS 使用的 ISO 15765 – 2 标准化的传输协议之外，在大众/奥迪车型上还使用了基于早期 OSEK COM 版本的 TP 1.6 和 TP 2.0 协议。SAE J1939 在商用车中较为常见，该协议也包含自身的传输层。对于 FlexRay 而言，AUTOSAR 提出了一种传输协议，该协议已在基于 ISO 15765 – 2 的 ISO 10681 – 2 中进行了标准化，但已进行了多次更改，并且不再真正向上兼容。对于 CAN FD，预计之前的 CAN 传输协议 ISO 15765 – 2 也必须进行修改。

4.1 根据 ISO 15765 – 2 的 CAN 的 ISO TP 传输协议

由第 3 章 3.1 节可知，CAN 报文中最多可以发送 8 个数据字节，该报文由报文标识符标识，没有直接寻址发送方和接收方。为了能够实施最初仅针对 K – Line 连接定义的 KWP 2000 诊断协议，在该协议中，需要更大的数据块以及发送方和接收方的寻址，同样需要通过 CAN 连接，因此需要相应的传输协议（即 TP）在 ISO

15765-2 中创建。该协议不仅可以用于诊断，还可以用于其他任务。该协议的描述如下：

- 4 种传输协议报文类型到 CAN 报文的映射。
- 将最大 4095 字节的较大数据块分割为单独的 CAN 报文，这些报文在接收方重新组合。
- 发送方和接收方之间的流量控制方法。
- KWP 2000 发送方/接收方地址在 CAN 报文 ID 上的映射。
- 应用和传输层之间的通信服务。

4.1.1 报文结构

从应用的角度来看，寻址信息（Addressing Information，AI）和实际数据（Service Data Unit，SDU）之间有区别。寻址信息（这里特指常规寻址）在传输过程中被映射到 CAN 标识符上（图 4.1）。对于在带有网关的网络中，使用所谓扩展或混合寻址，CAN 报文的第一个用户数据字节还包含其他地址信息。传输协议将附加的控制字节（PCI：协议控制信息）添加为 CAN 报文的第一个或下一个字节，这样就解释了用户数据。应用的用户数据字节紧随最大 8 字节长的 CAN 报文的其余字节。

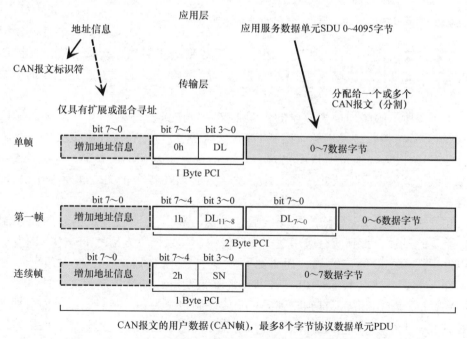

图 4.1 应用数据和 CAN 报文之间的分配

如果所有应用数据都适合 CAN 报文的其余数据字节，则发送所谓的单帧

（Single Frame，SF）。协议控制信息 PCI 由一个字节组成，其中第 7~4 位设置为 0，第 3~0 位包含以下用户数据字节的数量（DL：Single Frame Data Length，单帧数据长度）。

如果应用数据不适合单个 CAN 报文，则必须将应用数据分布在多个 CAN 报文（即分割）上。首先，发送所谓的第一帧（First Frame，FF）。PCI 由两个字节组成。第一个 PCI 字节的高 4 位包含 1h 值，第一个 PCI 字节的低 4 位，以及整个第二个 PCI 字节（共 12 位），包含用户数据的长度 FF_DL（First Frame Data Length）。尽管名称 First Frame Data Length 有点令人困惑，但这是指应用数据的总长度，而不仅仅是包含在第一帧本身中的数据的长度。随后是所谓的连续帧（Consecutive Frames，CF），直到已经发送所有应用数据。在连续帧中，PCI 由一个字节组成，其高 4 位包含值 2h，低 4 位即所谓的序列号（Sequence Number，SN）。属于应用数据集的 CAN 报文按升序编号，第一帧接收序列号 0，第一连续帧接收序列号 1，下一帧接收序列号 2，依此类推。

由于 PCI 字节中序列号的字段只有 4 位长，因此序列号以模 16 传输。

PCI 字段的长度至少为 1 个字节，并随每个 CAN 报文一起发送，将用户数据速率降低为第 3.1 节中为 CAN 指定的最大值的 7/8 = 87%，即大约为 26 KB/s（具有 500 kBit/s 的比特率和 29 位标识符的 CAN）。

4.1.2　流量控制、时间监控和错误处理

单帧报文由发送方自发发送。由于 CAN 数据链路层独立接管了错误保护和传输重复，因此在传输协议级别上没有对接收者的确认，并且没有指定连续的单帧报文之间的最小距离。

图 4.2 所示的序列是为分段的多帧报文。发送方发送第一个数据报文（第一帧），然后等待接收方发送的流控制 FC 报文（图 4.3）。在流控制报文中，接收方将其他 CAN 报文（连续帧）的块大小（block size，BS = 1 … 255）的数据告知发送方。该报文可以立即彼此接收，并且发送方必须在各个报文之间暂停至少 ST_{min} 的时长。

在发送方发送 BS 等其他报文之后，发送方将等待接收方发出新的流控制报文。重复此过程，直到所有应用数据都已传输。如果接收方信号 BS = 0，则发送方可以发送任意数量的连续帧，而不必再次等待流控制报文。接收方还可以发送 FS = 1h（等待）来代替 FS = 0h（流状态清除为发送）的流控制报文。这将提示发送方在发送之前先等待，直到收到另一个流控制报文为止。然后，可以要求其继续发送或进一步等待。为防止无限等待，连续等待请求的数量受到限制。如果分段报文的数据长度对于接收方来说太长，它将报告 FS = 2h（溢出）。

发送方在等待流控制报文时执行超时监视（默认值为 1s），接收方在等待下一个连续帧时执行超时监视。如果发生超时或接收到序列号不正确的报文，则会将错

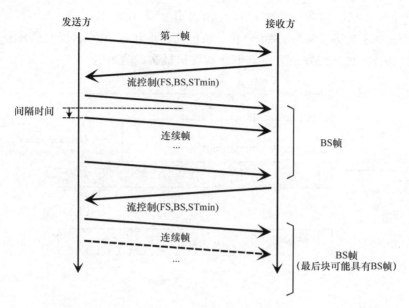

图 4.2 多帧报文的流控制

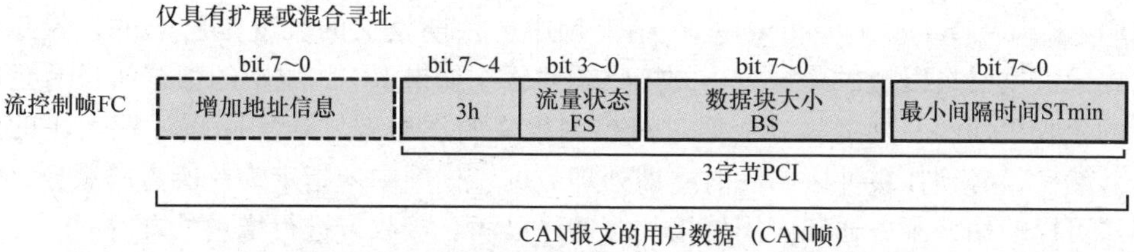

图 4.3 流控制 CAN 报文（FS = CTS = 0h 清除发送）

误报文发送到自己的应用层，但不会将错误报文发送到另一端。就是说，如果发送方和接收方应该交换错误报文，则必须在应用层完成。接收方将忽略错误接收的数据本身。

与通常由几个控制单元（1∶n 通信）接收和处理、用于控制和调节任务的常规 CAN 报文相反，这里仅适用于单帧报文。另一方面，分段的多帧报文必须通过 CAN 标识符（1∶1 通信）将单个控制单元作为接收器进行寻址（因为用于流控制的流控制报文只能由单个接收方发回）。另请参阅本章 4.1.5 小节。

4.1.3 应用层服务

尽管 ISO 15765-2 未指定编程 API，但它至少定义了要在此类 API 中实现的最低功能（图 4.4）。但是，在应用层和传输层之间的交互中，没有关于发送或接收缓冲区处理的精确信息：

- ServiceData.request：请求将最多 4095 字节的数据块发送到指定地址。当数据块已完全发送后，应用会收到确认或错误报文" Data. confirm"，以便可以再次使用发送缓冲区或将其释放以用于下一条报文。应用层和传输层之间的适当交互（通常未定义），也使得发送方逐渐创建和发送报文成为可能。

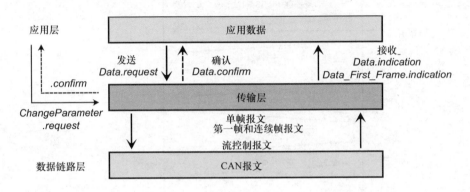

图 4.4　各层之间接口

- Service Data. indication：应用收到一条通知，通知已接收到最多 4095 字节的完整数据块。另外，当已接收到多帧报文的第一个数据块时，应用会接收信息（Data_First – Frame. indication）。在第一帧中，预期报文的长度是已知的，因此传输层或应用层足以提供确定大小的接收缓冲区。如果 KB 区域中的数据块没有足够大的接收缓冲区，则接收方会通过流控制报文向发送方发送实际缓冲区大小的信号。然后，必须在缓冲区已满时立即处理数据。标准中未指定为此所需的服务，传输层可以使用该服务通知应用层接收缓冲区已满。接收方进行增量处理的问题在于报文在此时间点尚未完成，因此，如果随后发生传输错误（例如由于发送方的错误），则报文不完整但已处理数据记录存在。例如，如果已在闪存编程过程中中止了要编程数据的传输，尽管已经对闪存 ROM 的一部分进行了重新编程，则该问题必须通过在应用层中采取适当的措施来解决。

- ServiceChangeParameter. request：应用可以在 1~255 的范围内更改 BS 和 ST 的参数，并从传输层接收确认或错误报文 ChangeParameter. confirm。另一端将仅通过下一个流控制报文来查找有关此更改的信息。

超时值根据 ISO 15765 – 2 恒定为 1s。可接受的最大连续报文数 Flow Control-Wait（流控制等待）是发送方和接收方的应用常数，不会在发送方和接收方之间自动变更。

关于控制单元是否可以同时发送和接收（全双工）或不发送（半双工），由实现方式决定。在任何情况下，控制设备都应能够同时与其他几个控制设备进行通信，即具有不同地址的设备通信。但是如果需要，接收方可以使用"流控制等待"报文来阻止发送方。

4.1.4 协议扩展

如图 4.1 所示，该标准定义了 4 种报文类型（PCI 字节的高半字节 0h~3h）。其余值保留以供将来扩展。接收方应忽略具有未知 PCI 值或其他错误（例如序列号不正确）的报文。

4.1.5 使用 KWP 2000/UDS 寻址 – CAN 标识符分配

使用 KWP 2000 诊断协议时，在应用层中分别使用 1 字节地址标识发送方（源地址）和接收方（目标地址）。ISO 15765 – 2 和 – 3 提供了有关如何将此逻辑地址映射到 CAN 报文标识符的建议。针对诊断与排放有关的控制单元，标识符在 ISO 15765 – 4 中进行固定，相关的更多详细信息，请参见第 5 章 5.1.3 节。

该标准的附录还包含有关在 CAN 网络中使用 ISO 15765 – 2 传输协议时，应如何定义 CAN 报文标识符的建议，在 CAN 网络中，控制单元还可根据 SAE J1939 标准与报文进行通信，这在商用车中较为常见。

4.1.6 CAN 的 ISO TP 带宽

尽管延迟时间（详见第 3 章 3.1.7 小节和 3.3.6 小节）对于车载通信中的数据传输尤为重要，但闪存编程，控制单元的软件更新，尤其是总线系统的带宽最为值得关注。由于必须传输大数据块，因此必须使用传输协议。与纯数据链路层的最大用户数据速率相比，这降低了总线系统的有效带宽[1]。

一条 CAN 报文的传输持续时间 T_{Frame} 除取决于用户数据数量的比特率、报文标识符的长度和必要填充位的数量外，还取决于式（3.2）。由于实际位数取决于 CAN 标识符的值和相应报文的数据字节，因此只能为填充位指定最小值和最大值。当传输大量数据时，可以假定（可能最后一条报文除外）所有 CAN 报文均包含 $n_{Data,DLL} = 8$ 个数据字节，并且填充位数的平均数在式（3.3）的最小值和最大值之间。在具有 11 位报文标识符的 500kbit/s 比特率的情况下，单个报文的平均传输时间为 $T^*_{Frame} = 246\mu s$，在 CAN 数据链路层级别的平均用户数据速率为：

$$f^*_{Data,DLL} = n_{Data,DLL}/T^*_{Frame} = 31.8 KB/s \tag{4.1}$$

假定发送方尽快发送 CAN 报文，即按照 CAN 规范允许的最小 3 位时钟间隔发送。实际上，CAN 通信控制器和相关的控制软件通常需要更长的时间。另外，还需假定没有其他 CAN 报文阻塞总线。由于诊断协议 KWP 2000 和 UDS 提供了诊断服务，可以在编程过程中关闭常规控制单元的通信，因此可以在典型的闪存编程场景中实现此要求（请参阅第 5 章）。

与式（4.1）相比，传输协议的开销降低了有效数据速率。如果要对 ISO TP 单帧 SF 报文使用不分段的传输（图 4.1），则只能随每个报文一起发送 $n_{Data,SF} = 7$ 字节的用户数据，因为还必须传送传输协议的 PCI 字节。从较高协议层的角度来看，用户数据速率因此降低为：

$$f_{\text{Data,unseg}} = n_{\text{Data,SF}}/n_{\text{Data,DLL}} \cdot f^*_{\text{Data,DLL}} = 7/8 \cdot f^*_{\text{Data,DLL}}. \tag{4.2}$$

假定仅 CAN 报文标识符用于寻址（即常规寻址）。另外，如果使用混合或扩展寻址，则每条报文会丢失一个用户数据字节。

只有使用具有第一帧 FF 和连续帧 CF 报文序列的分段传输（图 4.2）代替非分段传输，传输协议才有意义。FF 只能包含 6 个用户数据字节，CF 报文包含 7 个用户数据字节。如果要传输最大 $n_{\text{Datablock}} \leq 4095$ 字节的数据块，则必要的报文数为：

$$N_{\text{FF}} = 1 \text{ und } N_{\text{CF}} = \lceil (n_{\text{Datablock}} - 6\text{Byte})/7\text{Byte} \rceil \tag{4.3}$$

此外，还需要一个或多个流控制报文 FC。这些报文的数量取决于接收方的缓冲区大小，接收方通过 FC 报文的块大小 BS 参数与发送方通信：

带无限缓冲区，$BS = 0 : NFC = 1$

具有有限的缓冲区大小，$BS > 0:\quad NFC = \lceil NCF/BS \rceil \tag{4.4}$

如果忽略 FC 报文（可能还有最后一个 CF 报文）比其他报文短一些，可以在传输协议级别上估计分段传输的用户数据速率：

$$f_{\text{Data,seg}} \approx \frac{n_{\text{Datablock}}}{(N_{\text{FF}} + N_{\text{CF}} + N_{\text{FC}}) \cdot T^*_{\text{Frame}}} \tag{4.5}$$

对于 $n_{\text{Datablock}} = 4095$ 字节的数据块和无限缓冲区，总共需要 587 条 CAN 报文。500 kBit/s 的比特率导致 27.7 KB/s 的有效数据速率，即根据等式 4.1，ISO 传输协议在最佳情况下可达到 CAN 数据链路层值的 87% 左右。在接收侧使用小缓冲区大小的 BS 时，数据速率会显著下降，但是对于 BS > 10 而言，小于 10% 的丢失仍可接受（图 4.5）。

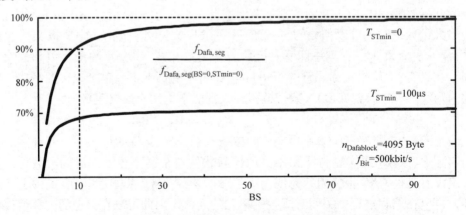

图 4.5 有效数据速率对流量控制参数的依赖性

假定收件人没有通过 FC 报文中的 Separation Time $ST_{\min}$ 参数请求在各个 CF 报文之间中断。CF 报文的传输扩展为 $ST_{\min} > 0$。要插入的暂停数 N_{ST} 为：

$$BS = 0 : N_{ST} = N_{CF} - 1$$
$$BS > : N_{ST} = N_{CF} - 1 - \lceil N_{CF}/BS - 1 \rceil \tag{4.6}$$

这样可以将数据速率降低到:

$$f_{\text{Data,seg}} \approx \frac{n_{\text{Datablock}}}{(N_{FF} + N_{CF} + N_{FC}) \cdot T_{\text{Frame}}^* + N_{ST} + T_{\text{STmin}}} \tag{4.7}$$

即使在 $T_{\text{STmin}} = 100\mu s$ 时,数据速率也会大幅下降(图4.5)。

4.2 根据 ISO 10681-2 的 FlexRay 传输协议

迄今为止,针对 FlexRay 总线系统,唯一的传输协议是在 AUTOSAR 倡议下开发的(请参见第8章)。在最初与 ISO 15765-2 完全向上兼容之后,已对其进行了多次修改,以更好地考虑 CAN 和 FlexRay 之间的差异。FlexRay 在传输过程中使用 CRC 校验位保存数据,但与 CAN 相比,它不提供接收确认,在发生错误时也不会自动重复传输。因此,这些机制是在 FlexRay 传输协议中模拟的。该协议现在处于标准化流程中,即 ISO 10681-2。在下文中,主要描述了当前标准提案和 CAN 的 ISO TP 之间的差异。

4.2.1 报文结构和地址

与 CAN(发送方和接收方的地址映射到 CAN 报文标识符)相比,使用 FlexRay,必须在报文内传输地址信息,因为没有必要为每个连接分配单独的 FlexRay 时隙。结构上接下来是协议控制信息(PCI)和用户数据。

接收方地址(即目标地址,Target Address TA)和发送方地址(即源地址,Source Address SA)均以两字节长的值发送(图4.6)。多字节值以大端格式显示,即最高有效字节在前。地址位于 FlexRay 用户数据字段的开头,就是说,如果在 FlexRay 报文头中设置了有效载荷前同步码位,则该位置在 FlexRay 中的动态段中充当一种可选报文 ID 的位置(请参阅第3章3.3.2节)。

该报文 ID 可以由通信控制器自动评估。这样 FlexRay 时隙可用于从一个发送方到多个接收方的传输,这些接收方能够通过地址字段执行快速且硬件支持的过滤,类似于 CAN。特别是对于与大量设备进行通信的网关,可以减少为诊断通信而保留的 FlexRay 时隙的数量,尤其是控制单元的软件更新(即所谓的刷新)[1]。

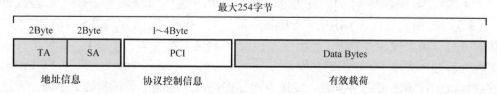

图 4.6　FlexRay TP 报文的 PDU(协议数据单元)格式

4.2.2 连接类型和传输过程

CAN 的单个、连续和流控制帧已针对 FlexRay 进行了修改。其中第一帧被省略（表 4.1）。无论确认与否，分段的和未分段的传输均存在可能，由此也涵盖了在分段传输的开始时数据的总长度未知的情况。具体流程见表 4.1。

表 4.1 PCI 字段的格式

帧类型	1. Byte		2. Byte	3. Byte	4. Byte
	Bit 7~4	Bit 3~0			
起始帧 STFU	4h	ACK=0	FPL	ML	
起始帧 STFA	4h	ACK=1	FPL	ML	
连续帧 CF1	5h	SN	FPL		
连续帧 CF2	6h	SN	FPL		
连续帧 CF_EOB	7h	SN	FPL		
流控制 FC_CTS	8h	FS=3	BC	BfS	
流控制 FC_ACK	8h	FS=4	RET/ACK	BP	
流控制 FC	8h	FS	FS=5 Wait,F=6 Abort, FS=7 Overflow		
最后帧 LF	9h	0	FPL	ML	

帧有效载荷长度　　　　　　　缓冲区大小
报文长度　　　　　　　　　　流量状态
序列号　　　　　　　　　　　带宽控制
缓冲区大小　　　　　　　　　字节位置
确认　　　　　　　　　　　　重试

- 每次传输均以起始帧开始。ACK 位用信号通知发送方是否要确认接收（STFA, ACK = 1）或不接收（STFU, ACK = 0）。可以使用长度信息将分段传输（在 CAN 中必须从第一帧开始以区分）与未分段的传输区分开。FPL（帧有效载荷长度）字段包含以字节为单位、在起始帧内传输的用户数据的长度，ML（报文长度）字段显示整个报文的用户数据的长度。如果两个值相同，则无须分段。

- 如果请求确认，则接收方回复流控制帧 FC_ACK（图 4.7a），以 RET/ACK = 0 确认成功接收。如果 RET/ACK = 1，则接收方可以请求发送方重复发送传播。这样会在 BP 字段中发出信号，指出该数据是不正确的字节。

- 如果第一帧中的 ML 值大于 FPL，则第一帧后接连续帧中的其他数据（图 4.7b）。最大长度为 64KB。接收方必须首先用流控制帧 FC_CTS 响应第一帧，接收方可以请求使用参数 BC 进行带宽控制（参见本章 4.2.3 小节）。块大小（这里称为缓冲区大小 BfS）指定在发送方必须等待另一个流控制帧之前，可以在随后的连续帧中传输的最大字节数。发送方通过在块的末尾而不是正常的连续帧，发送块结束连续帧 CF_EOB 来发出信号，表示发送方在期待另一个流控制帧。连续帧的序列号 SN 具有与 CAN 相同的任务。

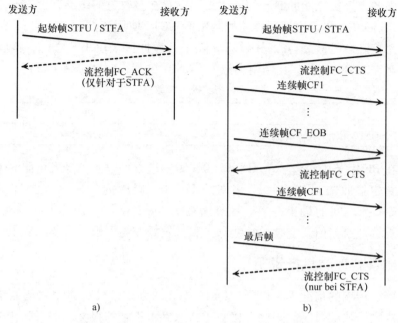

图 4.7　ISO 10681 – 2 中无错误传输的报文序列
a）未分段未确认/确认　b）分段未确认/确认

- 最后，发送方发送最后一帧。如果它仍然包含用户数据，则其编号将显示在 FPL 字段中，而整个分段报文的数据长度将再次以 ML 传输。这用作检查选项，特别是因为如果在传输开始时仍不知道总长度，则也可以在起始帧中首先发送 ML = 0。如果发送者已请求起始帧 STFA 进行确认，则在整个序列的结尾处为流控制帧 FC_ACK。

- ISO 定义了两种类型的连续帧。分段传输始终以帧类型 CF1 开始。如果接收方请求重传，则帧类型更改为 CF2。如果再次重复传输，则帧类型会变回 CF1。

- 与 CAN 相似，接收方可以要求发送方等待 FS = 5 的流控制帧，并报告 FS = 7 的缓冲区溢出或以 FS = 6 取消传输。相应地定义了时间监视和最大传输重复次数。

设置 PCI ID 的值，使其不与 ISO 15765 – 2 的值重叠。正如第一个 AUTOSAR 版本，如果可以省去 FlexRay 特定的扩展，仍然可以使用 CAN 兼容的 PCI 格式作为替代。

4.2.3　带宽控制

第 4 章 4.2.1 节中描述的寻址方法，可以动态更改两个参与者之间通信的带宽。如果在 FlexRay 周期中为传输协议报文保留了几个时隙，则可以将这些时隙捆绑在一起，以便在闪存编程期间将高带宽的大量数据传输到一个或多个控制单元。但是，如果各个报文之间的时间间隔太短，则存在接收方的缓冲存储区域不足的风险。因此，FlexRay 传输协议通过流控制帧 FC_CTS 使用流控制，与 CAN 传输协议相比，该流控制帧已被修订（表 4.1）。除了其缓冲区长度 BfS 之外，接收方还发送上述带宽控制 BC 参数，其作用类似于 CAN 中的间隔时间（表 4.2）。

表 4.2 带宽控制参数 BC

Bit 7 ~ 3	Bit 2 ~ 0
每个 MNPC 周期 PDU 的最大数量	分离周期指数

如果在 BC 字节中设置了值 MNPC = 0，则发送方可以使用最大可能的带宽，否则 MNPC 指定接收方可以在一个相同的 FlexRay 周期内处理多少个连续帧。值 SCexp 定义了帧之间的最小距离。计算所需的 FlexRay 周期数为 SC = 2SCexp − 1。通过适当地选择这些值，连续的总线利用和突发操作均可根据需要来实现。

4.2.4 错误处理和执行说明

在未确认传输的情况下，以类似于 ISO TP 的方式来处理错误，例如错误的数据长度，序列号或超过时间限制，接收方会忽略不正确的报文。如果确认传输，则发送方通过流控制 FC_ACK 报文接收响应，并可以重复传输。

ISO 10681 − 2 要求发送方和接收方必须能够同时处理多个连接，只要这些连接在发送方和接收方地址的组合方面有所不同。但是，该标准没有为并行活动的连接定义任何优先级。一种有效的带宽分配方法是循环法（图 4.8），报文的各个发送

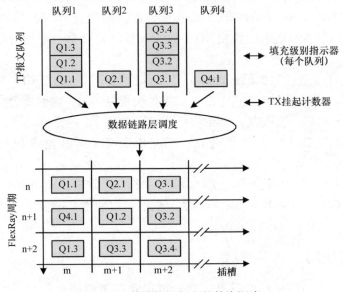

图 4.8 传输协议报文的轮询调度

缓冲区依次作为队列使用。该标准为缓冲区管理提出了两个控制变量。每个队列都有一个填充级别指示器，该指示器显示每个连接有多少传输协议报文挂起。另一个计数器（TX 挂起计数器）记录了多少条报文已从传输层（在标准中称为通信层）传输到数据链路层，但尚未发送。如果在 FlexRay 周期开始时此计数器不为零，在上一个周期中没有发送此队列中的所有报文。这种情况主要发生在动态段中，因为 FlexRay 周期结束时的报文被较早的时隙中的报文所延迟，从而使其无法在当前周期中发送（请参阅第 3 章 3.3.6 节）。在这种情况下，传输层必须等待直到 TX 挂起计数器再次为 0，否则可能会以错误的顺序发送连续的帧。

第 8 章介绍了如何设计传输层和高层应用之间的接口，以及如何将传输协议集成到整个 AUTOSAR 协议栈中。

4.2.5　FlexRay 传输协议的带宽

使用 FlexRay 时，数据链路层级别上的用户数据速率，取决于通信周期所处的周期 T_{Cycle}，每个周期 $N_{FramesPerCycle}$ 为特定的传输预留了报文数量，以及报文中可以发送数据字节 $n_{Data,DLL}$ 的数量 [式 (4.8)]：

$$f_{Data,DLL} = N_{FramesPerCycle} \cdot n_{Data,DLL} / T_{Cycle} \qquad (4.8)$$

相反，报文数据字节的数量 $n_{Data,DLL}$ 决定了相关时隙的持续时间，因此，将通信周期分为静态和动态段，确定了 $N_{FramesPerCycle}$ 的上限，其相互依存关系详见第 3 章 3.3.6 节。举例来说，如果要为每条报文选择最大可能值 $n_{Data,DLL} = 254$ 个字节，那么根据表 3.9，根据表 3.9，位速率为 10Mbit/s 时，长度约为 270μs。$N_{FramePerCycle} =$ 每个周期 7 条报文，如果该段可以完全用于此传输，则适合 2ms 长的动态段，循环时间为 5ms，因此用户数据速率为 347KB/s。如果要使用周期多路复用，则不应将基本通信周期的周期用于 T_{Cycle}，而应使用有效的多路复用周期。即使以两个周期进行多路复用，数据速率也将减半。

使用 FlexRay 传输协议，在不分段传输中（根据图 4.6 和表 4.1 的起始帧），每个报文的传输协议地址和 PCI 字段总共丢失 8 个字节。由于 FlexRay 数据字段在示例中非常大，只有 254 个字节，因此用户数据传输率仅降低了 3%：

$$f_{Data,unseg} = (n_{Data,DLL} - 8Byte)/n_{Data,DLL} \cdot f_{Data,DLL} = (254-8)/254 \cdot f_{Data,DLL}$$
$$(4.9)$$

这种长度的报文通常仅在动态段中才可能实现。由于静态段中的所有插槽都必须具有相同的长度，因此通常仅将其设计为具有 $n_{Data,DLL} = 16$ 字节的短报文。这种情况下，传输协议高达 8 个字节，因此不再有效。

分段传输（图 4.7）也从带有起始帧 SF 的 FlexRay 开始。在随后的连续帧 CF 中，由于 PCI 字段较短而丢失了 6 字节。最后一个报文（即最后一帧 LF）中有 8 个字节。较大数据块所需的报文数为：

$$N_{\text{FF}} = 1$$
$$N_{\text{LF}} = 1 \tag{4.10}$$
$$N_{\text{CF}} = \left[(n_{\text{Datablock}} - 2 \cdot (n_{\text{Data,DLL}} - 8)\,\text{Byte}) / (n_{\text{Data,DLL}} - 6)\,\text{Byte} \right]$$

如果首先忽略流控制，则可以估算传输所需的通信周期数：

$$N_{\text{Cycles}} \approx \left[\frac{N_{\text{FF}} + N_{\text{CF}} + N_{\text{LF}}}{N_{\text{Framespercyle}}} \right] \tag{4.11}$$

然后得出没有流量控制的数据速率的粗略值：

$$f_{\text{Data,seg}} \approx \frac{n_{\text{Datablock}}}{N_{\text{Cycles}} \cdot T_{\text{Cycle}}} \tag{4.12}$$

要传输 64 KB 的数据块，在上述 FlexRay 配置中需要 263 条报文，这些报文以 38 个周期以大约 340 KB/s 的速度发送。

如果考虑了流控制，则必要的流控制 FC 报文的数量再次取决于接收方缓冲区大小。由于 FC 报文只有 8 个字节长，因此与示例中 T_{Frame} 254 个字节长的 CF 数据报文 CF = 270μs 相比，它们在 T_{Frame} 的传输时间 FC ≈ 20μs 几乎可以忽略不计。更为关键的问题为：FC 报文的插槽相对于数据报文的插槽在通信周期内的位置，相对于每个周期的数据报文数，如何选择接收方的块大小。如果规格不匹配，举例来说，每个通信周期可能有 7 个报文，接收方的数据块有 4 个报文，则可能因为等待 FC 报文而失去完整的通信周期。如果各个控制单元还要求不同的块大小或数据报文之间的最小距离，并且要使用针对常规驱动优化的循环配置来执行闪存编程，则实际数据速率通常会大大低于根据式（4.12）求出的理论值。这些问题的详细说明和可能的补救措施可见参考文献 [1]。

闪存编程通常是通过车辆的常规诊断信道进行的。诊断信道通常通过中央网关控制单元与内部总线系统分离，车辆内部总线系统汇聚在中央网关控制单元上（图 4.9）。在这样的链关系中，具有最低数据速率的总线系统确定了有效带宽。因此，如果使用正常的 CAN 诊断连接，则最多只能以 CAN 总线的数据速率传输到内部 FlexRay 总线上的控制单元。相反，以太网诊断连接不会加速数据传输到内部 CAN 数据总线上的控制单元。由于这些总线中的许多总线具有不同的帧格式和比特率，因此传入的报文不能简单地通过，而必须临时存储在网关中并重新格式化。

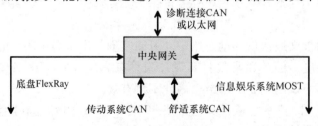

图 4.9 当前车辆的总线结构

由于通常在正常操作下要处理大量报文，并且通常无法重新配置用于闪存编程的网关，通常会关闭正常通信，所以较小的数据缓冲区（即，传输协议的块大小）会成为瓶颈。网关中的处理时间对于实际数据报文（FF，CF）的传输而言，并不是至关重要的，具体参见文献［1］。但，它的作用类似于增加流控制的间隔时间（图4.5）。

4.3 CAN 传输协议 TP 2.0

与 ISO 传输协议相反，这是一个面向连接的协议。在数据交换结束后，将建立并终止两个 CAN 参与者之间的动态排他连接，即所谓的信道。所有通信分为三个阶段：
- 建立连接（打开传输信道）
- 传输信道内的数据传输
- 断开连接（关闭传输信道）

为了建立连接以及其他一些服务，还可以选择 1∶n 通信（即广播）。与 ISO-TP（静态配置 CAN 标识符）相反，信道的 CAN 标识符为动态分配。

TP 2.0 的流量控制过程非常复杂。接收方需要确认每个完全接收的报文或几个报文的块（该过程称为握手）。传输协议 TP 2.0 的其他基本功能为：
- 10 种不同的传输协议报文类型到 CAN 报文的映射
- 将任意大小的数据块分段为单独的 CAN 报文，然后在接收方重新组装
- 发生超时错误时自动重传

4.3.1 寻址和 CAN 报文标识符

每个控制单元都有一个全车范围的唯一逻辑地址，该地址根据固定方案分配给 CAN 报文标识符。此外，还有一些逻辑地址，在这些逻辑地址中，几个控制单元（例如传动系统中的所有控制单元）被组合在一起，形成一个控制单元组。此类组地址也分别分配给一个 CAN 标识符。以这种方式定义的 CAN 标识符用于建立连接和其他广播服务，并称为开放 ID：

开放 ID = 基本 ID + 设备的逻辑地址（传动系统总线，信息娱乐总线，舒适系统总线或车辆中所有控制单元上的唯一设备地址或广播地址）

在建立动态连接（信道）时，发送方和接收方协商单独的 CAN 标识符，即所谓的信道 ID，然后将其用于后续数据传输，直到清除各个连接为止。

4.3.2 广播报文

广播报文始终以开放 ID 作为 CAN 报文标识符发送，并且它们都具有相同的结构（图 4.10）。所有报文只有七个数据字节，第八字节不发送。目标控制单元的逻

辑地址在第一个数据字节中发送。这样可以通过网关转发报文。第二个字节中的操作码标识报文的类型，后跟一个称为服务 ID SID 的字节，该字节选择应用层中定义的服务之一及其参数。这些服务既可以是制造商特定的功能，又可以是第 5 章中描述的 KWP 2000 或 UDS 标准定义的功能。

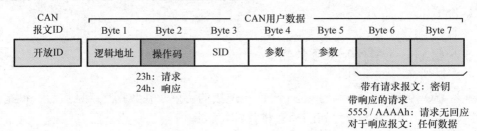

图 4.10　使用 TP 2.0 广播报文

TP 2.0 在广播报文中区分了预期从接收方收到响应的广播报文和不需要响应的广播报文。

对于广播请求报文，将操作码字节设置为 23h，将广播响应报文设置为 24h。如果期望接收方做出响应，则发送方将广播请求中的字节 6 和 7（即所谓的密钥）设置为 0000h。发送方在 100ms 内共发送了五次请求报文，接收方在识别到报文后立即执行相关服务，并且必须在最大 500ms 内做出响应。没有应答的响应未被指定。

发送方不希望收到响应的广播请求报文也在 100ms 内发送了五次，其中 5555h 和 AAAAh 作为密钥在字节 6 和 7 中交替发送。接收器仅在接收到两个密钥中的一个密钥且至少 100ms 内执行一次服务。

在将报文的接收方置于特殊系统状态服务的情况下，可能必须以更大的间隔（例如 1 s）重复请求报文，以维持该状态。如果控制单元在此所谓的"重新触发"阶段中检测到超时，则将从特殊模式退回到正常模式。

4.3.3　动态信道设置和连接管理

对于两个设备之间的实际数据传输，必须首先建立逻辑连接（即所谓的信道），并协商用于后续传输的 CAN 标识符。动态信道结构以开头 ID 作为 CAN 报文标识符来执行，并且为广播报文的一种特殊情况（图 4.11）。

两个 CAN ID 字段 RX ID 和 TX ID 仅留出 11 位 CAN 标识符的空间，当前不支持 29 位标识符。标识符的低 8 位在字节 3 或字节 5 中发送，高 3 位在字节 4 或 6 的下半部分中发送。这两个字节的高 4 位用值 0h 表示 CAN 标识符有效，值 1h 表示相应的 CAN 标识符无效。在建立连接时，握手过程是必须的：

- 发送方发送一个信道建立请求（操作码 C0h），在 TX ID 字段中带有 CAN ID，则之后期望共同接收数据。RX ID 字段被标记为无效。

- 如果发送方接收信道打开，其将以信道设置正响应（操作码D0h）进行答复，并且现在在TX ID字段中返回将来要用来接收数据的CAN ID。另外，在RXID字段中重复CAN ID，发送方刚刚将其作为其未来的信道ID。RXID和TXID字段中值的互换最初看起来很混乱，但是，如果意识到TX ID字段始终包含CAN ID，则相应的接收方必须将其响应或自己的报文发送给另一伙伴（TX：发送），则很容易理解。

- 如果接收方拒绝连接，它将发送带有操作码D6h~D8h之一的信道设置响应，以信号表明该连接被永久或暂时拒绝。建立连接的超时时间是50ms。发送方最多可以重复10次连接尝试。应用类型字段定义要处理控制设备的哪个应用功能。例如，在大众/奥迪汽车，值01h指定KWP 2000 诊断。

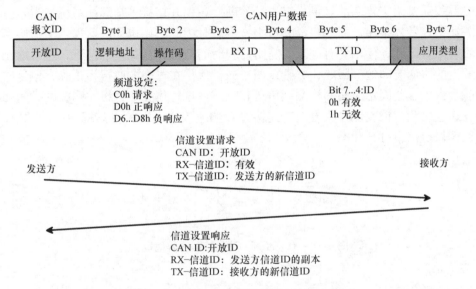

图4.11 带有TP 2.0的动态信道结构的报文

成功建立连接后，其他报文都将使用两个协商的信道ID进行传输，直到连接断开。

接下来协商新信道的连接参数，为此，发送方发送带有发送方连接参数的连接建立请求报文（图4.12）。

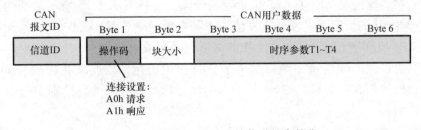

图4.12 使用TP 2.0连接信道的参数化

字节 2 包含块大小，即在必须通过 ACK 报文确认接收之前接连接收的 CAN 报文数（请参见下文）。允许的块大小为 1～15。字节 3 至 6 包含各种超时参数，例如，块的最后一个 CAN 报文与 ACK 报文相关的确认之间的最大允许时间 T1，或两个连续 CAN 报文之间所需的最小时间 T3。这些时间以 6 位分辨率和 2 位比例因子传输，该比例因子指示该值必须乘以 100μs，1ms，10ms 还是 100ms。时间 T2 和 T4 用于扩展，通常以 FFh 的形式发送。收件人在连接设置响应报文中使用对自己合适的值进行回复。然后该信道准备好进行实际的数据传输，这将在下一节中进行介绍。

最后，连接将通过断开连接报文终止（图 4.13）。接收方通过响应断开报文来确认终止。随后，不能再发送和接收具有分配给该连接的信道 ID 的报文。

网关通常用于复杂的车辆中以连接诊断测试仪并连接多个总线系统。由于这些网关通常仅转发报文，而不自己分析报文内容，因此它们也无法监视供信道协商的超时时间。因此，使用者有固定的超时监视时间范围。在某些情况下，这可能比动态信道的协商时间短。因此，尽管这两个通信伙伴在时间方面行为正确，但是网关可能会由于这些固定时间而检测到信道超时。在这种情况下，将在网关的时间网格中发送连接测试报文。接收方回复连接设置响应报文。网关将其视为正确的时间，并继续保持信道打开状态。

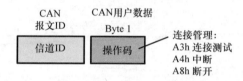

图 4.13　有关断开和连接控制的其他报文

4.3.4　数据传输

数据以块的形式发送，接收方必须确认收到每个块。一个块由一个或多个连续的 CAN 报文组成。设置信道时，已通过连接设置报文协商了最大块大小。在允许发送方发送下一个块之前，将通过 ACK 报文确认接收方。连续块的数量是任意的。

一个数据报文最多可以包含 7 个数据字节（图 4.14）。其中第一个字节，即发送方的所谓传输控制字节 TPCI，用于控制传输，并具有图 4.15 所示的结构。在确认请求/AR = 0 的情况下，发送方发信号表示它希望接下来会收到 ACK 报文作为确认，报文末 EOM = 1 时，它是一个块的最后一条报文。序列号 SN 是一个连续的数字，用其为连续的数据报文编号。由于只有 4 位可用，因此发送序列号 mod 16。两个通信伙伴都有一个独立的 SN 计数器，该计数器以 0 开头，并随发送的每个报文连续递增。

接收方的 ACK 报文仅由 TPCI 字节组成（图 4.16）。SN 包含要确认的数据报文的序列号加1。在接收状态位 RS = 1（接收方就绪）的情况下，接收方确认已准备好接收下一个块。当 RS = 0（接收方未就绪）时，将阻止其他帧的传输。然后，接收方必须在时间 T1 内发送另一个 ACK 报文。如果再次设置 RS = 0，则重新启动监视时间 T1。如果没有进一步的 ACK 报文发送，则数据报文的发送方重复发送的最后一个块。经过一定次数的此类尝试后，发送方取消传输并关闭信道。

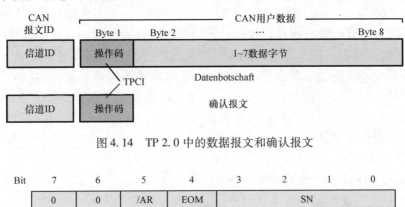

图 4.14　TP 2.0 中的数据报文和确认报文

Bit	7	6	5	4	3	2	1	0
	0	0	/AR	EOM		SN		

图 4.15　发送方的传输控制字节 TPCI 的结构

Bit	7	6	5	4	3	2	1	0
	1	0	RS	1		SN		

图 4.16　接收方的传输控制字节 TPCI 的结构

如果接收方想过早结束数据传输，则发送一条中断报文（图 4.13）。发送方以 EOM = 1 的数据报文作为响应。自上次确认以来发送的数据被丢弃，但信道保持打开状态。发送方等待一段时间，然后再次开始传输。在尝试失败一定次数后，将中止传输并关闭信道。

如果几个 CAN 报文正在同时等待在传输协议层传输，则协议软件应按照表 4.3 中所示的顺序发送报文。

表 4.3　报文优先级

最高优先级 1	连接设置响应
	连接测试
	中断报文
	确认报文
最低优先级 4	数据信息
	连接设置请求
	断开

4.4 CAN 的传输协议 TP 1.6

传输协议 1.6（TP 1.6）是第 3 章中所描述的 TP 2.0 协议的前身，并且在很大程度上使用相同的概念和报文。这里两个 CAN 传输的参与者之间也将动态建立专用连接（即信道），并在数据交换结束后再次终止。使用永久配置的 CAN 标识符（即开放 ID）打开信道。建立连接后，将协商用于数据传输的 CAN 标识符和信道 ID。与 TP 2.0 类似，TP 1.6 还使用复杂的流程进行流量控制。对于每个完全发送的报文或几个报文的块，发送方可以向接收方请求确认（即握手）。在每个完全传输的数据块之后，发送方向都会更改。这意味着远程站（以前是接收方）现在成为发送方，发送方可以自己发送数据或返回发送权，这意味着可以在两个总线参与者之间建立双向相等的信道。它与 TP 2.0 的主要区别在于：

- 没有广播报文（TP 2.0：操作码 23h 和 24h）
- 没有用于连接测试的报文（TP 2.0：操作码 A3h）
- 无报文中断数据传输（TP 2.0：操作码 A4h）

4.4.1 报文结构

与 TP 2.0 一样，此处的每个控制单元都具有车辆范围内唯一的逻辑地址，该地址分配给固定的请求或响应信道。关联的 CAN 标识符再次成为开放 ID。可以通过该信道交换请求动态信道的报文。

此外，每个总线参与者都有一个到四个固定地址，可用于通过动态信道进行通信。CAN 标识符从 740h 起为传动系统保留，从 300h 起为舒适系统总线保留，信息娱乐总线从 4E0h 起保留。

以下内容适用于开放 ID：

开放 ID = 基本 ID + 设备的逻辑地址（传动系统总线，信息娱乐总线，舒适系统总线或车辆中所有控制单元上的唯一设备地址或广播地址）

4.4.2 动态信道结构

对于两个设备之间的实际数据传输，如第 4 章 4.3.3 节中针对 TP 2.0 所述，必须首先建立逻辑连接，即所谓的信道，协商用于后续传输的 CAN 标识符。动态信道结构以开放 ID 作为 CAN 标识符进行。TP 1.6 中报文的结构不同于 TP 2.0 中报文的结构（图 4.17）。

期望建立信道的控制单元在信道建立请求报文中发送相关的信道 ID，即期望将来与之共同接收数据报文的 CAN 标识符。另一个控制单元以其要接收数据报文的信道 ID 进行回复。

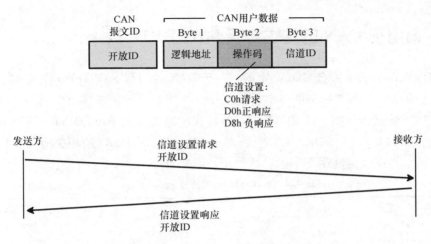

图 4.17 TP 1.6 中动态信道结构的报文

4.4.3 数据传输和数据方向更改

数据传输是使用本章第 4.3.4 节中已经描述的数据报文进行的，数据报文由接收者通过 ACK 报文进行确认，其中 ACK 报文具有相应的通道 ID 作为 CAN 标识符。

TP 1.6 要求在每个完成的数据块之后，数据流的方向都要改变。建立连接的控制单元开始发送数据块，一旦数据块已完全发送并且数据块的最后一条报文中的 EOM＝1，先前的发送方即成为接收方，反之亦然。新的发送方可以发送一个数据块，在该数据块中再次设置了最后一条报文 EOM＝1，或新的发送方放弃了立即再次发送带有 0 个数据字节，且设置了 EOM＝1 的数据报文的权利。每次改变方向时，SN 再次设置为 0。

TP 1.6 还区分了 ACK 报文方向的快速变化和缓慢变化。在数据方向变化缓慢的情况下，在新的发送器开始发送数据之前，首先发送 ACK 报文。如果数据方向快速改变，则无须 ACK 报文，新的发送器立即开始数据发送（图 4.18）。

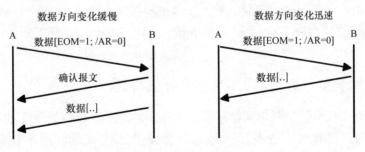

图 4.18 TP 1.6 中慢速和快速数据方向变化

4.5 适用于 CAN 的传输协议 SAE J1939/21

美国汽车工程师协会 SAE 指定的，基于 CAN 的协议 SAE J1939 主要用于商用车领域。ISO/OSI 参考模型的各个层级在几个文档中进行了描述（具体见表 4.4）。在定义中，尝试将根据 SAE J1708 的总线协议的结构（具有 9600 bit/s 的面向字符的总线协议和类似于 RS485 的物理接口），与根据 SAE J1587 的相关应用层传输到 CAN，该结构在美国商用车中曾广泛使用。

表 4.4 SAE J1939 的协议栈（简化）

文献	内容	ISO/OSI 参考模型
SAE J1939/73 SAE J1939/71	车外和车载通信的数据内容描述	应用层
		表示层
		会话层
SAE J1939/21	传输协议	传输层
SAE J1939/31	网桥规格	网络层
SAE J1939/21	基于 CAN 2.0B 的传输	数据链路层
SAE J1939/14 SAE J1939/11，/15	比特率，总线耦合，电缆和连接器	物理层

根据 SAE J1939 进行数据传输的基础是 CAN 2.0B 规范，ISO 11898 同样也是该规范的基础。这里仅使用 29 位 CAN 标识符。SAE J1939/11、J1939/14 和 J1939/15 中定义了固定比特率 250kBit/s 或 500kBit/s 的总线耦合电气和机械性能。然而数据链路层（第 2 层）和传输层（第 4 层）没有明显区别，不过在文档 SAE J1939/21 中有进一步概述。

在应用层上，根据 SAE J1939/71 规范进行的车载通信，用于在行驶过程中进行数据传输，根据 SAE J1939/73 规范进行的车外通信，以及根据 SAE J1939/3 规范进行的 OBD 用于诊断。

除了表 4.4 中所示的协议层之外，还提供跨层网络管理（SAE J1939/81）以及各种特殊应用的标准补充，例如农业机械（SAE J1939/2）或工业发电机（SAE J1939/75）。

4.5.1 传输类型、寻址和 CAN 报文标识符

所有带有 J1939 的控制单元都接收一个唯一的 8 位逻辑控制单元地址，其中值 FFh 被保留为广播地址。控制单元地址通常是静态定义的。网络管理规范 SAE J1939/81 还建议了一种动态配置控制单元地址的方法。

SAE J1939 使用 29 位 CAN 标识符，标识符被划分为不同的字段，通过这些字

段对有关地址和报文内容的信息进行编码（图 4.19）。这些字段中的许多字段都起源于先前的协议 J1708/J1587。报文的优先级通过 CAN 标识符的高 3 位编码。CAN 标识符的低 8 位表示发送器的逻辑地址（即源地址）。所谓的参数组编号 PGN 占据了 CAN 标识符的最大部分。最重要的部分是 8 位 PDU 格式 PF 字段，该字段区分面向连接的数据传输和面向报文的数据传输。在面向连接的传输（PDU 1 格式）中，报文的目标是单个控制设备。然后，在 PGN 字段中传输其 8 位目标地址。在面向报文的传输（PDU 2 格式）的情况下，将传输一个 8 位值（组扩展 GE），该值在应用层上标识用户数据的内容。保留位和数据页位用于将来的扩展，对于当前 SAE J1939 在道路车辆中的应用，其值为 0。

PDU 格式字节 PF 值以及报文的用户数据内容基本上由应用层 J1939/71 和 J1939/73 的标准确定。E8h~EFh 范围内的某些值专门用于特殊用途。下节将介绍诸如分段数据传输的传输层之类的任务。当要传输的数据块包含 8 个以上的数据字节，不再适合单个 CAN 报文时，将使用此功能。

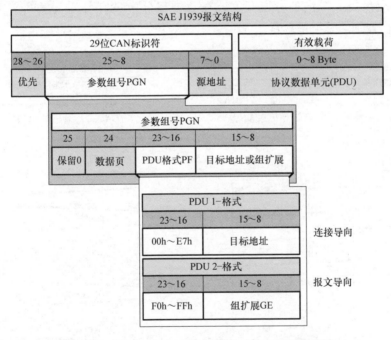

图 4.19　SAE J1939 报文的结构和 CAN 标识符的结构

以报文导向的报文为例，考虑发动机温度#1 报文，该报文由发动机控制单元每秒定期发送并包含温度信息，如 SAE J1939/71 所定义，该报文使用 PDU 2 格式 PF = 254 = FEh 和组扩展 GE = 238 = EEh 并包含 8 个数据字节，其值如图 4.20 所示。

另一方面，上层控制系统通过转矩速度控制#1 报文，远程控制发动机控制单元或发动机制动,该报文为连接导向的报文(PF = 0),仅包含 4 个数据字节(图 4.21)。在第一个字节中,汇总了很多控制位,通过这些控制位可以确定是通过速度还是转矩控制来控制发动机,将速度控制器切换为怠速模式、行驶模式还是动力输出模式。此外,外部干预的优先级高于发动机控制的怠速控制或加速踏板设定。

图 4.20　发动机温度#1 报文的结构(PF = FEh, GE = EEh)

包含 8 个以上数据字节的报文需要以下部分中描述的分段数据传输。一个示例是查询软件标识和版本号。为此,请求设备向控制设备发送一个连接导向的请求报文,其中 PF = 234 = EAh(图 4.22)。该报文包含要查询的信息的 3 字节长的 PGN(PF 和 GE),在示例中,用于软件标识的值 PF = 254 = FEh, GE = 218 = DAh。控制单元的响应是报文导向的分段报文,在数据部分中具有可变长度的文本字符串(图 4.23,详细信息见第 5 章)。

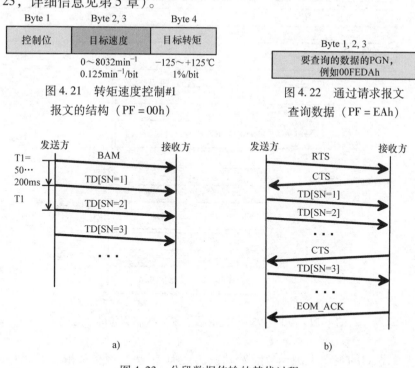

图 4.21　转矩速度控制#1
报文的结构(PF = 00h)

图 4.22　通过请求报文
查询数据(PF = EAh)

图 4.23　分段数据传输的替代过程
a) 报文导向的传输　b) 连接导向的传输

如果控制单元无法传送所请求的数据,它将以 ACK 报文(PF = 232 = E8h)答复,该报文在第一个数据字节中包含值 1(未确认)。在某些情况下,需要在第一个数据字节中使用 0 进行肯定确认。ACK 报文的最后 3 个字节包含与 ACK 报文相关的 PGN。

制造商定义的报文可使用 PF = 239 = EFh 和 PF = 255 = FFh。

4.5.2 分段数据传输（多数据包）

如果分段数据传输是针对多个接收方的，则为报文导向，发送方将通过广播公告报文 BAM 向接收方通告分段数据传输（图 4.23a）。每次暂停 50~200ms 之后，发送方将在传输数据 TD 报文中发送用户数据。在第一个字节中发送从 1 开始并随每个数据报文递增的序列号 SN；CAN 报文的其余 7 个数据字节包含用户数据。如果需要，最后一个数据报文将用 FFh 字节填充，以便 CAN 报文始终具有 8 个数据字节的全长。数据字节的总数和预期的报文数是通过 BAM 发送的（图 4.24）。这意味着每个参与者都可以识别数据块的结尾，而无须特别标记。由于序列号一定不会溢出，因此最多可以发送 255·7 = 1785 字节的数据块。由于各个 CAN 报文之间的间隔至少为 50ms，因此这种类型的传输的用户数据速率小于 160fps。

	Byte 1	Byte 2	Byte 3	Byte 4	Byte 5	Byte 6	Byte 7	Byte 8
传输数据TD	序列号	数据						
请求发送RTS	10h	数据字节数		报文数	最大响应报文数	参数组编号		
清除发送CTS	11h	报文数	下个序列号	保留(FFh)	保留(FFh)	参数组编号		
报文结束EOM ACK	13h	接收到的数据字节数		收到的报文数	保留(FFh)	参数组编号		
广播公告报文BAM	20h				报文数	保留(FFh)	参数组编号	
连接中止CA		终止原因	保留(FFh)			参数组编号		

图 4.24 分段传输报文的用户数据区

另一方面，如果分段数据传输是连接导向的，即使用单个接收方，则提供与 ISO 15765 - 2（图 4.23b）类似的握手机制。发送方向接收方发送一个请求发送 RTS 报文，接收方公告数据块的长度（字节总数和段数，图 4.24）。接收方以"清除发送 CTS"报文答复，该报文中接收方告知可以连续接收多少个 CAN 报文而不间断，以及下一个期望的序列号。发送方发送完此数量的 CAN 报文后，等待接收方发送下一条 CTS 报文，然后再发送其他数据报文。最后的数据报文再次用 FFh 字节填充。然后，接收方使用报文结束确认 EOM ACK 确认接收到整个数据块。如果接收方不想接受连接请求，或者如果传输被过早取消，则接收方发送连接中止 CA 报文而不是 CTS，该报文还包含出现问题的原因。在连接导向的数据传输中，可以无间隙地发送数据报文，以便使用完整的 CAN 带宽。对于最大间隔，间隔时间限制在 750ms 至 1250ms 之间。

PDU 格式字节 PF = 235 = EBh 保留用于传输数据 TD 报文。称为连接管理的 RTS、CTS、EOM、BAM 和 CA 报文使用 PF = 236 = ECh。它们之间的区别在于第一个用户数据字节的值不同。此外，在这些报文的最后 3 个数据字节中发送关联的用户数据块的参数组号 PGN。

接收方必须能够同时处理至少一种连接导向和一种报文导向的数据传输。发送方可以同时处理面向不同接收者的报文导向的传输，以及可能的多个连接导向的传输。

4.6 根据 ISO 13400 的 DoIP 传输协议

随着驾驶人辅助系统和信息娱乐系统使用不断增加，车辆中软件的范围以及生产中和车间中的线下编程（闪存编程）的下载时间持续增加。如果使用通常的 CAN 诊断接口，且最大数据速率在 30kbit/s 的范围内，即使对导航系统的地图软件进行较小的更新，也将需要 100Mbit 的传输量，需要不到一个小时的时间。由于这个原因，一些豪华车最近使用了附加的以太网接口，并使用标准的互联网协议 TCP/IP 传输数据（图 4.25）。

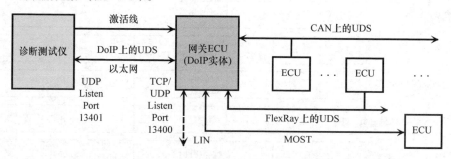

图 4.25 以太网 – TCP/IP – 车辆接口

10/100Mbit/s 以太网连接最初可以使用 OBD 诊断连接器的自由连接（图 4.26）。从中期来看，将推出一种更适合高比特率的新型连接器。除以太网外，还提供一个激活信号，通过该信号可以解除连接。

为了能够在控制单元侧和诊断测试仪中继续使用现有的诊断协议，例如 UDS（请参阅第 5 章），并且能够将诊断测试仪的查询从网关控制单元直接传递到内部 CAN、FlexRay 和 LIN 总线系统，通过 IP 进行诊断（DoIP）开发了一种新的传输协议。DoIP（标准化为 ISO 13400）允许将普通的 UDS 报文打包为 TCP/IP 报

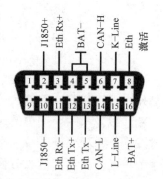

图 4.26 以太网 OBD 诊断连接器的扩展

文,并通过以太网或 WLAN 进行传输(图 4.27)。以太网协议栈通常适用于 TCP 和 UDP,IPv4 或 v6 以及辅助服务 DHCP[2]。

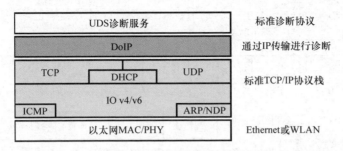

图 4.27 带有 DoIP 传输协议的协议栈

与诊断测试仪相比,该网关充当具有预定义 IP 端口的 TCP 或 UDP 服务器,可以动态分配其他端口。IP 地址通过 DHCP 自动分配,如果没有可用的 DHCP 服务器,则使用固定的默认值。除了测试仪和控制单元之间通常的诊断请求 – 响应报文之外,网关和测试仪还交换以太网侧的确认报文(Acknowledge,ACK,图 4.28)。然后,网关必须确认诊断报文已成功转发到内部车辆网络。发生错误时,此报文(Not Acknowledge NACK)包含相应的错误代码。

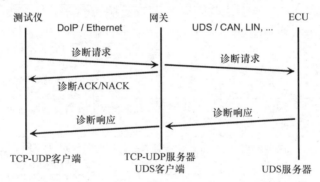

图 4.28 测试仪、网关和控制单元之间的 DoIP 报文流

DoIP 报文(图 4.29 和表 4.5)使用带有控制信息的报文头,可以区分不同类型的用户数据(即有效负载)。如果用户数据块包含 UDS 诊断报文(UDS 请求或响应)或 ACK/NACK 确认报文,则将控制单元和诊断测试仪的 UDS 源或目标地址放在前面。用户数据块的其余部分后面是 SID 服务标识符,必要的参数和数据(参见第 5 章 5.1.3 小节和 5.2 节),或者在确认报文的情况下,还包括 1 字节的错误代码。这些报文都使用 TCP 协议。

在交换诊断报文之前,必须首先在诊断测试仪和车辆网关之间建立一种连接。通过 DHCP 连接以太网后,为网关配置了有效的 IP 地址后,就会通过 UDP 每 500ms 发送一次车辆通告报文。该报文告诉诊断测试仪车辆识别号(VIN),网关的 UDS 诊断地址和两个硬件代码，例如 MAC 地址。硬件代码应使测试仪能够区分除网关之外的其他设备是否直接连接至车辆的以太网接入。如果测试仪错过了车辆通告信息，则可以通过发送车辆识别请求报文来随时请求车辆重复报文。

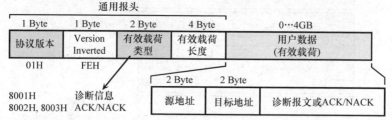

图 4.29 DoIP 报文格式（更多报文请参见表 4.5）

表 4.5 DoIP 报文类型

名称	有效载荷类型	IP 协议	应用
通用 DoIP 报头 NACK	0000H		如果 DoIP 报头中出现错误，则来自网关的报文包含错误代码
车辆识别请求	0001H...0003H	UDP	测试仪对车辆标识的查询不包含任何用户数据。如果测试仪知道 VIN 和/或唯一的设备代码并想专门寻址网关，则为其他子变量
车辆通告报文或车辆识别响应	0004H	UDP	车辆宣布有 DoIP 网关可用。包含 VIN（17 个字节），网关的 UDS 诊断地址（2 个字节）和两个唯一的设备代码，每个代码长 6 个字节
路由激活请求/响应	0005H 0006H	TCP	激活从/到内部车辆网络诊断报文的转发
有效检查请求/响应	0007H 0008H	TCP	如果长时间没有交换诊断报文，则保持 TCP/IP 连接
DoIP 实体状态请求/响应	4001H 4006H	UDP	查询 DoIP 设备的类型（网关或常规控制设备）以及可能的连接数（TCP/IP 套接字）
诊断电源模式信息请求/响应	4003H 4004H	UDP	查询车辆网络是否激活（点火等）
诊断报文请求 ACK/NACK	8001H 8002H 8003H	TCP	交换诊断报文，请参阅文本以了解详细信息

在车辆识别之后，诊断测试仪通过路由激活请求来请求网关，以便将后续的诊断报文转发到内部车辆网络或从内部网络转发出去。路由激活请求包含网关的 UDS 诊断地址，这意味着可以在将来可能具有多个网关的车辆中专门选择单个网关。将来也希望使用此报文的其他参数来处理登录/身份验证过程，以便启用车辆访问权限。在现有连接期间，诊断测试仪可以通过各种报文与网关交换状态信息，在此不再详细描述。

4.7 CAN FD 的传输协议

为了进一步开发 CAN FD，必须定义根据 ISO 15765-2（见第 4 章 4.1 节）的先前传输协议扩展。由于 CAN FD 可以在单个 CAN 报文中最多传输 64 个字节，因此传输协议的单个帧 SF 中以前仅 4 位长的数据长度字段 DL 不再足够（图 4.1）。由于修改后的传输协议应保持向上兼容，因此将引入一个至少具有 6 位长 DL 字段的修改后单帧，类似于 FlexRay（表 4.1）。

从 CAN FD 的角度来说，无须更改其他传输协议报文。但是如果目的是在 FlexRay 传输协议可能的情况下，向 64 KB 块方向扩展 4 KB 分段 CAN 传输的块大小，则可以考虑引入第一帧 FF 的变体。

4.8 规范与标准

ISO 15765 (ISO TP)	道路车辆 – CAN 诊断，请参阅第 5 章
AUTOSAR	见第 8 章
ISO 10681	道路车辆 – FlexRay 上的通信，请参阅第 5 章
VW TP	VW CAN 传输协议 TP 2.0，版本 1.1，2002，内部文件 VW CAN 传输协议，版本 1.6.1，2000，内部文件
SAE J1939	SAE J1939 Serial Control and Communications Heavy Duty Vehicle Network，2012，www.sae.org SAE J1939/1 On – Highway Equipment Control and Communications Network，2011，www.sae.org SAE J1939/2 Agricultural and Forestry Off – Road Machinery Control and Communications Network，2013，www.sae.org SAE J1939/11 Physical Layer 250kbit/s，Shielded Twisted Pair，2012 SAE J1939/14 Physical Layer 500kbit/s，2011，www.sae.org SAE J1939/15 Reduced Physical Layer 250kbit/s，Unshielded Twisted Pair，2008 SAE J1939/13 Off – Board Diagnostic Connector，2011，www.sae.org SAE J1939/21 Data Link Layer，2010，www.sae.org SAE J1939/31 Network Layer，2010，www.sae.org SAE J1939/81 Network Management，2011，www.sae.org SAE J1939/71 Vehicle Application Layer，2012，www.sae.org SAE J1939/73 Application Layer – Diagnostics，2010，www.sae.org SAE J1939/3 On – Board Diagnostics Implementation Guide，2008 SAE J1939/74 Application Layer – Configurable Messaging，2010 SAE J1939/75 Application Layer – Generator Sets and Industrial，2011

(续)

SAE J1587	SAE J1587 Electronic Data Interchange Between Microcomputer Systems in Heavy – Duty Vehicle Applications, 2013, www.sae.org
SAE J1708	SAE J1708 Serial Data Communications Between Microcomputer Systems in Heavy – Duty Vehicle Applications, 2010, www.sae.org
ISO 13400 DoIP	ISO 13400 Road vehicles – Diagnostic communication over Internet Protocol (DoIP), www.iso.org Part 1: General information and use case definition, 2011 Part 2: Transport protocol and network layer services, 2012 Part 3: Wired vehicle interface based on IEEE 802.3, 2011 有关 Internet 协议的更多文献，请参见第 8 章，有关以太网，请参见第 3 章

参 考 文 献

[1] R. Schmidgall: Automotive Embedded Systems Software Reprogramming, 2012, PhD-Thesis, School of Engineering and Design, Brunel University London, http://bura.brunel.ac.uk/handle/2438/7070

[2] R. Stevens: TCP/IP Illustrated. Addison-Wesley, 3 Bände, 2002

第 5 章　诊断协议 – 应用层

在 20 世纪 90 年代，人们意识到不仅需要对数据传输进行标准化，而且还需要对应用层协议进行标准化，从而可以限制控制器与诊断仪的诊断接口的维护工作与维护投入。标准化的推动原因一方面由法规驱动，法规规定至少需要满足尾气排放系统功能的统一接口（车载诊断 OBD）。另一方面，是由于全球化进程中的整车制造商之间的合作也变得日益增多。在全球化的框架下，零部件或整车都是由多个供应商共同研发或集成的。比较遗憾的是，标准化进程的开始是较晚的，因此已经存在许多专有的、不兼容的单独解决方案。此外，标准化进程的发展比技术发展更加缓慢[1]。因此，容易在标准中看到它的发展历史，也会看到试图兼容旧的解决方案的努力。如在标准规范中有各种各样的规范重复，但细节处并不相同，或允许有实际上彼此不兼容的不同的变体，通常只指定最小的公分母，从而许多点仍然取决于生产商与集成商的决定。

回首过去，下面是诊断协议发展的历史进程（图 5.1）。

- 第一个跨生产商的商业标准是 ISO 14230，即基于 K 线的 KWP 2000 协议，该标准涵盖了整个协议栈（个人注释：OSI 模型 1–7 层）。然而该协议实质上仅定义了通信模型与传输服务（诊断服务）。有此定义，即可完成诊断仪与控制器间的查询与响应的信息交换。而在本协议中并未指定诊断数据的含义与格式。该协议也明确排除与排放相关的诊断服务（OBD），但参考了 OBD 诊断服务的 ISO 15031 – 5 标准，预留了一定的诊断帧。对于较低层的协议，ISO 14230 – 4 中排除了与 OBD 相关协议的各种变体，并且规定了不同的内容。

- 被称为 CAN 上的 KWP 2000 协议预标准 ISO/DIS 15765 – 3，KWP 2000 的应用层在很大程度上无更改地移植到了 CAN 上。ISO/DIS 15765 – 3 基本上只是对 ISO 14230 – 3 的诊断服务的内容进行了引用和标注。对于第四层以及其下层的数据传输层的参数化，仅在少数应用层服务方面会在内容上有所不同。由于标准化进程的时间拖延了很长时间，ISO/DIS 15765 – 3 标准的草案被许多生产商在草案的不同阶段实施生产，该协议也是今天在实际中我们可能碰到的最常见的诊断协议。

- 然而在 ISO 15765 被正式采用前，为了能够更容易地集成新的例如 LIN 或

FlexRay 的总线系统，CAN 上的 KWP 2000 标准被放弃了。ISO 14429 标准试图将应用层与底层总线系统分开，统一定义应用层（统一诊断服务 UDS）。在信号消息的基本结构中，ISO 14229 定义的服务与 KWP 2000 相同，但服务已经被部分重新分组，分配了新的服务 ID，且参数组成在许多细节上也被更改，从而使 UDS 仅在功能而不是在具体实现上兼容 KWP 2000。因而，虽然 UDS 与 KWP 2000 密切相关，但也被视为一个独立的协议。

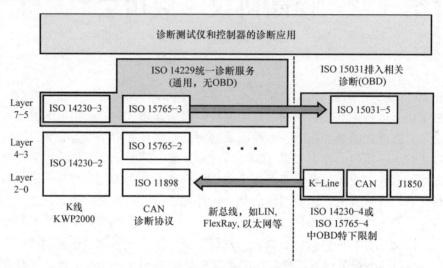

图 5.1　欧洲控制器诊断接口协议系列

- ISO 15765-3 被更名为 CAN 上的 UDS（UDS on CAN），且现"仅"描述 CAN 总线系统的 UDS 服务具体实现了。CAN 相关的是指本质上传输层符合 ISO 15765-2（第 4 层）。这是必要的，因为 CAN 信号一帧最多拥有 8 字节的数据，这对于一些诊断服务是不够的，如一些可以直接影响总线系统应用参数的服务。对于 OBD 应用，ISO 15765-4 标准的第四部分规定了较低协议层的部分内容。对于新的发展，今天通常是从 CAN 上的 KWP 2000 到 CAN 上的 UDS 的过渡，也即从 ISO 14229-1 到 ISO 15765-1 到 4 的过渡。CAN 上的 UDS 是一个相对复杂的标准，其中有很多冗余的服务。此外，该协议包含了一些诸如实现非常复杂的，对事件的响应可能性的内容，因此生产商仅实施部分的标准也就不足为奇了。

- 对于尾气相关零部件的诊断，首先由美国立法、然后在欧洲实施，实施过程中包含了诊断协议的定义。相比于通用全栈的诊断总线系统，允许公共诊断总线系统仅定义 0-4 层（图 5.1）。自 2008 年（在美国）才使用 CAN 进行标准化（ISO 15031-5 和 SAE J1979），从而可以幸运地使应用层达成统一协议。该 OBD 协议允许权利机关和机构，如 TÜV 访问与为为其直接相关功能（氧传感器、催化转化器、点火、喷油）的重要诊断信息，包括故障存储器、测量结果、监控结果。由于作为最小的公分母只能支持最小范围的功能，因而实际上总线必须通过

KWP 2000 或其他额外的协议完成诊断信息。并且一些功能信息可能会出现重叠，例如：读取与删除故障存储器，在两个协议中对于同样的目的却有不同形式的定义。

- 比欧洲更早，美国在 SAE J2190 中已经标准化了尾气相关零部件法规和一般诊断法规。后来的欧洲 KWP 2000 标准也是以该协议标准为模型，因此大多数服务及其参数是相同的，但两标准经常使用不同的名称。例如，KWP 2000 服务 ID（SID）对应于 J2190 测试模式。因此，以下不再讨论 SAE J2190。

由于诊断协议都使用相同的基本概念，并且 UDS 是进一步发展的协议，因此下文从仍然广泛使用的 KWP 2000 开始，然后介绍 UDS 和 OBD 的通信差异。

5.1 诊断协议 KWP 2000（ISO 14230-3）

目前，在欧洲车辆中应用最广泛的协议是"关键词 2000"协议（Keyword 2000 Protokoll），它最初通过 K 线实现，后来通过 CAN 总线系统实现。该协议在 ISO 14230-3 中对 K 线进行了官方定义，在预标准 ISO/DIS 15765-3 中进行了非官方定义。

5.1.1 概述

KWP 2000 通信模型如图 5.2 所示。整个通信由诊断仪发起。诊断测试仪的诊断应用程序通过网络向控制器发送带有诊断请求的消息（请求 Request）；应用层通知控制器应用程序（指示 Indication）；控制器的答复（响应 Response）将通过网络向诊断测试仪传输，其中诊断仪的应用层将确认对原始提问的传输（确认——Confirm）。在标准中，诊断服务器被称为客户端，控制器被称为服务器（Server），其预先定义好的查询被称为服务（Services）。

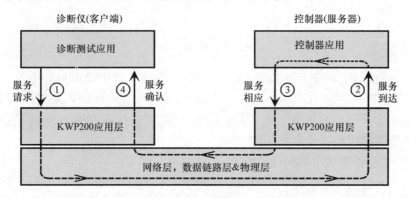

图 5.2　KWP 200 通信模型 - 应用层

应用层的服务由以下部分组成（图 5.3）：

- 地址信息 AI（Adressinformaiton），由源地址 SA（Source Address）、目标地址 TA（Target Address）和远程地址 RA（Remote Address 如果适用）组成，每个 1 字节
- 服务 ID（SID），标识所选服务（1 个字节）
- 参数（Parameter），具体数量取决于相应的服务

地址信息将显示在报文头部，参见图 3.15 中的 K 线报文报头和图 4.1 中的 CAN 报文报头。服务 ID（SID）会在第一个用户数据字节中传输，参数会在随后的数据字节中传输。信息的反馈有肯定响应与否定响应。表 5.1 显示了标准中定义的服务 ID（SID）SID。

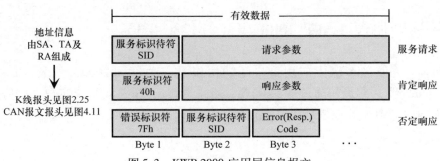

图 5.3　KWP 2000 应用层信息报文

表 5.1　服务 ID（SID）概览（未列出的值保留）

	请求	肯定响应	否定响应	定义
OBD 兼容服务	00 ~ 0Fh	40 ~ 4Fh	7F00 ~ 7F0Fh	SAEJ 1979（ISO 15031 - 5）
通用服务（K 线与 CAN）	10 ~ 3Eh	50 ~ 7Eh	7F10 ~ 7F3Eh	ISO 14230 - 3（在 ISO/DIS 15763 - 3 中重复定义）
退出代码（ESC）	80h	C0h	7F80h	同上
K 线专属服务	81 ~ 83h	C1 ~ C3h	7F81 ~ 7F82h	ISO 14230 - 2
CAN 专属服务	84 ~ 85h	C4 ~ C5h	2F84 ~ 7F85h	ISO/DIS 15765 - 3
供应商专属服务	A0 ~ BEh	E0 ~ FEh	7FA0 ~ 7FBEh	汽车生产商或系统生产商

肯定响应的 ID 对应于请求 ID 第 6 位会设置为 1（这个操作也即十六进制进制数 40 取"逻辑或"操作）。对于否定响应会通过 SID = 7Fh 和发送失败服务 ID（SID）和错误代码（1 个字节），参见表 5.2。然后在传输层或数据链路层中，这些消息会提供相应的报头和报尾信息。

KWP 2000 诊断服务可分为功能组，如表 5.3 所示。

K 线的通信条件已在表 3.7 中规定，对于 CAN 总线，控制器必须在 50ms 内响应诊断测试仪的请求（参见表 3.7 中的 P2 超时）。测试仪可以接着发送下一个请求。对于没有响应或多控制器同时响应的情况下，诊断服务必须有 50ms 的间隔（P3 超时）。

表 5.2　典型错误响应代码

10h	通用错误
11h	服务不支持
12h	子功能不支持
21h	忙，重复请求
78h	待回复
33h	安全访问拒绝
35h	无效密钥
…	…

表 5.3　KWP 2000 诊断服务概览

诊断管理	诊断管理
网络层协议控制（通信管理）	数据链路层控制，例如修改超时参数
数据传输	单控制器数据读取与写入
存储数据传输	故障存储器的读取与写入
输入/输出控制	输出/输出控制
例程（备注：预设函数）	控制器中的程序启动
上传/下载	程序区与数据区的读取与存储（刷新）

5.1.2　诊断会话（诊断管理）

诊断会话（或诊断模式）可以理解为一种可以支持特定一组诊断服务的控制器的运行状态。在正常运行模式下，控制器会处于默认诊断会话中，出于安全原因，通常此时仅支持很少一部分诊断服务。对于 K 线总线系统，诊断会话的开始必须首先建立连接，如图 2.2 所示。各种支持的诊断会话由表 5.4 中的相应的数字标识定义。

基于默认诊断会话，诊断测试仪可以通过"启始诊断会话帧"（表 5.5）对控制器开启其他特殊诊断会话。

表 5.4　诊断会话编号（ISO/DIS 15765 – 3）

编号	类型	评论
81h	默认诊断会话	基本状态
85h	编程会话	程序存储器与数据存储器的编程（刷新）
86h	开发会话	控制器与系统开发的特殊模式
87h	调整会话	控制器参数匹配
89h – FEh	生产商会话	

表 5.5 KWP 2000 服务的诊断会话管理

服务	SID	参数/备注
启动诊断服务	10h	会话编号
停止诊断服务	20h	仅对 K 线服务，对于 CAN 会话通过切换到 SID 为 10h 的默认会话 81h 来停止活动会话
安全访问	27h	01h：请求种子 02h：发送密钥 其他值：生产商专属与参数
诊断仪在线	3Eh	维护诊断会话的消息（避免超时，也称为保持活动状态）
控制器重置	11h	控制器重置
控制器标识符读取	1Ah	生产商定制的参数以及控制器响应

汽车生产商会确认在何种情况下打开特定的诊断会话，以及该会话支持哪些诊断服务，其通常条件如下：

- 汽车和发动机必须在特定的运行状态，如在车辆刷新时，汽车必须静止且发动机必须已关闭。在测试指定执行器（执行器测试）时，汽车必须静止，发动机必须在空转等。
- 诊断测试仪必须通过密钥交换（种子和密钥，Seed and Key）向控制器注册（验证，authentification），才得以访问某些诊断服务（解锁控制器，Unlock ECU）。为此，测试诊断仪手下发送安全访问 - 种子请求信息，控制器回复一个初始化值（种子，Seed），通常该值为一个随机数。随后诊断仪会从中计算出一个密钥值（密钥，Key）并发送给控制器。如果该值与控制器的期望值一致，则控制器会发送肯定响应，并切换到新的诊断对话。种子与密钥的长度以及其计算方法并未在 KWP 2000 协议中进行定义，而是由制造商来决定。通常控制制造商，车辆制造商以及不同类型的合作商与工厂使用不同的诊断会话。他们不同生产商的特定参数也会通过安全访问帧来区分。

只要控制器处于特殊会话模式下，就会激活超时机制（图 5.4）。如果控制器最迟 5s 内没有收到来自诊断仪的消息，则控制器会停止诊断会话并返回到默认会话。如果测试仪没有真正的诊断消息要发送，它会发送一个测试仪存在消息（最迟在 4s 后出于安全原因）以保持连接。

通常来说诊断会话都是测试仪发送的"诊断终结帧"结束的，然后控制器会返回到默认诊断会话。或诊断仪可以直接发送"诊断启动帧"，这也会结束当前活动的会话，因为一次只能激活一个诊断会话。根据标准，"诊断终结帧"是不应该被使用的，特殊的诊断会话应由编号为 81h 的"诊断启动帧"来结束会话。

诊断仪可以通过"控制器 ID 读取帧"查询控制器的特征数据，该帧的响应是供应商特定的，通常为供应商姓名，类型，软硬件版本号，序列号，生产日期等。

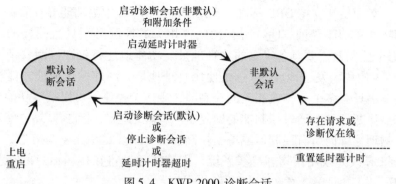

图 5.4　KWP 2000 诊断会话

5.1.3　根据 KWP 2000 和 UDS 对控制器进行寻址

KWP 2000 诊断应用使用 1 个字节来标识控制器，即所谓的设备地址（图 5.5）。当诊断仪"请求"诊断服务，并且控制器做出"响应"时，相关发送与接收方都是通过地址 ID 来进行确认（源地址或发送地址 SA，目标地址或接收方地址 TA，如图 5.5 中诊断仪与控制器 1 的通信）。

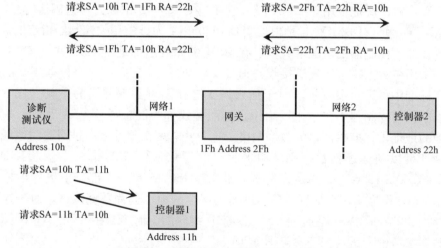

图 5.5　设备寻址（KWP 2000 协议）

设备地址必须由生产商确定，从而至少保证他们在单个数据网络中的地址 ID 是明确的。当然如果有可能最好在整车中，其地址 ID 是明确的。在这种情况下，即被称为物理寻址。在 ISO 14230 - 2 的附录 A 中，建议诊断仪使用的地址由 F0h 到 FDh，发动机控制器 10h 到 17h，变速器控制器 18h 到 1Fh，ABS，ASR 和 ESP 控制器 28h 到 2Fh 等。

这里的缺点是，诊断仪需要事先知道想沟通的控制器的地址。对于供应商独立制造的诊断仪，例如权利机关用于监测尾气排放的诊断仪（OBD 扫描工具），是根据设备功能对接收地址的目标地址确定固定值（功能寻址）。对于包含尾气相关功能的控制，必须始终支持 OBD 标准（SID 00h 到 0Fh）中的功能寻址服务。诊断仪必须使用物理和功能寻址 F1h。所有和尾气相关的控制必须具备同样的功能寻址 33h，但每个控制器需要具备唯一的物理地址。功能地址将仅在诊断仪请求时为了接收地址 TA 使用。发送地址 SA 总是使用物理地址，由此发送地址才能被唯一确认。如果车辆具有多个与排放相关的控制器，则多个控制器可以响应功能寻址的诊断仪请求。诊断仪可以通过控制器的回复中的物理地址识别有控制器。然后诊断仪可以通过物理地址向所有控制器或单个控制器进一步发送功能查询指令。

如果将 K 线总线用作物理总线系统，则这些地址将在传输信息的报头中满足 ISO 14230-2（参见第 2 章 2.2 节）。

使用 CAN 作为物理总线系统，ISO 15765-2 标准建议每对发送者与接收者，即测试仪与控制器之间使用唯一分配的 CAN ID（在 ISO 15765-2 中被称为普通寻址）。对于尾气相关的控制器（OBD）在 15765-4 中规定使用 CAN ID，7DFh，730h 到 7EFh。

如果使用 CAN 的 29 位 ID，ISO 15765-2 建议对通用控制器使用 ID 0CDAXXYYh（用于物理寻址）和 0CDBXXYYh（用于功能寻址），其中目标地址用于 XX 字段，源地址用于 YY 字段（在 ISO 15765-2 中称为普通固定寻址）。ID 18DAXXYYh 和 18DBXXYYh 是根据 ISO 15765-4 为排放相关控制器指定的。

或在通用控制器的情况下，可以在 ID 中编码发送源地址 SA，并在 CAN 消息的第一个用户数据字节中发送接收方地址 TA。这种"浪费"用户数据字节的寻址类型在标准中称为扩展寻址。对于通过网关连接多可数据网络的车辆（图 5.5），如果诊断仪与控制器不在一个网络中，标注建议称为混合寻址。SA 和 TA 基本上是本地的地址正在广播消息的数据网络。这意味着两个地址之一是网关的地址，通过该地址可以到达远程数据网络中的另一个通信伙伴（图 5.5）。远程地址 RA（根据 ISO/DIS 15765-3 指定，不幸的是，在 ISO 15765-2 部分中也称为地址扩展 AE）必须作为第三个地址传输，即通信伙伴的地址远程数据网络。对于这种类型的寻址，SA 和 TA 也是通过 CAN 消息 ID 编码的，而 RA 在 CAN 消息的第一个用户数据字节中发送（另请参见图 4.1）。

5.1.4　总线相关服务（网络层协议控制）

一些诊断服务取决于相应的总线系统。对于 K-Line，使用了表 5.6 中的服务，这些服务已经在第 2 章 2.2 节中进行了描述。CAN 使用表 5.7 中的服务。

表 5.6　ISO 14230-2 K 线特定诊断服务

服务	SID	参数/备注
启动通信服务请求	81h	K 线的连接建立和终止以及超时参数的设置
停止通信服务请求	82h	数据链路层（见段落 2.2）
访问时间参数请求	83h	

表 5.7 ISO/DIS 15765-3 CAN 特定服务

服务	服务 ID (SID)	参数/备注
网络配置	84h	诊断仪可以通过此消息来查询诊断会话的地址格式（物理地址、功能地址和拓展地址）、CAN ID 的取值和类型（11 位或 29 位）。对于查询本身，使用预定义的 CAN ID（诊断仪：7D0 ~ 7D3h，控制器：7D4 ~ 7DEh），之后可以根据生产商指定的方法向其他 CAN ID 厂家切换。通常，此查询仅发送到诊断网关（如果存在），而各控制器使用固定值工作
正常消息传输禁止	28h	诊断仪可以要求控制停止发送正常的 CAN 报文，即与诊断不相关的控制车辆单元间通信的车载信息，从而使控制器仅与诊断仪进行通信
正常消息传输使能	29h	
DTC 控制设置	85h	诊断仪可以要求控制单元打开或关闭错误代码的存储（可针对所有货这单个的错误，取决于生产商）。关闭故障代码是有意义的，例如，例如，在执行器测试期间或在移除电缆时在车间测试中，以避免出现不必要的错误信息。该服务在 K-Line 也有意义，但在没有定义

5.1.5 故障存储器的读取和删除（存储数据传输）

故障存储器的读取与删除根据表 5.8 属于最重要服务之一，KWP 2000 标准没有定义故障码（DTC）或相关状态信息和存储环境条件的详细信息，而是将这些值定义为生产商特定的。在实际中，尾气相关零部件的生产商必须参照 OBD 和 EOBD 标准 ISO 15031 或 SAE J2012（乘用车）、J1587 和 J1939（商用车）中规定的格式和故障代码（参见本章 5.3.2 小节）。

表 5.8 KWP 2000 读取与删除故障存储器服务

服务	服务 ID (SID)	参数/备注
读取故障码	13h	读取控制单元中存储的故障码，带或不带相关的状态信息
按状态读取故障码	18h	可以读出所有故障码或仅属于某些功能组的错误代码
读取诊断故障码状态	17h	
读取冻结帧信息	12h	读取为一个或多个故障保存的环境数据（冻结帧）
清除诊断信息	14h	删除整个故障存储器或指定功能组的故障

5.1.6 数据的读取和写入（数据传输）、控制器的输入和输出（输入/输出控制）

借助"数据读取帧""数据写入帧""存储器读取帧""存储器写入帧"，诊断仪可以从控制器的存储器中读取或写入数据（表 5.9）。由生产商定义的 1 个字节长度（本地 ID）或 2 个字节长度（通用 ID），或通过制定的 24 位内存地址和 1 个字节长度（内存大小），可以规定哪些值可以读取或写入。在数据读取时，还规定了控制器的输出是执行一次还是最多重复255次。在重复输出的情况下，诊断仪可以选择3个阶段（慢，中，快）的输出速率，数据速率的相关具体值可以由诊断仪从生产商预先指定的一组数据速率中选择。如果控制器在周期性输出期间收到来自诊断仪的新请求消息，则会取消周期性输出。

表5.9 KWP 2000 服务：控制器数据的读取以及控制器输入输出激活

服务	服务 ID（SID）	参数/备注
通过本地 ID 读取数据	21h	读取控制器内存单元的值，该值通过代码编号（1 字节或 2 字节）或内存地址（3 字节）和规范长度（1 字节）来选择。输出可以一次或最多 255 次按指定步长发出
通过公共 ID 读取数据	22h	
按地址读取内存	23h	
设置数据速率	26h	周期性输出的速率的选择由制造商预先定义的表中选择
通过本地 ID 写入数据	3Bh	将值写入控制器中，通过代码或内存地址选择
通过公共 ID 写入数据	2Eh	
按地址写入内存	3Dh	
动态定义本地 ID	2Ch	将数据值动态编译为数据记录并分配给代码编号
通过本地 ID 控制输入输出	30h	覆盖控制器的输入或直接控制控制器输出。可以通过制造商特定参数的信息来控制细节
通过通用 ID 控制输入输出	2Fh	

取值的含义与格式（数据记录）以及其相关的 ID 是由生产商定制的。诊断仪可以通过动态定义本地 ID 动态地设置诊断会话，使用该帧的参数从现有代码编号的数据记录中，或通过从控制器的数据存储器中指定存储器地址和长度来分配单独的数据值。当诊断仪想选择显示哪些测量值，并且这些值没有预定义的专属 ID 时，这个方法对于周期测量数据会非常有用。

"输入输出控制帧"用于临时覆盖控制器的输入信号或直接控制控制单元输出。通过发送帧中生产商指定的参数控制细节，如控制时间、循环周期等。由于"写入信息帧"的参数也是有生产商指定的，因此原则上使用该帧可以实现相同的效果。

5.1.7 数据块的读取与存储（上传、下载）

通过下述消息（表5.10）可以从诊断仪到控制器之间传输较大量的数据，反之亦然。这些服务可以读取控制单元储存器或将新程序与数据加载到控制器中，这些服务是刷新（flash）与下线（End of Line）中的核心服务。

数据传输的详细信息，如应用层区块的大小，校验和握手是由生产商来定义的。通常诊断仪通过"下载请求帧"或"上传请求帧"发出数据传输请求告知控制器要传输哪些存储区域和多少数据。控制器会响应其需要数据块大小，然后实际数据会被作为"传输数据帧"或相关控制器响应被传输，诊断仪最后会通过"传输退出请求帧"结束数据传输。

表 5.10　用于传输更大数据块的 KWP 2000 服务

服务	服务 ID（SID）	参数/备注
下载请求	34h	从诊断测试仪到控制器的较大数据块传输的初始化
上传请求	35h	从控制器到诊断测试仪的较大数据块传输的初始化
数据传输	36h	数据块的实际传输
传输退出请求	37h	结束数据传输

5.1.8　控制器的程序启动（程序例程远程激活）

表 5.11 中的服务可用于启动和停止控制器中的程序例程和查询结果。同时也可以传输任何参数，具体取决于生产商。

表 5.11　启动和停止控制器中的程序例程

服务	服务 ID（SID）	参数/备注
通过本地 ID 启动例程	31h	通过诊断测试仪启动和停止预定义程序或加载到控制单元中的例程。（ID 标识符…代码编号）
通过地址启动例程	38h	
通过本地 ID 终止例程	32h	
通过地址终止例程	39h	
通过本地 ID 请求例程结果	33h	查询例程结果
通过地址请求本地例程结果	3Ah	

典型的应用是由例如所谓的执行器测试组成的。也即启动某些例如可以检查喷射系统压力密封性的例程。另一个应用是启动闪存（Flash 存储器）的程序例程，启动后下载功能将新的程序加载到 Flash 存储器中。

如果控制单元在仍在忙于执行程序、上传或下载或删除故障存储器时，从诊断测试仪接收到新的请求消息，它可以拒绝新消息并显示故障消息，例如响应未决或忙－重复请求（表 5.2）。

5.1.9　扩展服务

通过"退出代码请求帧"，可以实现不符合标准中预定义的任何类别的任何服务（表 5.12）。所有的消息的参数是取决于生产商，本章 5.3.7 小节介绍了使用服务读取诊断信息的示例，第 9 章 9.4 节介绍了控制器闪存编程的示例。

表 5.12　KWP 2000 附加服务的实现

服务	服务标识符（SID）	参数/备注
退出代码请求	80h	可以通过其他帧参数选择的任意生产商定义的服务

5.2 统一诊断协议（ISO 14229/15765 -3）

ISO 14229 尝试将 KWP 2000 诊断中引入的原则泛化，并将它们独立于底层的实际总线协议。UDS 在 CAN 总线系统的实现可以由 ISO 15765 -3 定义。第 5 章 5.1 节中介绍的所有原则继续适用。

5.2.1 与 KWP 2000 协议的差异

一些在 KWP 2000 协议中的服务，在 UDS 协议中被作为子功能，并被组合到一个常见的 SID 服务中。这些新的子功能可以通过新的子功能等级参数 LEV 选择（图 5.6）。在收到肯定响应时，响应信息会包含服务 ID（SID）、实际响应数据、以及 LEV 参数。相比于 KWP 2000 协议，请求的其他参数与响应信息会更加精准。但是，这也是由生产商自由指定实现的。LEV 可以使用 00h 到 7Fh。LEV 第 7 位具有通信控制的功能，如在一个请求帧中设置为 1，如果在执行服务时没有发生错误，则可以省略控制器对每个请求消息原本需要的肯定响应消息。但在出现错误时，控制器必须始终发送否定响应消息。

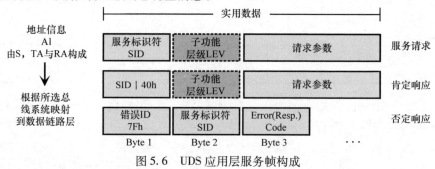

图 5.6 UDS 应用层服务帧构成

在 KWP 2000 中，控制器中的数据或功能是通过存储器地址或代码 ID 实现的。因此使用了 8 位代码编号（本地 ID）和 16 位代码编号（通用 ID）。UDS 仅使用 16 位代码编号，省去了本地与通用 ID 的概念。一些代码编号，如用于应用程序数据记录、用于设备序列号和版本号、生成商标识、OBD 相关数据或要定期发送的数据，都在标准中进行了规定。借助"动态定义数据 ID 帧"可以从现有数据记录或已知内存地址的数据进行组合。

5.2.2 UDS 诊断协议概要

诊断会话的管理与 KWP 2000 一样（表 5.13），不同的会话类型已重新编号（默认会话 01h，编程会话 02h 等），并且表 5.14 中还定义了哪些诊断服务会在默认诊断服务中加以支持。

表 5.13　用于管理诊断会话的 UDS 服务

服务	服务标识符（SID）	LEV	参数/备注	与 KWP 2000 对比
诊断会话控制	10h	01h 02h 03h 40h …7Eh	开始诊断会话 默认会话 编程会话 扩展诊断会话 生产商特定会话	10h
安全访问	27h	01h 02h …	请求密钥种子 发送密钥 更多生产商特定值	27h
安全数据传输	84h		加密与解密传输数据	新
ECU 重启	11h	01h 02h 03h 40h …7Eh	重置控制器 硬复位 点火关闭 – 点火开启 软复位 制造商特定复位序列	11h
诊断仪在线	3Eh		保持激活，确保在无其他诊断帧请求时保持诊断会话	3Eh

表 5.14　UDS 默认诊断会话支持服务

默认诊断会话中所需的诊断服务	
10h, 3Eh	启动或保持诊断会话
11h	控制器重启
14h, 19h	故障控制器读取与删除
默认诊断会话中的可选服务	
86h	事件驱动帧（新）
通过以下服务，生产商可以指定哪些数据可以在默认诊断会话中访问，哪些数据只能在特殊诊断会话中访问	
22h, 23h 24h, 2Ch 2Eh, 3Dh 31h	读取和写入控制器数据 （根据控制器地址或代码编号） 启动控制器编程

其他所有服务，例如，读取或重新编程整个控制器储存器的服务，只允许在特殊会话中使用。通常，这些特殊程序也需要在例如安全访问消息登录后才可以使用。

使用协议 ISO 15764 使通过总线系统的加密数据传输的成为新的可能。加密与解密在发送方与接收方的附加协议层（安全层）上发生，该层插入在诊断应用、控制器应用与 UDS 应用程序之间（图 5.7）。应用程序本身继续以开放的纯文本形式看到正常的 UDS 服务，但这些服务是根据 UDS 协议栈加密的，并作为具有 SID 84h 的安全数据传输消息传输。

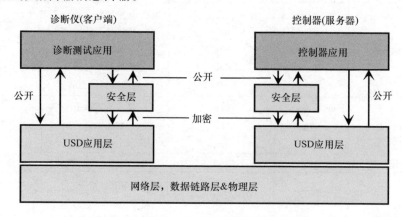

图 5.7　加密与解密（公开）的 UDS 服务

用于传输层与数据传输层控制的帧（表 5.15）非常依赖于其所使用的总线系统。

表 5.15　总线通信管理的 UDS 服务

服务	服务标识符（SID）	LEV 6…0	参数/备注	与 KWP 2000 对比
通信控制	28h	…	诊断仪可以要求控制器发送或接收正常消息，即车辆控制器间的与诊断无关的车载通信，并且仅与测试仪进行通信	28h, 29h
访问时间参数	83h	01h 02h 03h 04h	读取与设置控制器时间参数；具体细节取决于使用总线系统 读取控制器所支持的参数 设为默认值 读取当前设定值 设置新时间参数	83h
连接控制	87h	…	切换比特率；具体细节取决于使用总线系统 诊断通知控制器切换到请求中预定义的另一个比特率，如果控制器给出肯定响应则执行切换。传输速率切换仅能在特殊的诊断会话中进行，默认诊断会话始终以固定的比特率进行工作	新增

也许 UDS 最有趣的创新是事件响应服务，它允诊断仪在控制器中设置一个或多个事件触发器。当事件发生（触发事件）时，控制器会自发地向测试仪发送相

应的响应消息,而无须等待另一个测试查询(表 5.16)。

表 5.16 事件响应服务

服务	服务标识符(SID)	LEV 6~0	参数/备注	与 KWP 2000 对比
事件响应	86h	…	设置在控制器发生触发事件时执行服务,详见本章 5.2.3 小节	新增

访问故障储存器服务(表 5.17)比 KWP 2000 - 更加详细。故障码、故障存储器结构以及故障存储器状态信息与环境信息仍未定义。故障码提供了 3 个字节;其余不认则需要参考 ISO 15031 - 6、SAE J1939 - 73 或生产商特定规范。

表 5.17 用于读取和删除故障存储器的 UDS 服务

服务	服务标识符(SID)	LEV 6~0	参数/备注	与 KWP 2000 对比
读取故障码(DTC)信息	19h	0Ah	读取故障存储器控制器所有可能的故障码列表和相关的当前状态	12h, 13h, 17h, 18h
		01h	带有指定故障掩码的故障数量和列表	
		02h		
		07h	带有指定故障程度的故障数量和列表	
		…09h		
		12h	所有 OBD 相关故障数量和列表	
		13h		
		0Bh	最早与最后的故障存储器条目	
		…0Eh		
		03h	读取存储的环境条件和扩展状态信息	
		…06h		
		0Fh	从故障镜像中读取故障	
		…11h		
清除诊断信息	14h	…	删除整个故障存储器、给定功能组的故障(例如 OBD 相关故障、发动机控制器中的故障等)或单个故障码	14h
控制 DTC 设置	85h	…	诊断仪可以请求控制器打开或关闭故障的存储(可以对单个或所有的故障实施,具体取决于生产商)例如,在执行器测试期间或在移除电缆时在车间测试中,关闭故障码是有意义的,这可以避免出现不必要的故障信息	85h

与 KWP 2000 相比,一次性与周期性数据传输被拆分为 2 种不同的服务(表 5.18)。周期性输出的数据速率在控制器预定义中可分 3 档进行调整,UDS 不

再提供像 KWP 2000 中超过 3 个档的调消息速率设置调节。

表 5.18 用于读取控制单元数据和控制单元输入和输出的 UDS 服务

服务	服务标识符（SID）	LEV	参数/备注	与 KWP 2000 对比
按标识符读取数据	22h	—	一次性读取控制单元内存中的控制单元值（单个值或数据集）。	21h，22h，单个
按地址读取内存	23h	—	使用一个或多个 2 Byte 代码数字或内存地址和长度规范（具有可选的地址格式）选择值 存在预定义的标识符，例如查询支持的 CAN ID	23h，单个
按周期标识符读取数据	2Ah	—	定期读取控制单元值 要定期发送的数据必须使用特殊代码进行标识 可选的是可以绕过传输协议，以便能够在每个 CAN 消息中传输更多用户数据	21h，22h 周期性的
		01h	以低数据速率发送	
		02h	以中等数据速率发送	
		03h	以高数据速率发送	
		04h	发送结束	
按标识符写入数据	2Eh	—	将值写入控制单元的内存 通过代码或内存地址进行选择	2Eh，3Bh
按地址写内存	3Dh	—		3Dh
按标识符读取缩放数据	24h	—	读取单个值或数据集的缩放和标准化信息	新
动态定义数据标识符	2Ch		将数据值动态编译成一个数据集并赋值给一个代号	2Ch
		01h	从现有数据集中选择	
		02h	通过内存地址选择	
		03h	删除代码	
按标识符进行输入输出控制	2Fh	—	覆盖控制单元输入或直接控制控制单元输出。 可以通过消息的制造商特定的参数指定控制的详细信息 可以使用特殊参数更改值，将更改后的值冻结、切换到默认值或将输入/输出的控制返回给控制单元	2Fh，30h

在 KWP 2000 中需要区分的用于选择控制器或控制器程序的 1 字节代码编号（本地 ID）和 2 字节代码编号（通用 ID），在 UDS 中，ID 均有 2 个字节组成。

UDS 提供了读取数据归一化和归一化控制器内部数据的可能性，这意味着设备可以查询设备中存储的 16 进制数和实际的物理值之间的关系。通过数字表示

（整数、BCD 数、浮点数或字节数）、使用的单位（米、英尺、千米/小时等）和比例因子，即可得出以下换算公式：

$$物理值 = 16 进制数 * 斜率（转化比例）+ 偏移值$$

注意：物理值是可能有小数点的，16 进制数永远是整数，根据数字格式、单位转换、比例因子共同计算出的一个乘法系数，偏移是加法系数。

传输大的数据块服务（表 5.19），KWP 2000 - 与 UDS 的功能是一致的，而内存地址和内存大小以及数据块长度和数据块计数器的参数格式在 UDS 中被精确定义。此外，传输时生产商被支持可以定义压缩格式与加密格式，第 9 章 9.4 节中描述了这些服务在闪存中的示例应用。

表 5.19 用于传输更大数据块的 UDS 服务

服务	服务标识符（SID）	LEV	参数/备注	与 KWP 2000 对比
请求下载	34h	—	初始化从诊断测试仪到控制单元的较大数据块的传输	34h
请求上传	35h	—	初始化从控制单元到诊断测试仪的较大数据块的传输	35h
传输数据	36h	—	数据块的实际传输	36h
请求退出传输	37h	—	数据传输结束	37h

同样，UDS 可以启动预定义或先前加载的控制单元功能（表 5.20）。传输启动里层的参数格式，如结果格式仍是取决于生产厂商的。使用预先定义好的代码编号（ID）选择例程，如所谓的 OBD 测试 ID，也可以有生产商定义。KWP 2000 通过其内存地址直接启动例程的选项不再存在，但可以通过先前的动态定义数据 ID 消息将代码编号分配给内存地址。

表 5.20 用于在控制器中启动程序的 UDS 服务

服务	服务标识符（SID）	LEV 6~0	参数/备注	与 KWP 2000 对比
例程控制	31h	05h 00h 03h	执行预定义的或加载到控制器中的程序 开始 停止 查询结果	31h, (38h) 32h, (39h) 33h, (3Ah)

例程是通过来自诊断测试仪的停止消息结束还是在特定时间或运行次数后自动结束取决于例程的类型和功能。

5.2.3 事件响应服务

UDS 服务的事件驱动执行流程如下（图 5.8）：

- 指定要执行的服务、触发条件和触发时间窗口的设置（LEV = 01h – 03h 或 07h）
- 启动事件服务（LEV = 05h），实际触发时间窗口
- 事件发生时从控制器向诊断仪发送响应
- 在控制器触发时间窗口到期或诊断仪发送明确的停止指令（清除事件响应服务，LEV = 06h）后，事件服务会停止
- 清除事件响应服务（LEV = 06h）

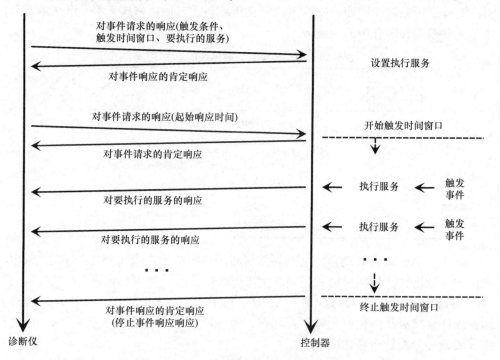

图 5.8　UDS 事件响应流程

触发时间窗口（Event Window）定义了等待触发事件的时间范围（从服务开始），在这个时间窗口到期后，控制器自动结束对触发事件的等待。事件服务结束服务，仅在触发时间窗口被选择为无限大或时间窗口要提前结束时才需要。时间窗口的取值范围由生产商指定。

以下事件可用作控制器的触发条件：
- 更改故障存储器标签时（在 DTC 状态更改 LEV = 01h）
- 带有定时器中断（LEV = 02h），允许周期性触发
- 更改数据时（LEV = 03h）
- 一个数据值与一个常数的比较（更大、更小、相等、不等、回滞，LEV = 07h）

以下服务可以通过控制器中的事件执行:
- 读出控制器信息（数据读取标识符 SID = 22h）
- 读取故障存储器信息（读取 DTC 信息 SID = 19h）
- 在控制器单元中执行例程（例程控制 SID = 31h）
- 控制器输入输出控制（控制器输入输出标识符 SID = 2Fh）

可以同时激活多个服务事件，LEV = 04h 可以用处查询当前设置了哪些事件服务。在设置了一个或多个事件服务时，控制器必须能够处理来自诊断仪的任何其他消息。SID = SID = 28h、2Ch、31h、34h 至 37h 除外。

借助 LEV 的第六位参数，还可以设置在控制器复位后保持激活状态的触发条件（存储事件）。

5.3 车载诊断 OBD（ISO 15031/SAE J1979）

用于检测尾气的相关系统，如发动机控制器，在美国和欧洲法律规定了所谓的车载诊断协议（OBD 与 EOBD）。诊断数据传输相关的规范结合了相应美国 SAE 中的标准（内容几乎相同），在 ISO 15031 标准集中进行了总结（表 5.21）。

作为底层总线系统，K 线总线系统符合使用 KWP 2000 以及其前身 ISO 9141 - 2 CARB，CAN 总线符合 ISO 15765 - 2/ - 4，美国汽车广泛使用的 J1850 总线符合 PWM 和 VPWM。虽然一辆汽车通常只支持这些总线系统之一，但标准的诊断测试仪（OBD 扫描工具），必须全部支持并自动识别所有允许的总线系统。自 2007 年，美国所有的车辆必须使用 CAN，同时 OBD 也将以统一的形式在全球范围内标准化为 ISO 27145。

表 5.21　OBD 诊断协议标准

主题	ISO 标准	SAE 标准
通用	ISO 15031 - 1	—
术语及缩写定义	ISO 15031 - 2	J1930
连接器	ISO 15031 - 3	J1962
诊断测试仪（OBD 扫描工具）	ISO 15031 - 4	J1978
诊断服务	ISO 15031 - 5	J1979
故障码（DTC）	ISO 15031 - 6	J2012
数据链路安全	ISO 15031 - 7	J2186
总线替代方案	ISO 9141 - 2K/L - Line CARB ISO 14230K - Line KWP 2000 ISO 15765 - 2/ - 4 CAN SAE J1850 PWM und VPWM	

5.3.1 OBD 诊断服务概要

OBD 请求与响应帧使用已在 KWP 2000 格式中加以了描述（图 5.9），其中诊断仪必须使用功能寻址（在本章 5.13 节中描述）。诊断仪使用功能和物理地址 F1h，OBD 相关控制器使用功能地址 33h。SAE J1850 使用不同的物理地址，虽然只有一个诊断仪，但多个 OBD 相关的控制器通常会响应此功能地址。因此，诊断仪必须始终能考虑到有多个地址，并且能够根据唯一的物理地址区分出发送响应的控制器。

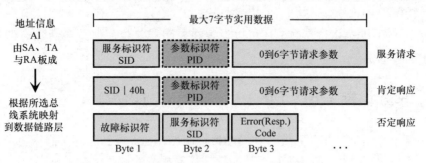

图 5.9 OBD 消息格式（使用 CAN 可能有更长的响应消息）

除 SID 外，一帧消息最多包含 6 个数据字节，即最多可以有 7 个字节。使用 CAN 时，消息数据可以更长。SID 之后的第一个数据字节在大多数请求消息中用于选择参数（参数 ID PID），例如控制单元中的数据值，也可作为回复帧的回声（表明收到消息）。

表 5.22 OBD 诊断服务

服务	服务标识符（SID）	参数/备注
故障存储器		
请求与排放相关的诊断故障码	03h	从故障存储器（无 PID）中读取与排放相关的故障码，只有最终故障（见本章 5.3.4 小节）
请求在当前或最后完成的驾驶循环中检测到的与排放相关的诊断故障码	07h	与 SID 03 类似，但也会记录中间故障
请求动力总成冻结帧数据	02h	查询一个故障数据对应的环境数据
清除排放相关的诊断信息	04h	清除故障存储器（故障码、环境条件、不同测试状态），无 PID
测试尾气相关零部件		
请求氧传感器监控测试结果	05h	监控氧传感器
请求非连续监控系统的车载监控测试结果	06h	监测催化转化器、废气再循环、氧传感器和催化转化器加热、点火和喷射系统
请求控制车载系统、测试或零部件	08h	炭罐通风测试

(续)

服务	服务标识符（SID）	参数/备注
读取控制器数值		
请求当前的动力总成诊断数据	01h	通过选择参数标识符（PID）查询控制器数据
请求整车信息	09h	读取车辆序列号（车辆识别号，17个ASCII字符，除CAN外，需要5个消息反馈，PID=02h）或软件/数据记录序列号或版本号（标定ID，16个ASCII字符，PID=04h）或校验码（标定验证码，4个16进制数，06h）在此之前，诊断仪需要以01h、03h、05h查询需要控制器发送的响应长度
	0A－0Fh	预留

在SAE标准中，诊断服务在ISO中称为服务，也被称为诊断模式或简称模式（表5.22）。

5.3.2 读取故障存储器及控制器值

在诊断开始时，诊断仪通常会首先发送09h整车信息服务请求，查询车辆序列号、版本号和控制器软件版本，从而唯一识别车辆。

然后，诊断仪将使用SID=01h和PID=01h查询当前仪表盘动力总成诊断数据状态（故障指示灯MIL灯），以及控制器存储器中的故障数量。控制器响应的第一个字节的最高位标识MIL灯状态（第7位=1，即MIL=1），接下来的7位为存储故障的数量。第二个字节表示控制器中执行了哪些监控功能（第0位=1失火监控，第1位=1喷射系统监控，第2位=1其他监控，第4、5、6位用于指示相应的0－2位监控是否被完全执行，即相应的监控数据是否有效）。第三字节表示，哪些零部件被监控（第0位：催化转化器、催化转化器加热、炭罐通风、二次空气系统、空调制冷剂、氧传感器、氧传感器加热、废气再循环）。第四字节再次依次描述是否可以完整的执行测试循环。

接着诊断仪会使用服务03h请求排放方相关的故障码（DTC），控制器相应基本通过3个16位故障码进行响应，编码方式如本章5.3.4小节所述。如故障存储器没有存储故障，或故障数量较少，则故障码被设置为0000h。如果存储器的故障超过3个，K线控制器会在没有更新请求的情况下，回复多个消息；对于CAN总线，则按照ISO 15765-2允许一个更长的响应。通过上一个SID=01h，PID=01h的查询，诊断仪知道存储了多少故障码，因此可以预先了解控制器中有多少响应消息。服务03h仅提供最终的故障类型，通过07h服务可以查询过程的故障码。

对于每个故障码，诊断仪可以通过02h服务请求 动力总成冻结帧数据控制器存储的环境数据（冻结帧）。对此，诊断仪首先使用PID=02h检查存储数据授予哪个 DTC。由于控制器已保存了多组环境条件，因此诊断仪必须在此次以及下一次查询时给出指定帧编号。默认 OBD 帧编号为 0，是否保存更多帧，这取决于制造商。然后测试仪可以以 02 服务，带有额外的 PID（表 5.23），以查询实际储存的测量值。

所有储存的值均为 16 进制值（$n=8$ 或 $n=16$ 位），必须使用表 5.23 中给出的值范围转换为实际的物理值：

物理值 = 16 进制值 /(2^n-1) * (最大值 − 最小值) + 最小值

例如冷却液温度：

存储 16 进制值：3Ah = 58

物理值：$58/(2^8-1)*[215℃-(-40℃)]+(-40℃)=18℃$

在寻找故障时，可以使用服务 01h 和 PID 码（表 5.23）请求当前动力总成诊断值，该服务也可在车辆驾驶循环的标定过程中使用。

可以使用 04h 服务清除排放相关的诊断信息。

表 5.23 通过 PID 选择不同的 OBD 测量值

PID	含义	数据范围	取值范围
04h	发动机负载	8 位	0 ~ 100%
05h	冷却液温度	8 位	−40 ~ +215℃
06h…09h	喷油器喷油量校正（每个气缸输出 2 个）	8 位	−100 ~ +99.2%
0Bh	进气管压力	8 位	0 ~ 255kPa
0Ch	发动机转速	8 位	0 ~ 16383.75 1/min
0Dh	车速	16 位	0 ~ 255 km/h
0Eh	点火角（第一缸）	8 位	−64° ~ +63.5°
0Fh	进气温度	8 位	−40 ~ 215℃
10h	进气量	16 位	0 ~ 655.35g/s
11h	踏板深度	8 位	0 ~ 100%
14h…1Bh	氧传感器电压（PID = 24h ~ 2Bh 或 34h ~ 3Bh，根据探针种类选择不同 PID）	8 位（16 位）	0 ~ 1.275 V
2Ch	废气再循环	8 位	0 ~ 100%
31h	故障删除后的行驶距离	16 位	0 ~ 65535 km
4Eh	故障删除后的行驶时间	16 位	0 ~ 65535 min
21h	MIL 灯点亮后的行驶距离	16 位	0 ~ 65535 km
4Dh	MIL 灯点亮后的行驶时间	16 位	0 ~ 65535 min
…	…	…	…

如上所示，大多数服务使用 PID 参数来选择子功能或测量值。标准中规定了要

使用的 PID 值，但并非每个控制设备都必须支持所有 PID。在实际使用中，几乎所有诊断服务（SIDs）支持在 PID = 0h 时的查询返回一个 32 位的掩码，其可以反馈控制器支持哪些 PID、不支持哪些 PID。由于掩码只有 32 位，因此提供了一种扩展机制，使用 PID = 20h、40h 或 60h，对于其他 PID 是否支持需要被验证。诊断仪在使用某个服务前，首先使用 PID = 0h 进行请求，控制器会回复一张表来反映支持哪些服务。诊断仪然后用该表格对控制器请求服务与测量值。

5.3.3 查询尾气排放相关零部件诊断结果

法律规定排放相关零部件需要在汽车行驶的过程中被持续监控。监控的状态可以通过 05h、06h 和 08h 服务查询。法律并未规定如何进行监控，而是规定了需要指出与尾气法存在的偏差。由于监控仅在某些发动机的工况下进行，例如：从发动机温度高于某个温度才开始监控。控制器也仅保存上次完整执行诊断后的结果。ISO 15031 和基于 OBD 标准仅定义了查询结果的协议——与尾气限制与监控功能的实际法律不相关。例如通过 05h 服务，可以查寻氧传感器监控的结果，该请求包含用于选择测试结果的 PID（在这种情况下也称为 测试 ID）以及氧传感器的编号。减稀（PID = 03h）、加浓（PID = 04h）的极限值，最大和最小的测试电压（PID = 07h 和 08h）、加浓与减稀的切换时间，也即氧传感器控制循环周期（PID = 0Ah）和生产商定义值。诊断仪可以通过请求 SID = 01h、13h 和 1Dh 事先获取氧传感器安装的数量和个数，也即传感器编号。

通过 06h 服务"请求非连续监控系统的车载监控测试结果"可以查询氧传感器、以及其他零部件如：氧传感器加热、催化转化器、催化转化器加热、废气再循环、炭罐通风、各个气缸的点火系统以及喷射系统的监控结果。K 线和 J1850 总线由于历史原因，其 PID 和测量值的标准化很大程度上取决于生厂商，而 CAN 总线是精确定义的。在这点上，标准因不同总线是有差距的。

通过 08h 服务"请求控制车载系统、测试或零部件"诊断仪可以开始或终止一次诊断。目前这仅用于炭罐通风。

服务 05h、06h 和 08h 支持哪些测试，以及是否有效地支持反馈测试结果，也即发动机在清除上次故障后已经运行了足够长的时间并且可以完全执行诊断测试的诊断仪查询 SID = 01h，PID = 01h 测试。关于测试是否可以完全被执行的查询或自身测试也被常称为准备测试。

5.3.4 OBD 故障码

在控制器中，故障码会以十六进制数的形式存储在控制器中，在诊断仪或文档中会被转换为五位字母数字的形式表示。值 0000h 即表示没有故障，其他的可以参考图 5.10，通过字母将区分为以下域。

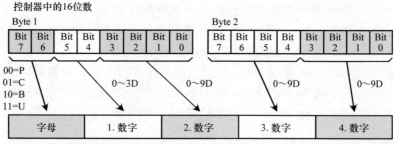

动力总成	Powertrain	P
底盘	Chassis	C
车身	Body	B
网络	Network	U

图 5.10 OBD 故障码格式

第一个数字表示，故障码由谁定义：

0：ISO 15031-6 或 SAE J2012 定义故障码

1、2：生产商定义故障码

3：预留

在 ISO/SAE 定义的动力总成系统故障码中，第 2 位数字区分哪个零部件有故障：

P01…，P02… 喷射系统

P03… 点火系统

P04… 废气再循环及其他辅助部件

P05… 车速控制与怠速控制

P06… 控制器内部故障

P07…，P08… 变速器

接下来 2 个数字用于详细区分零部件与故障类型。标准一般建议区分以下故障类型：

- 通用故障
- 非法值或性能不佳
- 输入永久打开
- 输入永久关闭
- 接触不良
- …

故障码举例见表 5.24。

表 5.24　故障码举例

故障码	空气流量传感器	通用故障
P0101	空气流量传感器	无效值
P0104	空气流量传感器	接触不良
P0130	前氧传感器	通用故障
P0201	喷油缸 1	通用故障
P0301	点火缸 1	检测到失火
P0400	废气循环	通用故障
P0506	急速转速	值过低
…	…	…

故障在存储前通常需要去抖动，当然故障也可以被修复（图 5.11）。一个故障必须在一个最短的时间（去抖动时间）内识别持续为故障，才会将其归为确认故障并记录到永久故障存储器中（通常为 EEPROM）。如果一个故障在去抖动时间内反复被识别为故障，但并未一直持续，则会被定义为接触不良。如果故障消失，也需要经历一个最短的时间（修复时间）内不再被识别有故障，才删除故障。

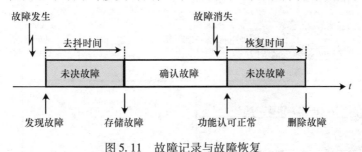

图 5.11　故障记录与故障恢复

在去抖动和修复期间，控制器 RAM 中的状态可能与 EEPROM 中的值有偏差。OBD 服务最终读取故障码和相关环境条件通常仅使用 EEPOM 中的值（确认故障），通过选择也可以使其读取 RAM 中的未决故障。

5.3.5　数据链路安全

OBD 标准定义了与 KWP 2000 协议相同的用于访问控制种子 – 密钥机制（参见本章 5.1.2 小节），不过用于计算种子和密钥及其长度的算法本身没有指定，也没有指定要保护哪些服务。

5.3.6　直通式编程

与尾气排放相关的车辆零部件类似，美国立法者已经认识到需要对控制器 Flash 编程进行标准化，这是为了确保为车间提供廉价的工具进行更新控制器的软件。SAE J2534 目前作为 ISO 22900（见第 6 章 6.8 节）在 ASAM 计划中以适应的形势被欧洲采用，根据 SAE J2534 的标准化包含了商用 PC 和车辆诊断接口的硬件接口、基于 Windows 应用软件的编程接口（图 5.12）。作为诊断协议，硬件接口必须包含标准 OBD 协议 ISO 1941、KWP 2000（K 线、CAN），以及 SAE J1850 的两种变种（图 5.13）。SAE J1939 协议是商用车领域很常见的协议，目前不支持直通式编程，但后期会得到支持。较新的 UDS 协议以及 FlexRay、LIN 和 MOST 总线系统，在诊断领域通常被忽视，目前也没有包含在标准中。

图 5.12　符合 SAE J2534/ISO 23248 的直通式编程

软件编程接口不仅包含了通过诊断协议读取和编程控制器，同时还允许诸如 PassThruReadMsgs（）、PassThruWriteMsgs（）或 PassThruStart/StorpPeriodicMsg（）和可编辑消息的收发帧，从而实际上可以通过编程接口访问整个诊断协议。

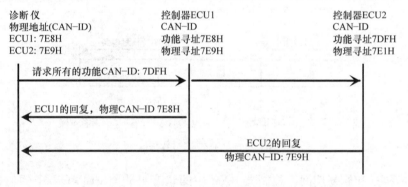

图 5.13　OBD 诊断时的控制器寻址

5.3.7　举例

典型的 OBD 诊断查询的一些序列帧如下所示。假设 CAN 总线统使用 11 位 ID 并且传输协议使用 ISO 15765 – 2、诊断仪根据 ISO 15766 – 4 和 CAN 功能寻址 ID 7DFh 进行查询。诊断仪期待的第一个 OBD 相关控制器的响应，通常为发动机控制器以物理 ID 7E8h 的反馈。对于第二个控制器，如变速器控制器以 CAN ID 7E9 进行响应。按照 ISO 15765 – 4 信息的传输速率应以 250kbit/s 或 500kbit/s 进行传输。诊断仪必须自动识别标准中规定的传输比率与 11 位或 29 位的 CAN ID。

在第一个场景中，诊断仪询问发动机转速与车速。发动机控制器提供转速、变速器提供车速。请求与响应帧通常都仅包含几个字节，因此它们可以作为 ISO

15765-2 的单帧消息（表 5.25）。

表 5.25　ISO 15765-2 的单帧消息

CAN ID 寻址	ISO TP 层：协议控制信息	OBD 服务 ID SID	OBD PID 与数据	
诊断仪请求 -> 全部控制器				
7DFh 功能寻址	03h 单帧 3 字节	01h SID 测试数据读取	0Ch PID 发动机转速	0Dh PID 车速
CAN ID 寻址	ISO TP 层：协议控制信息	OBD 服务 ID SID	OBD PID 与数据	
发动机控制 -> 反馈诊断仪				
7E8h 物理地址	04h 单帧 4 字节	41h 肯定响应 SID 01h	0Ch PID 发动机转速	0E 74h 测量值 925min-1
发动机控制 -> 反馈诊断仪				
7E9h 物理地址	03h 单帧 3 字节	41h 肯定响应 SID 01h	0Dh PID 车速	32h 测量值 50km/h

在第二种情景中，诊断仪询问车架号。发动机控制器在收到诊断仪的控制消息后，以第一帧消息和两个连续帧进行响应。虽然诊断仪的请求是基于功能寻址的，但是根据 ISO 15765-4 的流量控制帧必须使用物理地址。

在示例中（表 5.26），车辆仅有一个车架号（第一个响应字节 01h），并且该号码由 17 个 ASCII 字符组成，开始以 57h = "W" 开始。变速器控制器不知道该信息，因而不会回答。

表 5.26　诊断仪的控制消息

CAN ID 寻址	ISO TP 层：协议控制信息	OBD 服务 ID SID	OBD PID 与数据	
诊断仪请求 -> 全部控制器				
7DFh 功能寻址	02h 单帧 2 字节	09h SID 车辆数据读取	02h PID 车架号	
CAN ID 寻址	ISO TP 层：协议控制信息	OBD 服务 ID SID	OBD PID 与数据	
发动机控制 -> 反馈诊断仪				
7E8h 物理地址	10 14h 第一帧 14h = 随后有 20 字节	49h 肯定响应 SID 09h	02h PID 车架号	01 57 41 55h 1 数组 "W A U"

(续)

CAN ID 寻址	ISO TP 层： 协议控制信息	OBD 服务 ID SID	OBD PID 与数据	
	诊断仪数据流控制 –> 发动机控制器			
7E0h 物理地址	03 00 00h 数据流控制帧			
	发动机控制 –> 反馈诊断仪			
7E8h 物理地址	21h 序列帧 1		5A 5A 5A 38 45 37 37h "Z Z Z 8 E 7 7"	
	发动机控制 –> 反馈诊断仪			
7E8h 物理地址	21h 序列帧 2		41 30 xx xx xx 32h "A 0 .... 2"	

实际上，根据 ISO 15765 – 4，诊断仪与控制器在 OBD 时始终传送完整的 8 字节 CAN 信息，其中消息的剩余字节会被填充接收方忽略的任意值。

5.4 诊断的进一步发展

未来发展人们认为，外部的汽车接口会转为以太网（第 4 章 4.6 小节）。以太网技术是一种在办公室非常常见的技术，一方面提供了非常高和不断增加的带宽，另一方面也非常具备价格优势。但是其用于车载通信 EMC 测试时的实时性以及稳定性尚存在问题（第 3 章 3.5 节），在非车载时则未有严格要求（图 5.14）。

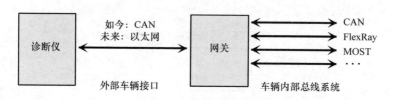

图 5.14 外部与内部数据网络

在此背景下，为了实现 ISO/OSI 各个层级的清晰分割，诊断协议已经开始修订（图 5.15）。诊断的应用层根据 UDS、ISO 14229 覆盖。OBD 尾气诊断由 ISO 27145 作为全球统一的标准替代 UDS 协议。在修订后的标准中，诊断服务和诊断会话被更好的分割，其下总线的传输层和网络层被统一定义，并且与数据链路层清晰地分割。

国际统一 OBD 协议 ISO 27145

随着 WWH – OBD 在商用车以及未来的乘用车领域的引入，该协议尝试努力消

第 5 章 诊断协议-应用层

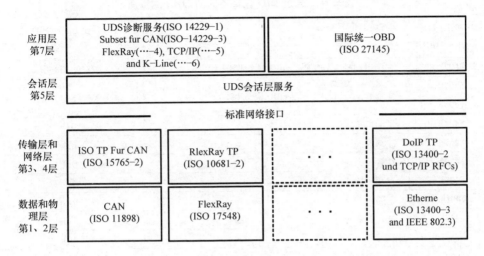

图 5.15 未来诊断协议栈架构

除 OBD 引入的特定诊断协议。如在本章 5.3 节中给出的介绍,尾气诊断的通信功能在逻辑上一般是 UDS 诊断的一个小子集,但迄今为止 OBD 一直使用的是自己的单独的诊断服务。ISO 27145 现在用现有的 UDS 服务替换了所有的 OBD 特定服务(表 5.27、表 5.28)。

表 5.27 WWH-OBD 诊断服务

UDS-SID 对于 WWH-OBD	诊断服务	替代 OBD-SID 表 5.22
22h	由 ID 读取数据	01h, 09h
19h	读取 DTC 信息 子功能 SFID = 04h 按 DTC 编号反馈 DTC 编号报告 子功能 SFID = 06h 按 DTC 编号反馈 DTC 扩展数据记录 子功能 SFID = 42h 按掩码反馈 WWH-OBD DTC	02h, 03h, 07h
14h	清除诊断信息 通过参数组 DTC = FFFFF33h 区分 OBD 相关数据	04h
31h	例程控制 子功能 01h-启动例程	05h, 06h, 08h

表 5.28　通过 DID 选择不同的 OBD 测量值

UDS – SID 对于 WWH – OBD	含义	替代 OBD – SID 表 5.22
F802h	车辆识别号（VIN 码，OBD 服务 09h）	02h（SID 09h）
F804h F806h	校准验证号（CVN 码，OBD 服务 09h）	06h（SID 09h）
F404h	发动机负载	04h
F467h	冷却液温度	05h
F470h	歧管压力	0Bh
F40Ch	发动机转速	0Ch
F40Dh	车速	0Dh
F468h	进气温度	0Fh
F466h	进气量	10h
F44Ah	加速踏板位置	11h
F491h	故障指示灯状态 MIL	
F430h	故障删除后的运行时间	4Eh
F490h	故障灯点亮后的运行时间	4Dh
…	…	…

与原始 UDS 协议相比，子功能的选择值不再被称为 LEV（第 5 章 5.2 小节），而被称为子功能 ID（SFID）。另外一种用于读取控制器数据的参数 ID（PID），现在被称为数据 ID（DID），并且长度为 16 位。

在 ISO 15031/SAE J2012 中的 OBD 故障码（DTC）（第 5 章 5.3.4 小节）在新标准中继续适用，故障码由 3 个字节组成，前两个字节表示故障的两不见（第 5 章 5.10 小节），第三个字节表示故障的类型字节（FTB），即限制了故障的类型（表 5.29）。作为乘用车中这些常见故障码的替代方案，引入商用车领域中的 SAE J1939/73 中的故障码（Failure Mode Identifier，FMI）也是允许的。

作为物理层接口，WWH – OBD 规定 CAN 需要符合 ISO 11898、其传输层符合 ISO 15765 – 2。未来 OBD 会使用符合 ISO 13400 的以太网接口作为诊断接口。车内则需要诊断帧可以通过 Flexray、LIN 等进行传输。

表 5.29　故障类型字节举例

FTB	含义
11h	短地
12h	短电源
13h	断路
16h	电压过低
17h	电压过高
1Fh	接触不良

(续)

FTB	含义
36h	信号频率过低
37h	信号频率过高
64h	信号不可信
…	…

5.5 规范与标准

KWP 2000 K – Line	ISO 14230，Road vehicles diagnostic systems – Keyword Protocol 2000 Part 1：Physical Layer，1999，www.iso.org Part 2：Data Link Layer，1999，www.iso.org Part 3：Application Layer，1999，www.iso.org Part 4：Requirements for emissions – related systems，2000，www.iso.org Uberarbeitete Versionen： ISO 14230：Road vehicles – Diagnostic communication over K – Line（DoK – Line） Part 1：Physical Layer，2012，www.iso.org Part 2：Data Link Layer，2013，www.iso.org
KWP 2000 CAN	ISO/DIS 15765 – 3：Road vehicles – Diagnostics on Controller Area Networks（CAN）– Part 3：Application Layer Services，1999，www.iso.org. Als KWP 2000 on CAN bekanntgewordener Normentwurf，offiziell zurückgezogen und durch UDS on CAN ersetzt
UDS	ISO 14229 Road vehicles – Unified diagnostic systems（UDS） Part 1：Specification and requirements，2013，www.iso.org Part 2：Session layer services，2013，www.iso.org Part 3：Unified diagnostic services on CAN（UDS on CAN），2012，www.iso.org Part 4：Unified diagnostic services on FlexRay（UDS on FR），2012 Part 5：Unified diagnostic services on K – Line implementation（UDS on K – Line），2013，www.iso.org
UDS CAN	ISO 15765 Road vehicles – Diagnostics communication over Controller Area Networks（DoCAN），www.iso.org Part 1：General information and use case definition，2011 Part 2：Transport protocol and network layer services，2011 Part 3：Implementation of unified diagnostic services（UDS on CAN），2004，Neufassung siehe ISO 14229 – 3 Part 4：Requirements for emissions – related systems，2011 Part 5/AMDI：Amendment 1，2013

（续）

UDS FlexRay	ISO 10681 Road vehicles – Communication on FlexRay，www. iso. org Part 1：General Information and use case definition，2010 Part 2：Communication layer services，2010
OBD	ISO 15031 Road vehicles – Communication betweed vehicle and external equipment for emissions – related diagnostics，www. iso. org Part 1：General information and use case definition，2010 Part 2：Guidance on terms，definitions，abbreviations and acronyms，2010，（entspricht SAE J1930，www. sae. org） Part 3：Diagnostic connector and related electrical circuit，2004，（entspricht SAE J1962，www. sae. org） Part 4：External test equipment，2005，（entspricht SAE J1978） Part 5：Emissions – related diagnostic services，2011，（entspricht SAE J1979，www. sae. org） Part 6：Diagnostic trouble code definitions，2010，（entspricht SAE J2012，www. sae. org） Part 7：Data link security，2011，（entspricht SAE J2186） ISO 23248 Road vehicles – Pass – through programming，2004 und 2006，www. iso. org（entspricht SAE J2534，www. sae. org），inzwischen：ISO 22900 SAE J2012 Diagnostic Trouble Code Definitions，2013，www. sae. org
WWH – OBD	ISO 27145 Road vehicles – Implementation of World Wide Harmonized On – Board Diagnostics（WWH – OBD）communication requirements，www. iso. org Part 1：General information and use case definition. 2012 Part 2：Common data dictionary. 2012 Part 3：Common message dictionary. 2012 Part 4：Connection betweed vehicle and test equipment. 2012 Part 5：Conformance test. 2009 Part 6：External test equipment. 2009
DoIP Ethernet	ISO 13400 Road vehicles Diagnostic communication over Internet Protocol siehe Kap. 4

参 考 文 献

[1] C. Marscholik, P. Subke: Datenkommunikation im Automobil. Hüthig Verlag, 1. Auflage, 2007

第6章 在测量、标定和诊断中的应用（ASAM AE MCD）

6.1 引言

自动化与测量系统标准协会（ASAM，最初的 ASAP 应用系统标准化委员会），是一个由欧洲汽车制造商及其零部件供应商组建的组织，致力于简化电子系统在开发和生产阶段的应用和测试。在应用开发阶段，车辆试验和它的组件试验需要在不同的试验台架以及整车试验中，从各种控制器中采集测量值（Measure）以及匹配控制器内部的参数（Calibrate）。在生产阶段，部件组装和功能的正确性，需要在生产测试台架上检验，而且在有些情况下还需要对控制器数据进行微调。在上述两种情况下，会对测试数据进行采集（Measure），对诊断信息进行评估（Diagnose），并且对控制器参数进行调节（标定）。这些过程的控制、数据评估，以及数据保存通过一系列互相联网的计算机系统完成，同时该计算机系统必须与整车控制器进行通信。在 ASAM 内部，正在对不同测试台架间的接口以及数据交换格式进行标准化。

ASAM 可以按照整个系统的不同层级（图 6.1）划分为一系列标准，这些标准包括从控制器和它们的应用、诊断接口（MCD，最近也被称为汽车电子 AE），测试台架组件之间的接口（GDI），直至更上层台架控制的管理层（ACI）和数据保存（ODS），以及数据分析（CEA）的各个层面。以下仅仅就 AE MCD 层面从控制器角度进行进一步进行介绍。

ASAM – MCD 在计算机学概念中通常被称为中间层（Middleware），即用于在位于最下层的控制器和最上层的测试、诊断应用间建立连接（图 6.2）。中间层的任务在于，向上提供一个统一抽象的接口，并对控制器实现细节进行了封装。ASAM – MCD 中间层软件在测试系统或诊断测试仪上运行，即一台具备标准接口（以太网、USB 等）的 PC 样式计算机系统，并通过汽车标准总线系统（K – Line 线、CAN 总线等）与控制器进行通信。但人们经常也发现一些为了开发任务而被改造的控制器，在这些控制器中，控制器闪存只读存储器（Flash – ROM）被扩展，并且通过随机存储器（RAM）进行了补充（即 Emulations – Tastkopf, ETK），这样

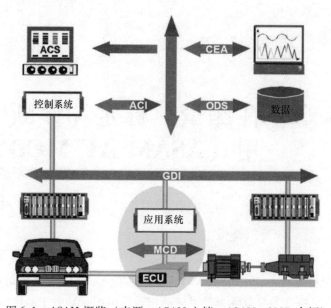

图 6.1　ASAM 概览（来源：ASAM 文档；ASAM – MCD 介绍）

MCD：测量，标定；（AE、汽车电子）；GDI：常规设备接口；ODS：开放数据服务；ACI：自动标定接口；CEA：评估和分析的组件；ECU：电子控制单元

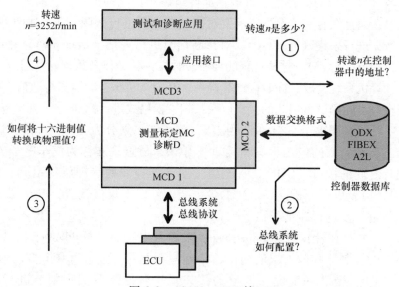

图 6.2　ASAM – MCD 接口

做是为了能够更简便地修改程序和数据以及在不同值之间进行切换。此外，ASAM – MCD 还有另外一个重要的用途，是在一个数据库中，用标准数据交换格式对控制器属性进行统一，且不依赖于任何生产厂商的描述。这个数据库包含了关于在控制器内部可用功能以及变量的信息，例如：内存地址、总线接口参数，以及控

制器内部数据换算成物理值的换算公式。ASAM – MCD 总共定义为三个接口：
- ASAM 3：与上层测试和诊断应用的接口
- ASAM 2：与控制器数据库的接口
- ASAM 1：与控制器的接口

不过 MCD 在真实世界存在的情况并非是图 6.2 给出的简洁的基本结构，而是强烈地反映了自 20 世纪 90 年代中期以来汽车电子和信息技术的历史发展进程。ASAM 前身 ASAP 的发起者刚开始时，仅仅关注应用系统以及测量和标定相关领域（MC）内的标准化。诊断（D）方面内容被排除在外。在过去，诊断接口是与 ASAP 并行工作并在 ISO 组织中被规范的。而从 2000 年年初开始，诊断方面的标准化尝试被纳入其中，因此必须顾及双方已经存在的，仅部分兼容的解决方案。当今 ASAM 1、2、3 三个接口分别都存在一个测量标定设计和一个诊断设计，它们之间虽然彼此共存，但仍旧没有可能被一体化。

与此同时，信息技术的不断发展也在该标准中得到了体现（表 6.1）。控制器的总线协议（ASAM 1MC），在测量标定领域最初是基于 CAN 总线的标定协议 CCP。该协议日后逐步被 XCP 协议取代，除了 CAN 总线和 FlexRay 总线，XCP 协议同时也兼容了其他网络变体（USB、带 TCP/IP 和 UDP/IP 协议的以太网）。与此相反，对于诊断任务来说，ASAM 尚未制定任何自己的标准，而是参考关于 KWP 2000 或者 UDS 已有的 ISO 标准。

表 6.1　AE MCE 标准中的 ASAM 变量

测量 – 标定（MC）总线协议	
ASAM AE MCD 1MC	CCPCAN 标定协议 CCP
ASAM AE MCD 1MC XCP	通用测量标定协议 XCP
诊断（D）总线协议	
模块化整车通信接口（ISO 22900 – 1、ISO 22900 – 2 MVCI 和 D – PDU）	到总线系统的硬件接口和软件接口
KWP 2000（K – Line 线或者 CAN 总线）	参阅 ISO 标准，在 ASAM 中未进行标准化
UDS（CAN 总线、FlexRay、以太网）	
数据描述格式	
ASAM AE MCD 2MC ASAP2	特殊的基于文本的数据格式用于测量和标定（ASAM Classic，ASAM2 Meta 语言 AML）
ASAM AE MCD 2MC CDF	基于 XML 的数据格式用于测量和标定 CDF 标定数据格式，应在中期接替/补充 AML
ASAM AE MCD 2D ODX ISO 22901 – 1、ISO 22900 – 2	基于 XML 的数据格式用于诊断数据 ODX 开放数据交换
ASAM AE MCD 2NET FIBEX	基于 XML 的数据格式用于控制器板载通信 FIBEX 现场总线交换格式
应用接口	
ASAM AE MCD 3（ISO 22900 – 3，只是 D 服务器）	统一接口用于测量、标定和诊断应用
ISO 13209 OTX	开放测试序列交换

数据交换格式（ASAM 2）最初被定义为一种特有的文本格式（ASAM – MCD

2MC），也被称为 ASAM 2 Meta Language AML，或在最新的文献中被称为 ASAP Classic。这些都有可能在未来被一种基于 XML 的文本格式所替代。目前，基于 XML 的有用于描述诊断数据（ASAM MCD 2D）的 ODX（开放数据交换）格式、用于描述诊断运行的 OTX 格式，以及用于描述控制器在线通信的被称作 FIBEX 的标准。

其中，一部分仍称为 ASAP 的文献改为了 ASAM，并且一些 ASAM 提议被标准化为 ISO 标准。因此，ODX 被标准化为 ISO 22901。ASAM MCD 3D 接口，其中包含了和诊断系统之间的硬软件接口，则被标准化为 ISO 22900，并在该标准中命名为 MVCI（模块化整车通信接口）和 D‐PDU（诊断协议数据单元接口）。

6.2 应用任务中的总线协议（ASAM AE MCD 1MC）

用于在测量和标定任务中最底部的 ASAM 层，将再一次被分成两个小部分（图 6.3）。部分 1a 定义总线协议 CCP 和 XCP，部分 1b 则作为上一层的功能接口。这两部分均需要配置数据。

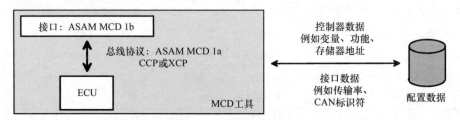

图 6.3 用于 MC 应用中和控制器之间的 ASAM 接口

通用的测量和标定总线协议 XCP 是在早前的 CAN 标定协议 CCP 基础上扩展和修改而成的，但不能向上兼容。此外，XCP 也允许除了 CAN 以外在其他总线系统，如从 SPI（在控制器内部使用的串行外围设备接口）到以太网和 USB 上进行应用。尽管现在真实控制器中没有使用这些总线系统，但在开发阶段经常使用带有所谓应用程序适配器的被改造了的控制器。这个应用程序适配器通过 RAM 存储器来代替控制器的 ROM 存储器，以便能够更快地修改程序和数据，或者通过仿真或诊断接口进入微处理器内部寄存器和存储器。为了不干扰正常控制器的车载通信，应用程序适配器通常与另外一个无关的总线系统相连，便于连入以太网、USB 或串行总线。由于派生于 CCP 协议，并且基于潜在的报文大小，CAN 通信具有最小的限制，XCP 总线协议几乎能够畅通无阻地在 CAN 总线上运行。而其他总线类型仅仅作为一个"通道"，通过一种不同类型的网络来传输类似 CAN 总线样式的最大 8 字节的有用数据块。

在 ASAM‐MCD 应用系统和控制器之间，CCP 和 XCP 协议使用一种面向连接，并且逻辑上点到点的连接方式，以便当每个控制器只支持一种数据连接时，应用系统能同时连接多个不同的控制器。虽然从概念上来说与第 5 章 5.1.1 小节提到的

KWP 2000/UDS 通信模型以及从属的第 4 章 4.1 节提到的单帧/多帧传输协议非常类似，但 CCP/XCP 标准使用不同的命名（图 6.4）。当控制器在 KWP 2000/UDS 协议中作为服务器而诊断计算机作为客户端时，ASAM – MCD 中的控制器即称为从节点而应用计算机为主节点。从内容上来看，以上所述隐含如下任务分配：所有动作都是从外部计算机（诊断测试器、应用系统）出发，向与计算机相连的控制器（从节点）发出请求，并在下一个请求发送前，接收到相应请求的回复（请求 – 回复 – 方法）。

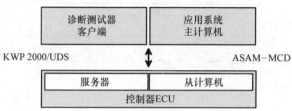

图 6.4 诊断和应用中通信成员命名

比较 CCP/XCP 协议和 KWP 2000/UDS 协议，KWP 2000/UDS 在运用 CAN 总线时提供了差不多同样的功能性。只不过 KWP 2000/UDS 的协议冗余更多，这样 CCP/XCP 协议的测量数据采集以及激励产生，能达到更高的数据传输率，并且数据块的时间一致性能够得到更好的保证。在过去，CCP 一直在发展，然而 KWP 2000 却仅仅只用于应用开发，并且只有非常慢速的 K – Line 可以使用。当最终 KWP 2000 也可以通过 CAN 总线来使用时，而 CCP 在应用开发领域的地位如此稳固，以至于受影响的人似乎更愿意进一步开发与 CCP 不兼容的 XCP，而不是为了应用目的而修改 KWP 2000/UDS。这些协议彼此在使用中完全不兼容，但是，这些充分使用基础功能的协议使得测量标定以及诊断功能能在 ASAM 框架下得到应用。

6.2.1　CAN 标定协议 CCP

在 CCP 协议下，整个通信的实现需要借助 2 种分别带有各自 CAN 标志符的 CAN 报文。这两种报文在 ASAM 被称为目标对象：

- 命令接收对象（CRO，指令报文）从应用系统到控制器；传递指令到控制器。
- 数据传输对象（DTO，数据报文）从控制器到应用系统；包括控制器回答。

一条指令报文 CRO 原则上是 8 字节大小，即包括一条 CAN 总线报文最大可能的有用数据长度，并具有固定格式（图 6.5）。第一个字节包括指令码（Command Code, CMD），第二个字节为一个正在运行的计数器（Command Counter），它会随 CRO 指令报文的数量递增，剩下的 6 个字节都是指令数据和参数。

控制器的数据报文 DTO（Data Transmission Object）有两种格式。对先前指令进行直接回复 CRM（指令返回报文）时，DTO 报文同样原则上是 8 字节长。在第一个字节中将往回发送 CRM 报文包识别码（Packet Identifier）PID = FFh，第二个字节为一个故障码 ERR（在执行指令无错误时为 0h），第三个字节为相对应的正在计数的指令报文计数器 CTR。剩下的 5 个字节则包含回复数据。

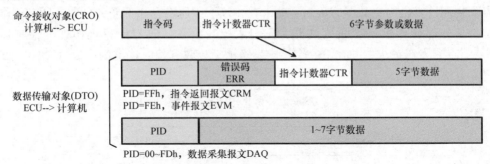

图 6.5　CCP 协议报文格式

事件报文也适用于同样的格式，只不过换成 PID = FEh。当一个与之前刚接收到的指令无关的错误出现时，控制器将发送非同步的事件报文。

第二种格式用于测量数据传输 DAQ（数据采集）。PID 字节则与所谓的数据对象表格 ODT（对象描述符表格）的号码有关，这个表格将在后面讲解。剩下的字节包括若干不固定数目的数据（最大 7 字节）。当应用程序系统的测量数据传输被配置完成并开始传输后，控制器会自动进行数据传输，即周期性地或通过控制器内部事件触发，而不需要应用程序系统不断发送询问。

可用 CCP 协议指令分为以下功能组：
- 建立连接和控制
- 从控制器存储器上存取
- 诊断
- 闪存编程 PGM
- 标定 CAL
- 测试数据采集 DAQ

CCP 协议——建立连接和控制如下。

CMD	名称	目的
01h	CONNECT	通过应用程序系统建立到控制器间的逻辑连接。报文包括一个 16bit 的特征参数，能明确识别控制器。当某个对话的控制器发送肯定的回复时，所有其他控制器不回复。只要逻辑连接未断开，只有该控制器能响应所有剩余的报文
05h*	TEST	该报文对应 CONNECT 报文，但实际上不建立连接，只是询问是否某个控制器处于可用状态。这样应用程序系统能够确定，总线系统上连接了哪些控制器
07h	DISCONNEC	断开逻辑连接。这时同样也会一起发送能明确标志控制器的 16bit 特征参数。逻辑连接可通过另外一个参数只是临时断开，在这种情况下，控制器不再接收别的指令（CONNECT 连接指令除外），而是继续发送测量数据

(续)

CMD	名称	目的
12h*	GET_SEED	作为登录步骤，要求加密算法的初始值以及往回发送经计算的密钥，来调用进入受保护的功能。密钥的长度以及加密算法本身在比如 KWP 2000 协议中定义，而没有在标准中定义（因此要求应用系统 MCD 的 1b 层通常需要一个厂家特定的加密算法）
13h*	UNLOCK	
0Ch*	SET_S_STATUS	设定并询问状态信息，其显示是否应用程序系统已经结束在控制器中某个确定的初始化步骤，例如标定数据初始化或者测量数据采集初始化。除此之外，还要求控制器永久性存储初始化信息，这样一个控制器复位后自动启动测量数据传输
0Dh*	GET_S_STATUS	
18h	GET_CCP_VERSION	应用系统通过该报文询问，控制器支持哪一个 CCP 协议版本，例如 CCP2.1
17h	EXCHANGE_ID	交换配置信息。控制器往回发送一个 16bit 的位掩码，显示支持哪些功能块标定 CAL、测量数据采集 DAQ，以及闪存编程 PGM，并且哪些功能必须进行一个 Seed – Key 登录过程。该指令可借助另外的上传报文传递额外的厂家相关配置信息

注：带 * 号的指令为可选项，后续表注同此。

CCP 协议——在控制器存储器上的操作如下。

CMD	名称	目的
02h	SET_MTA	设定两个控制器内部存储器指针 MTA0 和 MTA1 中的一个。其地址是一个 32bit + 8bit 值，其中 8bit 部分用于选择内存页或内存段。每次从或者到控制器的数据传输之前，都必须使用该指令设定传输地址（例外：SHORT_UP）。在继续传输到相邻地址时，该指令并不需要，因为传输指令在数据传输过程中自动增加指针地址。MTA1 只用于 MOVE 指令
03h	DNLOAD	从指针 MTA0 所指控制器存储器地址起写入 1～5 个数据字节到控制器存储器中。除数据字节外，传输的参数还有数据块长度。MTA0 指针在数据传输结束后自动增加相应的字节数
23h*	DNLOAD_6	写入 6 个数据字节，否则等同 DNLOAD。通过固定的数据长度无须传递数据长度信息，这样可以发送更多的数据字节
04h	UPLOAD	从指针 MTA0 所指控制器存储器地址起读取 1～6 个控制器存储器中的数据字节。MTA0 在数据传输结束后自动增加相应的字节数
0Fh*	SHORT_UP	读取 1～5 个数据字节，除了想要的数据长度之外，还有 32bit + 8bit 存储器地址一起传输。不会用到指针 MTA0 和 MTA1，即无须用到之前提到的 SET_MTA 指令
19h	MOVE	从指针 MTA0 所指地址的控制器内存中复制在指令中给定数量（32bit）的字节，发送到指针 MTA1 所指的控制器内存地址

与 KWP 2000 协议和 UDS 协议相比，CCP 协议总是使用绝对内存地址来存取控制器数据，即应用程序系统需要关于控制器的存储器分配，以及当前控制器软件的准确信息。在执行 DNLOAD、UPLOAD 或者 MOVE 指令存取数据到控制器内存之前，CCP 协议软件必须在控制器中，对通过 SET_MTA 指令设定的两个指针 MTA0 和 MTA1 进行管理。

CCP 协议——功能群刷新 PGM 如下。

CMD	名称	目的
10h*	CLEAR_MEMORY	从控制器的 Flash – ROM 中删除一定数量的字节。删除的字节数在指令中给定，删除字节的内存范围起始地址由指针 MTA0 指出并且必须由之前的 SET_MTA_指令初始化
18h*	PROGRAM	在控制器 Flash – ROM 中从指针 MTA0 所指存储器地址开始的 1~5 个字节进行编程。用该指令传递编程字节长度和编程数据。指针 MTA0 根据对应字节数量进行偏移
22h*	PROGRAM_6	同 PROGRAM 指令，但数据长度固定为 6 字节
0Eh*	BUILD_CHECKSUM	计算和读取一个该指令给定长度的内存范围内的校验和。指针 MTA0 指出起始地址。计算校验和（1~4 个字节）的算法由厂家定义。校验和通常被用于校验数据完整性以及刷新过程是否成功

CCP 协议——功能组诊断如下。

CMD	名称	目的
20h*	DIAG_SERVICE	开始控制器诊断服务。该指令传递诊断服务 ID 以及 1~4 个参数字节。诊断结果从指针 MTA0 所指控制器内存地址中拷贝，控制器答复并回传诊断结果长度。诊断结果内容可通过之后的 UPLOAD 指令读取
21h*	ACTION_SERVICE	如 DIAG_SERVICE 指令，只不过该指令启动的是控制器中一个由生产商自定义的功能

CCP 协议——功能组标定 CAL 如下。

CMD	名称	目的
11h*	SELECT_CAL_PAGE	切换到一个新的内存页。新内存页的起始地址必须事先通过 SET_MTA 报文在指针 MTA0 中定义
09h*	GET_ACTIVE_CAL_PAGE	询问哪个内存页目前处于激活状态。答复回传 32bit + 8bit 的内存页起始地址

在应用开发中经常使用经过特殊改造的控制器，它的 ROM 存储器用 RAM 存储器来代替。为了在程序运行中能够一次激活全部数据内容，例如控制器全部参数或特性曲线，应用系统控制器经常使用所谓的内存页，其中正好有一个内存页处于

激活状态,即当某个内存页为了控制器的控制和调节功能被使用时,其他内存页在应用系统后台则能够被改变。每个内存页的起始位置还是由 32bit + 8bit 的地址来确定的。

用 DNLOAD 指令可以下载数据包。用 BUILD_CHECKSUM 指令来检验应用系统数据包的有效性。可以使用在控制器 - 状态字节中的 CAL_Bit,来显示应用数据包是否包含有效数据,这个 Bit 能被应用系统通过 SET_S_STATUS 或者 GET_S_STATUS 指令来进行读写。

CCP 协议——功能组测量数据采集 DAQ 如下。

CMD	名称	目的
14h	GET_DAQ_SIZE	询问一个 DAQ 列表能够包含多少数据对象表格 ODT(关于 ODT 和 DAQ 列表的描述如下)。列表编号必须由该指令给定。通过询问,自动删除列表并停止可能运行的数据传输。该指令还同时指定,应该用哪个 CAN 总线标识符发送测量数据。不同 CAN 总线标识符的支持程度是可以选择的 在控制器的回复中除了反馈数据对象表格 ODT 的数量,也反馈第一个列表项的 PID 值。列表中所有之后的 PID 必须保持连续
15h	SET_DAQ_PTR	该指令初始化一个控制器内部指针作为 WRITE_DAQ 指令的准备工作。在该指令中,必须给定 DAQ 列表号、ODT 号以及在 ODT 中的条目号
16h	WRITE_DAQ	在一个 ODT 中建立一个条目。用上述的 SET_DAQ_PTR 指令可以实现条目的选择。每个条目包括一个控制器内存范围的 32bit + 8bit 地址及其长度
06h	START_STOP	开始或停止每个 DAQ 列表的连续测量数据传输。除了列表号和列表中的 ODT 数量以外,必须预先确定数据传输频率(详情见下文)。该指令可以仅仅作为准备开始数据传输用,而非直接开始测量数据传输
08h*	START_STOP_ALL	开始所有 DAQ 列表的测量数据传输,该数据传输的开始由上述 START_STOP 指令来准备

借助测量数据传输功能组,将会在 DAQ 报文中发送来自控制器的周期性数据到应用系统。每个 DAQ 报文通过一个分配表、数据对象描述表格 ODT,来确定一条 CAN 总线报文中有哪些数据字节被传输(图 6.6)。因为通常会有若干个 ODT 被使用,数据列表因此被逐一编号,并且 PID 字节中的列表编号即 CAN 总线报文的第一个数据字节一起被传输。ODT 列表中的条目,确定 CAN 总线报文剩余的 7 个字节中任意一个归属于控制器的哪个内存地址。对于不止一个字节的数据,也可以如此编排列表格式,即记录每个数据值的起始地址和其长度而非每个字节的地

址。所有在单独一个 ODT 中记录的数据总长度最长不超过 7 字节。因为通常超过 7 个字节的数据必须作为固定的测量数据组来测量,并在多个 DAQ 报文中传输,所以多个对象描述符列表 ODT 被归到一个共有的数据组,即一个所谓的 DAQ 表(图 6.7)。同样,多个 DAQ 表也可以,只要依次被编号。此外作为选项,可为每个 DAQ 表的传输指定一个 CAN 总线标识符。

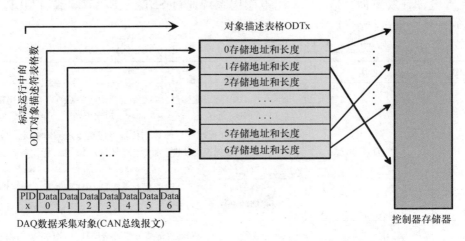

图 6.6　分配 CAN 总线报文中的数据到控制器地址

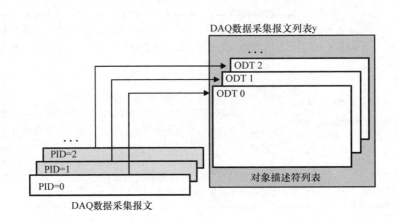

图 6.7　若干 ODT 到一个 DAQ 表的概述

每次测量数据传输开始前,应用系统必须通过指令 GET_DAQ_SIZE、SET_DAQ_PTR、WRITE_DAQ 对 DAQ 表和 ODT 条目(在一个循环中)进行初始化。

每个 DAQ 表通过控制器中的一个事件触发数据采集和接下来的数据传输。对于计时器中断的周期性数据传输或自发性的数据传输,信号变化能够作为控制器的事件源。CCP 协议标准对此毫无规定，仅仅规定了可能的事件源（事件通道）会在控制器描述文件中给定以及编号。用指令 START_STOP 传输应用系统选出的事件源编号到控制器。另外，它还传输一个优势因子 N，通过该因子能确定测量数据传输只应在每个 N – 10 事件触发时进行。

此标准定义控制器回答所有指令的超时时间（Timeout）通常为 25ms，以达到监控和纠错的目的。更复杂的任务如闪存编程或执行诊断任务，有可能需要更长的超时时间。

6.2.2 扩展标定协议 XCP

XCP 协议使用同样的面向链接的请求 – 响应 – 通信模式，以及采取和 CCP 协议尽可能一样的服务。只是在细节上，报文格式和指令编码与 CCP 协议有所不同，以至于具体的 XCP 实现方式不能向上同 CCP 协议兼容。除了很少的特殊情况，报文并不依赖于所选的物理总线系统。在这个 CAN 总线变种中，每个控制器使用两个固定的，并在一个配置文件中预先给定的 CAN 总线标识符。一个标识符用于接收从应用系统到控制器的报文，另一个用于发送从控制器到应用系统的报文。也就是说，与 CCP 协议相比，XCP 协议为每个控制器强制使用一对 CAN 总线标识符。应用系统能够通过一个额外的传播——CAN 总线 – 标识符，用 GET_SLAVE_ID 报文询问 CAN 总线标识符，并且可选择借助 GET_DAQ_ID/SET_DAQ_ID 报文动态地为测量数据传输确定额外的 CAN 总线标识符。对少数特别的报文适用的其他总线系统（以太网、USB 等），在这里不再进一步讲述。针对总线系统 FlexRay 的 XCP 版本协议首次在 2006 年发布。与其他总线系统相比，该总线系统造价更加高昂，以确保应用任务所需要的足够的网络带宽，否则会因为实际控制和调节任务而持续被堵塞，如本章末尾介绍的。

同 CCP 协议一样，XCP 协议报文大致分为两组（图 6.8）。

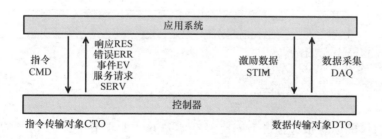

图 6.8 XCP 协议报文组

1. 指令传输对象 CTO

应用系统到控制器的指令（指令包 CMD）以及回答（响应包 RES）或控制器的错误通知（错误包 ERR）以及自发事件报文（事件包 EV）和从控制器到应用系

统的服务请求（服务请求包 SERV）。

2. 数据传输对象 DTO

从控制器到应用系统的测量数据报文（数据采集包 DAQ）或从应用系统到控制器的激励数据（激励数据包 STIM）。

这个 STIM 机制是在 XCP 协议中最新引入的，与快速测量数据传输 DAQ 相反。它可以实现旁路系统，以便在开发阶段在一个应用系统或仿真系统中设计部分控制器功能。DAQ 和 STIM 一起使数据在控制器运行中实现双向快速传输。

使用的 XCP 协议报文格式（图 6.9）与 CCP 协议（图 6.5）对比不包括报文计数器。第一个字节用于明确区分报文内容。ERR、EV 和 SERV 回答将错误种类、事件种类以及服务请求种类在第二个字节进行编码。DAQ 和 STIM 报文在第二个字节包含可选的时间戳。这点对比 CCP 协议来说是一个不同点。

XCP 协议指令同 CCP 协议指令一样，在同样的功能组分为：
- 建立通信连接和控制，以及控制器内存存取，总称为标准功能 STD
- 闪存编程 PGM
- 测量数据采集 DAQ 和激励 STIM
- 标定 CAL 和内存页转换 PAG

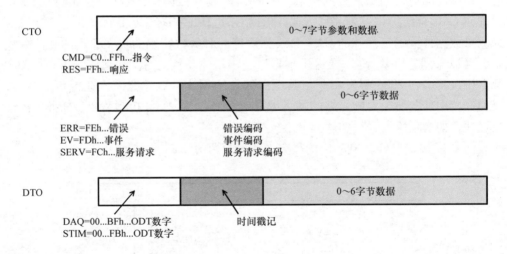

图 6.9 XCP 协议报文格式

XCP 协议的原理很大程度上同已经在本章 6.2.1 小节中针对 CCP 协议阐述的机制相同，在以下表格中，将列出所有 XCP 协议指令，在其对应的文字说明中仅仅描述与 CCP 协议不同的部分。XCP 协议不包含诊断功能组，因为当时标准协议 KWP 2000 和 UDS 已经被使用。

另外，以下表格中带 * 号的指令为可选指令。在使用这些可选指令前，应用系统必须首先用 GET_..._INFO 指令对其所属功能组进行询问。

第6章 在测量、标定和诊断中的应用（ASAM AE MCD）

XCP 协议标准功能——用于建立和控制通信连接 STD 第 1 部分如下。

CMD	名称	目 的
FFh	CONNECT	通过应用系统建立到控制器的逻辑连接。与 CCP 通信协议相比，所对话的控制器通过报文的 CAN 总线 ID 被识别，而非通过一个包含在报文中的特征数进行识别。只要逻辑连接存在，控制器就仅仅对所有剩余的报文进行响应。控制器在对应的回复中通知，支持哪些功能组（测量数据传输、激励、标定、闪存编程），执行哪个 XCP 协议版本，最大允许的 CTO 和 DTO 报文长度（CAN 总线通常为 8 字节），控制器使用哪些字节顺序（小端模式还是大端模式）和地址间隔尺寸（字节、字、双字），以及控制器是否同传输协议 ISO 15765-2 类似，不仅支持单一报文也同样支持在 UPLOAD 上传指令中的块传输
FBh*	GET_COMM_MODE_INFO	询问控制器是否同传输协议 ISO 15765-2 类似支持针对 PROGRAM_NEXT 和 DOWNLOAD_NEXT 指令的块传输
FDh	GET_STATUS	设定及询问状态信息，来显示是否有一个存储过程关于标定数据以及测量数据采集的配置在闪存 ROM 中或测量数据传输处于激活状态。另外还询问哪些功能组如测量数据传输、激励、标定、闪存编程通过一个密钥认证 Seed and Key 机制被保护
F8h* F7h*	GET_SEED UNLOCK	为一个加密算法请求一个初始值和往回发送被确定后的密钥值，作为登录程序来对被保护的功能进行读取。密钥值长度和加密算法本身没有在标准中，而是在如 KWP 2000/UDS 规定中（因此要求应用系统的 MCD 1b 层通常要结合厂家专有的加密算法）。每个功能组（测量数据传输、激励、标定、闪存编程）的密钥必须单独被交换。通信协议允许借助多个连续的 CAN 总线报文进行多于 6 个字节的密钥值交换
FAh*	GET_ID	询问控制器 ID。在此能够处理带有相应内容的 ASCII 文本或者对一个相应描述文件的参考（URL）。假如信息和回复报文不符，将设定一个控制器内部指针，用 UPLOAD 指令从指针地址提取数据
FCh	SYNC	超时后重新初始化
FEh	DISCONNECT	断开逻辑连接
F1h	USER_CMD	传输生产商定义的指令。通常用第二个字节来定制指令
F2h	TRANSPORT_LAYER_CMD	总线系统相关的指令。通过第二个字节来选择指令。对于 CAN 总线定义了如下指令： GET_SLAVE_ID（FFh）：询问所有与总线相连的具有 XCP 通信能力的控制器的 CAN 标识符。这个报文将带有广播 - CAN - 标识符一起被发送。 GET_DAQ_ID（FEh）和 SET_DAQ_ID（FDh）：为一个确定的测试数据列表（DAQ 列表），询问并在一定情况下重置 CAN 总线的标识符
F9h*	SET_REQUEST	在闪存 ROM 中开始一个标定数据或测量数据采集配置的存储过程。可用 GET_STATUS 指令询问存储过程的进展状态

XCP 通信协议的一个显著的创新,除了知名的请求-响应模式,即应用系统可向控制器发送一个指令报文并准确地收到回复报文,还有作为选项根据 ISO 15765-2(ISO-TP)块方式得到支持。在此有两种不同的模式,第一种是所谓的从块模式,在该模式下控制器能用多个连续的回复报文响应一个单独的指令报文。第二种模式为主块模式,该模式下应用系统必须在一个指令报文中直接发送多个带有相应指令参数或者数据的报文。从块模式主要与读取更大的控制器内存范围(UPLOAD)一起使用,主块模式则被用于下载更多标定数据块和程序数据块(DOWNLOAD)。可选通过控制器来支持这两种块模式,并且应用系统可以通过对链接接收的回复(CONNECT),以及通过清晰的询问(GET_COMM_MODE_INFO)得到通知。应用系统同时也获知,控制器支持哪些功能组 CAL/PAG、DAQ、STIM 和 PGM。控制器通过指令 GET_ID 公布关于其自身或一个所属描述文件 URL 的清晰文本信息。

应用系统通过指令 GET_STATUS 获知,哪些功能组通过一个 Seed and Key 机制受到保护,以及这些功能组能够通过指令 GET_SEED 和 UNLOCK 打开。

假设控制器回答超时或某个控制器回答询问时带有错误通知,标准则定义应用系统应该如何反应。在控制器接口配置文件中定义超时值。大多数的错误消息仅显示这个功能不被支持,或者参数位于允许范围之外。超时错误发生时,尝试重新用一条 SYNC 报文来同步通信。一旦尝试失败或者出现其他严重的错误,则需要重新建立一个新的通信连接。

通过一个传输层指令,应用系统能够借助一条广播消息要求所有与总线相连的控制器,告知每个控制器与应用系统通信所用的 CAN 识别码。这些报文是唯一的所有控制器无须之前 CONNECT 就能回复的报文。

用指令 USER_CMD 可执行厂家专有的指令。

同 CCP 协议一样,控制器能够存储用于下一个重启(Reset)的标定数据和测量数据传输配置。存储过程通常在闪存 Flash-ROM 及 EEPROM 中完成,并通过指令 SET_REQUEST 激活。激活重启前,用指令 GET_STATUS 询问是否存储成功完成。

XCP 功能——用于控制器内存的存取 STD 第 2 部分如下。

CMD	名称	目的
F6h	SET_MTA	设置一个控制器内部存储器指针 MTA(内存传输地址)。该地址是一个 32bit+8bit 的值,其中 8bit 部分用于比如选择内存页或内存段。每次进出控制器的数据传输前必须先用该指令设置传输地址。之后往来相邻地址的数据传输则不需要该指令,因为在传输过程中传输指令自动递增所使用的指针
F0h EFh*	DOWNLOAD DOWNLOAD_NEXT	从指针 MTA 所指示的控制器内存地址起将数据字节写入控制器内存。除了数据字节外还将数据块长度作为参数写入。当控制器只支持单一报文时,最多可写入 6 个字节,在数据块传输时最多到 255 个字节

(续)

CMD	名称	目的
EEh*	DOWNLOAD_MAX	写入7个数据字节,否则同指令DOWNLOAD一样。固定数据块长度后无须传输长度值,这样可传输更多的数据字节
F5h*	UPLOAD	从指针MTA所指示的控制器内存地址起,从控制器内存读取数据。当控制器只支持单一报文时,可最多读取7个字节,否则可达255个字节
F4h*	SHORT_UPLOAD	读取1~7个数据字节,另外除了所希望的数据块长度外一起传输的还有32bit + 8bit内存地址。不用指针MTA,即无须之前提到的SET_MTA指令
ECh*	MODIFY_BITS	从指针MTA指示的控制器内存地址起,在一个32bit数据字内部设置或删除数据比特

控制器内存的存取同样是通过控制器内存地址(32bit + 8bit)完成的,因此在按地址存取数据之前,首先必须用指令SET_MTA设置控制器内部指针。指令UPLOAD和DOWNLOAD以及它们的变量,通常和下文所述的功能组PGM和CAL一起使用。

XCP功能组——闪存刷新PGM如下。

CMD	名称	目的
D2h	PROGRAM_START	将控制器从运行状态切换到Flash - ROM以及EEPROM刷新中。通常要求预先通过密钥机制激活。控制器在回答中通知是否根据ISO 15765 - 2为执行DOWNLOAD和UPLOAD指令支持数据块传输
CCh*	PROGRAM_PREPARE	当控制器中还没有刷新算法或Flash - ROM的驱动程序时,该指令要求控制器准备代码的下载。控制器必须预留一个足够大的存储块作为过渡存储器。接着通过DOWNLOAD报文来实现真正的下载
CEh*	GET_PGM_PROCESSOR_INFO	询问控制器Flash - ROM刷新算法支持哪些选项(绝对地址模式或功能地址模式、压缩、加密、存储扇区数量、可自由选择的刷新等)
CDh*	GET_SECTOR_INFO	询问一个Flash - ROM扇区(最小可删除的以及可编程的存储范围)的起始地址或长度,并询问当Flash - ROM模块不允许任意的扇区顺序时(可自由选择或按顺序的刷新),扇区应该以什么顺序被删除或编程
CBh*	PROGRAM_FORMAT	通知控制器接下来的刷新过程的数据是否已经被压缩和/或加密传输,选择一个应用专有的刷新算法,并在绝对地址模式和功能地址模式间切换(见下文)

(续)

CMD	名称	目的
D1h	PROGRAM_CLEAR	从控制器 Flash – ROM 或 EEPROM 中删除一定数量的字节。删除的字节数量通过指令给定，删除的存储范围起始地址由指针 MTA 指出（绝对地址模式），并且必须事先由指令 SET_MTA 初始化。此外，还可以通过一个屏蔽符来选择将被删除的范围（标定数据记录、程序编码、EEPROM 等）（功能地址模式）
D0h	PROGRAM	在控制器 Flash – ROM 或 EEPROM 中进行刷新 1~6 个字节。用该指令传输数据长度和将被刷新的数据。起始地址就是在绝对地址模式下指针 MTA 所指的实际值，或者在功能地址模式下被隐含确定。使用哪种模式，用之前的 PROGRAM_CLEAR 指令定义。MTA 指针将被接着相应地递增
CAh*	PROGRAM_NEXT	同 PROGRAM。如果在块数据传输时，该报文用于之后的刷新数据
C9h*	PROGRAM_MAX	同 PROGRAM，但固定数据长度为 7 字节
C8h*	PROGRAM_VERIFY	要求控制器验证 Flash – ROM 存储器的一个所选部分。检验算法为厂家专有。这是除校验和检验外的另外一种校验方案
CFh	PROGRAM_RESET	结束一个刷新顺序。控制器中断连接，并通常执行复位
F3h*	BUILD_CHECKSUM	计算和读取一个存储范围的校验和，其长度在指令中给定。起始地址在指针 MTA 中指定。校验和计算算法（1~4 个字节）为厂家专有。预先定义好的是存储字节和或者不同的 CRC 算法。校验和通常被用来检验数据的完整性和 Flash 刷新过程是否成功

  用 PROGRAM_START 将控制器切换到刷新模式。实际刷新算法可被看作在 Flash – ROM 存储器的某个范围内控制器程序的一部分，不会被删除，或者用 PROGRAM_PREPARE 和 DOWNLOAD 指令，在刷新过程前下载到控制器中。应用系统通过指令 GET_..._INFOR – 和 PROGRAM_FORMAT 获得信息，包括关于存储器扇区的数量和长度，以及数据是否应该以压缩或加密的形式加载到控制器中。一个扇区是在一个 Flash – ROM 存储器中最小可删除的单位，可通过其内存地址（绝对地址模式）或者扇区编号（功能地址模式）进行识别。在用一系列 PROGRAM_... 报文下载数据并立即编程前，用指令 PROGRAM_CLEAR 删除扇区。接着刷新数据并在一定情况下通过一个校验和检验或者控制器专有的校验算法进行校验，并最终通过 PROGRAM_RESET 指令结束编程过程。

  XCP 功能组——标定 CAL 和内存页切换 PAG 如下。

第 6 章 在测量、标定和诊断中的应用（ASAM AE MCD）

CMD	名称	目 的
Ebh	SET_CAL_PAGE	切换到一个新的内存页，该内存页供控制器应用、应用系统或两者使用。用一个段编码和页编码选择内存页
EAh	GET_CAL_PAGE	询问一个预先给定的内存段中的哪个内存页刚好为控制器应用或应用系统处于激活状态。回答提供内存页的页码
E9h *	GET_PAGE_PROCESSOR_INFO	询问有多少内存段可用，以及是否内存能被冻结
E8h *	GET_SEGMENT_INFO	询问一个内存段的起始地址和长度以及内存段内存页的数量
E7h *	GET_PAGE_INFO	询问是否控制器或应用系统读入或写入一个内存页的内容可取用，是否控制器同时和应用系统或在内存页上仅能独立取用，以及是否涉及带初始化数据的内存页
E6h *	SET_SEGMENT_MODE	冻结一个内存段
E5h *	GET_SEGMENT_MODE	询问一个内存段是否被冻结
E4h *	COPY_CAL_PAGE	从一个内存段拷贝一个内存页到另一个内存段

为了满足应用开发的需求，控制器内存经常被补充或扩展，因此需要在一个或相同的物理地址范围内（内存段），能够可选择性地插入多个内存页（图 6.10）。而在每个内存段里刚好插入一个内存页到控制器的物理地址内，同时该内存段的其他内存页仅存在于后台并且仅供应用系统使用。通常对每个内存段来说，Flash – ROM 中都存在一个内存页，该内存页包含了标准程序或标准数据，以及有一个或多个内存页加载了从应用系统过来的被更改的数据。应用系统能够用 SET_CAL_PAGE 指令来切换哪些内存页被插入控制器地址空间内（激活 ECU 页），以及哪些内存页可供应用系统使用（激活 XCP 页），这里将通过只读和可读写来进行区分。依赖于内存硬件结构，应用系统同时和控制器一起取用同一内存段，在一定情况下也是有可能的。因此应用系统能够在后台改变比如一个调节器的参数数据并且之后切换过去。应用系统通过 GET_..._INFO 来询问获得关于内存段和内存页的信息。

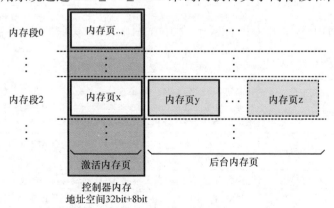

图 6.10　XCP 内存结构针对功能组 CAL/PAG

内存页可用 COPY_CAL_PAGE 在同一内存段或另一个内存段中拷贝,以及用 SET_SEGMENT_MODE 冻结,即保护不被修改且必要情况下拷贝到附属的 Flash – ROM 内存页中。

XCP 功能组——测量数据采集 DAQ 和激励 STIM 如下。

CMD	名称	目的
E2h	SET_DAQ_PTR	该指令初始化一个控制器内部指针,作为 WRITE_DAQ 的准备工作。指令中必须给定 DAQ 列表编号、ODT 编号,以及 ODT 中的条目编号
E1h	WRITE_DAQ	在一个 ODT 中产生一个条目。用之前的 SET_DAQ_PTR 指令选择条目。一个条目包括一个控制器内存区域的一个 32bit + 8bit 地址及其长度。读取条目后 DAQ 指针自动切换到下一个条目
DBh*	READ_DAQ	从一个 ODT 中读取一个条目。对 WRITE_DAQ 进行补充
DEh	START_STOP_DAQ_LIST	开始或停止单一 DAQ 列表正在运行的测量数据传输。除了直接开始测量数据传输以外,还可以预先选择某个列表的开始或停止
DDh	START_STOP_SYNC	同时开始或停止所有事先用 START_STOP_DAQ_LIST 选定的 DAQ 列表的测量数据传输
E3h	CLEAR_DAQ_LIST	删除一个 DAQ 列表,停止所属的被激活的数据传输
E0h	SET_DAQ_LIST_MODE	设置数据传输的参数:测量数据传输方向(DAQ)/激励(STIM)、时间戳开/关、ODT 编号传输开/关(仅当 DAQ 列表的数据通过一个清晰的 CAN 识别码被传输时,才有可能)。假如来自多个 DAQ 列表的数据同时等待传输时,除了传输数据之外,还要选择触发实际数据传输的事件通道,对应于重复率的分配系数以及优先权因子
DFh	GET_DAQ_LIST_MODE	询问 DAQ 列表中用 SET_DAQ_LIST_MODE 设置的值
DCh*	GET_DAQ_CLOCK	询问控制器计时器的实际状态,它将产生 DAQ 报文的时间戳。该指令通常用于和应用系统的时间坐标同步
DAh*	GET_DAQ_PROCESSOR_INFO	询问不同的 DAQ 可选项:动态建立的 DAQ 列表、重新启动方式(存储 DAQ 列表到 Flash – ROM 中,控制器重启后启动自动数据传输)、支持时间戳、关闭 ODT 编号传输、可能的 DAQ 列表数,以及区分静态配置和动态建立的列表、可用的事件通道数量及其他
D9h*	GET_DAQ_RESOLUTION_INFO	询问其他 DAQ 选项:ODT 条目大小(1、2、4 字节)、最大允许的内存范围长度,在其上 ODT 条目显示时间戳的长度和时间分辨率
D8h*	GET_DAQ_LIST_INFO	询问一个 DAQ 列表的选项:静态/动态配置的列表、固定/可配置的事件通道、分配的 ODT 数量,以及每个 ODT 的条目数量
D7h*	GET_DAQ_EVENT_INFO	询问一个确定的事件通道配置:重复率、优先权、DAQ 列表数量,这些可通过事件触发。除此之外回答还包括一个信息,清晰的通道文本描述是否可用,该描述可以通过接下来的 UPLOAD 指令读取
D6h*	FREE_DAQ	释放所有动态建立的 DAQ 列表。在用指令 ALLOC_DAQ 对动态 DAQ 列表进行配置前,必须发送该指令
D5h*	ALLOC_DAQ	预留内存空间给一定数量的 DAQ 列表(所谓的动态 DAQ 列表)
D4h*	ALLOC_ODT	预留内存空间给一定数量的 ODT 并分配一个确定的 DAQ 列表
D3h*	ALLOC_ODT_ENTRY	预留内存空间给一定数量的 ODT 条目,并分配一个 ODT

第6章 在测量、标定和诊断中的应用（ASAM AE MCD）

自动的周期性数据传输以 CCP 协议同样的方式通过在 DAQ 列表总结的对象描述符列表 ODT 借助指令 SET_DAQ_PTR 和 WRITE_DAQ 进行配置（图 6.6 和图 6.7）。在 XCP 协议中不同的是，不仅能够传输控制器的测量数据到应用系统（DAQ），而且还允许激励数据的反向传输（STIM）。此外还可以和数据一起传输时间戳，传输的时间戳基于控制器内部计时器，并且显示控制器应何时采集测量数据或控制器中的激励数据应何时起作用。可用报文 GET_DAQ_..._INFO 询问控制器是否支持 STIM 操作，以及在 DAQ 和 STIM 的哪些选项可单独使用。

用指令 START_STOP... 启动和停止实际的数据传输。

在 CCP 协议中可同时传输的测量值数量通过控制器软件预先给定的 DAQ 列表数和 ODT 条目预先给定，而 XCP 协议适用的控制器能有选择地容许借助 ALLOC_... 报文动态要求更多的 DAQ 列表和 ODT 条目，条件是当足够的 RAM 内存可用以及允许动态管理。

当发生特殊事件时，控制器能在回答应用系统的直接询问及周期性测量数据传输以外，还能够自动发送 EV 报文到应用系统。例如当标定数据存储过程或 Flash – ROM 的 DAQ 列表配置完成时、当一个指令执行时间过长以及监控超时必须重新启动时、当控制器的测量数据传输过载时、当控制器连接将断开时，或者当厂商定义的事件发生时。控制器可借助一个 SERV 报文要求应用系统重置控制器。对此通常要求关闭并重启供电系统。

FlexRay 总线系统的 XCP 通信协议：XCP 报文被允许位于 FlexRay 总线通信周期的静态部分以及动态部分（相对于第 3 章 3.3 节）。在 FlexRay 总线系统配置 XCP 协议时将预留所属的时间片，在此两条 FlexRay 通道必须彼此间无关联进行使用。一些控制器动态部分的时间片能够通过复用方式进行使用，而静态部分的时间片必须明确分配给一个控制器。这些时间片多路复用技术通过 FlexRay 报文的周期计数器完成。以这种方法可以实现，比如多个控制器使用相同时间片，即当其他两个控制器 B 和 C 在剩余的时间片中交替发送时，控制器 A 仅在每隔一个通信周期中发送（图 6.11）。

XCP 报文原则上仅通过事件控制才发送。假如没有数据发送，则相应的时间片为空。用 AML/A2L – 或 FIBEX – 配置文件（见第 6 章 6.2 节及 6.3 节）来确定时间片的位置、长度和归类，并且只要控制器允许，也能够从应用系统用 FlexRay 专有的 XCP 报文 FLX_ASSIGN、FLX_ACTIVATE 或 FLX_DEACTIVATE，进行动态配置并激活。实际使用到何种程度，将通过可使用的 FlexRay 通信控制器进行很多限制。许多目前的通信控制器只有在重新初始化及中断网络通信后，才可能分配时间片和修改报文长度，这样对 XCP 应用来说必须经常持续预留必要的网络带宽，尽管实际上只需要预留很短时间。值得一提的是，FlexRay 的闪存编程目前也存在类似的问题。

为了在时间多路复用上清楚区分出控制器，每个控制器会获得全网范围内一个明确的 1 字节长的节点地址 NAX（Network Address for XCP，XCP 协议网络地址），

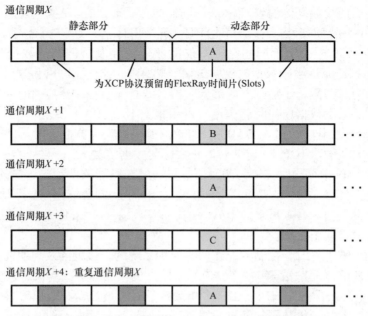

图 6.11　关于 XCP 协议的 FlexRay 时间片安排举例

这个地址可以同 KWP 2000 或 UDS 诊断用的实际控制器地址相同。节点地址在应用系统发送的 XCP 报文时用于确定接收控制器，而在控制器向应用系统发送 XCP 报文时用于识别发送控制器。XCP FlexRay 报文头中，发送节点地址 NAX 和一些其他控制字节（图 6.12），在报文头之后将跟随图 6.9 所示常规格式的真正 XCP 报文。还可以选择在报文头中一起发送一个计数字节 CTR（计数器），借助它，应用系统和控制器能对它们各自发送的报文无关联地相互编码，以便接收者能更容易辨认缺少的报文。同样报文头中也能选择性地发送一个长度字节 LEN（长度），它能给出图 6.9 所示跟随其后的实际 XCP 报文长度。当 XCP 报文长度动态变化时，这就显得特别重要。

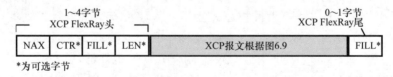

图 6.12　FlexRay 报文格式的 XCP 协议

假如通信控制器出于速度的原因仅能处理 2 个或 4 个字节长度的数据块，则报文头必须在这种情况下通过填写字节进行补足。这也同样适用于整个报文。由于 FlexRay 报文总是只允许包含偶数个字节数，因此 XCP FlexRay 报文尾部可能需要由填写字节进行补足。填写字节的内容是任意的。每个控制器采用哪种报文头格式，将在 XCP 协议配置时明确确定。

在需要时，多个 XCP 报文（从一个发送者到一个确切的接收者）能总结到同一个 FlexRay 报文中。此外只有第一个 XCP 报文包含完整的报文头部分。在之后的 XCP 报文中将仅仅发送 LEN 长度报文。

6.2.3 XCP 和 CCP 协议的 AML 配置文件

CCP 和 XCP 标准定义配置文件，从而能够描述某个具体的控制器能力和参数。描述文件是一种使用句法的文本文件，其中被使用的句法称为 ASAP2/ASAM Meta Language AML。配置文件通常用.A2L 的结尾进行保存。

描述通过有层次地彼此首尾排列或者相互嵌套的/begin.../end 模块来实现（表6.2）。一个层次中上层的模块定义总的项目数据，比如名称和项目版本号。在下一层将定义被控制器支持的可选择的 XCP 指令以及具体总线系统所要求的参数，例如 CAN 识别码。

表 6.2 XCP 配置文件准则

```
/begin PROJECT XCP
  "Projekt 28147891"    /* Allgemeine Angaben zum Projekt */
  /begin HEADER
    "EDC 21 for Customer X Model Y"
    VERSION   "V3.1"
    ...
  /end HEADER
  /begin MODULE
    /begin A2ML              /* AML Header-Dateien*/
      /include XCP_Common.aml
      /include XCP_on_CAN.aml
    /end A2ML
    /begin IF_DATA XCP
      /begin PROTOCOL_LAYER   /* Protokollkonfiguration */
        BYTE_ORDER_MSB_FIRST
        ADDRESS_GRANULARITY_BYTE
        OPTIONAL_CMD GET_ID
        OPTIONAL_CMD SET_REQUEST
        ...
      /end PROTOCOL_LAYER
      ...
      /begin XCP_ON_CAN       /* Bussystem-Konfiguration */
        0x0100                /* XCP on CAN version 1.0 */
        CAN_ID_BROADCAST 0x0100 /* Broadcast CAN Id */
        CAN_ID_MASTER 0x0200    /* Application Sys. CAN Id*/
        CAN_ID_SLAVE 0x0300     /* ECU CAN Id */
        BAUDRATE 500000         /* CAN Baudrate */
        ...
      /end XCP_ON_CAN
    /end IF_DATA
  /end MODULE
/end PROJECT
```

分层的意义在于，在位于较高层级模块中对某个确定参数给定默认值，这个默认值可以之后在较低层级模块中被覆盖。

很有意义的是，与总线系统无关和相关部分的配置数据被存放到不同的文件中，它可以通过/include 语句加入到中央配置文件中。

关于哪些参数能够被配置，哪些被使用的关键字以及被允许的数值将在定义文件中被确定，该文件使用类似 C 语言的句法并且通常以 . AML 结尾保存（表 6.3）。通过这种方式借助软件工具既能够创造一个操作界面，来提供这些用于配置的能被改变的参数和选项，又能对配置文件的句法完成一次自动化检查。

表 6.3　关于 CAN 总线的部分 XCP 协议定义文件

```
/* A2ML data type description */
/* uchar    unsigned 8 Bit */
/* ulong    unsigned integer 32 Bit */
. . .
/*************** start of CAN **************/
struct CAN_Parameters
{ uint;           /* XCP on CAN version e.g. "1.0" = 0x0100 */
  taggedstruct
  { "CAN_ID_BROADCAST" ulong;    /* Broadcast CAN Id */
    "CAN_ID_MASTER"    ulong;    /* Application Sys. CAN Id*/
    "CAN_ID_SLAVE"     ulong;    /* ECU CAN Id */
    "BAUDRATE"         ulong;    /* CAN Baudrate */
    . . .
  };
  . . .
};
/*************** end of CAN **************/
```

在 AML 起源的时候，即用伪文本文件来配置软件很常见的那个年代，那时候的伪文本文件都带有同应用有关的，被定义过了的结构和句法。但这也导致针对 AML 需要一个特别的解决方案，并因此需要专门为 AML 进行开发的工具。理论上可以用一个简单的文本编辑器来制作，但实际上操作时很费时并容易有错误。在这期间，信息技术通过 XML（Extended Markup Language）提供了一种普遍化的基本方案，用于这种描述和配置文件。为了制作和检验这些文件，发展出了一些优秀的工具，这些工具具备更高的流行性，并因此更加成熟还具有更好的可发展性。因此，值得期待的是，XCP - 定义文件未来以 XML 模式存在，配置文件用 XML 编辑。标定数据格式 CDF 作为备选方案（见本章 6.5.2 小节），用 FIBEX 对总线通信进行补充。由此看来，供应商将提供转换工具，用来将 AML 文件自动转换成 XML 文件，并且允许两种格式共存一段过渡时间。

6.2.4　总线系统和应用系统之间接口 ASAM MCD 1b

为了将应用系统的上层与总线协议（CCP、XCP……）的下层驱动进行解耦（对照图 6.3），一个带有标准化功能的中间层将被投入使用（图 6.13）。

调用函数 INIT_READ（）以初始化测量过程，通过 SYNC（）来启动测量。调用一次或多次函数 READ（）可以读取测量值。用 STOP（）则会结束测量。在标定过程中，用 INIT_ACCESS（）来准备存取控制器的应用参数，用 ACCESS（）完成执行。两种情况下，用函数 FREE_HANDLE（）来结束。用函数 COMMAND（）能随时发送专门的厂家指令到控制器，例如选择内存页或者重置控制器。所有

第6章 在测量、标定和诊断中的应用（ASAM AE MCD）

图6.13 ASAM MCD 1b接口的标准化功能

函数需要一个通过链式结构传递的复杂参数设置。ASAM MCD 1 驱动器从 ASAP2 配置文件（见本章6.2.3小节）可以获取绝大部分参数，例如用来在控制器内部存取数据的内存地址，或者相关变量的大小和数据格式。

使用更新的工具时，MCD 1b 接口预计用第6章6.8节中介绍的 MVCI/D - PDU 接口替代。

下面讲述可扩展标记语言（Extensible Markup Language，XML），以及统一建模语言（Unified Modeling Language，UML）。

XML 作为一种纯文本格式，可以使信息更加结构化，它在20世纪90年代中期首先被用在互联网应用上（图6.14）。

在 XML 文件中所包含的信息会通过标签来划分结构。这些标签被预先定义好，写在 <...> 中，比如 <Bussysteme>，用来标识信息的类型。而信息本身被称为元素的参数，位于某个写在 <...> 中的标签之后，并以写在 </...> 中的同一个标签名来结束。例如，在图6.14中 CAN 总线系统里的一条总线名字 PowertrainCAN。在分层结构中子类信息的标签可以进行嵌套，比如 <Bussysteme> 和 <Bussystem>。同样在位于同一层的信息中标签可以简单地依次排列，比如 <Bussysteme> 和 <Steuergeräte>，其中，同一个标签也被允许重复多次出现。在分层结构的最高层允许并且必须严格地给出一个元素作为所谓的根标签，如 <Fahrzeug>，在它下层的元素则能够相互依次排列或者互相嵌套。通常嵌套结构将会通过缩进其在文件中的元素来显示。

除了元素的参数，也可以将所谓的属性归入标签中，其中属性一般包含一个名字和这个名字所对应的值。当然这些属性还带有一些其他作用，尤其是排序和分类作用，比如 ID = "Bus1" 以及 type = "CAN"。

XML 配置文件用来描述软件的数据模型，具体如何描述将依据一些最新的规

201

```
<Fahrzeug>
    <name> AudiVolksPorscheBenzMotorenWagen T520 </name>
    <Bussysteme . . . >
        <Gateway-Ref ID="ecu1" />
        <Bussystem ID="bus1" type="CAN" . . . >
            <name> PowertrainCAN </name>
            . . .
        </Bussystem>
        <Bussystem ID="bus2" type="LIN" . . . >
            <name> LeftDoorLIN </name>
            <Gateway-Ref ID="ecu5" />
        </Bussystem>
    </Bussysteme>
    . . .
    <Steuergeräte . . . >
        <Steuergerät ID="ecu1" . . . >
            <name> EngineECU </name>
            <Bussystem-Ref ID-REF="bus1" />
        </Steuergerät>
        . . .
        <Steuergerät ID="ecu5" . . . >
            <name> DashboardECU </name>
            <Bussystem-Ref ID-REF="bus1" />
            <Bussystem-Ref ID-REF="bus2" />
        </Steuergerät>
    </Steuergeräte>
</Fahrzeug>
```

图 6.14 XML 文件示例

范来实现。例如，将在以后章节中介绍的 FIBEX 或者 ODX，通常采用一种 UML 式的表达方式。统一建模语言（Unified Modeling Language，UML）是一种已经标准化了的图形记法，使用它可以描述一些面向对象的软件系统（图 6.15）。其中在 UML 里面经常出现的重要概念有类和对象以及它们之间的关系。在下面举的例子中对象汽车包含了一个或者多个别的对象，这些对象又属于类控制器和类总线系统。这种包含关系在计算机学中用术语聚合（Aggregation）来命名并且在 UML 记法中用一根一端带有菱形方块并连接在两个对象之间的直线来表达。由于同一个控制器可以连在不同的总线系统上，所以控制器和总线系统的关系就不再是聚合而是关联（Assoziation），这种关系在 UML 图中仅仅使用一根直线连接在两个对象之间来表示。而可允许的对象数目可以用基数和多倍数来表达，比如汽车可以包含任意数量（0 . . *）个总线系统或者控制器，在总线系统 1 至少连接着 2 个或者更多（2 . . *）个控制器。另外，总线系统存在很多种形式，比如 CAN 和 FlexRay，它们会具有一些共同的逻辑特征，比如比特率，但是也同样有一些不一样的特征，比如同步帧，它只在 FlexRay 中才有。这种关系在计算机学中被称为父集与子集的关系，在 UML 图上父集将通过一个三角来标识出来。

在从这样的 UML 数据模型转换到用 XML 来表达的过程中，关联关系往往用内嵌的 XML 元素来对应，而关联则通过对别的对象的引用来表达。在图 6.14 中控制器 DashboardECU 就通过标签 < Bussystem – Ref > 来关联总线系统 Bus2。当然特性中

第6章 在测量、标定和诊断中的应用（ASAM AE MCD）

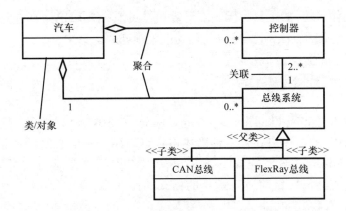

图 6.15 关于对象之间关系的 UML 表达方式

继承关系也是在 XML 中表现的。例如，在图 6.14 的上层 Bussystem 中，先用 Gateway – Ref ID ＝ "ecu1" 来把一个控制器设定为默认网关；此后这个设定将被下层的所有总线所继承，并且不必再重新复述这条定义。而下层的总线系统 Bus2 又重复了这条标签 Gateway – Ref，因为在这条总线上控制器 ecu5 被用来作为网关。

XML 最初只是一种文本格式，当然在文本中也可以包含数字。但是对于二进制信息，比如编译后的程序代码，就作为一个外部文件被引用，独立在 XML 描述之外。此外，这些二进制信息的计算或者直接处理在 XML 中是无法进行的，需要借助外部工具。

XML 的语法与标记语言 HTML 有一定的相似性，后者经常用来展现互联网上的信息。在网络页面上不同层次的标题可以使用标签例如 < H1 >...</H1 > 来标记，而文本段落则使用标签 < P >...</P >。此外为了确定文字字体或者大小也可以使用属性如 front ＝ "Helvetica"。相较于 HTML 只是使用标签规范信息的表现形式，XML 则更多地使用标签来表达信息的内容含义。这两者之间一个另外的区别在于，HTML 的标签和标签的含义一旦给定，就无法改变；而在 XML 里面则可以自由定义。这种定义通常来说也要遵守一种所谓的 XML 格式。它规定，哪些标签应该出现在文档中的哪个位置以及出现的频率，以及一个标签被允许有哪些属性和哪些形式的值（文本、数字或者值域等）可以被允许使用在元素和属性上面。一旦某个任务已经标准化了的 XML 格式定义确定后，那些基于 XML 基础的数据就可以实现交换了。

尽管 XML 是一种文本格式，理论上来说可以用最简单的方式来阅读，但是 XML 文档仍旧无法一目了然，并且在修改时容易犯错。在实际使用中总是要借助适当的工具来帮助使用者查找信息，以及在处理信息时候进行仔细的审查。就目前而言，那些在 XML 中建立的描述文件，对于用户来说和用 AML、CanDB、OIL 或者其他工业标准建立的描述文件相比是有所不同的，其中重要的区别在于，工具生产商更容易制作 XML 的工具，因为在计算机学的其他领域已经存在很多用于 XML 的软件模块，它们能够相对容易地整合到汽车领域的工具中。

6.3 现场总线交换格式

通过 FIBEX 规范（Field Bus Exchange Format，FIBEX）ASAM 打算建立起一个统一的基于 XML 的描述格式，这种描述格式可以用于不同总线的通信中，比如从 CAN 到 LIN、FlexRay 或者 MOST，同时还提供扩展到更多总线的可能性。FIBEX 从中期来看应该会替代目前所有常见的格式，比如 CANdb（DBC 文件）或者 LIN 配置语言以及节点功能文件（LDF 和 NCF 文件）。当然最快地引入这种格式的总线是 FLexRay，因为对于 FlexRay 来说目前还没有任何别的描述文件存在。

FIBEX 的重心在于，如何描述汽车正常运行时的车载通信，同时它也应该可以被应用在制定规范、测试和仿真时的各种工具中。但是同许多其他类似的标准化努力一样，有一点在 FIBEX 上还没特别清楚，就是它是否真的需要一个普遍化的标准，并得到所有工具生产商的支持。原则上，在进行一些相应的扩展，或者装备一个已经定义好了的接口后，CCP 以及同样被 ASAM 协会做了规范的 XCP 的描述是可以被整合到 FIBEX 中去的。正如回答这个问题一样，FIBEX 到底具有哪些意义，这一点现在还没有充分考虑清楚，尽管 AUTOSAR（参见第 8 章）已经定义了非常强大的文件格式，但是它同样无法覆盖所有的信息，而这些信息却能够在 FIBEX 中保留。

FIBEX 描述文件的语法已经在一个可以自由支配的 XML 格式下大致规范完成，在这个格式下也明确了可以保留属于生产商自己的扩展。图 6.16 就展示了在分级的 XML 树状结构中的重要元素。在主要元素 Elements 下面，一方面有网络结构的相关描述，即使用过的总线系统（CLUSTERS、CHANNELS）以及控制器（ECUS、GATEWAYS），另一方面也有在这个网络中进行通信的描述，即消息（FRAMES）和消息的数据内容（SIGNALS）。在 FIBEX 的术语表中，CLUSTER 这个概念表示一个单独的总线系统，一个总线系统在 FlexRay 中由一些平行的通道组成，而这些通道又连接着控制器（ECUS），在这些控制器中有几个起着和某个别的总线系统通信的网关（GATEWAYS）的作用。随着 FIBEX3.0 的到来，一个新的元素，即协议数据单元（Protocol Data Units，PDUS），作为在 FRAMES 和 SIGNALS 的中间层被引入，这样做是为了能够对应 AUTOSAR 协议堆栈（参考第 8 章）中的数据元素。由于 FIBEX2.0 早已经投入使用并且这个改动是无法完全兼容的，所以首先描述过去的格式，然后再进入到这个改动中去。

下面就举一个关于 FIBEX 描述的例子，在图 6.17 中展示了一个这样的系统，它具有两条总线并且这两条总线通过一个起网关作用的控制器相互连接在一起。在图上左边的控制器应该通过网关把一条消息发送到右边的一个控制器中。这两条总

第6章 在测量、标定和诊断中的应用（ASAM AE MCD）

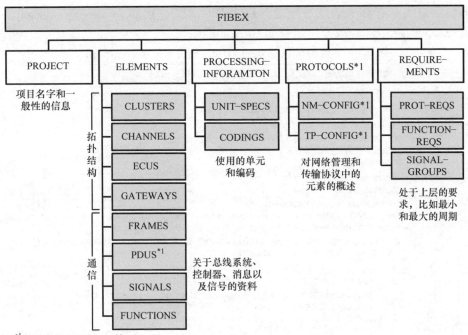

*1 新元素从FIBEX3.0开始。

图6.16 一份FIBEX描述文件的主要元素

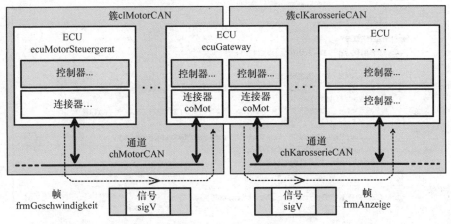

图6.17 系统示例：通过一个网关互相耦合的两个CAN总线系统

线都采用了CAN总线。每个总线系统都各有一个通道。在FIBEX描述（表6.4）中，这两个总线系统和连接在上面的控制器被称为簇CLUSTER（如clMotorCAN {1} 或者簇clKarosserieCAN {2}）。这些给出的数字 {1}、{2} 等指的是在XML文档中的某个对应的位置。

在CLUSTER这部分中，总线系统的类型被列在PROTOCOL {3} 下，而它的比特率位于SPEED下。在CHANNEL – REFS {4} 下则提到了从属于总线系统的相关通道（chMotorCAN {5} 或者 chKarosserieCAN {6}）。而在CHANNEL下说明了

205

在各自的总线上有哪些消息被发送（FRAME – REF，比如 frmGeschwindigkeit ｛7｝或者 frmAnzeige ｛8｝）以及使用哪些 CAN 的标识符。

表 6.4　参照图 6.17 系统的 **FIBEX** 描述文件（第一部分）

```
Beschreibung der Netzstruktur (CLUSTERS, CHANNELS)
<?xml version="1.0"?>
<FIBEX xmlns="http://www.asam.net/xml/fbx" . . . VERSION="2.0.0b">
 <fx:PROJECT>
   <ho:SHORT-NAME>CAN_Beispiel</ho:SHORT-NAME>
   <ho:DESC>Beispielprojekt . . . </ho:DESC>
 </fx:PROJECT>
 <fx:ELEMENTS>
   <fx:CLUSTERS>
     <fx:CLUSTER ID="clMotorCAN">                                    {1}
       <ho:SHORT-NAME>Motorbus</ho:SHORT-NAME>
       <ho:DESC>Motorseitiger High Speed CAN Bus</ho:DESC>
       <fx:PROTOCOL xsi:type="can:PROTOCOL-TYPE">CAN</PROTOCOL>      {3}
       <fx:SPEED>500000</fx:SPEED>
       . . .
       <fx:CHANNEL-REFS>
         <fx:CHANNEL-REF ID-REF="chMotorCAN"/>                       {4}
       </fx:CHANNEL-REFS>
     </fx:CLUSTER>

     <fx:CLUSTER ID="clKarosserieCAN">                               {2}
       <ho:SHORT-NAME>Karosseriebus</ho:SHORT-NAME>
       . . .
     </fx:CLUSTER>
   </fx:CLUSTERS>

   <fx:CHANNELS>
     <fx:CHANNEL ID="chMotorCAN">                                    {5}
       . . .
       <fx:FRAME-TRIGGERINGS>
         <fx:FRAME-TRIGGERING ID="ftgGeschwindigkeit">
           <fx:IDENTIFIER>
             <fx:IDENTIFIER-VALUE>125</fx:IDENTIFIER-VALUE>
           </fx:IDENTIFIER>
           <fx:FRAME-REF ID-REF="frmGeschwindigkeit"/>                {7}
         </fx:FRAME-TRIGGERING>
       </ fx:FRAME-TRIGGERINGS>
     </ fx:CHANNEL>

     <fx:CHANNEL ID="chKarosserieCAN">                               {6}
       . . .
       <fx:FRAME-TRIGGERINGS>
         <fx:FRAME-TRIGGERING ID="ftgAnzeige">
           <fx:IDENTIFIER>
             <fx:IDENTIFIER-VALUE>32</fx:IDENTIFIER-VALUE>
           </fx:IDENTIFIER>
           <fx:FRAME-REF ID-REF="frmAnzeige"/>                        {8}
         </fx:FRAME-TRIGGERING>
       </fx:FRAME-TRIGGERINGS>
     </fx:CHANNEL>
   </fx:CHANNELS>
```

然后，控制器将在 ECUS 这部分中罗列出来（表 6.5）。其中每个控制器 ｛9｝都有一个或者多个连接器（CONNECTOR）｛10，11｝，控制器通过这些连接器和总线相连,而这些连接器在 CHANNEL – REF 下又指出对应相连的总线系统。同时在 OUTPUTS – FRAME – TRIGGERING – REF 或者 INPUTS – SIGNAL – INSTANCE – REF 下也给出了哪些消息由相对应的控制器所发送和接收。比如在示例系统中作为网关的控制器收到来自 MOTOT – CAN 的信号 sigV {14}（消息名 frmGeschwindigkeit）和发送一个消息 ftgAnzeige {15}。

表 6.5　参照图 6.17 系统的 FIBEX 描述文件（第二部分）

```
Beschreibung der Steuergeräte (ECUS, GATEWAYS)
  <fx:ECUS>
    <fx:ECU ID="ecuMotorSteuergerät">
    . . .
      <fx:CONNECTORS>
        <fx:CONNECTOR ID=". . .">
          <fx:CHANNEL-REF ID-REF="chMotorCAN"/>
          <fx:OUTPUTS ID=". . .">
            <fx:FRAME-TRIGGERING-REF ID-REF="ftgGeschwindigkeit"/>
          </fx:OUTPUTS>
        </fx:CONNECTOR>
      </fx:CONNECTORS>

      <fx:CONTROLLERS>
        <fx:CONTROLLER xsi:type="can:CONTROLLER-TYPE" ID="...">
        . . .                                                        {16}
          <fx:CHIP-NAME>SJA1000</fx:CHIP-NAME>
        . . .
        </fx:CONTROLLER>
      </fx:CONTROLLERS>
    </fx:ECU>

    <fx:ECU ID="ecuGateway">                                         {9}
    . . .
      <fx:CONNECTORS>
        <fx:CONNECTOR ID="coMot">                                    {10}
          <fx:CHANNEL-REF ID-REF="chMotorCAN"/>                      {12}

          <fx:INPUTS>
            <fx:INPUT-PORT ID=". . .">                               {14}
              <fx:SIGNAL-INSTANCE-REF ID-REF="Instance-sigV"/>
            </fx:INPUT-PORT>
          </fx:INPUTS>
        </fx:CONNECTOR>
        <fx:CONNECTOR ID="coKar">                                    {11}
          <fx:CHANNEL-REF ID-REF="chKarosserieCAN"/>                 {13}
          <fx:OUTPUTS ID=". . .">
            <fx:FRAME-TRIGGERING-REF ID-REF="ftgAnzeige"/>           {15}
          </fx:OUTPUTS>
        </fx:CONNECTOR>
      </fx:CONNECTORS>
    </fx:ECU>
  </fx:ECUS>
  <fx:GATEWAYS>
    <fx:GATEWAY ID="gGateway">
    . . .
      <fx:ECU-REF ID-REF="ecuGateway"/>                              {17}
    </fx:GATEWAY>
  </fx:GATEWAYS>
```

除了在 CONNECTOR 这部分中直接找出相关的信息，还有一种可能是在 FUNCTION 部分中找（尽管在描述文件没有使用）。而在分段 CONTROLLER {16} 中记录着所投入使用的通信控制器种类以及它的相关配置参数。那些在不同总线系统之间起着网关作用的控制器则在 GATEWAY 部分中通过 ECU-REF 被引用。

消息的具体细节都会在 FRAME 部分中被描述（表 6.6）。在那里将被给出一条消息将有多长（BYTE-LENGTH），它是由哪些信号所组成的（SIGNAL-INSTANCE，SIGNAL-REF）以及每个信号从一个消息的哪个位置开始（BIT-POSITION）。举个例子，消息 frmGeschwindigkeit {18} 有两个字节的长度 {19}，它在位 0 {20} 开始按照低序字节存储在起始位置的顺序以编码 CODING-speed 方式排布信号 sigV {21, 22}。

表 6.6 参照图 6.17 系统的 FIBEX 描述文件（第三部分）

```
Beschreibung der Botschaften (FRAMES, SIGNALS)

    <fx:FRAMES>
      <fx:FRAME ID="frmGeschwindigkeit">                              {18}
        <ho:SHORT-NAME>Fahrgeschwindigkeit</ho:SHORT-NAME>
        <fx:BYTE-LENGTH>2</fx:BYTE-LENGTH>                            {19}
        <fx:FRAME-TYPE>APPLICATION</fx:FRAME-TYPE>
        <fx:SIGNAL-INSTANCES>
          <fx:SIGNAL-INSTANCE ID="Instance-sigV">
            <fx:BIT-POSITION>0</fx:BIT-POSITION>                      {20}
            <fx:IS-HIGH-LOW-BYTE-ORDER>true</IS-HIGH-LOW-BYTE-ORDER>
            <fx:SIGNAL-REF ID-REF="sigV"/>                            {21}
          </fx:SIGNAL-INSTANCE>
        </fx:SIGNAL-INSTANCES>
      </fx:FRAME>

      <fx:FRAME ID="frmAnzeige">
        ...
      </fx:FRAME>
    </fx:FRAMES>

    <fx:SIGNALS>
      <fx:SIGNAL ID="sigV">                                           {22}
        ...
        <fx:CODING-REF ID-REF="CODING-speed"/>                        {23}
      </fx:SIGNAL>
    </fx:SIGNALS>
  </fx:ELEMENTS>
```

编码方式将在 CODING 片段中被描述（表 6.7），在那里比如用 km/h 作为汽车速度的单位（UNT-REF {25} 和 UNIT-SPEC {26}），以及在总线上传送的 16 位数值与物理数值存在着一个线性关系，这个物理数值分别以 0 和 400km/h 作为车速的下限和上限。

从上面这个简单的例子中可以看到，不借助任何合适的工具就能够毫无错误地制定和维护这样一个配置文件，能够准备相应的输入窗口，以及对于这个系统的结构和不同元素之间参阅的可视化，还有数据稳定性的保证，这几乎是不可能的。

自从 FIBEX 标准的 2.0 版本更新以来，第一次有一个 XML 格式可以被应用在时间触发 CAN（Time – Triggered CAN）上。此外还有一个重大的扩展，从 2.0 版本开始 MOST 也得到了官方的支持。由于 MOST Network Services 具有以服务为导向的结构，相比于 CAN、LIN 和 FLexRay 那些以信号为导向的描述，MOST 和它的对象分层制度将不得不对原来的数据格式进行一些扩展。每个 MOST 功能块都将在 FIBEX 中以 FBLOCK 来表示，每个 MOST 功能作为 FIBEX – Function 从属于相对应的 MOST 功能块。那些可以被 MOST 识别的标识符，比如 FBlckID、FktID 等将在 FIBEX 作为 XML 元素再次出现。MOST OPType 会精确给出，具体有哪些 MOST 功能将被执行以及哪些功能会最后位于一条 MOST 控制数据的消息上，同时 MOST OPType 最后会参照一个 FIBEX 帧，即一个已知的用于总线信息的数据结构。为了描述 MOST 功能中的参数，即在 MOST 消息中的信号，已经引入了一些新的类型，也就是数组（Array）和数据流（Stream）。

表 6.7　参照图 6.17 系统的 **FIBEX** 描述文件（第四部分）

```
Beschreibung der Signal-Einheiten und -Codierung (UNITS, CODINGS)
  <fx:PROCESSING-INFORMATION xmlns="http://www.asam.net/xml">
    <ho:UNIT-SPEC>
      <ho:PHYSICAL-DIMENSIONS>
        <ho:PHYSICAL-DIMENSION ID="UNIT-speed">                  {26}
          <ho:SHORT-NAME>speed</ho:SHORT-NAME>
          <ho:DESC>Fahrgeschwindigkeit in km/h</ho:DESC>
        </ho:PHYSICAL-DIMENSION>
      </ho:PHYSICAL-DIMENSIONS>
    </ho:UNIT-SPEC>
    <fx:CODINGS>
      <fx:CODING ID="CODING-speed">                              {24}
        ...
        <ho:CODED-TYPE ho:BASE-DATA-TYPE="A_UINT16" ...
                                          ENCODING="UNSIGNED">
          <ho:BIT-LENGTH>16</ho:BIT-LENGTH>
        </ho:CODED-TYPE>
        <ho:COMPU-METHOD>
          ...
          <ho:UNIT-REF ID-REF="UNIT-speed"/>                     {25}
          <ho:CATEGORY>LINEAR</ho:CATEGORY>                      {27}
          <ho:COMPU-INTERNAL-TO-PHYS>
            <ho:COMPU-SCALES>
              <ho:COMPU-SCALE>
                <ho:LOWER-LIMIT INTERVAL-TYPE="CLOSED">0         {28}
                </ho:LOWER-LIMIT>
                <ho:UPPER-LIMIT INTERVAL-TYPE="CLOSED">400
                </ho:UPPER-LIMIT>
                <ho:COMPU-CONST>
                  <ho:V>1.0</ho:V>
                </ho:COMPU-CONST>
              </ho:COMPU-SCALE>
            </ho:COMPU-SCALES>
            <ho:COMPU-DEFAULT-VALUE>
              <ho:V>0.0</ho:V>
            </ho:COMPU-DEFAULT-VALUE>
          </ho:COMPU-INTERNAL-TO-PHYS>
        </ho:COMPU-METHOD>
      </fx:CODING>
    </fx:CODINGS>
  </fx:PROCESSING-INFORMATION>
</fx:FIBEX>
```

从版本 2.0 开始还有一些变化发生在 XML 命名空间上，为了能够畅通无阻地进行命名，一些已经存在的命名空间被重命名了。对于网关的 XML 描述，一些数据元素已经重新组织过了以及在不同的总线系统之间信号的映射也已经在文件中进行了详细的描述。此外文件中所有数据结构的描述都是完全通过 UML 图进行转化得到的，以此来适应 ODX 文件的格式。

能够与 AUTOSAR 进行数据内容互换，是 FIBEX3.0 版本的主要目标，为此协议数据单元（PDU）元素作为在帧和信号的中间层被引入，但是这个变化将无法完全与上一个版本 2.0 兼容。一个 FIBEX 的协议数据单元对应于 AUTOSAR COM 层的交互层 I-PDU，而一个 FIBEX 数据帧实际上对应于 AUTOSAR 的数据链路层 L-PDU，即现实中被发送的总线消息（详情请见于第 8 章 8.4 节，尤其是图 8.12）。I-PDU 由一个或者多个信号构成，这些信号就是控制器中的数值，比如在上一个 FIBEX 例子中提到的发动机转速、冷却液温度和汽车速度。对于 CAN 或者 LIN 这些每次只能包含最多 8 个有用数据的总线，一个 I-PDU 仅仅包含相对少量的信号。因此 I-PDU 实际上在 CAN 或者 LIN 方面直接对应于消息的有用数据部分。一个中间层也不是真的必须存在。以这种方式进行的描述在 FIBEX2.0 上已经建立完成了（图 6.18）。

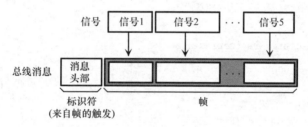

图 6.18 FIBEX2.0 下的总线消息的描述

在 FlexRay 方面却与此相反，因为它的消息长度可以达到 254 个字节，出于效率原因，一个单一的总线消息的有用数据部分将尽可能由多个 I-PDU 组成。为了在上层中很大程度地不依赖于具体的总线系统，将首先从信号映射到 I-PDU，然后在 AUTOSAR 方面从 I-PDU 再到总线消息有用数据部分，这样就可以在所有总线系统中畅通无阻地运行。这个方案从 FIBEX3.0 开始得到了使用（图 6.19）。

在上述例子中，为了适应 FIBEX3.0 显然必须要采取一些必要的改动（表 6.8）。重要的一点是，在表 6.6 中 FRAMES 部分里出现的帧这个概念将由 PDU 所代替 {29}，同时在新出现的 FRAMES 部分中将以同样的语法参照 PDU 而不再是之前的信号。

在同一帧中 PDU 可选择的多重复用性，将通过一个新的元素 PDU-MULTI-PLEXIBG 来描述，而 PDU 的时间特性则通过 PDU-TRIGGERING 和 I-TIMING 来描述，这些都没有在上述例子中使用。

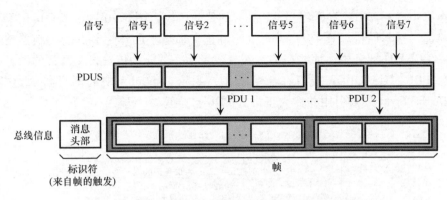

图 6.19　从 FIBEX3.0 开始被扩展的总线消息的描述

表 6.8　适应 FIBEX3.x 在例子上所做的必要调整

```
<FIBEX xmlns="http://www.asam.net/xml/fbx" . . . VERSION="3.0.0">
  . . .
  <fx:ELEMENTS>
    . . .
    <fx:PDUS>       entspricht dem alten FRAME-Abschnitt aus Tabelle 6.3.3  {29}
      <fx:PDU ID="pduGeschwindigkeit">
        <ho:SHORT-NAME>Fahrgeschwindigkeit</ho:SHORT-NAME>
        <fx:BYTE-LENGTH>2</fx:BYTE-LENGTH>
        <fx:PDU-TYPE>APPLICATION</fx:PDU-TYPE>
        <fx:SIGNAL-INSTANCES>
          <fx:SIGNAL-INSTANCE ID="Instance-sigV">
            <fx:SIGNAL-REF ID-REF="sigV"/>
              . . .
        </fx:SIGNAL-INSTANCES>
      </fx:PDU>
      . . .
    </fx:PDUS>
    <fx:FRAMES>          neuer FRAME-Abschnitt, verweist auf PDUs    {30}
      <fx:FRAME ID="frmGeschwindigkeit">
        <ho:SHORT-NAME>Fahrgeschwindigkeit</ho:SHORT-NAME>
        <fx:BYTE-LENGTH>2</fx:BYTE-LENGTH>
        <fx:FRAME-TYPE>APPLICATION</fx:FRAME-TYPE>
        <fx:PDU-INSTANCES>
          <fx:PDU-INSTANCE ID=. . .>
            <fx:PDU-REF ID-REF="pduGeschwindigkeit"/>
            <fx:BIT-POSITION>0</fx:BIT-POSITION>
            <fx:IS-HIGH-LOW-BYTE-ORDER> . . .
          </fx:PDU-INSTANCE>
        </fx:PDU-INSTANCES>
      </fx:FRAME>
      . . .
    </fx:FRAMES>
  <fx:/ELEMENTS>
```

　　从 FIBEX 的 3.1 版本开始 LIN 的描述格式将被增加。主要的更新在于采用更多的 AUTOSAR 元素。这样一来，现在的传输报文模块 AUTOSAR TP 和网络管理模块 AUTOSAR NM 也可以在 FIBEX 得到描述。

在第 4 章 4.2 节已经介绍过 FlexRay 的传输协议，图 6.20 展示了它应用 FIBEX 进行描述的基本结构。其中 FlexRay 通道和连在通道上面作为节点的控制器被定义在 TP – CONFIG 部分中。那些在静态部分或者动态部分为传输报文准备的消息将通过 TP – PDU – USAGEE，或者在流量控制（Flow Control）中的消息将通过 TP – FC – PDU – USAGE 被引用并作为正常的 PDU 被描述。

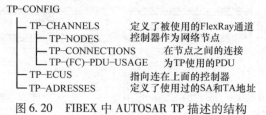

图 6.20　FIBEX 中 AUTOSAR TP 描述的结构

而 AUTOSAR 的网络管理模块（将在第 8 章 8.5 节中介绍）可以借助 FIBEX 结构，参考图 6.21 来描述。那些加入到某个总线系统的网络管理模块的网络节点，将在 NM – CLUSTERS 部分被定义，这部分又通过 NM – PDU – USAGE 指向相关 PDU 的描述。如果网络管理需要跨越多个总线系统并进行协调的话，已经为网关准备了 NM – CLUSTER – COUPLING 或者 NM – COORDINATOR 部分。

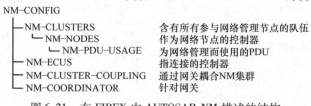

图 6.21　在 FIBEX 中 AUTOSAR NM 描述的结构

在未来 FIBEX 版本中将会集成更多和 AUTOSAR 相兼容的描述元素。为了保证那些用 AUTOSAR 方法和工具（见第 8 章）开发的新系统和现存用于开发和分析总线通信的工具相兼容，工具开发商已经为此准备好了相应的转化工具，有了它使得 AUTOSAR XML 描述格式能够无缝转化到已经存在的文件格式比如 FIBEX、CANdb 和 LDF 中。由于在这些格式中缺少 AUTOSAR 所包含的一些语义方面元素，所以老的格式还必须进行扩展，只有这样才能没有任何定义流失，并且让转化在给定情况也可以反向进行。

6.4　ASAM AE MCD 2 和 MCD 3 的概述

ASAM AE MCD 3 定义了对上层测试、标定和诊断工具的接口，这个接口既和处于下层的通信报文和总线系统的具体实现无关，也不用为相关描述文件进行完整的数据保存（图 6.22）。描述文件的格式在 ASAM AE MCD 2 的规范中已经给出。

它的基本想法在于，不需要再为每辆车和每个控制器重新对诊断测试仪和测

第6章 在测量、标定和诊断中的应用（ASAM AE MCD）

试、标定工具进行编程，而是存在一个普遍适用的程序，在所谓的 MCD 3 服务器中使用，使得服务器能够不断通过 MCD 2 描述文件，在每辆车和它的控制器上进行自我给定参数和配置（数据驱动型测试仪）。

对用户可见的系统部分在 ASAM 中被称为客户端，它包含了测试、标定和（或）诊断相关的应用并且自带操作界面，在那里可以有多个这样的客户端同时被激活。此外客户端本身没有在 ASAM MCD 3 中进行明确规范，这是为了在个别使用情况中允许特定的解决方案存在，以及对各个工具生产商的竞争进行必要的限制。但是对于面向服务器的接口以及服务器的结构，即 ASAM MCD 3 运行系统的结构，都有了非常细致的规定。尽管对于接口上所要求的功能已经由 MCD 3 明确地规定好了，但是还是允许用不同的编程语言和标准化技术，来实现来自不同生产商的客户端和服务器之间的通信。MCD 3 的规范中也列举了一些潜在的实现工具，即 Java 和 Java 远程方法调用（RMI）、大部分与 C/C++ 和最新的 C#一起使用的 Microsoft COM/DCOM（Active X）、从 UNIX 中诞生的 Corba 以及 ASAM 自己的 GDI。由于 MCD 3 的兼容性已经被规范，因此不同生产商的客户端和服务器，只有在他们为实现这个接口采用同一种技术时，才一起合作。

正如在本章前面已经提到过的，长久以来在测量标定领域和诊断领域之间，就存在大量不同并且相互无法兼容的标准和文件格式，而且它们很有可能将继续长期共存。所以人们想通过在版本 2 中新设计的、统一面向对象的 MCD 3 接口覆盖这种差异。在那些最早可以追溯到 20 世纪 90 年代初期，但在实际产品中极少被投入使用的过往版本中，测试标定领域和诊断领域依旧是严格区分的，并且过去的测试诊断接口是基于程序而被定义下来的。毫无例外，这三者集成在一起在今后也是不可能的，如图 6.22 所示，测试、标定和诊断功能组一如既往地被区分。此外，出于历史的原因测试标定信息和诊断信息双方各自用于数据存储的文件格式都是不同的。在测试标定领域使用本章 6.5 节介绍的 ASAP2 格式（A2L、AML），而在诊断领域则使用 ODX（本章 6.6 节）。

这个面向对象的接口会为这两个领域使用同一设计，并尝试掩盖这些文件格式的具体细节，以至于让用户只有通过不同的任务设定才能发现区别。尽管如此，ASAM MCD 3 总的来说还是非常复杂的。仅仅它的规范就要超过 1600 页，而 ASAP2 和 ODX 这两种文件格式的描述还需要另外的 700 页。所以，与 ASAP MCD 2 和 MCD 3 两者相兼容的系统，只能逐步地出现在市场上，而且它们原则上只能先实现所有规范的一部分。不过规范中也明确允许在测试、标定和诊断三个功能模块中只实现其中一个，或者实现其中任意两个的组合，如果只实现其中某个功能模块，必须要保证这个功能模块完整存在。为此有一个例子将在第 9 章 9.7 节中介绍。基于其中的复杂性，在接下去的章节中将仅仅是一个粗略并被很大程度简化后的概述。在接下来进入 MCD 3 层内部介绍前，在这里必须首先了解测量标定与诊断两者的数据格式。

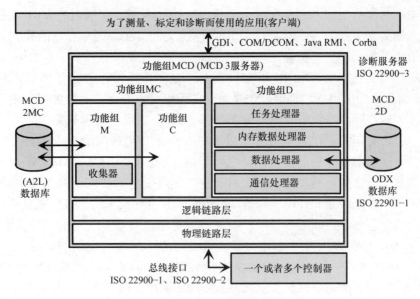

图 6.22　ASAM 系统的构造

6.5　基于 ASAM MCD 2 MC 的标定数据项

6.5.1　ASAP2/A2L – 标定数据项

测量和标定任务主要发生在开发控制器、总成以及整车时。在执行任务的时候能够尽可能灵活地读取所有控制器内部数据以及进行简单调整，这将成为关键。

在描述哪些内部控制器变量是可测量的，以及哪些参数是可以被改变时所用的语法，与之前描述在应用系统和控制器之间的 XCP 或者 CCP 接口时所用的语法是相同的，这在本章 6.2.3 小节处也有讨论。所有标定数据项的描述基本结构可以从图 6.23 中看到，它通常根据在 ASAM 中过去使用的名字命名为 ASAP2 格式。

一个项目可以包含一个单独的控制器或者整辆汽车（表 6.9）。由于一个汽车项目通常会具有多个控制器，所以每个控制器（MODULE）的描述可以分别位于单独的文件中，这些文件将借助 include 指令嵌入到项目文件中。用同样的方式，可以把依据 ASAM MCD 1 连接到控制器的通信接口 IF_DATA 的描述也整合进去（参照表 6.2），相关描述已经在本章 6.2.3 小节中有所介绍。

MOD_PAR 部分包含了关于控制器的一般信息，比如生产商（SUPPLIER、CUSTOMER、USER）、控制器类型（ECU）和版本号码（VERSION）、控制器 CPU 的型号（CPU_TYPE）、通信接口的数量、控制器程序存储区域的起始地址和大小及应用数据（MEMORY_LAYOUT）、全局常量（SYSTEM_CONSTANT），以及针对应用接口与生产商有关的参数（CALIBRATION_METHOD）。

第 6 章 在测量、标定和诊断中的应用（ASAM AE MCD）

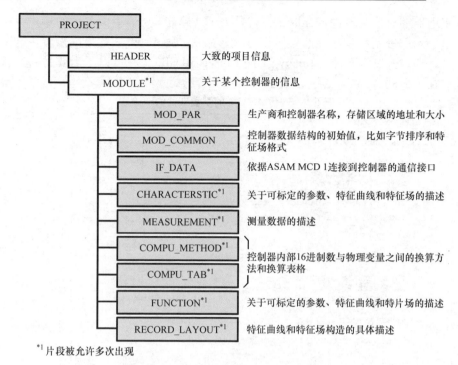

*1 片段被允许多次出现

图 6.23 一个 ASAM MCD 2MC 描述的结构

在接下来的 MOD_COMMON 部分能够发现关于控制器内部数据结构的说明，比如字节排序（BYTE_ORDER），标准数据字长和数据对齐（DATA_SIZE，ALIGNMENT），以及记录特征曲线和特征场的表格的标准结构（DEPOSIT，S_REC_LAYOUT）。

对每个可标定的数据结构都有一个 CHARACTERISTIC 部分存在，它将给出该数据结构的明确代号，以及该结构的地址和结构。这部分也跟一些个别数值、字符串、数组、特征曲线或者特征场有关。关于特征曲线和特征场结构的具体细节会在相应的 RECORD_LAYOUT 中记录。此外，还可以用简单的形式规定与其他数据结构的相关性，以及可调节区域的阈值。

每个测量数值，比如所有控制器内部变量，都可以在标定工具中显示以及标记，相应地为了这些测量值会有一个 MEASUREMENT 部分存在。除了数据类型和存储器地址还会给出上下阈值、测量值的分辨率和精确度，关于换算公式则显示在 COMPU_METHOD 部分中，有了这些，换算公式控制器内部的十六进制数值都可以转换到物理测量数值上去。而换算方法可以有公式、换算表格或者针对某些比特位的含义说明。其中换算表格归纳到相应的 COMPU_TAB 中。

通过 FUNCTION 片段，可以对在功能组中的所有可标定的参数或者测试数据进行总结，比如有一个功能组被定义为怠速控制器，那么所有与之有关的参数或者测试数据都会归纳进去。因为发动机控制器现如今具有成百上千个可标定的数据结构和测量值，所以这样的分组是很有必要的，它可以有效地在标定工具中对用户进行引导。

实际上描述的每个部分都会在 IF_DATA 中定义跟生产商有关的参数，这是为了真正地能够对控制器进行存取，也就是为了 ASAM 1 层。里面参数的形式，比如字符串、十六进制数字等等都与任务的设定有关。从 ASAM 2 的角度来看，这跟数列有关，即二进制大对象（Binary Large Objects BLOB），它可以不需要另外的解释直接向在下面的 ASAM 1 层进行传递。

表 6.9　一份 ASAP2 的配置文件的节选

```
/begin PROJECT XCP
  ...
  /include "ABS_ECU.a21"   /* Einbinden eines weiteren Steuergerätes*/
  ...
  /begin MODULE            /* Beschreibung eines Steuergerätes */
    /begin MOD_PAR
      SUPPLIER "Muster AG"
      CUSTOMER "ToyCarProductions"
      ECU „Electronic Diesel Engine Management EDC 24"
      CPU_TYPE "FreeIntelfineon CoreMpcTri"
    /end MOD_PAR
    ...
    /begin MOD_COMMON    Allgemeines_Datenformat
      ...
      BYTE_ORDER BIG_ENDIAN
      DATA_SIZE 8          /* Standard-Datengröße 8 bit */
      ALIGNMENT_BYTE       /* Datenausrichtung an Byte-Grenzen */
      ...
    /end MOD_COMMON
    ...
    /begin CHARACTERISTIC Maximale_Einspritzmenge
      ...
      VALUE                /* Typ Konstante */
      0x7140               /* Adresse im Steuergerätespeicher */
      FUEL_QUANTITY        /* Verweis auf Umwandlungsvorschrift */
      0.0    80.0          /* Minimalwert, Maximalwert   */
    /end CHARACTERISTIC
    ...
    /begin MEASUREMENT Motordrehzahl
      ...
      UWORD                /* Datentyp 16bit unsigned */
      N_RULE               /* Verweis auf Umwandlungsvorschrift */
      4                    /* Auflösung in bit */
      1.0                  /* Genauigkeit in % */
      0.0   6000.0         /* Minimalwert, Maximalwert */
      ...
      /begin FUNCTION_LIST N_CTRL INJECTION
      /end FUNCTION_LIST /* Referenz auf Funktionsgruppen */
      ...
    /end MEASUREMENT
    ...
    /begin COMPU_METHOD N_RULE /* Umwandlung Hex-Wert -> phys.Wert*/
      ...
      RAT_FUNC             /* Gebrochen rationale Funktion
                              Y = (a x² + b x + c)/(d x² + e x + f)   y..hex., x... phys*/
      "%4.0"               /* Formatierung für Bildschirmdarstellung*/
      "1/min"              /* Dimension */
      COEFFS 0.0  255.0 0.0    /*Koeffizienten a,b,…,f der Funktion*/
             0.0 5800.0 0.0
    /end COMPU_METHOD
    ...
    /begin FUNCTION N_CTRL "speed control"
    /end FUNCTION          /* Funktionsgruppe Drehzahlregelung */
    /begin FUNCTION INJECTION "injection control"
    /end FUNCTION          /* Funktionsgruppe Einspritzsteuerung */
    ...
  /end MODULE
/end PROJECT
```

6.5.2 标定数据格式 CDF 和元数据交换 MDX

基于 XML 并且由 ASAM 协会规范的 CDF 格式给 ASAP2/A2L 数据项补充了更上一层的信息,而且长远来看可能能够跟 MDX 结合后将此替代。

一份 CDF 的描述(图 6.24)必然会为每个控制器包含一个 SW – SYSTEM 元素,在它的下面每一份标定数据将作为 SW – INSTANCE 节点被描述。其中,所有用已有的 A2L 格式而产生的数据类型如数量(VALUE)、字符串(ASCII)、特征曲线(CURVE)或者特征场(MAP)都能够被描述。除了固有的数值(SW – VALUES – PHYS),也还能够给出物理单位来(UNIT – DISPLAY – NAME)。

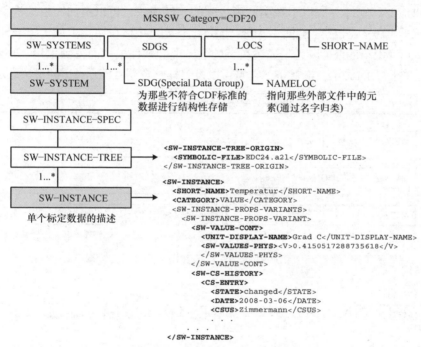

图 6.24　CDF 描述的简化版基础结构

与 A2L 格式相比较,CDF 现在已经可以借助 SW – CS – HISTORY 元素来描述标定数据的品质状态(Quality Meta Data)。在这里面,每一个数据元素记录着上一次修改得日期(DATE)、相关负责标定工程师的名字(CSUS),以及品质状态(STATE)和一些其他的信息。在品质状态下会给出,这个数据元素是否还完全没有被标定,面对之前的状态被改变(changed)后,是否这个新的数值仅仅只是临时的(prelimCalibrated),还是已经最终被确定下来(calibrated),以及它是否已经被复检了或者作为量产发布了。这个方案来自于 MSR 组织的参数内容(Parameter Content PaCo)标准设计,这个组织在当时已经跟 ASAM 相合并。

CDF 基本上存储着那些标定数据的物理值。而在物理数值和控制器内部数值之间的换算公式，比如用 A2L 格式的 COMPU – METHOD，以及数据在控制器中存储的地址都没有被描述。因此，当前形式的 CDF 还无法取代已有的用于控制器标定的 A2L 数据项，而是仅仅起到补充的作用。所以，CDF 文件将在 SYMBOLIC – FILE 下面通常还会含有一份对所属的 A2L 文件的说明。这种从属关系的前提是，在 A2L 或者 CDF 文件中的数据都使用同一个短名（SHORT – NAME），或者依靠 NAMELOC 定义进行名字的映射。

在 CDF 中缺少的关于控制器内部数值的信息，可以不仅从 A2L 文件中也可以从 MDX 文件中获取。针对软件模型分享的元数据交换格式（Meta Data Exchange Format for Software Module Sharing），应该通过描述控制器软件来使得在不同项目之间，或者在软件供应商和硬件（或汽车）生产商之间的软件模块，可以更加简单地进行交换。这个格式像 CDF 一样已经被同一 MSR 组织所定义，并且在结构上跟 CDF 极为相似（图 6.25）。MDX 是否可以为了描述在市场上出现的软件模块而得到采用，还将与一个因素有着巨大的关系，也就是，它是否以及怎样整合到 AUTOSAR 的描述领域中。

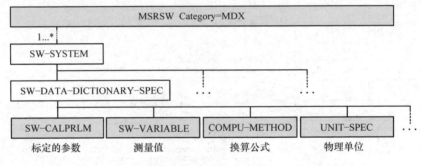

图 6.25　MDX 描述用于标定数据记录的重要元素

6.6　基于 ASAM AE MCD 2D 的 ODX 诊断数据项

开放式诊断数据交换（ODX）规范了一个数据模型，用它可以维护或者交换所有与诊断相关的控制器或者汽车数据[1]。诊断可以理解为以下介绍的 5 个任务，这些任务发生在维修间维护或错误寻找时，或者在汽车制造时：
- 读取和删除错误存储器
- 执行功能测试，存放汽车的测量和可调变量
- 读取代号数据
- 变种定义，变种选择和变种配置
- 新控制器程序和数据项的编程（Flash）

使用在第 5 章所介绍的诊断报文 UDS 或者 KWP 2000 来进行诊断。但是，这些报文仅仅定义了诊断服务的报文格式。在报文内发送的参数将会根据汽车厂（OEM）、控制器生产商以及控制器类型的不同而不同。尤其在形式和方式上，怎

样、何时和在多大的范围内把错误记录到错误存储器中，不同厂家会有很大不同的方案，这些方案通过法规比如 OBD，仅仅只能协调好其中的某一部分。

其中，变种管理和识别已经成为一个较重要的内容。在它的背后隐藏着一个可能性，就是同一类型的控制器能够具备它同种功能的不同表现形式。举个例子来说，车速表控制器有两个变种，在一个针对欧洲的类型中车速会用 km/h 这个单位，而在另外一个针对美国的类型则使用 mile/h，这也就是说，车速测量的原始数据将根据类型不同而进行不一样的解释。第二个要使用到变种的地方在于关于一个控制器研发和量产状态的记录文档。每一个控制器的变种都可以借助于编号数据来进行识别。为了避免多余的数据保存（Single – Source – Prinzip），以及简化数据维护，对于交换格式就存在了一个要求，即从一个基本类型出发在单独的数据项范围内进行所有变种的保管。

对于每个数据驱动型诊断测试仪来说，上述所描述的诊断范围都必须通过一个数据模型来完全覆盖。那些数据项必须能够在研发、生产和服务这三个环节内，还要在制造商、供应商、工具生产商和测试设备（比如在修理车间）之间相互流通，并且不需要额外的信息。

ASAM 最先定义了一个基于 SGML 的数据格式，但是它后来被实践证明过于复杂。随后一个简化的版本 1.1.4 以 ASAM MCD 2D Basic 的名义对外发布，并为它取了 ODX（开放式诊断数据交换）这个名字。这种数据格式基于 XML（详情请见本章 6.2 节），之后继续发展成为之后所要讲的 ASAM – MCD 2（ODX），并在版本 ODX V2.1 时作为了 ISO 22901 – 1 标准存在。它基于一个面向对象的设定，以及使用当时在计算机学中非常普遍的 UML（Unified Modeling Language）图，来在文档中进行可视化描述。

6.6.1 ODX 数据模型结构

ODX 数据模型为了不同的任务领域分成 8 个大类（ODX – CATEGORY），如图 6.26 所示。

关于描述通信报文和汽车网络如下。

1. VEHICLE – INFO – SPEC

定义了对汽车身份识别和汽车网络入口的所有信息。在此也会描述网络结构，这些网络结构都跟通过总线系统和网关对控制器进行存取有关。

2. COMPARAM – SPEC

概述了一个报文堆栈（PROT – STACK）的通信参数，并由很多个 COMPARAM – SUBSET 组成。

3. COMPARAM – SUBSET（从 ODX 2.1 起）

描述在 ISO/OSI 参考模型中某一层的通信参数，比如物理层的时间特性或者传输报文。

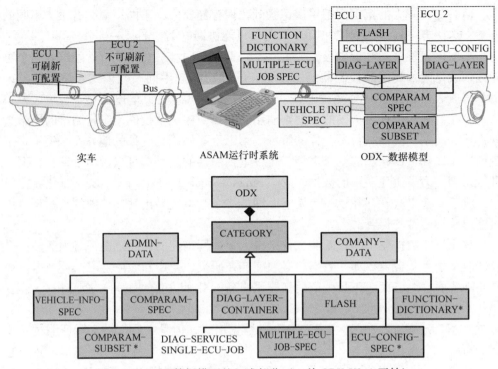

图 6.26　ODX 数据模型的组成部分（*从 ODX V2.1 开始）

对诊断结构、诊断服务和流程的分层描述如下：

1. DIAG – LAYER – CONTAINER

用对象 BASE – VARIANT，ECU – VARIANT，PROTOCOL，FUNCTIONAL – GROUP 和 ECU – SHARED – DATA 来描述关于一个控制器类型分层建立起的数据组，以及它来自诊断方面的变型。PROTOCOL 层则指明了诊断服务（DIAG – SERVICE）和诊断流程（SINGLE – ECU_JOB），两者结合起来被称为 DIAG – COMM，加上一些必要的数据和参数，构成所谓的数据对象 DOP。

2. MULTIPLE – ECU – JOB – SPEC

描述所谓的诊断任务（流程或者宏指令），这些任务基于很多个控制器，所以不能在一个单独的控制器描述中被描述。

特殊任务领域的描述如下。

1. Flash

这里有为在控制器中进行烧写程序或者数据所需的全部信息，这些信息都被存放在 ECU – MEM 对象中。

2. ECU – CONFIG – SPEC（从 ODX 2.1 起）

保管了用于控制器配置的信息（有时也被称为变种编码）。

3. FUNCTION – DICTIONARY（从 ODX 2.1 起）

包含用于面向功能的诊断所需要的信息。

第6章 在测量、标定和诊断中的应用（ASAM AE MCD）

针对 8 个 ODX 大类中的每一类都设置了一组文件（所面向的对象），它又被称为一组 ODX 文档。每组 ODX 文档总是仅仅包含了上述描述的 ODX 类别中一类。ODX 的分类主要是基于这么一个观点，即用于完整描述一辆汽车的诊断规模的文件内容是来源于不同的出处，并拥有不同的使用时间。那么一个控制器所需的诊断服务（DIAG – LAYER – CONTAINER）的规模，最好还是由它的生产商来定义。但是它的生产商又不知道，这个控制器是如何连接到汽车网络中，以及如何对这个控制器进行存取（VEHICLE – INFO – SPEC）的。在 ISO/OSI 参考模型某一层中已经被确定的通信参数（COMPARAM – SUBSET），比如 CAN 总线物理层的比特率，对于所有在这条总线上的控制器来说都应该相同的。同理也适用于由物理层、传输层和诊断层组成的全部报文堆栈（COMPARAM – SPEC）。

为了避免数据存储的冗余，在 ODX 文档中存在这样一个可能性，即可以引用其他 ODX 文档的文件组，并直接可以获得存取其他文件组的权利。

许多 ODX 文件内容在项目进行时会被不同的人和公司进行修改，这些修改在必要的时候必须要被人知晓。因此除了许多个 ODX 元素外还额外设置了 ADMIN – DATA（版本控制、日期和修改记录）和 COMPANY – DATA 信息，有了它们就可以对修改历史进行描述了。

接下来首先将描述 DIAG – LAYER 的多层结构。之后将讲解用于通信连接和诊断服务的 ODX 描述元素。下面介绍一些特殊任务的描述机制（比如烧写程序）。

6.6.2 DIAG – LAYER：分层诊断描述

在最简单的情况中 ODX 描述包含三部分（图 6.27），即汽车拓扑结构的描述、总线系统的参数组，以及作为对每个在汽车中安置的控制器来说最重要的部分：DIAG – LAYER – CONTAINER。其中汽车拓扑结构的描述（VEHICLE – INFO – SPEC）包含了关于汽车生产商和汽车类型的信息，以及描述了汽车中有哪些控制器，通过哪些网关和总线系统它们可以被诊断控制器连接，同时还指向在 DIAG – LAYER – CONTAINER 中每个控制器的数据组。在最简单的情况中 DIAG – LAYER – CONTAINER 在它的子集 BASE – VARIANT 中，包含了一个控制器的所有的诊断服务和诊断流程，并通过 PROTOCOL 指向了 COMPARAM – SPEC，在那里定义了总线系统的时钟参数和 CAN 标识符等，只有这样才可以进行通信。

实际上每个控制器都存在着不同的变化类型。在图 6.27 简化了的结构中可以看出，每个控制器变种都在自身的 BASE – VARIANT 文件中被描述，这个文件也完整地描述了被控制器所支持的所有诊断服务。为了减少文档的复杂性，以及更简单地保证文件的统一性，全部控制器变种的共同特性最好仅仅只描写一遍，以及针对每一个控制器变种只描述其不同点。这些将通过在 ODX 中诊断层的设计（Diagnostic Layer）来得到实现。

控制器的描述能够包含一个共有的数据库（ECU – SHARED – DATA），以及最

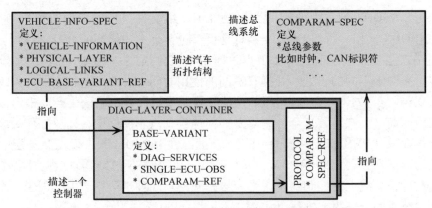

图6.27 一个ODX描述的最小结构

多四层诊断层，DIAG – LAYER，其中仅仅只有 BASE – VARIANT 层是被强制规范好的。关于使用分层模型这里举一个例子来说明。比如控制汽车车门的控制器，它们都跟车身总线系统相连接。车门控制器在汽车中有两个，对于其中一个用于前门的变种可以额外的控制后视镜。

这些功能处于成本考虑在用于后门的控制器中不会提供。它相对应的 ODX 描述可以具有以下结构（图6.28 和表6.10）

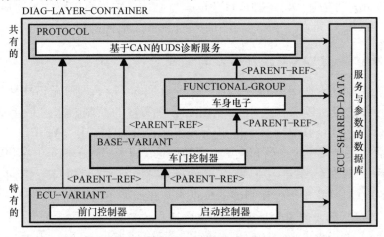

图6.28 针对控制器的分层描述（Diagnostic Layer）

- 在最上层 PROTOCOL – LAYER 中，与被使用的诊断报文密切相关的数据或者服务都将被规范。在那里举个例子，UDS 诊断服务——比如通过标识符来读取数据（具体参阅第5章5.2节）能够被定义，并将指向总线的 COMPARAM – SPEC。

- 诊断服务的从属参数，比如——标识符会在每个控制器系列中拥有不同的值，对此把它定义在 ECU – BASE – VARIANT 层中会更加合理［参阅表6.10 中的（2）］。

- 然而有些标识符不仅仅被车门控制器所使用，还有可能被汽车生产厂统一用于车身电子领域的所有控制器中。ODX 将为此提供这样一个可能性，即这些对处于同一用途集合中的所有仪器都适用的数据，会被总结在 FUNCTIONAL – GROUP 层中

第 6 章 在测量、标定和诊断中的应用（ASAM AE MCD）

的一个功能组里面。

- 在前车门控制器和后车门控制器之间的区别，将会在 ECU – VARIANT 层中被描述［参阅表 6.10 中的（3）］。在那里还将说明，每个控制器相对于基本类型的控制器还具有哪些额外，或者被改变的诊断服务，或者诊断数据和（或）哪些控制器的服务不被支持。

在分层描述制度中是允许（用计算机学专业术语来说）数据从上到下继承的（Vererben），即某个特殊的控制器（位于下层或者某个子层）可以被它特有的数据，以及那些在上层（父层）所定义的数据所描述。如果某一个数据值被多次定义，那么在更下层专门的数值将相对于上一层的普通值拥有优先权。以这种方式，控制器就能够用一个自己特有的数值来覆盖标准化了的诊断报文中的初始值。在相关 XML 描述文件中的继承属性，将通过 PARENT – REF 元素来展示，通过这个元素可以指向相对应的父层。另外一方面底层也可以将不再需要或者不支持更高层数据，借助 NOT – INHERITED 元素从继承关系中分离出去［参阅表 6.10 中的（5）］。

表 6.10　一个控制器系列的分层 ODX 描述

```
<DIAG-LAYER-CONTAINER>
  <SHORT-NAME>ECU1</SHORT-NAME>
  <PROTOCOLS>                         ← Protokoll-Schicht                              (1)
    <PROTOCOL ID="P.UDS.ID" TYPE="ISO_15765_3_on_ISO_15765_2">
      <DIAG-COMMS>
        <DIAG-SERVICE . . .>          ← Diagnosedienste des UDS-Protokolls
        . . .
      <COMPARAM-SPEC-REF ID-REF="COMPARAM.ISO15765.ID" . . . />    (6)
    </PROTOCOL>
  </PROTOCOLS>
  <BASE-VARIANTS>                     ← Grundvariante der Türsteuergeräte              (2)
    <BASE-VARIANT ID="Door_ECU">
      <DIAG-COMMS>                    ← Spezielle Diagnosedienste und Daten
      . . .                             der Türsteuergeräte
      <PARENT-REFS>                   ← Erben der Dienste der Protokoll-Schicht
        <PARENT-REF xsi:type="PROTOCOL-REF" ID-REF="P.UDS.ID" />   (4)
      </PARENT-REFS>
    </BASE-VARIANT>
  </BASE-VARIANTS>
  <ECU-VARIANTS>                      ← Varianten der Türsteuergeräte
    <ECU-VARIANT ID="Rear_Door_ECU">  ← Variante Heck-Tür-Steuergerät                  (3)
      <DIAG-COMMS>                    ← Spezielle Diagnosedienste und Daten
      . . .                             des Heck-Tür-Steuergerätes
      <PARENT-REFS>                   ← Erben der Dienste der Grundvariante
        <PARENT-REF xsi:type="BASE-VARIANT-REF" ID-REF="Door_ECU">
          <NOT-INHERITED-DIAG-COMMS>  ← Vom Heck-Tür-Steuergerät nicht                 (5)
            <NOT-INHERITED-DIAG-COMM>   unterstützter Dienst der Grundvariante
              <DIAG-COMM-SNREF SHORT-NAME="SeedAndKey" />
    . . .
  </ECU-VARIANTS>
</DIAG-LAYER-CONTAINER>
```

6.6.3 VEHICLE – INFO – SPEC：汽车网络入口和总线拓扑结构

VEHICLE – INFO – SPEC 文档会记载，这个 ODX 数据组对哪个汽车模型是有效的，哪些控制器被使用了，通过哪个接口诊断测试仪可以连接到汽车上，以及汽车内部的总线系统拓扑结构是怎样的（图 6.29）。

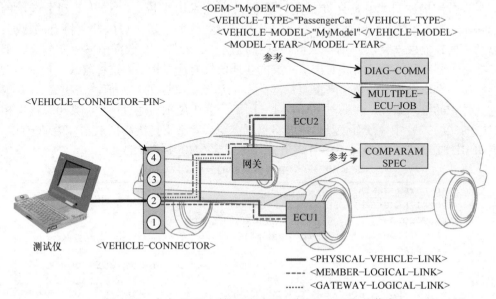

图 6.29　来自 ODX 文档 VEHICLE – INFO – SPEC 的信息

在图 6.29 或者表 6.11 所示的例子中，接下来在括号中给出的数字引用自表 6.11，汽车身份识别［表 6.11 中（1，2）］通过生产商（OEM），然后汽车级别（VEHICLE – TYPE），再到汽车模型（VEHICLE – MODEL），最后是模型年代（MODEL – YEAR）逐步实现的。如果在运行时系统中无法通过操作者自己手动选择的话，会有额外的一份关于一个诊断服务结果说明给出，用它就可以读取汽车的身份。

对于汽车网络入口，比如通过 OBD 插头，首先将要描述的是作为 VEHICLE – CONNECTOR［表 6.11 中（3）］的插头本身。一个 VEHICLE – CONNECTOR – PIN 通过 PHYSICAL – VEHICLE – LINKS［表 6.11 中（5）］和它的型号，比如 CAN，来定义从诊断测试器到汽车插头和从汽车插头到控制器的物理连接。

相反，一个 LOGICAL – LINK［表 6.11 中（4）］会呈现出一个从诊断测试仪到控制器之间的逻辑线路来。如果一个控制器跟多个总线系统相连，通过不同物理上的总线连接有可能存在着多个到该控制器的逻辑线路。同时 ODX 会在一个 LOGICAL – LINK 中区分一个链接到底连到网关（GATEWAY – LOGICAL – LINK）呢还是连到一个常规的控制器（MEMBER – LOGICAL – LINK）中。此外，每个逻辑链接还可以再次引用另外一个逻辑链接。正如在图 6.29 中所描述的，现在为了获得到控制器 ECU2 的真实连接，LOGICAL – LINK 必须向后计算：首先有一个从 ECU2

到网关的逻辑链接，然后从网关到诊断插头的 Pin 2。ASAM 运行时系统现在能够建立一个通过物理层，比如在诊断插头 Pin 2 上的 CAN，再到网关的链接了。这个网关将把信息继续传递到控制器中去。

表 6.11　基于图 6.29 中系统的 ODX 描述

```
<VEHICLE-INFO-SPEC ID="COMPACT-CLASS">
  <SHORT-NAME>CompactCar</SHORT-NAME>
  ...
  <INFO-COMPONENTS>                                                 (1)
    <INFO-COMPONENT ID="ID_OEM">                                    (7)
      <SHORT-NAME>OEM</SHORT-NAME>                                  (8)
      <EXPECTED-VALUE>MyOEM</EXPECTED-VALUE>
    </INFO-COMPONENT>

    <INFO-COMPONENT ID="ID_VEHICLE-TYPE">
      <SHORT-NAME>VEHICLE-TYPE</SHORT-NAME>
      <EXPECTED-VALUE>PassengerCar</EXPECTED-VALUE>
    </INFO-COMPONENT>
    ...
  </INFO-COMPONENTS>

  <VEHICLE-INFORMATION>
    <SHORT-NAME>VEHICLE-INFO</SHORT-NAME>
    ...
    <INFO-COMPONENT-REFS>                                           (2)
      <INFO-COMPONENT-REF ID-REF="ID_OEM"/>                         (9)
      <INFO-COMPONENT-REF ID-REF="ID_VEHICLE-TYPE"/>
      ...
    </INFO-COMPONENT-REFS>
    ...
    <VEHICLE-CONNECTOR>                                             (3)
      <SHORT-NAME>OBD-Connector</SHORT-NAME>
      <VEHICLE-CONNECTOR-PINS>
        <VEHICLE-CONNECTOR-PIN TYPE="HI" ID="ID_CAN-HI">
          <SHORT-NAME>CAN-HI</SHORT-NAME>
          <PIN-NUMBER>2</PIN-NUMBER>
        </VEHICLE-CONNECTOR-PIN>
        ...
      </VEHICLE-CONNECTOR-PINS>
    </VEHICLE-CONNECTOR>
    <LOGICAL-LINKS>                                                 (4)
      <LOGICAL-LINK ID="LL_ECU-1" xsi-type="MEMBER-LOGICAL-LINK">
        <SHORT-NAME>ECU-1</SHORT-NAME>
        <PHYSICAL-VEHICLE-LINK-REF ID-REF="PL-CAN-1"/>
        <BASE-VARIANT-REF ID-REF="ECU-1"/>                          (6)
        ...
      </LOGICAL-LINK>
      <LOGICAL-LINK ID="LL_GATEWAY" xsi-type="MEMBER-LOGICAL-LINK">
        <SHORT-NAME>GATEWAY</SHORT-NAME>
        <PHYSICAL-VEHICLE-LINK-REF ID-REF="PL-CAN-1"/>
        <BASE-VARIANT-REF ID-REF="GATEWAY-ECU"/>
        ...
      </LOGICAL-LINK>
      <LOGICAL-LINK ID="LL_ECU-2" xsi-type="GATEWAY-LOGICAL-LINK">
        <SHORT-NAME>ECU-2</SHORT-NAME>
        <GATEWAY-LOGICAL-LINK-REF ID-REF="GATEWAY"/>
        <PHYSICAL-VEHICLE-LINK-REF ID-REF="PL-CAN-2"/>
        <BASE-VARIANT-REF ID-REF="ECU-2"/>
        ...
      </LOGICAL-LINK>
    </LOGICAL-LINKS>
```

```xml
<PHYSICAL-VEHICLE-LINKS>                                          (5)
  <PHYSICAL-VEHICLE-LINK ID="PL-CAN-1">
    <SHORT-NAME>PHYSICAL-LINK-CAN-1</SHORT-NAME>
    <VEHICLE-CONNECTOR-PIN-REFS>
      <VEHICLE-CONNECTOR-PIN-REF ID="CAN-HI">
      ...
    </VEHICLE-CONNECTOR-PIN-REFS>
  </PHYSICAL-VEHICLE-LINK>
  <PHYSICAL-VEHICLE-LINK ID="PL-CAN-2">
    ...
  </PHYSICAL-VEHICLE-LINK>
</PHYSICAL-VEHICLE-LINKS>
</VEHICLE-INFORMATION>
</VEHICLE-INFO-SPEC>
```

为了使这个运行时系统也可以对链接设置正确的参数，比如比特率和时间特性，LOGICAL–LINK 可以对每个控制器的 DIAG–LAYER 文档进行引用。如前所述，在 DIAG–LAYER 文档里面可以定义用于链接的总线报文，也可以对 COMPARAM–SPEC 进行引用 [参阅表 6.11 中的（6）]。

通过这个例子，ODX 的设计也可以一目了然，数据将尽可能只在一个位置上进行定义（Single Source Prinzip），并且对于其他位置来说只能通过引用才允许被使用。此外，ODX 元素还将获得一个作为属性的标识符 ID，即一种记号，它对在整个文档中的每种元素类型都必须具有唯一性 [参阅表 6.11 中的（7）]。这个 ID 将经常由相应的 ODX 编辑工具进行自动分配。因此，元素除此之外还可以获得一个明文缩写 SHORT–NAME [参阅表 6.11 中的（8）]。对于如此标记后的元素，文档中的其他位置现在起既可以借助标识符通过 ODX–LinkID–REF [参阅表 6.11 中的（9）]，也可以借助 SN–REF 通过缩写来进行引用了。实际上，除了在所有 ODX 元素中都已经具备的标识符 ID 以及缩写名字 SHORT–NAME，每个元素还能可选择性地具有一个更长的名字 LONG–NAME，以及一段详细的描述 DESCRIPTION，可以给 ODX 工具的使用者或者诊断测试仪的用户提供更多的信息。

6.6.4　COMPARAM–SPEC 和 COMPARAM–SUBSET：总线报文

运行时系统可以从 COMPARAM–SPEC 中获得一些关于通信报文的数据。其中，这些参数会对应于 ISO/OSI 模型中的每一层，分别在一个 COMPARAM–SUBSETs 中进行分类，这些 COMPARAM–SUBSETs 又可以组织成为一个报文堆栈（PROT–STACK，图 6.30）。从 ODX V2.1 版本开始每个所使用的报文都各自存在一个自带相关特殊通信参数的 COMPARAM–SUBSET。这样用来建立通信链接（比如唤醒模式）的控制器总线和地址信息（比如比特率或者 CAN 标识符）以及相关数据，都在对应物理层的子集中存放。传输报文参数（比如在 ISO 15765–2 中的 ST_{min}）或者诊断报文参数（比如 UDS 中的 P2）拥有自己的子集。此外参数例如在

第6章 在测量、标定和诊断中的应用（ASAM AE MCD）

发生错误情况中发送重复频数也在这里被定义了。每个报文堆栈（PROT-STACK）现在通过引用每一个COMPARAM-SUBSETs来把各自的报文层联合到一起。而COMPARAM-SPEC自己又包含了一个或者多个这样的PROT-STACKs。ISO22901-1（对应于ODX V2.1）结合ISO 22900-2（D-PDU-API）定义了一批ODX数据组，这些数据组会用于诊断报文KWP 2000和UDS，传输报文ISO 15765-2和CAN总线系统（ISO 11898），以及相对应的报文堆栈结合体（PDU-PROTOCOL-TYPE），比如基于CAN的UDS即ISO_15765_3_on_ISO_15765_2。至于哪个控制器使用哪个报文堆栈的问题，将会通过引用相关PROT-STACK来确定，而PROT-STACK则位于每个控制器Diagnostic-Layer描述的PROTOCOL域中[参阅表6.10中的（6）]。

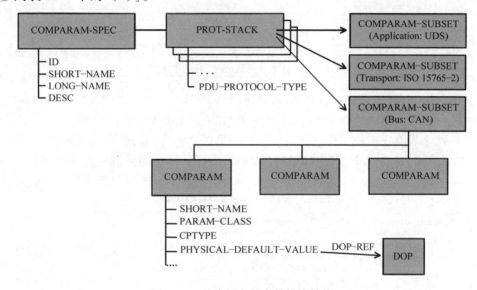

图6.30 总线报文的参数描述结构

每个单独的通信参数，都是通过一个特有的COMPARAM片段在ODX文件中被描述的。为了识别参数，可以使用它的SHORT-NAME来区分。这个参数有一个PHYSICAL-DEFAULT-WERT，并可以引用一个数据对象（Data-Object-Property，DOP）。通过DOP的COMPU-METHOD能够把物理数值转换到总线系统的内部格式上来。至于DOP和COMPU-METHOD的基本结构将会在本章6.6.6小节中介绍。而这种通信参数的方式将通过PARAM-CLASS来进行区分（表6.12）。

表6.12 通信参数种类

PARAM-CLASS	描述
TIMING	在总线系统中报文流通时间
INIT	初始化参数
COM	一般通信参数（比如CAN标识符）

(续)

PARAM – CLASS	描述
ERRHDL	针对故障处理的参数（比如发送重复）
BUSTYPE	总线系统特有的参数（比如比特率）
UNIQUE_ID	唯一的标识符

对于这个运行时系统来说，所有通信参数将重新被分成三类（表6.13），即标准值、生产商专有数值和可选数值。

表6.13 通信参数的其他分类

CPTYPE	描述
STANDARD	此类通信参数作为标准报文固有的组成部分，并必须得到每一个使用该报文的运行时系统的支持
OEM – SPECIFIC	此类通信参数属于非标准且OEM特制的报文固有的组成部分。在OEM特制报文需要使用时，这类参数必须得到运行时系统的支持
OPTIONAL	此类通信参数并不必须要得到运行时系统的支持。如果这类通信参数被使用，那么运行时系统可以将它忽略，并继续执行别的不带这种参数的通信

在表6.14的例子中根据 ISO 15765 定义了参数 P2min，这个参数在这里表示在诊断器问询到控制器回答之间的最短报文间隔时间（参考于第2章2.2.3小节）。这个参数［表6.14中（1）］具有一个初始值25，以及可以引用一个叫 DOP_P2MIN［表6.14中（2）］的数据对象 DOP。通过 DOP 的换算方程 IDENTICAL 以及单位（UNIT）微秒，运行时系统能够为通信参数 P2min 设置数值为25ms。

表6.14 一份 COMPARAM – SUBSET 节选

```
<COMPARAM-SUBSET ID="COMPARAM-SUBSET.ISO15765">
  <SHORT-NAME>ISO_15765_COMPARAM</SHORT-NAME>
  <COMPARAMS>
    <COMPARAM CPTYPE="STANDARD"                                    (1)
              ID="COMPARAM-SUBSET.ISO15765.p2min"
              PARAM-CLASS="TIMING">
      <SHORT-NAME>P2min</SHORT-NAME>
      <PHYSICAL-DEFAULT-VALUE>25</PHYSICAL-DEFAULT-VALUE>
      <DATA-OBJECT-PROP-REF>
              ID-REF="COMPARAM-SUBSET.ISO15765.P2MIN"
      </DATA-OBJECT-PROP-REF>
    </COMPARAM>
    ...
  </COMPARAMS>
  <DATA-OBJECT-PROP ID="P2MIN">                                    (2)
    <SHORT-NAME>DOP_P2min</SHORT-NAME>
    ...
    <COMPU-METHOD>
      <CATEGORY>IDENTICAL</CATEGORY>
    </COMPU-METHOD>
    <UNIT ID="Unit_MILISECOND">
      <SHORT-NAME>Unit_MilliSecond</SHORT-NAME>
      <DISPLAY-NAME>ms</DISPLAY-NAME>
    </UNIT>
    ...
  </DATA-OBJECT-PROP>
</COMPARAM-SUBSET>
```

6.6.5 DIAG – COMM 和 DIAG – SERVICE：诊断服务

一个 KWP 2000 或者 UDS 的诊断服务是由一个来自诊断仪对控制器的诊断要求（Request），以及一个或多个正面或负面的从控制器到诊断仪的回复报文（Response）组成的（图 6.31）。举一个例子来说，为了从控制器中读取一个温度数值，UDS 诊断服务 Read（Data）Memory By Address 可以使用SID = 23h。

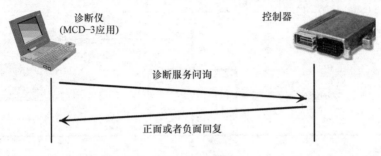

图 6.31 诊断服务

- 如果温度数值在控制器的存储器中是从地址 0524h 起记录，并只有 2 个字节长，那么问询报文看起来如下：

Byte 0	Byte 1	Byte 2	Byte 3	Byte 4
SID = 23h	12h	05h	24h	02h

- 如果成功（正面回复），诊断仪将收到一个回复：

Byte 0	Byte 1	Byte 2
63h	04h	E5h

在这条回复报文中，63h 表达了被控制器重新发回的 SID，由于报文规定在回复中 SID 的 Bit 6 位置上置 1 发回。当前的温度数值是 04E5h，同时这个数值应该跟存储地址一样按照高位编址（Big Endian）的方式传递回来。

- 在发生故障的情况下（负面回复）收到的回复，例如：

Byte 0	Byte 1	Byte 2
7Fh	23h	31h

在这里 7Fh 表示，这是一个错误的报告，23h 则代表有错误的 SID 而 31h 说明了 UDS 的错误代码，即 Request of Range。

针对这样一类消息的 ODX 描述将在图 6.32 中被展示。其中诊断描述的主要元素是 DIAG – COMM 对象，有了它就可以描述诊断服务 DIAG – SERVICE 和诊断流程 SINGLE – ECU – JOB。而通过属性 AUDIENCE 和 SECURITY – ACCESS – LEVEL，可以允许或者禁止某个用户群体（比如生产商、研发、制造和车间）诊断服务的使用，并让诊断服务的使用取决于某个特定的安全等级。然而，关于运行时系统如何审核用户的使用资格，这在 MCD 2/3 标准中没有得到定义。此外，诊断服务还通过 DIAGNOSTIC – CLASS 进行分类，以至于在某个情况下只能提供给用户只有在当前情况下才有效的诊断服务。

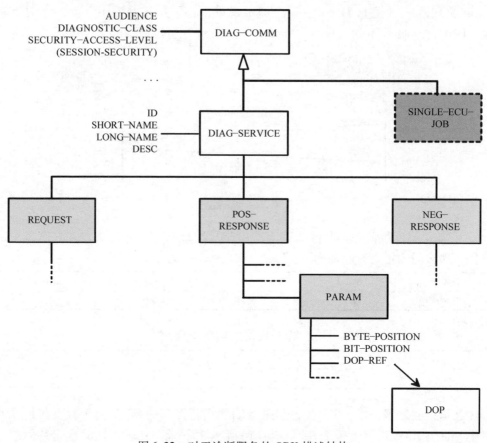

图 6.32　对于诊断服务的 ODX 描述结构

在从属于 ODX 文档的 DIAG – SERVICE 部分中，将会对关于诊断服务的问询报文和回复报文进行引用（表 6.15）。这些报文本身将会在相应的 REQUEST、POS – RESPONSE 和 NEG – RESPONSE 片段中进行定义［表 6.15 中的（1）到（3）］。而在一条消息中出现的数据将会通过 PARAM（参数）片段来进行描述（表 6.16），在那里一个数据元素本身是由它在这条信息中字节和比特位位置，以及一个对其对应的数据对象 DOP 进行的参照来定义的，这其中也包括了从属于的细节部分。

在对上述温度问询的正面回复报文的定义中，举了一个例子，即回复报文的字节 0 处数值 99，也就是 63h，是通过 23h 加上 40h 所得的。而对这个数值不会再感到任何兴趣，它将完全在 PARAM – FELD 中被描述。与此相反，对于实际的温度数值需要对一个单独的数据对象 DOP 进行引用来获得 [表 6.15 中的 (6)]。而在 PARAM 域中仅仅给出，温度数值是从报文字节 1（BYTE‑POSITION）的位 0（BIT_POSITION）处开始记录的。

表 6.15　一个诊断服务的 ODX 描述

```
<DIAG-SERVICE ID="DS_ReadMemoryByAddress">
   <SHORT-NAME>DS_ReadMemoryByAddress</SHORT-NAME>
   ...
   <REQUEST-REF ID-REF="REQUEST_ReadMemoryByAddress"/>            (1)
   <POS-RESPONSE-REFS>
      <POS-RESPONSE-REF ID-REF="RESP_ReadMemoryByAddress"/>       (2)
   </POS-RESPONSE-REFS>
   <NEG-RESPONSE-REFS>
      <NEG-RESPONSE-REF ID-REF="NEGRESP_IllegalFormat"/>          (3)
   </NEG-RESPONSE-REFS>
   ...
</DIAG-SERVICE>
```

表 6.16　在 ODX 中一个回复报文的描述

```
<POS-RESPONSE ID="RESP_ReadMemoryByAddress">
   <SHORT-NAME>RESP_ReadMemoryByAddress</SHORT-NAME>
   ...
   <PARAMS>
      <PARAM SEMANTIC="SERVICE-ID" xsi:type="CODED-CONST"/>       (4)
         <SHORT-NAME>POS-RESP-ReadMemoryByAddress</SHORT-NAME>
         <BYTE-POSITION>0</BYTE-POSITION>
         <CODED-VALUE>99</CODED-VALUE>
         <DIAG-CODED-TYPE BASE-DATA-TYPE="A_UINT32"/>
         <BIT-LENGTH>8</BIT-LENGTH>
      </PARAM>
      <PARAM xsi:type="VALUE"/>                                   (5)
         <SHORT-NAME>Temperature</SHORT-NAME>
         <BYTE-POSITION>1</BYTE-POSITION>
         <BIT-POSITION>0</BIT-POSITION>
         <DOP-REF ID-REF="DOP_Temperature"/>                      (6)
      </PARAM>
   </PARAMS>
   ...
</POS-RESPONSE>
```

借助于这些参数 ASAM 运行时，系统可以从 DOP 元素中组装出诊断服务的问询报文，或者将回复报文进行分解。在表 6.17 中已经列举了一些预定义过的 PARAM 类型。

表 6.17　诊断报文的参数类型

类型	说　　明
VALUE	常规数据值，引用于一个 DOP
RESERVED	当运行时系统应该忽略这个参数时候，将被使用
CODED – CONST	常量，比如为了服务代号（SID）而使用
PHYS – CONST	跟 CODED – CONST 一样，但是额外包含一种换算，使其转换为一个物理数值
LENGTH – KEY	当参数长度取决于另外一个参数时候，将被使用
MATCHING – REQUEST – PARAM	当回复的参数必须要与问询报文的一个数值进行比较时，将被使用（比如在一个诊断服务中的本地 ID）

(续)

类型	说明
TABLE – KEY TABLE – STRUCT TABLE – ENTRY	当数据结构通过关键值（数据标识符）来定义时候，比如在 KWP 2000/UDS 诊断服务 Read Write By Identifier 中，将在复杂化的数据对象（请看本章 6.6.6 小节）中使用
DYNAMIC	这个类型告诉运行时系统，这个参数是动态定义过的
SYSTEM	当一个数值应该依据于系统信息被计算出的时候（比如从当前的系统时间中），这个参数将被使用
NRC – CONST	跟 CODED – CONST 一样…

DIAG – VARIABLE：诊断变量 在测试和标定中可以对在控制器的存储器中的变量直接进行存取。对于这个操作将使用变量在控制器内部的名字，而它将会借助于一个由控制器软件的汇编器/链接器所制作的 Mapping 文件跟在控制器中的一个存储地址相对应。ODX 也会对诊断变量（DIAG – VARIABLE）提供一个类似的机制（表 6.18）。在例子中定义了一个诊断变量 DV_PHY_TMOT［表 6.18 中的(1)］，它也对应于控制器软件中的变量 Tmot。对该变量的读写可以通过诊断服务 DS_ReadMotorTemperature 或者 DS_WriteMotorTemperature 来实现，它们在描述中将被引用［表 6.18 中的 (2, 3)］。在其后面还隐藏着别的诊断服务例如 UDS – Diagnosedienste Read Memory By Address 或者 Write Memory By Address。当一个 MCD 运行时，系统在后台进行来自控制器或者去往控制器的数据传输时，这个 MCD 应用能够很透明地对一个诊断变量如同一个局部变量一样进行存取。

表 6.18　一个诊断描述的描述

```
<DIAG-VARIABLES>
  <DIAG-VARIABLE ID="DV_PHY_TMOT" IS-READ-BEFORE-WRITE="false">    (1)
    <SHORT-NAME>DV_PHY_TMOT</SHORT-NAME>
    <SW-VARIABLES>
      <SW-VARIABLE>
        <SHORT-NAME>Tmot</SHORT-NAME>
        <ORIGIN>A</ORIGIN>
      </SW-VARIABLE>
    </SW-VARIABLES>
    <COMM-RELATIONS>
      <COMM-RELATION VALUE-TYPE="CURRENT">
        <RELATION-TYPE>READ</RELATION-TYPE>
        <DIAG-COMM-SNREF SHORT-NAME="DS_ReadMotorTemperature"/>    (2)
          <OUT-PARAM-IF-SNREF SHORT-NAME="STAT_PHY_TMOT"/>
      </COMM-RELATION>

      <COMM-RELATION VALUE-TYPE="CURRENT">
        <RELATION-TYPE>WRITE</RELATION-TYPE>
        <DIAG-COMM-SNREF SHORT-NAME="DS_WriteMotorTemperature"/>   (3)
        <IN-PARAM-IF-SNREF SHORT-NAME="ARG_PHY_TMOT"/>
      </COMM-RELATION>
    </COMM-RELATIONS>
  </DIAG-VARIABLE>
</DIAG-VARIABLES>
```

6.6.6 简单化以及复杂化数据对象

简化DOP：简单化数据对象ODX数据组的核心元素是简单化数据对象（Data Object Property，DOP）。它作用于被包装或者编码在一个诊断服务的参数中的控制器信息，进行正确地解读，并使得人类能够读懂其中的内容（图6.33）。

ODX把简化DOP分成两类型：
- 常见DOP构成了其他所有数据对象的基础。
- DTC – DOP（Diagnostic Trouble Code）描述了故障存储项。

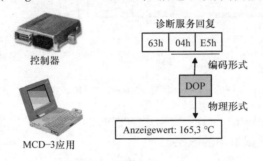

图6.33 使用一个DOP

为了区分DOP，每一个DOP都具有一个特有的标识符（ID）和一个短名（SHORT – NAME）。加上可选用的LONG – NAME以及一个DESCription，每个DOP都可以用清晰的文字来进行描述。一个DOP可以由表6.19中所列举的元素组成。

表6.19 在一个简化ODX数据对象DOP中的元素

元素	说明
DIAG – CODED – TYPE	一个数据的编码形式数值的类型
INTERNAL – CONSTR	这个被编码了的数据的阈值，比如，十六进制格式下的月份数，01h≤Monat≤0Ch，其他数值都是无效的
COMPU – METHOD	在编码了的数值和物理变量之间的换算方法
PHYSICAL – TYPE	一个数据的物理形式数值的类型
UNIT	物理形式数值的单位（℃，m/s，km/h，…）

举例来说，图6.34中展示了一个关于温度数值的DOP。对于这个编码格式，即控制器内部格式（DIAG – CODED – TYPE），比如可以使用无符号32位整数格式，也就是格式A_UINT32（unsigned integer 32 bit）。借助换算公式（COMPU – METHOD）可以把编码（内部）格式转化到物理格式（PHYSICAL – TYPE），对于这个物理格式，可以使用32位浮点数格式，即格式A_FLOAT32。同时物理形式数值的单位（UNIT）是℃。当在编码格式和物理格式之间进行转换时还可以把编码形式变量的数值范围大小（INTERNAL – CONSTR）确定下来。在图6.34中控制器内部数值为4E5h。这个数值也在可允许的范围0到2400 = 960h内。它可以通过换

算公式 $y = 40 + 0.1x = 40 + 0.1 * 4E5h$，正确地换算到物理数值 165.3 上去，并且显示单位为℃。

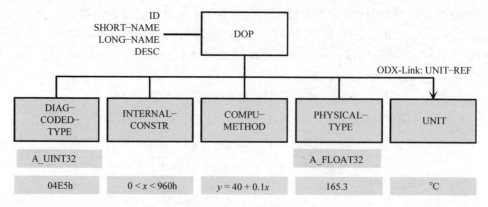

图 6.34 一个简化数据对象 DOP 的例子

表 6.20 展示了从属的 ODX 数据组，它的细节将会在后面讲解。其中在（）中的数字对应于数据组中的数字。

表 6.20 图 6.34 中例子的 ODX 数据组

```
<DATA-OBJECT-PROP ID="DOP_Temperature">
   <SHORT-NAME>MotTemp</SHORT-NAME>
   <LONG-NAME>Motortemperatur</LONG-NAME>
   <DESC>Kühlwassertemperatur in Grad Celsius</DESC>

   <DIAG-CODED-TYPE                                                     (1)
      BASE-DATA-TYPE="A_INT32"
      xsi:type="STANDARD-LENGTH-TYPE"
      IS-HIGH-LOW-BYTE-ORDER="true">

      <BIT-LENGTH>16</BIT-LENGTH>
   </DIAG-CODED-TYPE>

   <INTERNAL-CONSTR>                                                    (2)
      <LOWER-LIMIT INTERVAL-TYPE="CLOSED">0</LOWER-LIMIT>
      <UPPER-LIMIT INTERVAL-TYPE="CLOSED">2400</UPPER-LIMIT>
   </INTERNAL-CONSTR>

   <PHYSICAL-TYPE BASE-DATA-TYPE="A_FLOAT32" DISPLAY-RADIX="DEC">
      <PRECISION>1</PRECISION>                                          (3)
   </PHYSICAL-TYPE>

   <COMPU-METHOD>                                                       (4)
      <CATEGORY>LINEAR</CATEGORY>
      <COMPU-INTERNAL-TO-PHYS>
         <COMPU-SCALES>
            <COMPU-SCALE>
               <COMPU-RATIONAL-COEFFS>

                  <COMPU-NUMERATOR>
                     <V>400</V>
                     <V>1</V>
                  </COMPU-NUMERATOR>
                  <COMPU-DENUMERATOR>
```

(续)

```
                    <V>10</V>
                </COMPU-DENUMERATOR>
            <COMPU-RATIONAL-COEFFS>
            </COMPU-SCALE>
        </COMPU-SCALES>
    </COMPU-INTERNAL-TO-PHYS>
</COMPU-METHOD>
<UNIT-SPEC>
    <UNITS>
        <UNIT ID="Unit_Celsius">
            <SHORT-NAME>Unit_Celsius</SHORT-NAME>
            <DISPLAY-NAME>°C</DISPLAY-NAME>
        </UNIT>
        ...
    </UNITS>
<UNIT-SPEC>
</DATA-OBJECT-PROP>
```

(5)

1）以 ASAM 运行时系统的角度来看，所有在控制器和诊断仪之间并包含在一条诊断报文中的数据，首先构成了一个数据流，这个数据流必须被分解为原来成分再进行阐释。对此，运行时系统还需要知道，一个数据是从数据流里的哪个位置开始，以及这个数据有多长。关于这个在数据流位置的信息已经在表 6.16 中解释了。而数据自身的长度或者长度计算的方式，将通过相对应的 LENGTH – INFO – TYPE 进行确定（图 6.35）。通过这些信息把数据从数据流中分离出去，并以相应的内部数据格式（DIAG – CODED – TYPE）进行缓存。以下数据类型可供使用。

LENGTH – INFO – TYPE	描 述
STANDARD – LENGTH – TYPE	数据值的长度将明确地通过 BIT – LENGTH 来规范
LEADING – LENGTH – INFO – TYPE	这个长度信息位于 PDU 内真实数据值前的数据字节中
PARAM – LENGTH – INFO – TYPE	这个长度信息位于另外一个参数中，这里仅仅对这第二个参数进行引用
MIN – MAX – LENGTH – TYPE	对于一个可变化长度的数据数值，一个定义为 Termination 的字节将决定数据数值。此外将给出最小（MIN – LENTH）和最大（MAX – LENGTH）数据长度。对于 TERMINATION 来说可能的数值有： ZERO：这个将要提取的数据流止于位置 00h HEX – FF：这个将要提取的数据流止于位置 FFh END – OF – PDU：对于数据流的终点没有给出确切的值。这个终点将通过报文的终点来给出

当数据数值包含多个字节的时候，字节的顺序必须给出。有两种可能的格式：High – Byte – First（摩托罗拉大端格式），Low – Byte – First（英特尔小端格式）。它们通过参数 IS – HIGH – LOW – BYTE – ORDER（TRUE/FLASE）来区分。

2）内部数值（DIAG – CODED – TYPE）的有效区域能够通过阈值（INTERNAL – CONSTR）来限定。这个限定既包含一个下临界值（LOWER – LIMIT），也包含一个上临界值（UPPER – LIMIT）。除此之外，还能够定义子区间（SCALE – CONSTR），有了它就可以确定那些有效、无效、没定义过或者无法使用的区域。每一个内部数值首先都将相对临界值进行测试。只有当数值是有效的时候，才可以进行物理形式数值的转化。例如，一个有效温度数值的范围在 0…2400 = 960h 之间，而且还是一个闭区间（INTERVAL – TYPE = "CLOSED"）。

3）PHYSICAL – TYPE 描述的是内部数值转换到物理形式后的数值类型。而可选信息 DISPLAY – RADIX 则给出了这个数值将以何种进制来表达。在这里有十六进制（HEX）、十进制（DEC）、八进制（OCT）、二进制（BIN）可供选择。PRECISION 则定义了数字小数点后的位数。

4）内部数值 DIAG – CODED – TYPE 到物理数值 PHYSICAL – TYPE 的转换是通过在 COMPU – METHOD 域里面给出的换算方法来实现的。总体来说，有以下八种方法。

类别	描述
IDENTICAL	内部数值和物理数值是相同的，没有换算的必要
LINEAR	处于线性关系，根据公式：$y = \dfrac{v_{N0} + v_{N1} \cdot x}{v_{D0}}$ 换算，详情请见于 RAT – FUNC
SCALE – LINEAR	逐段式线性方程。每一段都作为 COMPU – SCALE 用上下临界值来规范
TAB – INTP	带有线性插值的数值表格
TEXTTABLE	把一个数字值转换到一个文本值
COMPUCODE	将会被使用，在一个不得不用编程语言 JAVA 写的方程来实施换算时
RAT – FUNC	一般性常规方程，根据公式 $$y = \dfrac{v_{N0} + v_{N1} \cdot x + v_{N2} \cdot x^2 + \cdots + v_{Nm} \cdot x^m}{v_{D0} + v_{D1} \cdot x + v_{D2} \cdot x^2 + \cdots + v_{Dn} \cdot x^n}$$ 换算。其中，x 作为内部数值而 y 作为物理数值。分子多项式上的系数 V_{N0}，V_{N1}，…，V_{Nm}（COMPU – NUMERATOR）和分母多项式上的系数 V_{D0}，V_{D1}，…，V_{Dn} 都是恒定的
SCALE – RAT – FUNC	逐段式常规方程

在上述对于温度数值的例子中，将使用线性换算方程

$$y = 40 + 0.1x = \dfrac{400 + 1x}{10}$$

这个方程的分子系数是 400 和 1，分母系数是 10。

5）在 UNIT – SPEC 的片段中每一个物理数值都会具有一个物理单位。ODX 提供一个可能性，即同一物理数值在不同的单位中表达，比如 km/h 和 mile/h。这里变量一般先使用国际标准单位来表达，比如 m/s。其他单位将从中通过一个系数和

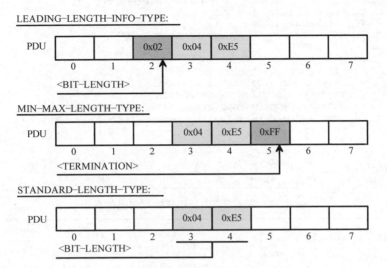

图 6.35 一条诊断报文中数据域长度的确定

一个偏差来导出:

单位 = 国际标准单位 × FACTOR – SI – TO – UNIT + OFFSET – SI – TO – UNIT

举个例子来说,从国际标准单位 m/s 换算到 km/h

$$[m/s] = [km/h] \times 1/3.6$$

$$mile/h = [m/s] \times 2.23741 + 0$$

DISPLAY – NAME 描述的是一个在诊断中应用的单位,该如何通过一个 MCD 3 接口来进行可视化表达。那些无法以国际标准单位而是直接被保存的物理数值,比如以℃作为单位的温度,将只能使用 DISPLAY – NAME。

DTC – DOP:用于故障存储项的数据对象 在通常情况下控制器在出现一个内部故障的时候除了故障码(Diagnostic Trouble Code DTC),还会将关于环境条件(发动机转速或者发动机温度)的信息保存下来。这样做可以使得出现的故障能够尽可能精确地得到记录。在 ODX 故障码将会用 Diagnostic Trouble Code 数据对象 (DTC – DOP) 来描述(表 6.21),这个数据对象除了常见的 DOP 信息外,还有额外的 DTC 专有信息,比如内部的故障码(TROUBLE – CODE),将在诊断系统上显示的故障码(DISPLAY – TROUBLE – CODE),一份明文的故障报告和一个根据错误严重程度或者错误种类来进行分类的数值(LEVEL)。这个从属于的环境条件将被当成复杂的数据对象来存储。

Complex DOP:复杂化的数据对象 复杂化数据对象是由简单化数据对象组成在一起的结构(表 6.22)。一旦诊断服务中复杂参数的类型和组成部分被确定第一次进入系统的运行时间后,就可以使用复杂化数据对象来对这些参数进行定义和解释。复杂 DOPs 能够跟常见 DOPs 一样用同样的方式通过 PARAM 片段来进行引用。

表 6.21 一个 DTC – DOP 的例子

```
<DTC-DOP ID="DTCDOP_ALL">
  <SHORT-NAME>DTCDOP_ALL</SHORT-NAME>
  ...
  <DTCS>
      <DTC ID="DTC0140">
        <SHORT-NAME>DTC0140</SHORT-NAME>
        <TROUBLE-CODE>320</TROUBLE-CODE>
        <DISPLAY-TROUBLE-CODE>Error_140</DISPLAY-TROUBLE-CODE>
        <TEXT>Ashtray Illumination Defect</TEXT>
        <LEVEL>2</LEVEL>
      </DTC>
      ...
  </DTCS>
</DTC-DOP>
```

表 6.22 在 ODX 中复杂化数据对象的类型

类型	描述
STRUCTURE	与一个在 C 语言中的结构相似，多个 DOPs 的总结（简单或复杂）。举例：为再编程对控制器历史存储器中上一个记录项进行读取
STATIC – FIELD	当一个 STRUCTURE 在一个字节流中多次以相同次数重复时候，将得到使用。举例：为再编程对控制器历史存储器中前三个记录项进行读取
DYNAMIC – LENGTH – FIELD	当一个 STRUCTURE 在一个字节流中重复出现但是重复次数动态变化的时候，比如第一次进入运行时间 举例：为了再编程对控制器历史存储器的所有记录进行读取
DYNAMIC – ENDMARKER – FIELD	当一个 STRUCTURE 在一个字节流中不断重复，直到一个被定义过的 TERMINATION – VALUE 被识别，才停止的时候，DYNAMIC – ENDMARKER – FIELD 将被使用 举例：在控制器会发送作为结束标识符的数值 FFh 情况下，为了再编程对控制器历史存储器的所有记录进行读取
MUX	当一个字节流的阐释跟一个固定参数（SWITCH – KEY）有关的时候，多路复用器将被使用。通过 SWITCH – KEY 可以选择一个相对应的 CASE，它又可以引用一个参数结构。这样就可以为了一个诊断服务的所有可能的子标识符对每次定义的参数结构进行建模
END – OF – PDU – FIELD	当一个 STRUCTURE 在一个字节流中重复到字节流的最后，将使用 END – OF – PDU – FIELD
TABLE	当数据结构通过关键值（数据标识符）来识别时，比如在 KWP 2000/UDS 诊断服务中 Read/Write Data By Identifier，TABLE 将被使用。一个 TABLE 由 KEY 和 STRUCTURE 两栏组成。KEY 栏包含了诊断服务相对应的数据识别符。STRUCTURE 栏则引用所从属的数据结构，而它的内容在相应的 STRUCTURE 片段中被定义

以下的例子将展示一个复杂化数据对象的构造方法，它将用于对一个故障存储器登记（DTC – Diagnostic Trouble Code）的记录。为了之后对一个故障进行分析，控制器会保存当时所进行的环境条件。这些数据是不同物理变量的一次聚集，它将必须

第6章 在测量、标定和诊断中的应用（ASAM AE MCD）

被结构化地保存。作为一个例子，图6.36展示了这个诊断仪如何读取出编号为DTC=336=150h的故障出现时的环境条件。这个环境条件，在例子中是电池电压和错误计数器（EVENT Counter），将被控制器当作参数相继在回复报文中发送回去。

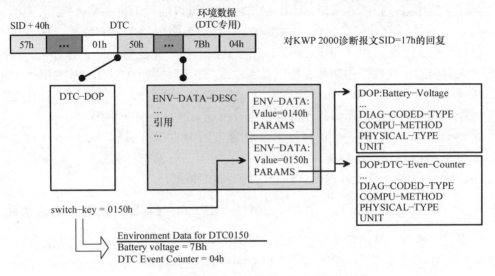

图6.36 来自故障存储器中环境条件的读取

表6.23 对于图6.36的ODX描述

```
<ENV-DATA-DESC ID="ENVDESC_EnvDataDesc1">
  <SHORT-NAME>ENVDESC_EnvDataDesc1</SHORT-NAME>
  <PARAM-SNREF SHORT-NAME="SwitchKeyDTC">
  <ENV-DATAS>
      <ENV-DATA ID="ED_1">
          <SHORT-NAME>ED_DTC0140</SHORT-NAME>
          . . .
      </ENV-DATA>
      <ENV-DATA ID="ED_2">
          <SHORT-NAME>ED_DTC0150</SHORT-NAME>
          <DTC-VALUES>
              <DTC-VALUE>336<DTC-VALUE>
          </DTC-VALUES>
          <PARAMS>
              <PARAM xsi:type="VALUE">
                  <SHORT-NAME>BatteryVoltage</SHORT-NAME>
                  <BYTE-POSITION>0</BYTE-POSITION>
                  <DOP-REF ID-REF="DOP_BatteryVoltage">
              </PARAM>
              <PARAM xsi:type="VALUE">
                  <SHORT-NAME>EventCounter</SHORT-NAME>
                  <BYTE-POSITION>1</BYTE-POSITION>
                  <DOP-REF ID-REF="DOP_EventCounter">
              </PARAM>
          </PARAMS>
      </ENV-DATA>
  </ENV-DATAS>
</ENV-DATA-DESC>
```

在表 6.23 中呈现了相应的 ODX 描述。ODX 为环境条件配备了一个带有 ENV – DATA 场的 ENV – DATA – DESC 片段。这个复杂化数据对象包含了针对好几个故障的环境条件，并因此可以作为 Multiplexer（MUX，详情参照表 6.22）来构造。故障编号是用来进行挑选（SWITCH – KEY），它可以通过 DTC – VALUE 以大小为 336 = 150h 来得到确定。ODX 文件将规定，环境参数电池电压和故障计数器属于这个故障码，并且引用（DOP – REF）相关从属的简单化数据对象，通过它们将确定十六进制到物理数值的换算、数值范围以及单位等。在 DTC – DOPs 的例子中可以再一次看到 ODX 的单一来源原则（Single – Source 原则）。如果故障码已经在某一个位置上被定义了，那么其他位置只能对该定义进行参照（引用）。

Special Data Groups：生产商特制数据 通过所谓的 SDG 数据对象，生产商将可以采用在 ODX 描述中的数据组，对于这些数据组，还没有任何数据对象出现在规定中。标准 ODX 工具允许忽略这些生产商特制的扩展。

6.6.7 SINGLE – ECU – JOB 和 MULTIPLE – ECU – JOB：诊断流程

通常在诊断中必须要执行已经确定好的流程，这个流程是由不同诊断报文的依次连续处理所组成的，在那里下一个报文的种类或者参数，将与上一个报文的结构有关。举个例子就是 Seed – and – key 机制，有了它解除对某个控制器功能读取的锁定。其中诊断仪通过第一条报文向控制器索要一个初始值，然后从中计算出密钥，并把它发送回控制器。对于这样的场景，ODX 把它规定为所谓的 Jobs，有了它这样一个流程才可以得到定义。

如果一个这样的 Job 包含了到多个控制器的报文，那么它必须在另一个 ODX 文档 MULTIPLE – ECU – JOB 中被定义，不然它将以 SINGLE – ECU – JOB 被归纳某个 DIAG – COMM 元素中（图 6.32）。在一个 MULTIPLE – ECU – JOB 中运行时，系统必须接着建立很多个同一时间的逻辑链路（Logical Links）到一个个控制器中。关于 MULTIPLE – ECU – JOB 的一个典型使用情况，是一辆汽车所有控制器的识别。在那个情况下，将要同时跟所有控制器进行通信，从而能够读取它们的身份数据。这样做代替了诊断系统对所有控制器进行一个个访问，以及在运行时系统之上的操作层面对所有信息进行收集，通过这样一个 MULTIPLE – ECU – JOB 就已经可以在运行时于系统中对数据进行打包。

一个 Jobs 的本身流程将会在一个独立的文件中用编程语言 Java 进行描述，其中在 ODX 文件中是可以对这样的一个文件进行引用的（表 6.24）。而且 ODX 文件将定义，哪些参数可以传递给 Java 方程，以及怎样去解释它的返回值。对于这样形式的 Java 流程，ASAM 提供了一个可使用的 Java 包，即 asam.d.□，在这个 Java 包中包含了在例程中所使用的以 MCD_... 开头的辅助方程以及类别定义。一个 ASAM 运行时系统可以根据生产商不同选择其他的编程语言来提供支持，比如在 C/C++ 中制作的 Windows – DLL 方程。

表 6.24 Single-ECU-Job：ODX 描述和 Java 程序

```
ODX-Beschreibung:
<SINGLE-ECU-JOB ID="ID_734711" DIAGNOSTIC-CLASS="COMMUNICATION">
  . . .
  <PROG-CODES>
    <PROG-CODE>                        //Verweis auf JAVA-Programm
      <CODE-FILE>Beispiel.java</CODE-FILE>
      . . .
    </PROG-CODE>
  </PROG-CODES>
  <INPUT-PARAMS>
    <INPUT-PARAM>
      <SHORT-NAME>Address</SHORT-NAME>
      <DOP-BASE-REF ID-REF="DOP-3BYTE-IDENTICAL"/>
    </INPUT-PARAM>
    . . .
  </INPUT-PARAMS>
  <OUTPUT-PARAMS>
    <OUTPUT-PARAM ID="ID_734712">
      <SHORT-NAME>Returned_Value</SHORT-NAME>
      <DOP-BASE-REF ID-REF="DOP-ByteArray"/>
    </OUTPUT-PARAM>
  </OUTPUT-PARAMS>
</SINGLE-ECU-JOB>
```

```
JAVA-Programm in Datei Beispiel.java:
import asam.d.*
public class JobExample implements JobTemplate
{ . . .
  public void execute( MCDRequestParameters inputParameters,
                       MCDJobApi jobHandler, MCDLogicalLink link,
                       MCDSingleEcuJob apiJobObject
                     ) throws MCDException
  { MCDService service;
    MCDResult serviceResult, jobResult;
    MCDResultState resultState;
    MCDResponse serviceResponse, jobResponse;
    MCDResponseParameter value;

// Create the ReadMemoryByAddress diagnostic service to be executed
    service = link.createService(link.getDbObject()
                                 .getDBLocation.getServices()
                                 .getItemByName("ReadDataByAddress"));
// Set variable request parameters of the service
    service.setParameterValue("Address", inputParameters
                              .getItemByName("Address").getValue());
    . . .
    resultState = service.executeSync(); // Execute the service
    serviceResult = resultState.getResults().getItemByIndex(1);
    serviceResponse = serviceResult.getResponses()
                                   .getItemByIndex(1));
// Create the job result and response and copy the second service
// response parameter into the job response
    jobResult    = apiJobObject.createResult(. . .);
    jobResponse  = jobResult.getResponses().add(. . .);
    jobResponse.getResponseParameters.addElementWithContent(
        serviceResponse.getResponseParameters().getItemByIndex(2));
    link.deleteComPrimitive(service);       // Delete the service
    jobHandler.sendFinalResult(jobResult);   // Return result
    return;
  }
}
```

6.6.8　STATE – CHART：诊断会议

ODX 在一个状态自动机（STATE – CHART）上构建了诊断会议的设计（参考第 5 章 5.1.2 节），它是一个 DIAG – LAYER 元素（参考本章 6.6.2 小节）中的一部分。对于这样的状态自动机，状态（STATE）以及在状态之间的转变（STATE – TRANSITION）将需要被定义（图 6.37）。

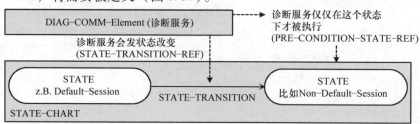

图 6.37　诊断会议的状态自动图

在诊断服务和诊断流程（DIAG – COMM 元素）中，可以通过对一个相对应的状态过渡引用来告知。当这个诊断服务已经被成功地实施了后，这个状态应该自动转换到另外一个状态了。相反，也能够借助于 PRE – CONDITION – STATE – REF，对一个或者多个状态进行引用，来确定当控制器处于一个被定义过的状态时候，诊断服务才能被允许执行。

6.6.9　ECU – CONFIG：控制器配置的描述

关于一个控制器的配置或者参数化（通俗来讲被称为编码），人们可以理解成对一个控制器已确定的内部设置或者功能进行激活。举例来说，能够在一个控制器里对外灯光进行配置，是否应该操作一个带有白炽灯的前照灯还是一个氙气前照灯。在对一个控制器进行配置的时候，借助一个诊断服务（比如 UDS WriteDataBy-Address，具体请见第 5 章），将一个已确定的数据组写入到控制器中的一个定义好的地址。然后，这个控制器在运行时计算出数据组的位模型，并在内部设置好相应的配置。这样一个数据组是由一系列单个信息的排列组成的，它能根据将要配置参数的数目的不同，在一个和多个字节长度中变化。依据使用情况，ODX 数据模型提供两种可能性来处理这样的数据组。

当在研发时候，配置数据组将根据所期望的性能单独组成（图 6.38）。因此在 ODX 中必须把数据组的每一个单独元素（CONFIG – ITEM）的含义进行存储起来。

在生产过程中，一个控制器的数据组通常来说在一辆特定的汽车中已经制定完成。其配置（CONFIG – RECORD）将在这里作为完整的数据组，依靠一个诊断服务来写入到控制器中。

借助另外一个诊断服务，也能够把相关配置从某个控制器中读取出来。而通过把一个个 CONFIG – ITEMs 转换到它的物理形式数值（DOP）中，则能够确定这个控制器的配置状态。

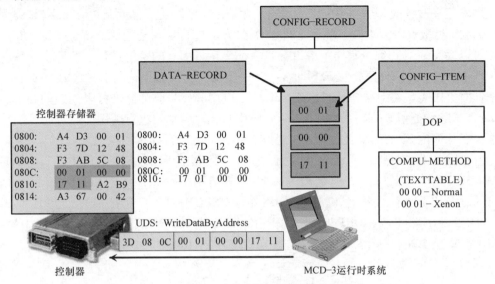

图 6.38　关于一个控制器配置的简化版描述

6.6.10　ECU – MEM：对闪存烧写的描述

如上所述，对控制器进行重编程，即通常所说的刷新，同样也是控制器诊断的一部分。通过一个被定义好的诊断服务顺序将控制器中闪存进行删除，并重新烧录一个新的软件。具体详细的过程描述可以在第 9 章 9.4 节中找到。在 ECU – MEM 文件中，ODX 描述了一个数据容器，在这个容器里面，所有在诊断仪这边与执行这样一个烧写过程有关的信息都会存储下来。此外，在这样的数据容器里面，ODX 定义了所谓的 SESSIONS，有了它就可以对将要进行烧写的数据进行管理了。图 6.39 就通过拥有两种类型［欧洲（km/h）和美国（mile/h）］的速度仪表控制器的例子，展示了这种管理的基本构造。

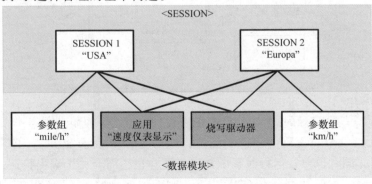

图 6.39　针对速度仪表控制器的编程数据组

这样的控制器软件由代码部分（应用）以及数据部分（参数组）组成。其中应用程序在两种类型中都相同，而参数部分则与此相反，也就是说在 mile/h 类型和 km/h 类型中表现不同。除此之外控制器为了进行烧写还需要一个烧写驱动器，它可以动态地下载到控制器中去，并且在那里运行固有的烧写过程。这四个文件在 ODX 描述中通过安排两个 SESSIONs（烧写会议）在逻辑上进行分离。在 Session 1 中针对美国类型将对数据，参数组 mile/h、应用和烧写驱动器进行引用，而在 Session 2（欧洲类型）则对参数组 km/h、应用和烧写驱动器进行引用。运行时系统在选择了相应的 SESSION 之后，才有对所有相关信息进行存取的权力。

在图 6.40 中展示了已经大大简化了的数据容器的结构。其中一个 DATABLOCK 描述了那些将要被烧写的地址部分结构。对此，与之相关的编程数据（FlASHDATA）的数据模块将在 ODX 内部 SEGMENT 上进行描述，并且通过 SOURCE – START – ADDRESS 和 SOURCE – END – ADDRESS 进行限制。每个 DATABLOCK 至少拥有一个 SEGMENT。表 6.25 会展示相关的 ODX 描述。

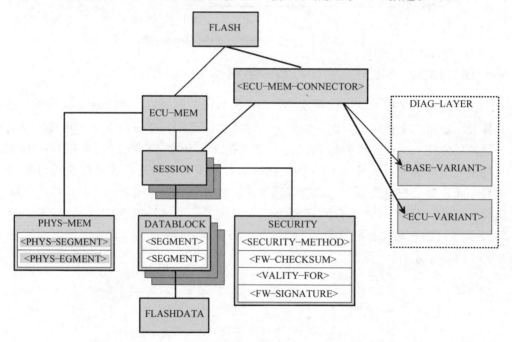

图 6.40　对烧写程序的 ODX 描述结构（简化版）

0 闪存烧写还通过好几个检验机制来进行保障。为了防止非法操作，会实施读写保护（比如 Seed and Key）。这个算法，即从 Seed 中计算出 key，必须不仅要让控制器知道，同时也要让运行时系统知道。同样也还需要关于编程验证，比如校验和签名的信息。这些数据会在 ODX 内 SECURITY 元素中进行存储，并且分配到一个会议（Session）或者数据块（Data Block）中。

表 6.25　存储器区域的 ODX 描述

```
<SEGMENTS>
    <SEGMENT ID="SEGMENT01">
        <SHORT-NAME>SEGMENT01</SHORT-NAME>
        ...
        <SOURCE-START-ADDRESS>0000</SOURCE-START-ADDRESS>
        <SOURCE-END-ADDRESS>3FFF</SOURCE-END-ADDRESS>
    </SEGMENT>
    <SEGMENT ID="SEGMENT02">
        <SHORT-NAME>SEGMENT02</SHORT-NAME>
        ...
        <SOURCE-START-ADDRESS>4000</SOURCE-START-ADDRESS>
        <SOURCE-END-ADDRESS>4FFF</SOURCE-END-ADDRESS>
    </SEGMENT>
    ...
</SEGMENTS>
```

在 PHYS – MEM 内部，控制器的真实存在的物理存储器网络结构将得到描述。一个运行时系统可以借此进行检验，是否闪存数据的逻辑部分跟实际存在的存储器网络结构相一致。对此闪存存储器通过 PHYS – SEGMENT 来进行建模，其中 PHYS – SEGMENT 由 START – ADDRESS、END – ADDRESS 和 BLOCKSIZE 组成。

这个真实的烧写过程是通过对已定义的诊断服务（烧写次序），一个个依次进行处理来实现的。如上所述，ODX 描述了在一个任务（Job）内诊断服务的一种排列顺序。为了烧写任务的诊断服务能够对烧写数据进行存取，必须在 DIAG – LAYER 文档中的这个烧写任务与 ECU – MEM 文档中的一个会议之间建立链接。这个链接也将被 ECU – MEM – CONNECTOR 执行。

6.6.11　FUNCTION – DICTIONARY：功能导向的诊断

按照功能导向或者基于功能的诊断可以描述关于诊断的一个抽象看法。在这个看法下，人们不再对一辆汽车内的一个个单独的控制器进行观察，而是对整个系统的一个确定功能进行观察。

在汽车中实施一个功能时，一定会有好几个控制器参与其中。比如照明功能由一个控制前灯的控制器和一个控制尾灯的控制器组成。在汽车仪表板上的开关位置还会通过另外一个控制器来读取。对于功能"车灯测试"，即在这个测试中整个外部照明将进行打开然后再关闭这两个操作，与带着相应开关车灯诊断功能的两个车灯控制器有关。因此用户必须有深入的了解，哪些控制器在实现这个功能时候参与进来，以及哪些诊断服务产生了这个所期望的功能。而在功能导向的诊断中，这些信息将被封装起来。用户点开功能"车灯测试"，然后运行时系统通过 ODX 文档 FUNCTION – DICTIONARY 来确定参与的部件，以及为执行这个功能所需的诊断服务。尤其是在有许多个部件参与的复杂系统中（比如车身控制或者辅助系统，例如 ESP），这种处理方式将提供一个很大的优势。像这样在一个系统中通过"故障存储器读取"，还可以把所参与的部件的所有错误存储器进行读取。通过对这些记录进行相应的分析,就能够在系统层面上判断起故障原因。

每一个单独的功能都会被组织在 FUNCTION – NODES 中(图 6.41)。通过在 DIAG – OBJECT – CONNECTORs 中,对可执行(EXECUTABLE)的服务(DIAG – COM)和 MULTIPLE – ECU – JOB 进行引用,这些去往各个控制器的链接将会被建立起来。

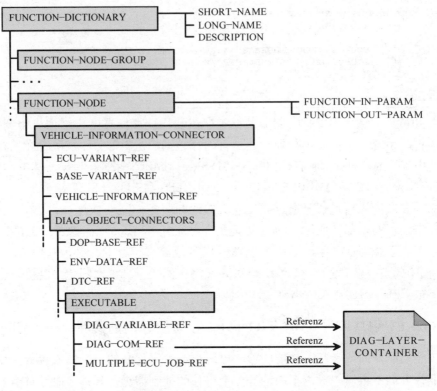

图 6.41　FUNCTION – DICTIONARY 文件的结构(简化版)

6.6.12　Packaged ODX 和 ODX 编辑工具

ODX 数据组会在汽车生产商和供应商的不同部门进行制定和维护,在那里每一个数据组都是由一系列的 XML 文件和(需要时)二进制文件组成的。此外,这些数据组都还"活着",即它们还会不断地被更新,所以这些修改情况必须要被记录下来和进行版本控制。

出于这个目的,ASAM 以 Packaged ODX(PDX)这个名字定义了一个档案格式,有了它,可以对属于同一个项目的不同 ODX 文件进行整理。重要的是可以使用在计算机界应用广泛的 ZIP 格式,来对目录和数据格式进行压缩式保存,这样就对 PDX – Catalogue 进行了补充,作为一个 XML 文件,它含有 PDX 文件的内容目录。

6.6.13　ODX Version 2.2 和 ISO 22901

目前最新的 ODX 版本，当时作为 ISO 22901 被制定成了标准，比之前的版本更详细地描述了针对闪存烧写的用户场景，以及对各种变化类型的操作。ECU - JOBS 的 LIBRARY 元素也作为为数不多的几个真正的更新之一，有了它就可以安置程序库，以及更加简单地对这个库进行版本和存取管理。

6.7　ASAM AE MCD 3 – Server

一个 MCD 3 – Server 的基本结构早已经在图 6.22 中介绍过。这个服务器的数据基础是在一个项目中被组织起来的，在这个项目中，举例来说，对某个确定的汽车模型的数据进行了总结。

这个 MCD 3 – Server 认识三个基本状态（图 6.42）。一开始，用户通过一个相关的操作客户端来选择其中一个项目，接着查看在这个数据库中为这个项目所保存的数值。只要跟控制器的链接建立完毕后，才能够对当前的数值进行读取或者更改。

怎样在一个数据库里面组织项目以及通过服务器去管理，这一点在 MCD 2/3 规范中没有进行详细规定，而是跟生产厂家有关。

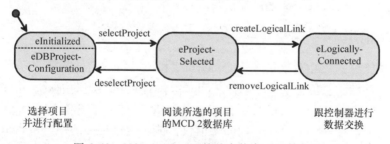

图 6.42　MCD 3 – Server 的基本状态（已简化）

这个 MCD 3 对象模型把数据对象（Database Object DB）和运行时对象（Runtime Object）进行了严格的分离（图 6.43）。其中，数据对象展示了 MCD 2 数据库中的内容，而且是静态的。也就是说，当运行时对象为操作客户端准备好接口方法的时候，它不能被改变。很重要的一点是，这些静态的对象构成了 ODX 诊断或者 ASAP2 应用数据组的元素。

这些对象中的许多个会出现很多次，它们将在列表中（Collections）中进行管理，通过一个当前的符号或者对象主管机关的名字（ODX - Element SHORT - NAME）就能够对这些列表进行访问了。关于这样一个列表的名字，通常会使用所

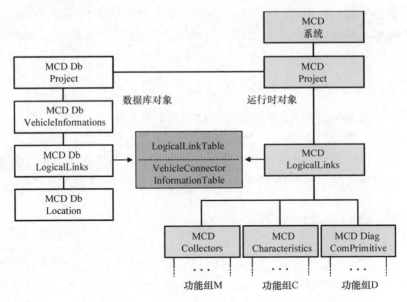

图 6.43 MCD 3 对象模型的被简化了的基本结构

包含元素的名字的复数形式，比如 MCDDbLogicalLinks 指的是一个在项目中来自 ODX 文件的所有 MCDDbLogicalLink 元素的列表（参照本章 6.6.3 小节）。

客户端能够通过运行时对象的接口方法不仅仅进行自身数值的访问和设置，还可以通过安装所谓的事件处理器以及根据所出现的结果，比如一个逻辑链接的中断，自动地从运行时系统那里得知消息。

6.7.1 功能组 M – 测量

这个功能组的核心对象是这个 Collector（图 6.44）。它的任务在于，自主地进行测量以及存储测量值。所有在一个 Collector 对象内被实施的测量，将以同一个采样率进行，其中每一个测量值必须在一个 ASAP2 文件（参考本章 6.5 节）的测量片段中被定义。在一个 Collector 内测量值仅仅能够通过唯一的一个逻辑链路，即来自唯一的一个控制器被接受，但是也有可能同时设置很多个 Collector 对象。这些测量值能够可选择性与一个时间标记一起被保存下来，这样一来就可以使一些测试数

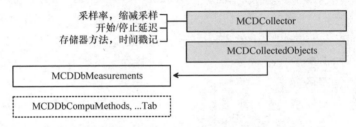

图 6.44 功能组 M – 测量的主要元素

据组事后跟时间相关联。在一个 Collector 对象被创建，以及所期望的测量已经配置完毕后，测量将被激活，想要自动开始或者停下，还必须要存在在 ASAP2 数据库中定义好了的触发条件，以及通过 Collector 属性来调整的延迟时间。

这些测量值将被存储在一个可调整大小的环形缓存中，并且能够被客户端通过轮流询问，或者依靠某个事件的协助来持续读取。另外一方面，运行时系统也可以自主地把测量值存放到一个文件中。此外，在机器内部数值和物理数值之间的换算，将采用一个在 ASAP2 数据库中定义为 CompuMethods 和 CompuTabs 的换算公式。

ASAM MCD 3 运行时系统也可以选择性地测量特征曲线和特征场（Characteristics），注意这在图 6.44 中没有描述。

关于测量结果的访问，可以通过一系列方程的调用来实现（图 6.45）。MCDCollector::fetchResults() 提供了一个关于 Collector 对象所有测量结果的列表，从中可以获得一次单独测量的结果（MCDResult），然后得到一个关于同一时间采集的测量值的列表（MCDResponse），通过这样才能最后提取出一个单独的数值（MCDResponseParameter）。

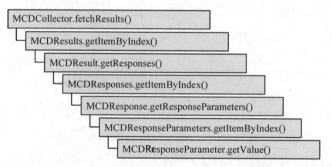

图 6.45　关于 MCDResult 和 MCDResponse 的测量结果访问

6.7.2　功能组 C – 标定

功能组 C 允许对控制器内部参数的访问（图 6.46）。它们在 ASAP2 数据库（参考本章 6.5 节）中被作为标量（Scalar）、特征线（Curve）和特征场（Map）来被描述。

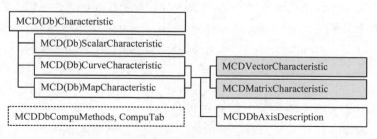

图 6.46　功能 C（标定）的主要元素

那些独立变量将在这里作为数轴（Axis）来称呼，而那些不独立的将称之为数值。在特征线和特征场中，两者都由很多数据值组成，这些数值将为了更加简单地操作向量（Vector）或者矩阵（Matrix）而被整理起来。对于每一个在数据库中定义了的数值，每一个特征曲线或者每一个特征场，都可以设置一个运行时对象。它的特性可以使用 get...（）方法来询问，并且通过 read（）或者 write（）方法来对它的数值进行阅读和设置。此外，在机器内部数值和物理数值之间的换算，将采用一个在 ASAP2 数据库中定义为 CompuMethods 和 CompuTabs 的换算公式。

6.7.3 功能组 D - 诊断

由于这个功能组比其他两个要远远复杂，所以 MCD 3 规范不仅仅详细规定了外部的接口，还规定了内部结构（图 6.47）。这个诊断模块是由以下几个所谓的处理器构成，它们各自都具有明确的任务。

- 通信处理器（Communication Processor）产生了诊断报文，把它发送到控制器并且处理它的回复。
- 数据处理器（Data Processor）构成了跟 ODX 数据库的唯一接口。所有数据访问都必须要通过数据处理器。此外，它还负责控制器内部数值到物理数值的转化，以及反向转化。

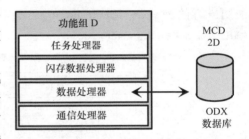

图 6.47　功能组 D - 诊断的结构

- 任务处理器（Job Processor）执行为用户准备的功能，有了这些功能，就可以生成诊断报文的次序以及处理它们的结构（参照本章 6.6.7 小节）。这些功能自身将作为 Java 源程序（Java File），或者预编译过的 Java 字节码程序（Class File），或者 Java 档案（JAR File），通过 ODX 数据库来进行准备。
- 闪存数据处理器（Flash Data Processor）构成了关于进行闪存烧写任务的运行时的系统，就如本章 6.6.10 小节所描述过的。这些程序数据组将再一次通过 ODX 数据库来进行准备。

功能组 D 的主要元素是 MCBDiagComPrimitive。关于它，正如其他大多数别的对象，既作为一个数据库对象又作为一个运行时对象存在（图 6.48）。在它后面还藏有诊断服务（MCDDiagService）和任务（MC - Job），以及控制跟控制器进行通信的接口（MCDControlPrimitive）。诊断服务可以借助 Execute（A）Sync（）或者 StartRepetition（）方法来一次、多次或者周期性地执行。其中，单次执行通常是同步的，即在诊断服务开始后 MCD 3 - Server 进行等待，直到诊断服务执行完毕并提供一个结果作为反馈值。而多次和周期性执行则必须是非同步进行的，也就是说，服务器在诊断服务开始后就立即继续工作了，而客服端将借助一个事件，在执行完诊断服务后通过这个当前的结果来被告知。

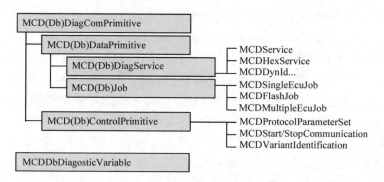

图 6.48 功能组 D 的主要元素

关于一个诊断服务的询问报文的参数可以通过 MCDServer∷GetRequest() 和 MCDRequest∷GetRequestParameters() 来进行访问，通过这样就可以改变包含在 ODX 数据库中的数值。而结果的读取，正如本章 6.4 节所描述的那样，应通过 MCDResult 对象来实现，在那里替代了仅仅在功能组 M 中出现的 MCDCollector 对象，这个 MCDDiagService 对象将要被当做 fetchResults() 方法的出发点来看待。

除了诊断服务还能够对单独的控制器变量进行直接访问，只要这个变量在 ODX 描述中被作为诊断变量（DIAG – VAR）来定义就行（参照本章 6.6.5 小节）。

这些任务（Jobs）都是由 MCD 3 – Server 来进行调用的，其运行原则跟简单的同步诊断服务类似，即每个任务开始后，MCD 3 – Server 就不停地等待，直到这个任务被全部执行完毕。任务必须要用 Java 这种编程语言进行编写，但是只有很小一块 Java 函数库（Java.lang，Java.util，Java.math，Java.text）被允许使用，以及在一个任务中所有流程只能依次按顺序执行。输入参数和输出参数之间的传递正如在诊断服务中一样，通过 MCDRequest 或者 MCDResult 结构来实现。为了跟 MCD 3 运行时系统进行合作，ASAM 提供了 Java 程序包 asam.d.＊，并且每一个 Java – Job 都必须要导入这个程序包。复杂的任务能够分解成很多个任务，其中一个在外层的任务将安排调用一个内部的任务。如果这个客户端程序同样也是用 Java 语言实现的，并且在客户端和服务器之间的链接中设置了 Java – RMI（远程方法调用）方式的话，对于在研发阶段的测试目的来说，它有可能在客户端中执行一个任务，而不是在服务器上执行。

从运行时系统的角度来说，闪存任务属于平常任务（单个 ECU 任务），这些任务通过 MCDDbFlashSession 和另外的 MCDDbFlash... 对象，还可以使用来自 ODX 描述文件 ECU – MEM 中关于控制器存储器和闪存编程数据组构造的信息。

6.8 依据 ISO 22900 为诊断测试仪而设计的 MVCI 接口

与依据标准 SAE J1534 的 Pass – Through 编程在美国的情况类似（请见第 5 章

5.3.6小节），在欧洲也正在尝试，把诊断测试系统的构造进行统一。在模块化汽车通信接口（Modular Vehicle Communication Interface，MVCI）这个概念下，ASAM诊断设计被当作 ISO 22900 或者 ISO 22901 进行标准化。这个测试系统由诊断测试计算机和一个为不同总线系统而模块化搭建的，用作汽车诊断接口的总线接口组成（图 6.49）。这个总线接口进行了从协议和总线都无关的诊断协议数据单元（Diagnostic Protocol Data Unit，D – PDU – API）编程接口，到被每辆汽车都使用的诊断协议和总线系统上的转化。原本的诊断应用理论上能够直接在 D – PDU 接口上建立，但是最好还是应该使用位于其上面的诊断服务器（Diagnostic Server，D – Server）层，它也同时封装了通向 ODX 诊断数据的接口。针对 ODX（ISO 22901）和 D – Server（ISO 22900 – 3）的标准，主要对应了 ASAM 规范 MCD 2D（请见本章 6.6节）和 MCD 3D（请见本章 6.7 节）。而在 D – PDU API（ISO 22900 – 2）中，它涉及一个新的设计，在那里，其原则上的任务设置与 ASAM MCD 1 接口相对应（请见本章 6.1 节）。

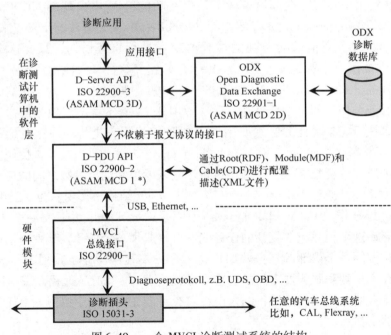

图 6.49　一个 MVCI 诊断测试系统的结构

关于 MVCI 总线接口在硬件部分的预给定参数相对来说是不确定的。这个总线接口应该支持一个或者多个当前流行或者未来流行的诊断协议和总线系统，并且通过已熟悉的 OBD 诊断插头，根据标准 ISO 15031 – 3 与汽车进行相连。关于跟诊断测试仪的连接，以太网或者 USB 已经写入规定，而其他的接口，比如 WLAN，被允许可选择性地支持。这些预给定参数相对来说很庞大，因为所有在硬件这边实现层面上的区别，将通过 D – PDU API 被隐藏起来，其中 D – PDU API 必须由总线接

第 6 章 在测量、标定和诊断中的应用（ASAM AE MCD）

口的生产厂家提供。对这个总线接口进行设置，使其能够让很多个 MVCI 模块以至于很多个报文和总线系统并行地得到支持。

D – PDU API 支持目前流行的问答型通信模型，也就是说，在这个模型中诊断仪将发送一个诊断询问，并且等待诊断回复的到来。处于上层的应用将要求一个诊断报文的发送（Communication Primitive）以及保持等待，要么不断地依次进行询问（Polling），直到收到一个诊断回复，要么通过一个反馈方程（Callback Event Notification）来告知已经收到了回复报文。此外，D – PDU 层也能够对收到的报文进行缓存，这样是为了能够对通信场景进行处理，在这里面将涉及好多个回复报文。比如，在 KWP 2000 或者 UDS 中使用功能寻址时，很多个控制器将会对一个单独的询问进行回答，或者由一个控制器自发地向测试仪发送报文，例如在 UDS 诊断服务中的 Response on Event。相反，D – PDU 层也能够自主地多次或者周期性地发送报文，比如 Test Present。

报文和另外的事件将在接收和发送时，在总线接口中具备一个时间印记，这样一来就可以让在此之上的应用能够理解这个时间性流程了。

D – PDU API 采用已经在 ODX 中使用过的方法 – 逻辑链接（LOGICAL – LINL，请看本章 6.6.3 小节）以及报文参数的定义（COMPARAM，请看本章 6.6.4 小节）。在建立一条链接的时候（表 6.26），需要从 MVCI 配置文件提取出一些必要的参数。这个核心的配置文件，即模块描述文件（Module Decription File，MDF），描述了这个总线接口支持哪一个总线系统和报文协议，以及确定了每一个协议参数的最小、最大和初始值。这些初始值之后将根据需求会被一些参数进行覆盖，而这些参数适用于特殊的汽车配置，并且在所从属的汽车 ODX COMPARAM – SPEC 中被确定。

表 6.26 跟 D – PDU API 方程进行连接的简化流程

建立连接	
PDUConstruct（）	加载 D – PDU API 库，识别与之相连的总线接口模块
PDURegisterEventCallback（）	注册反馈方程（可选）
PDUCreateComLogicalLink（）	初始化逻辑连接
PDUGet/SetComParam（）	询问和设置报文协议参数
PDUConnect（）	建立从诊断仪到控制器的连接
借助 ComPrimitives 对数据进行发送和接收	
PDUStartComPrimitive（）	发送一个诊断报文
PDUGetEventItem（）	读取一个回复报文
取消连接	
PDUDisconnect（）	结束跟控制器的连接
PDUDestroyComLogicalLink（）	删除逻辑连接
PDUDestruct（）	卸载 D – PDU API 库

借助所谓的 Communication Primitives，可以实现报文的发送和接收。在发送报文的时候，D – API 会给由上层应用提供的诊断报文中的有用数据（包括服务标识符）补充了一个相应的报文头。同时在接收报文的时候，它会在去除相应的关于报文协议的信息后返回相应的有用数据。而对报文的阐释不会进行，它将在更上层的应用中进行，比如借助于 ODX DIAG – SERVICE 定义（请见本章 6.6.5 小节）。特殊的 Communication Primitives 将实施跟报文协议有关的流程，比如 KWP 2000 快速初始化（请见于第 2 章 2.2.3 小节）。

D – PDU API 在正常情况下将对传递的报文进行处理，比如遵守相应的时间条件。然而在特殊情况，即所谓的 Raw 或者 Pass – Through Mode，上层应用将亲自对诊断报文进行处理，而使用 D – PDU API 仅仅只是为了发送和接收总线报文。因此，这个总线接口也能够对那些不直接被 MVCI 支持的报文进行使用，比如 XCP。这个报文必须之后在诊断测试计算机自身中生成，然而这样的话，使得在那些常见并不具有实时性的驱动系统中保证一定时间条件，相对来说就非常困难了。

6.9 依据标准 ISO 13209 的关于测试流程的 OTX 描述

诊断流程由一个接一个的诊断报文组成，这些报文通常由一个使用者通过诊断测试仪的操作界面进行触发，它们的结构也将被进行可视化。之后的报文顺序经常依赖于之前报文序列的结果，以及其他的用户输入。ODX 将允许这种类型的流程通过 Java – Jobs 来进行实现。一个 Java – Job 自然就是一个类似流程在用一种特殊编程语言进行转换后的实现形式。在实际中，诊断开发人员只是关于诊断流程的专业人员，这样的诊断流程能够对在一个抽象层面上的这样的任务进行详细说明，而对里面的编程技术细节不会关心。为此，ODX 将无法提供任何合适的帮助手段。

为了克服这种缺点，依据标准 ISO 13209，这种名为 Open Test Sequence Exchange Format OTX 的，并用于抽象描述诊断流程的数据格式被定义了。从逻辑上来说 OTX 在图 6.22 的 ASAM 诊断模型中应该被安排在 MCD 3 层的上面。

跟 ODX 类似使用者不应该直接用 OTX 的 XML 数据组进行操作，而是借助一个合适的输入工具来完成它的任务，这种工具会制定 XML 数据格式和从中生成必要的实现工具。在这一章节里面将介绍 OTX 的基本结构。一个典型的 OTX 工具将在稍后的第 9 章 9.7 节中进行介绍。

6.9.1 OTX 构造的基本设计

OTX 区分了基本系统和系统扩展（图 6.50）。

- 在标准 ISO 13209 – 2 中 OTX 核心数据模型描述了一个 OTX 测试顺序的基本元素。在那里编程语言的典型元素，比如数据类型、声明、赋值、运算符、控制流结构和方法，将作为 XML 结构进行定义。

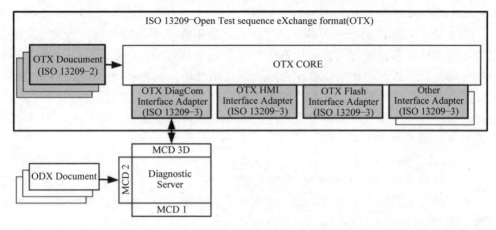

图 6.50　一个 OTX 诊断测试系统的结构

- 在标准 ISO 13209 – 3 中描述的 OTX 扩展定义了跟外部的接口,比如对诊断服务和 ODX 数据(DiagCom)的访问、闪存烧写和对用户接口进行连接(HMI)。

OTX 基于以下四个基本设计,这些设计将会在诊断发展中对流程和类型变化的管理进行简化。

1. 规范和实现(Specification and Realisation)

测试次序通常会在一个具有三个阶段的流程中进行研发。在这个规范阶段中测试情况将被大致进行说明。测试次序已经能够在逻辑上被理解,被分配到每一步中并被描述,这一切并不需要去知道具体的实现细节。当到了这个时间点,在汽车生产商、供应商和检验机构,比如 TÜV 或者 DEKRA 之间进行测试情况描述的交换已经成为可能。

在中间阶段,规范将一步一步地被具体实现。其中会产生 Aktivität,在 XML 格式中的一个流程代码,它从概念上模仿了传统编程语言的控制结构。一个用于 OTX 流程的解释器能够对这个序列进行仿真,以及通过一个代码生成器为一个测试系统把这个序列翻译成实际的编程代码。在这个阶段测试是可以混合运行的,即已经实现的部分能够按实际情况运行,而还没有实现的部分应在 OTX 运行时环境(OTX – Runtime)中进行模拟。

在实现阶段最后会实现所有的测试次序,并且结束研发。

2. 环境(Context)

不是所有跟测试和检验流程有关的信息都能够从控制器中读取。一个控制器无法知道它到底处于研发环境、生产环境还是服务环境中?为了让测试序列能够在正确的环境中运行,这些信息必须在 OTX 运行时,由系统通过所谓的环境变量提供。环境变量由诊断作者进行定义,应包含汽车信息、用户输入或者关于诊断测试仪的信息。

3. 效度（Validity）

OTX 能够对测试流程或者部分测试流程，依据确定的条件进行可变化地运行。这个效度设计跟来自编程语言中所熟知的编译指令比如#ifdef 比较相似，通过它可以把一部分程序进行不执行。在跟语境变量相结合后，就能够对测试步骤进行确定了，使得这些测试步骤仅仅在生产中或者仅仅在维修车间中才能执行。比起一个决定必须通过很多个单独的编程分支来进行实现，这样的效度设计对整体的测试序列来说更加一目了然。

4. 签名（Signature）

一个签名就是一个 OTX 测试序列的接口。它将对应于在一种常见的编程语言中一个程序的函数原型。通过签名名字和参数的传递，一个测试序列将能够从另一个测试序列中被调用，而不用知道任何实现的细节。在跟效度信息进行结合后，将会生产出那些在运行时间内跟相应环境相适应的这类测试序列。

6.9.2 OTX 核心数据模型

每一个 OTX 文档都存放着一个 OTX 数据组，并以 XML 根元素 < otx > 为开头，它在结构上跟一个 Java 程序的结构非常相似（图 6.51）。在文档的开头记录着管理信息比如名字（name）、识别记号（id）、版本说明（version）和时间说明（timestamp），一个内容描述（specification）和历史信息以及元信息（adminData）。OTX 支持结构化，即通过将内容相关的 OTX 文档进行分组打包来完成。

从别的 OTX 文档进行元素导入是通过一个叫 imports 的单元来实现的。package 和 name 的结合可以确保被导入的 OTX 文档具有唯一标识，并且使得访问可以通过一个 OTX – Links 来进行。而一个更加短的 prefix – Namens 的定义可以更加简化以后对被导入元素的访问。通过这种机制也可以绑定来自 ISO 13209 – 3 的一些扩展。

在一个 XML 结构中，全局或者局部的对变量、常数以及参数的声明，将安排在相应的 declarations 单元里面。全局变量比如语境变量将会在最高层进行声明，这些变量会在运行时被系统进行设置，并且在 OTX 文档中只具有可读的权利。一个典型的语境变量,,比如汽车身份号码 VIN，它可以由运行时系统通过一个汽车的诊断服务来进行访问。对于可运行程序的实现，那些在 realisation 单元里面的常数、变量以及表达式必须拥有一个对应的数据类型，比如 BOOLEAN、INTEGER、FLOAT、STRING 等。在必要的情况下，还可以进行初始化赋值。表 6.27 就展示了一个对变量声明的例子。此外，OTX 将通过三个层（PRIVATE、PACKAGE 和 PUBLIC）来决定变量和方程是否可见。

在变量声明之后，为了测试步骤有条件地实施就会伴随着之前已经在前面述说过的效度（validities）。在签名（signatures）下面将定义函数原型，而在之后的步骤（procedures）中将定义的是其原本的方程（表 6.28）。

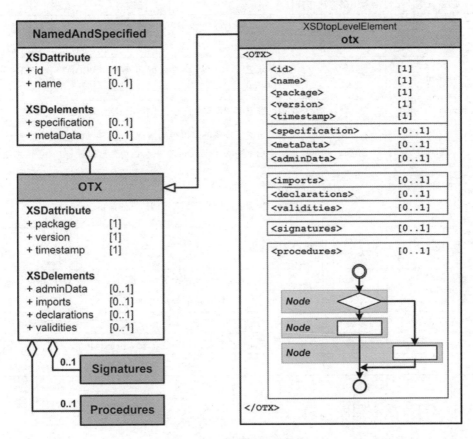

图 6.51 OTX 文档的结构

表 6.27 在编程语言和在 OTX 中进行声明的比较

```
Deklaration in der Programmiersprache Java:
int i = 42; // A simple Integer
Deklaration in OTX:
<declarations>
  <variable>
    <name="i" id="001">
    <specification>A simple Integer</specification>
    <realisation>
      <dataType xsi:type="Integer"> <init value="42"/></dataType>
    </realisation>
  </variable>
</declarations>
```

表 6.28 步骤和签名的属性和元素（选择）

属性/元素	步骤，签名	多样性	描述
name	步骤 签名	1	在一个 OTX 文档中步骤或者签名的名字。main 标记了一个测试序列的开始步骤
visibility	步骤 签名	1	定义了步骤或者签名的可见性（PRIVATE、PACKAGE、PUBLIC）
implements	步骤	0..1	在签名和步骤之间进行引用（OTX – Link）
validFor	步骤	0..1	定义了步骤可以执行的条件。这个可执行性能够根据一个全局常数值（constant）、一个语境变量或者一个效度值来进行限制
specification	步骤 签名	0..1	步骤或者签名的具有可阅读性的描述
realisation	步骤 签名	0..1	实现块
parameters	步骤 签名	0..1	针对步骤和签名的参数的声明块，并带有入口和出口参数 inParam、inOutParam 和 outParam
declarations	步骤	0..1	局部常数和变量
flow	步骤	1	确定一个步骤的每一个程序元素（Nodes）
...	...	...	...

6.9.3　OTX 核心程序元素

　　那些在编程语言中所被熟知的元素比如赋值、程序块和控制流结构，在 OTX 数据模型中都以节点（Nodes）来命名（图 6.52）。一个测试步骤由许多个节点组成，它们将一个接一个被进行处理。每一个节点都会有一个 id 进行身份识别，作为选择也可以添加名字（name）和描述（specification）。通过一个开关（disabled）能够把一个节点进行关闭。这样就对应在传统编程语言中的注释功能。OTX 可以区分出两种元素，一种是简单的原子节点（Atomic Node），还有一种是包含了很多个其他节点的复合节点（CompoundNodes）。

　　而所谓的行动节点（Action – Nodes）将实现赋值和函数调用。函数（OTX 步骤）由带有相应实际参数的过程调用节点（ProcedureCall – Node）元素来进行调用。表 6.29 举例了一次赋值过程（assignment）。作为结果（result）例子，把一个表达式的返回值对一个变量进行了赋值。表达式也能够包含数学公式、字符、逻辑性，或者关系性的指令、转化、引用以及其他。

　　控制流元素在复合节点中控制着程序依次运行（图 6.53）。这个 OTX 核心模型提供的控制流元素，带有或者不带互斥锁（mutex）的分组（group）、循环（loop）、

第6章 在测量、标定和诊断中的应用（ASAM AE MCD）

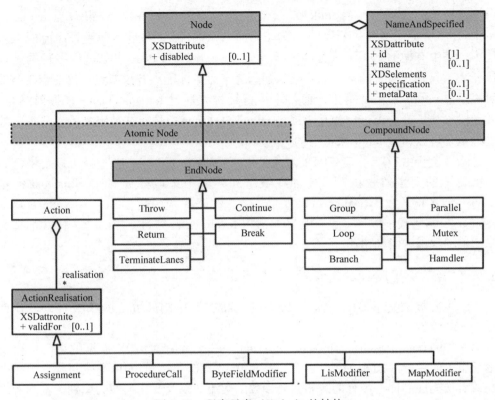

图 6.52　程序元素（Nodes）的结构

表 6.29　在 OTX 中赋值举例

```
<action id="A-001">
  <specification>Example for an assignment action node</specification>
  <realisation xsi:type="Assignment">
    <result xsi:type="IntegerVariable" name="i" />
    <term   xsi:type="IntegerLiteral" value="171174" />
  </realisation>
</action>
```

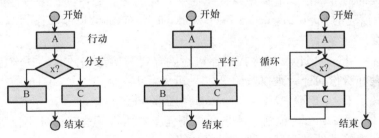

图 6.53　典型的控制流结构

259

分支（branch）、平行（parallel）以及意外处理（handler）。结束节点（End - Nodes）将会提前结束一个程序分支（比如一个循环），并且返回到程序流的上一层中。其中有趣的是，可以通过平行节点（Parallel - Node）来创造出平行的处理途径来。只有当所有的平行途径全部运行完毕后，才能离开该节点。每一个线路都可以通过 return 来正常结束，而整个平行结构将通过 terminateLanes 来提前终止。关键段（critical section）和互斥锁（mutual exclusion）是能够被定义的，并且意外处理也是可以通过 throw 来进行的。

除了这些由 OTX 作者定义的意外处理（UserException），OTX 还可以提供已经标准化了的大量监督机制，比如在数组和列表中区域监视（OutofBoundsException）、型号检验（TypeMismatchException）、在公式中的错误识别（ArithmeticException），或者没有初始化的变量的检查（InvalidReferenceException），这些都是为了能够捕捉运行时的错误。

6.9.4 OTX 扩展

OTX 扩展定义了 OTX 核心系统对外的接口。这些最重要的接口有以下几种（图 6.50）。

- DiagDataBrowsing、DiagCom 和 DiagComRow 允许对 ODX 数据的访问，以及诊断服务的运行（图 6.54）。这个扩展会包含了汽车网络的入口、控制器上的物理性或者功能性寻址、带有询问和回复参数的交流，以及变化类型的识别。基本上诊断运行时系统的每一个种类都能被支持，尽管如此还是建议使用一个已经标准化了的 ODX/MCVI - Server。

- 人机接口（Human Machine Interface HMI）提供为诊断仪构造一个操作界面所需要的元素。这个扩展还包含标准人机对话，以及可自由给定参数的屏幕输出和键盘输入。OTX 在基本范围内支持两种输出屏蔽。BasicScreen 提供情态对话，用它能够要求用户进行简单的输入或者让用户收到系统的消息。用 CustomScreen 则能够建造复杂的界面。由于不同的诊断仪，从简单的手持设备到自带触摸屏的仪器，最后到带有高分辨率彩色屏幕的高性能计算机，区别非常大，所以 OTX 不具有任何直接的对屏幕格式的描述，而是需要对此的工具专用的扩展，比如在第 9 章 9.7 节中所描述的 Open Diagnostic Framework ODF，它的数据能够作为 OTX 原数据，完全符合标准地整合进去。

- 闪存（Flash）包含了为控制器进行闪存烧写所需的函数，其中包括了诊断会议的管理和身份验证管理以及验证（见第 9 章 9.4 节）。这个 OTX 数据模型（图 6.55）仿照了 ODX ECU - MEN Container（图 6.40）。

- 测量（Measure）包括了测量和控制任务的执行，这些任务不仅仅通过诊断通信，还在连接了外部测试仪器的时候被执行。

- 事件处理（EventHandling）补充了 OTX 核心的顺序控制，这个核心是关于一些用于事件处理的元素，这里举例来说有对用户动作的反应，如鼠标点击、键盘输

第 6 章　在测量、标定和诊断中的应用（ASAM AE MCD）

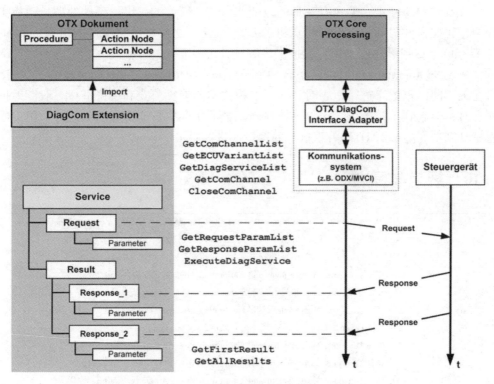

图 6.54　在 OTX 中诊断询问和诊断回复

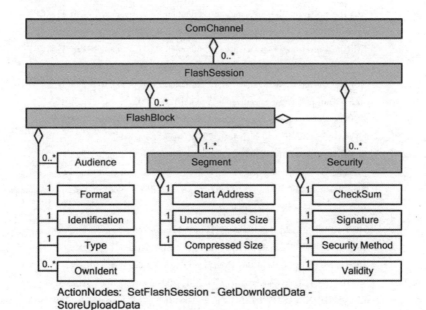

图 6.55　OTX Flash 扩展

入，或者时钟的停止，但也有变量的改变或者一个阈值的超出。事件处理是同步实现的，比如事件源（EventSource）将由 OTX 定义，之后将等待事件的出现（WaitForEvent），直到事件一出现，就按次序继续处理。

- 通过 Internationalization，StringUtil，Math，DataTime 或者 Quantities，这些接口在跟不同国家语言进行配合时，或者在跟文本、换算公式和单位进行一般性地打交道时，会起到支持作用，也将会使诊断函数的实际执行变得容易。此外，用户或者工具制造商能够对 OTX 关于自身的程序库进行扩展。

6.10 规范与标准

ASAM 1	ASAP Standard CAN Calibration Protocol CCP Version 2.1，1999，www.asam.net ASAP2Meta Language für CCP – AML Version 2.6，2002，www.asam.net ASAP Interface Specification Interface 1b Version 1.2，1998，www.asam.net XCPThe Universal Measurement and Calibration Protocol Family – Part 1：Overview Version 1.0，2003，www.asam.net XCPThe Universal Measurement and Calibration Protocol Family – Part 2：Protocol Layer Specification Version 1.0，2003，www.asam.net XCPThe Universal Measurement and Calibration Protocol Family – Part 3：XCP on CAN Transport Layer Specification Version 1.0，2003，www.asam.net XCPThe Universal Measurement and Calibration Protocol Family – Part 3：XCP on FlexRay Transport Layer Specification Version 1.0，2006，www.asam.net XCPThe Universal Measurement and Calibration Protocol Family – Part 3：XCP on USB Transport Layer Specification Version 1.0，2004，www.asam.net XCPThe Universal Measurement and Calibration Protocol Family – Part 3：XCP on Ethernet Transport Layer Specification Version 1.0，2003，www.asam.net XCPThe Universal Measurement and Calibration Protocol Family – Part 3：XCP on Sxl Transport Layer Specification Version 1.0，2003，www.asam.net XCPThe Universal Measurement and Calibration Protocol Family – Part 4：Interface Specification Version 1.0，2004，www.asam.net XCPThe Universal Measurement and Calibration Protocol Family – Part 5：Example Communication Sequences Version 1.0，2003，www.asam.net XCP Version 1.1 – What's new，2008，www.asam.net. Vollst.ndige Spezifikationen 版本 1.1 当时仅仅只对 ASAM 成员开放
ASAM 2	MCD 2 FIBEX Field Bus Exchange Format Version 2.0，2006，www.asam.net MCD 2 NET FIBEX Field Bus Exchange Format Version 3.1.1，2010 MCD 2 NET FIBEX Field Bus Exchange Format Version 4.1，2013 MOST Fibex4MOST Cookbook Version 1.0，2009，www.mostcooperation.com ASAMMCD 2MC/ASAP2 Interface Specification Interface 2 Version 1.6，2009，www.asam.net ASAMMCD 2MC Calibration Data Format User's Guide Version 2.0，2006，www.asam.net ASAMMCD 2MC Calibration Data Format Reference Guide Version 2.0，2006，www.asam.net

第6章 在测量、标定和诊断中的应用（ASAM AE MCD）

（续）

ASAM 2	ASAM AEMeta Data Exchange Format for Software Sharing MDX Version 1.0, 2006, www.asam.net ASAMMCD 2D（ODX）Data Model Specification Version 2.0.1, 2005, www.asam.net ASAMMCD 2D（ODX）Data Model Specification Version 2.1.0, 2006 ASAMMCD 2D（ODX）Data Model Specification Version 2.2, 2008, www.asam.net ASAMMCD 2D（ODX）Authoring Guidelines Version 1.0, 2011, www.asam.net ODX 在当时作为 ISO 22901 被标准化（见下文）
ASAM 3	ASAMMCD 3 Application programmer's interface specification Version 2.2.0, 2008, www.asam.net ASAMMCD 3 Programmer's reference guide Version 2.2.0, Teil 1：MCD, MD und D, Teil 2：MCD, MC, M und C, 2008, www.asam.net ASAMMCD 3 Application programming interface specification Version 3.0.0, Teil D und Teil MC, 2013, www.asam.net MCD3 在当时作为 ISO 22900 被标准化（见下文）
ASAM MDF	ASAMMDF Measurement Data Format – Programmer's guide Version 4.1.0, 2012, www.asam.net
ISO	ISO 22900 – 1 Road vehicles – Modular vehicle communication interface（MVCI）Part 1：Hardware design requirements. 2008, www.iso.org ISO 22900 – 2 Road vehicles – Modular vehicle communication interface（MVCI）Part 2：Diagnostic protocol data unit application programmer interface（D – PDU API）.2009, www.iso.org ISO 22900 – 3 Road vehicles – Modular vehicle communication interface（MVCI）Part 3：Diagnostic server application programmer interface（D – Server API）.2012, www.iso.org ISO 22901 – 1 Road vehicles – Open diagnostic data exchange（ODX） – Part 1：Data model specification. 2008, www.iso.org ISO 22901 – 2 Road vehicles – Open diagnostic data exchange（ODX） – Part 2：Emissions – related diagnostic data in ODX format. 2011, www.iso.org ISO 22901 – 3 Road vehicles – Open diagnostic data exchange（ODX） – Part 3：Fault symptom exchange description（FXD）. Noch nicht ver.ffentlicht ISO 13209 – 1 Road vehicles – Open test sequence exhange format（OTX） – Part 1：General information and use cases. 2011, www.iso.org ISO 13209 – 2 Road vehicles – Open test sequence exhange format（OTX） – Part 2：Core data model specification and requirements. 2012, www.iso.org ISO 13209 – 3 Road vehicles – Open test sequence exhange format（OTX） – Part 3：Standard extensions and requirements. 2012, www.iso.org

参 考 文 献

[1] C. Marscholik, P. Subke: Datenkommunikation im Automobil. VDE-Verlag, 2. Auflage, 2011

第 7 章 软件标准：OSEK 和 HIS

7.1 概述

一方面，汽车电子系统的复杂度越来越高，另一方面，它们的设计成本也在不断增加。这些原因使得汽车电子系统设计标准化的想法，被越来越多人所认同。这种标准化是指通过在系统内部定义一系列标准的接口，使得系统的各部件能够在其他系统中被重复使用。由于汽车电子系统所使用硬件基本组件设计已经基本趋于稳定，所以我们现在只关注软件组件的标准制定。

其中，关于汽车总线和通信标准的制定早在 1990 年之前就展开了，这些在之前章节已经介绍了。后来大概在 1995 年的时候，开放式汽车电子类开放系统/汽车分布式执行标准（OSEK/VDX），作为车载操作系统标准被制定出来。到 2000 年左右，汽车制造商软件产业联盟（HIS）、汽车开放系统架构联盟（AUTOSAR）和日本汽车软件平台与架构联盟（JASPAR），开始制定汽车 ECU 软件的开发和测试标准。

所有以上联盟成立初期，都是由一些重要的汽车制造商和零部件供应商组成的，然后慢慢地其他汽车制造商和供应商也加入进来。然而，这些联盟制定的标准经常有很大一部分重叠，很多公司在不同的联盟中负责制定不同模块的标准。虽然很多公司希望标准制定能够快速完成，但是很多制定的标准又会损害某些公司的利益，所以制定标准的速度被大大地放缓了。结果显而易见，标准的制定并没有达到初期的期待，但是前期 OSEK/VDX 制定标准过程的经验完全可以作为以后标准制定的一个参考。已经制定出来的某些标准往往只停留在纸面上，在研发过程中仅仅作为一个参考，并没有被统一应用到产品中去。由于有些组件标准制定速度过慢，导致产品上的这些组件在设计过程中还是参考以前的解决方案。所以，现在市场上有大量车载操作系统虽然能完全符合 OSEK/VDX 标准，但是它们在这些系统上还是添加了一些每个整车厂自己指定的配置，而且每个系统的编译工具也都不一样。所以，制定一个完整统一标准，还需要大量努力。

本节不会具体介绍汽车软件架构中的每一个细节，只是对汽车软件架构做一个概述，基本的软件架构如图 7.1 所示。

- 汽车软件主要是按照功能不同来划分的，例如发动机空转调节模块、车速调节模块，或者 ESP 系统控制转速调节传感器的模块。每个模块都是独立作为一个软件组件来实现和运行的。通过对它们的接口和通信机制明确的定义，它们之间可以相互传送数据，从而实现了它们之间的交互。这些驱动和应用组件是汽车系统的标准构件，在这些构件的基础上整车厂可以实现不同的电子系统的。整车厂可以自己设计这些组件，也可以通过与供应商合作共同完成。

- RTE（运行实时环境）是负责上层不同组件之间的数据交换，相当于汽车总线。如何设计汽车总线通信也是 AUTOSAR 的重点之一。

- 基础软件层大体上相当于电脑的操作系统。但是称之它为基础软件层，是因为 OSEK/VDX 把它的功能只是定义为一个调度管理器，也是就说，它只具备 CPU 资源的分配和运行控制功能，这部分功能可以称为操作系统。其他典型的操作系统进程如与硬件连接的接口、通信协议或者服务程序，OSEK/VDX 还没有或者没有完全制定相应的标准，这些将在未来会继续完成。

- HAL（硬件驱动层）主要负责把 ECU 硬件和上层软件分离。ECU 硬件端口位置的改变只会影响这一层。此外，HAL 也把位于基础层的输入/输出功能（Input/Output Driver）抽象化了。输入/输出功能的设计也是 AUTOSAR 的重点之一。

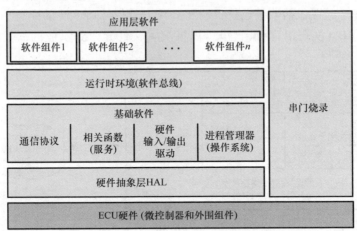

图 7.1 未来的 ECU AUOTSAR/HIS 软件基本架构

- 为了能够让芯片和汽车制造商可以修改程序和数据存储器的内容，软件架构中引入了 ECU 存储器模块（Flash – ROM），这样制造商们可以在存储器嵌入系统时，在外面重新写入程序。这个模块原则上也支持 UDS 通信协议栈，当然，在必要的情况下也可以不使用它。在这里，如果一个软件组件使用了这个模块，它同样可以独立地工作。这个模块相应的标准制定是由 HIS 完成的。Flash – Lader 模块的内部结构将会在第 8 章中详细介绍。

如果我们把汽车电子系统想象成一台个人电脑，那么应用层软件组件就是个人电脑办公软件 Word、Excel、PowerPoint、IE 浏览器等。RTE 相当于个人电脑的中间件如 COM/DCOM、ActiveX，或者在 Excel 表格中被调用的 CORBA，以及应用软件接口 Win32 - API，或者 Linux 上的 Posix 系统调用。基础软件层相当于个人电脑的操作系统，如 Windows、Linux 或者 Solaris，它们主要负责程序启动、存储资源分配、数据管理和网络连接。硬件输入/输出功能和抽象层类似于硬件驱动和个人电脑的 BIOS。Flash - Lader 相当于电脑 BIOS 的刷新，可以将操作系统从硬盘中加载和启动。

7.2 OSEK/VDX

OSEK 操作系统是 OSEK/VDX 系统的内核（图 7.2），是一个以事件驱动实时性多进程，并可以完成进程同步和资源管理的操作系统。OSEK 系统同时也是一个分布式操作系统，所以它也定义了一个交互层 OSEK COM（通信）。这个交互层主要负责在同一个 ECU 中不同进程之间的数据交换（内部通信），或者不同 ECU 中的不同进程之间跨总线的数据交换（外部通信），OSEK NM（网络管理）主要负责总线监控和管理。在系统配置时，要对系统要求的最小运算能力和存储进行全面数据分析。OSEK 配置包括系统运行机制和 C 语言软件接口 API 的配置。配置语言用的是 OSEK OIL（实现语言）。这里可以将配置文件导入到供应商研发的工具中生成相应的软件组件。

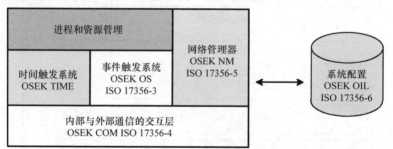

图 7.2 OSEK/VDX 系统的基本组件

为了保证应用层软件组件如车身电子 8bit 的微控制器，甚至是发动机 32bit 的微控制器的可扩展性，这里的 OS、COM 和 NM 是分开定义的，也就是说，它们理论上也相互独立运行，并且可分为多个一致性类。

OSEK 的工业标准是 ISO 17356，针对 OSEK/VDX 的部分组件，这个标准还在扩充。最新的是 ISO 17356 - 1 和 ISO 17356 - 2。目前，软件架构的标准的制定是完全由 AUTOSAR 来负责的。

汽车电子系统的设计是与 CAN 总线紧密联合的，因为当时在汽车电子领域只有 CAN 总线。因为在转向中应用的是时间控制总线 FlexRay，所以 OSEK 也专门为此定义的时间控制的系统 OSEK Time 和带容错的通信层 OSEK FTCO（容错通信）。但是，两者并没有应用到实际产品中去，目前 AUTOSAR 还将继续完成对他们的定义。

目前，这个 OSEK 架构在普通的 ECU 中没有直被接使用，而是在一些昂贵的 ECU 中被使用。在这些昂贵的 ECU 中，操作系统和应用软件通过不同的存储保护被分开，以至于单个应用程序的故障不会传播到其他应用程序中去。未来汽车的 ECU 都会引入这种保护机制。

OSEK ORTI（OSEK 运行时间接口）是一个专门定义 OSEK/VDX 运行软件和外部模拟器和其他软件工具之间的接口，主要用于降低 ECU 测试工具的研发难度。

7.2.1 事件驱动的操作系统内核

如果 ECU 搭载的操作系统是 OSEK/VDX，则被软件组件处理的任务将被分为多个相互独立、能够同步的分任务。例如，涡轮增压机转速调整的同时，进行点火和喷油控制。这些分任务统称为进程，进程是一个操作系统的执行单位。在一个进程内程序是按程序流程依次执行的，不能同步执行。因为控制器只有一个微控制器，而这个微控制器不可能同时执行多个进程，但是微控制器可以来回不断地切换多个进程，所以也可以称之为多进程同步。负责来回切换进程的组件称为调度单元。如图 7.3 所示，每个进程可以处于 4 种状态。当一个进程正在被微控制器执行时，该进程处于运行状态。当一个进程将要被微控制器执行时，该进程处于准备状态。当一个进程不在被微控制器执行时，该进程处于挂起状态。例如，只要控制器不与诊断测试器相连，UDS 协议程序就处于这个状态。当正在运行的进程遇到外部事件干扰时，将会中断运行，处于等待状态。例如，UDS 程序在诊断时，如果遇到下一个 UDS 消息干扰，它将会于等待状态。

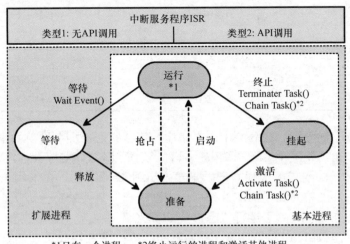

*1只在一个进程　　*2终止运行的进程和激活其他进程

图 7.3　OSEK/VDX 进程的状态模型和所属的 API 函数

在 OSEK/VDX 中，进程主要分成两大类，一类是不需要等待状态，叫作基本进程，另一类是需要使用等待状态，叫作扩展进程。

在图 7.3 中，不同状态之间的转移是通过操作系统的函数调用来实现的。到底下一次运行哪个进程或者哪个进程要被中断（哪个进程需要休息），这个是由操作系统调度单元根据它们的优先级不同来统一决定的。每个进程的优先级是在系统研发阶段确定的，最低的优先级是 0，最高的是根据一致性类不同而不同，BCC 至少是 8，ECC 至少是 16（表 7.1）。当调度单元被唤醒时，它会从所有处于准备状态的进程中选取优先级最高的进程，然后判断这个进程优先级是否大于正在被执行进程的优先级，如果是，则正在运行的进程将会被中断，启动处于准备状态中优先级最高的进程，被中断的进程将处于准备状态，并且系统会保存它的上下文，例如 CPU - 寄存器内容、局部变量等。等到下次再继续运行这个进程时，将会重启这些内容。如果有一些进程的优先级一样高，那么调度单元将不能根据它们的优先级高低来做决定了，这时操作系统将会针对这些优先级相同的进程建立队列，哪个进程在前面，就先执行哪个进程。

因为对拥有优先级相同的进程都要建立一个队列，这会较大地消耗系统的资源，所以 OSEK/VDX 提出了实现等级，也就是一致性类（表 7.1）。其中最简单的类是 BCC1（没有进程使用等待状态，所有进程的优先级都是不一样的），这种类的存储资源消耗要小于 ECC2（没有进程使用等待状态，有些进程的优先级是不一样的）。

表 7.1 关于一致性类（Conformance Classes）的实现

		状态等待可靠？	
		否： 只有基本进程	是： 基本和扩展进程
多个进程/优先级 和/或 多个进程同时激活？	否	BCC1 基本一致性类 1	ECC1 扩展一致性类 1
	是	BCC1 扩展一致性类 2	ECC2 扩展一致性类 1

除了进程的优先级，还有一个因素会影响进程状态，即调度单元采用的调度策略。在使用非抢占调度单元的系统中，只有当进程要转移到挂起或等待状态，或者唤醒调度单元（协同式多进程）时，调度单元才会被激活。在采用全抢占式调度单元的系统，调度单元在任何地方都可以中断进程，只要处在等待状态的最高优先级的进程的优先级，比处于运行状态进程的优先级还要高（抢占式多进程），这个过程可以通过函数 AcitivateTask()、setEvent()，或者释放正在运行进程中的资源，或者通过外部事件来实现，例如警报、消息、中断等。在使用非抢占调度单元的系统中，进程的设计必须考虑到随时会被中断的可能。如果正在进程执行的过程

中，有些情况是不建议被中断的。例如，正在读写存储块。为了防止进程中断对读写数据块完整性的影响，系统可以通过函数 GetResource（RES_SCHEDULER）和 ReleaseResource（RES_SCHEDULER）来停止调度单元的启动，即暂时停止中断。如果系统中只使用非抢占调度单元，那么调度单元存储空间的消耗相对较小。大部分系统都采用的是抢占调度单元和非抢占调度单元的混合体。执行时间较长的进程使用的是抢占调度，这样高优先级的进程不用等待较长的时间再执行。执行时间较短的进程使用的是非抢占调度，因为进程中断转换也会消耗一些时间。

除了以上依赖于调度单元的软件中断，操作系统还可以通过硬件实施中断。例如，微控制器硬件中断信号或者外围总线模块触发中断，这些中断不依赖于调度单元的预定义程序，称之为中断服务程序 ISR（Interrupt Service Routinen，图 7.3）。这些中断也可以和非抢占调度单元对进程实施中断。在中断服务程序中，可以有限地使用 OSEK – API 函数，例如 SetEven（）或者 ActivateTask（）。如果中断服务程序执行结束和下一个进程被执行，调度单元将会启动。在普通的中断服务程序（类型 1）中，是不会调用任何 OSEK – API 函数的，它一旦结束，就跳过调度单元直接运行下一个进程。在非普通的中断服务程序（类型 2）中，如果进程不想执行该中断，可以使用 API 函数 [DisableXInterrupts（），EnableXInterrupts（），SuspendXInterrupts（），ResumeXInterrupts（）] 来执行。

表 7.2 中是一个进程和中断服务程序的 C 语言代码框架，DeclareTask（）是进程的宏，Task（）是函数头，进程函数中大部分情况下包含一个死循环和一个条件判断，用于结束该死循环，外加一个用于介绍进程的函数 TerminateTask（）。在进程函数中我们可以任意调用其他函数。关于如何使用全抢占还是非抢占调度单元，基本进程还是扩展进程，多进程模式中的进程在启动后要不要自动转入准备状态（*AUTOSTART*）还是在处于挂起状态，进程是否由另一个进程启动，这些都在下面的 OIL 配置文件中有举例说明（表 7.3）。中断服务程序也是一个 C 语言函数，并在宏 ISR（）中定义。

表 7.2　OSEK/VDX 进程和 ISR 程序结构（C 语言）

```
DeclareTask(myTaskName);
TASK(myTaskName)
{  do
   { . . .                          // Programmcode der Task
   } while (!abortCondition);
   TerminateTask();                 // Alternativ: ChainTask(. . .)
}
ISR(myIsrName)
{ . . .
}
```

所有的 OSEK OS API 函数采用的都是统一结构来定义的。系统对象如进程、事件等是通过关键字来区分的，这些都是开发者通过 C 语言（#define）宏定义来定义的。输出参数是通过引用来传递的。函数的返回值是一个状态码，它的值可以表明,这个函数是否被成功执行。运行时对进程时间和存储的故障检测,在 OIL 中也可以被定义。

表 7.3 OIL 配置文件的例子

```
OIL_VERSION = "2.0";

// Include OS implementation specific definitions
#include <osekOsVendor.oil>

CPU myApplication    // *** Configuration for one microcontroller ****
{
    OS exampleOsekOS {  // *** General operating system parameters **
        STATUS = EXTENDED;    // Uses ext. API function return values
        ErrorHook = FALSE;    // Specify which hook routines are used
        StartupHook = FALSE;
        ...
    };

    TASK myFirstTask {  // *** Define a task **********************
        TYPE = EXTENDED;        // This is an extended task
        PRIORITY = 10;          // Task priority is 10
        SCHEDULE = FULL;        // Task uses full preemptive scheduling
        ACTIVATION = 1;         // No multiple task activation
        AUTOSTART = TRUE;       // Task will be in state Ready when ...
                                // ... multitasking starts
        EVENT = triggerEvent;   // This task uses event triggerEvent
        RESOURCE= myResource;   // This task uses resource myResource
        MESSAGE = myMsg1;       // This task uses message myMsg1
    };

    TASK mySecondTask { // *** Define another task *****************
        TYPE = EXTENDED;
        PRIORITY = 11;          // Task priority is 11
        SCHEDULE = FULL;
        ACTIVATION = 1;
        AUTOSTART = FALSE;      // Task will be in state Suspended ...
                                // ... when multitasking starts
        EVENT = NONE;           // Task does not use any events
        RESOURCE = myResource;
        MESSAGE = myMsg2, myMsg3;
    };

    RESOURCE myResource; // *** Define a resource ******************
    EVENT triggerEvent{  // *** Defines an event *******************
        MASK = AUTO;
    };

    COUNTER myCounter { // *** Defines a counter *******************
        MAXALLOWEDVALUE = 65535; // Parameters of the assoc. counter
        TICKSPERBASE = 100;
        MINCYCLE = 50;
    };

    ALARM myAlarm {       // *** Defines an alarm *******************
        COUNTER = myCounter;    // Alarm based on counter myCounter
        ACTION = ACTIVATETASK;  // When the alarm is signaled, it ...
        {   TASK = myFirstTask; //... activates task myFirstTask
        }
    };

    ISR myISR {           // *** Defines an interrupt service routine *
        CATEGORY = 2;
    };
};
```

不同进程或者是一个中断服务程序和一个进程之间的同步主要是通过事件来完成的。一个事件是一个二进制的信号，这个是在扩展性进程中被定义的。一个事件或者进程也可以通过 WaitEvent（）去等待一个或者多个事件。在类型 2 中断服务程序中，事件可以通过函数 SetEvent（）来置位。进程可以通过函数 SetEvent（）来回置事件，然后在重新等待事件。如果事件被置位了，那么相应的线程将会立即运行。通过 GetEvent（）进程可以随时询问，自身的事件或者外部的事件是否被重置。

事件可以完成周期性的任务，但它不能周期性的重置自己。所以为了能够周期性的重置事件，OSEK/VDX 又引入了警报这个概念。警报在配置文件中的定义方法与事件一样，在配置文件中可以指定警报是否重置事件、激活一个进程和调用一个回调函数。警报的触发是通过计数器来完成的。在微控制器中，计数器是通过时钟电路来实现的，先定义一个时间周期，然后每完成一个周期，发送一个信号，或者通过捕捉比较通道来实现，该通道会捕捉增量转速传感器的脉冲。在 OSEK/VDX 中，计数器就是一个操作系统的组件，是由一个计数器状态和 3 个预配置的参数组成。抽象过的计数器从零开始递增，直到达到最大值（MAXLOWEDVALUE），然后再跳变为零，重新开始递增。最小的重复周期（MINCYCLE）是计数器在警报触发前至少经过多少步。因为 OSEK/VDX 自己没有提供 API 函数访问计数器硬件，第三个参数和其他参数（例如 TICKSPERBASE）是可以根据设定者实现的不同来设定的，这些参数可以控制计时器的时钟频率和分布系数。OSEK/VDX 架构中，开发者可以通过 API 函数 SetRelAlarm（）和 SetAbsAlarm（）来设定计数器状态。计数器状态可以是一个绝对值，也可以是一个相对值或者是周期值。参数和当前的计数器状态可以通过 GetAlarmBase（）和 GetAlarm（）来询问。已经启动的报警器可以通过 CancelAlarm（）来取消运行。

为了多个进程同步访问存储区、硬件组件或者一个其他的对象，同时避免他们产生冲突。OSEK/VDX 引入了一个概念——资源（Ressource）。这个访问冲突的问题，在一般的操作系统中也同样的出现过。例如，同时访问打印机或者网卡，这个问题一般通过信号量来解决。如图 7.4 所示，一开始优先级最低的进程 1 运行并占用资源，例如打印机，通过信号量来通知系统，该资源已经被我占用。短暂时间后最高优先级的进程 3 被激活，由于优先级比进程 1 高取代了进程 1 运行，运行一段时间后，进程 3 想要占用资源，所以通过同样的信号量告知系统。但是由于打印机已经被占用，所以即使进程 3 的优先级高于进程 1，但是必须等待进程 1 释放打印机再运行，此时进程 3 又被放在队列中。这时如果有优先级高于进程 1 同时低于进程 3 的进程 2 想要运行，则进程 1 再次被打断，系统开始运行进程 2，等到进程 2 运行完再运行进程 1，最后再运行进程 3。这种机制虽然能够解决同步访问资源的问题，但是不能满足汽车电子系统实时性要求。

所以，OSEK/VDX 又引入了一个动态优先级天花板机制（Priority Ceiling）。在这种机制中，不仅每个进程都有优先级，共享资源也有优先级。共享资源的优先级大小与所有共享该资源的最大优先级进程的优先级数值一样。如果一个低优先级的

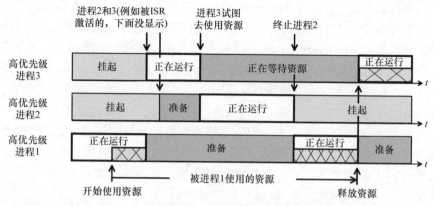

图 7.4　无动态优先级提升的系统优先级反转

进程突然想访问资源，则系统将会提高它的优先级值，等到该进程通过函数（ReleaseResource()）释放资源时，它优先级又会变成原来的值（图 7.5）。在这种情况下，进程 3 将会继续等待，直到进程 1 释放资源完毕，同时进程 2 也不会打断进程 1 和延迟进程 3 的运行。因为进程 3 在等待进程 1 过程中一直处于准备状态，并且这里没有用到等待状态，所以这个机制可以只使用基本进程，不用扩展进程。关于资源和优先级的定义可以在配置文件中完成。在系统运行是程序可以只用本段所提到的两个函数。

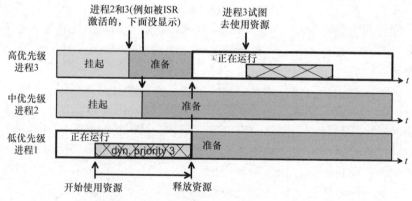

图 7.5　使用 OSEK 资源的动态优先级提升

上面的机制也同样适用于调度单元的访问，这里可以把调度单元看成一种资源。一个进程占用时，其他进程不能打断其占用。

OSEK/VDX 操作系统的启动一共有四个步骤（图 7.6）。首先微控制器内核和存储系统以及硬件（一般 ECU 中代码用的是 C 语言编写的，很少用 C++）进行初始化，然后通过 API 函数 StartOS() 操作系统完成开机。通过第一次调用操作系统的调度表和第一个进程（又叫自动开启进程），多进程可以被激活。当函数 ShutdownOS() 被调用时，StartOS() 结束运行，同时多进程启动完成。

ECU 的功能需要在关闭供电的情况下调整，这里多进程一般情况下会再次启

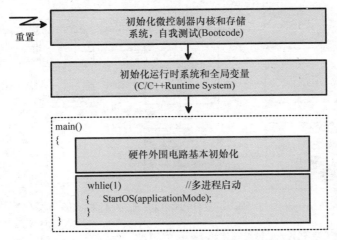

图 7.6 系统启动

动,所以图 7.6 中用的是死循环。OSEK 的系统配置中,开发者可以定义多个运行模式,如正常运行(OSDEFAILTTAPPMODE)、测试、末端编程模式等,这些模式在调用 StartOS() 可以作为参数被指定。在配置时,每个进程、事件、警报等可以被指定不同的运行模式。操作系统也有运行模式的概念,每个模式下系统会生成一张表用于内部管理,这样可以优化存储空间和运行时间负载。而且,它还可以帮助系统生成和调试工具去识别系统的研发进度,避免启动不必要的事件或者警报等。在启动多进程时,这些模式是不能相互切换的。多进程必须通过函数 ShutdownOS() 和 StartOS() 关闭和启动。系统内部工作模式也是不能切换的,例如多进程是不能被打断的。

在 OSEK 研发模型中(图 7.7),操作系统所用到的所有的进程、事件、警报等涉及的参数必须在静态配置完毕,系统运行时是不能更改的。配置是通过 OSEK 实现语言完成的(OSEK Implementation Language,OIL)(表 7.3)。一般情况下,OSEK 的供应商要提供带用户界面的配置工具,配置文件不应该通过手动去实现(图 7.7)。此外,OSEK 供应商要提供应用层程序的源代码、配置文件、OSEK/VDX 操作系统的源代码,这些源代码均是通过代码生成器实现。此外,这些配置文件最好是以 ORTI(OSEK Run Time Interface)格式保存的,这样可以减轻系统测试的负担。只要系统供应商支持 OSEK 接口配置和 OIL 语言,他将在生成 OSEK OS 库和生成工具的研发中拥有一定的自由度。供应商也可以在系统配置过程中做一些扩展,例如整车厂对操作系统提出的一些额外要求,包括 API 函数。

OSEK 研发模型中,系统能够按照正确的时间顺序运行、系统在最糟糕的情况下有足够的存储空间满足运行、模拟和测试等。OSEK 系统也有一些函数叫钩函数,它们不支持过载和故障情况的处理和监控。这些钩函数都是由应用层提供的,可以在多进程中运行和被调度单元管理,例如抢占和启动。如果有故障,则相应的 API 程序也会被结束。

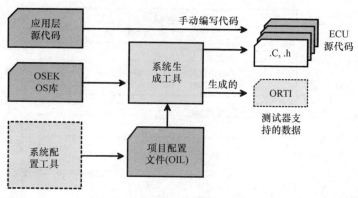

图 7.7　OSEK/VDX 研发模型

7.2.2　通信 OSEK/VDX COM

OSEK 通信模块（OSEK COM）可以实现同一个 ECU 内部不同进程之间的通信（内部通信）或者不同 ECU 之间的跨总线通信（外部通信）。通过这个模块，应用层进程之间的通信实现解耦，从传输时间的角度来看，已经区分不到底是内部通信还是外部通信了（图 7.8）。OSEK COM 标准曾经历经多次修改，其中关于传输层的定义已经删除，由其他组织定义。目前，OSEK COM 从版本 2.x 过渡到 3.x，内容变得更加详细完整。同时，OSEK COM OIL 标准也跟着 OSEK COM 制定出来了。OSEK COM 底层以下的总线是 CAN（ISO 13765 - 2 和 ISO 11898），也有一部分是 LIN 和 FlexRay 总线。

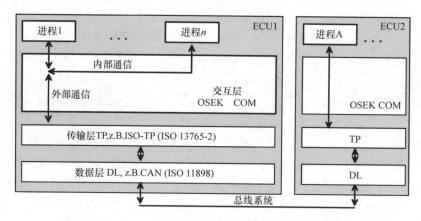

图 7.8　OSEK COM 结构

如果开发者想发送一个消息从一个进程到另一个进程（Sender - Task），他可以调用 API 函数 SendMessage（），在这个函数中将会有一个指针指向要传递的数据。该函数先把这个消息传递到内部的缓冲器去，然后就把它推送到外部总线上，最后这些数据会立即被删掉，以防影响总线上传输的数据，同时不会被返回到发送它的进程中去。如果在配置文件中指定进程可以作为消息的接收者，那么它将具有接收消息的功能。这个消息可以是要求自己开始运行、OSEK OS 事件置位、OSEK COM Flags 置位或者是调用应用层函数的回调函数。接收进程一般通过 API 函数 ReceiveMessage（）读取消息，这个消息最终会被拷贝并保存在接收进程的存储区中。一般 OSEK COM 有两种消息：非队列化的消息（不是排在队列中的消息）和队列化的消息（排在队列中的消息）。在传输非队列化的消息时，传输层永远只会把最后一个消息放到缓冲器中去，只要来一个新的消息，则旧的消息将会被覆盖，同时，消息可以被一个或多个接收进程任意读取。在传输队列化消息中，系统会为消息传输准备一个固定长度的队列（先进先出，First In First Out），当接收进程要读取队列的数据时，则队列中第一个消息将会被传送出去，然后再删除。当队列被充满时，新来的数据将会被扔掉，不予接收，同时接收进程也会得到一个队列传输有丢包情况的状态报告。如果消息被多个接收进程接受，则 OSEK 会为每个接收进程配置一个队列。

在项目的开发阶段，所有消息的内容和格式必须在 ECU 的 OIL 配置文件中定义完成（图 7.9）。在配置文件的进程配置区域（TASK）要指定，哪些进程要传输哪些消息。在消息配置区域要指定，该消息是发送型还是接收型，是否使用队列，队列的长度是多少等等。OSEK COM 消息中往往不仅仅只定义传输层发送所需要的变量，还包括其消息发送所需要的变量，例如网络消息。网络消息是将一个或者多个 COM 消息的集合，又称为交互层协议数据单元（IPDU），由交互层传给传输层。OSEK COM 不负责传输层消息的整合和分割。如果消息是 ECU 内部传输，则网络消息和 IPDU 就显得不重要了。

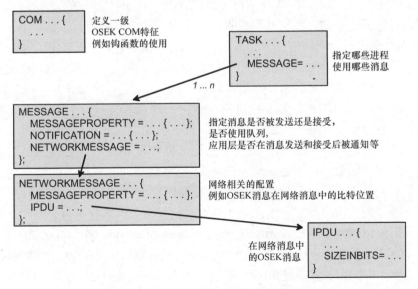

图 7.9　OIL 配置文件的结构（OSEK COM）

OSEK COM 在系统启动通过 OSEK OS 进程执行函数 StartCOM ()。如果系统通过函数 StopCOM () 正常关闭，则系统也随时可以重启。启动后，针对每个消息都会产生一些初始值 [InitMessage ()]。

除了以上的标准消息之外，OSEK OS 还提供了一些 OSEK COM 扩展类型的消息，根据长度不同，系统的存储资源存在不同程度的消耗。因为消息至少要能在 OSEK OS 内部传输，所以所有扩展类型都支持非队列消息传输。关于其他区别，可参考表 7.4。

表 7.4　OSEK COM 扩展等级（COM 一致性类）

	CCCA	CCCB	CCC0	CCC1
外部通信	否			是
消息队列	否	是	否	是
不同长度的消息（包括 0 长度）	否			是
自动周期性的发送				
消息过滤器				
消息截至/超时监控				

所有扩展类中都包含 SendMessage () 和 ReceiveMessage ()，它们可以用于发送和接收固定长度的消息。扩展类中 CCC1 额外包含 SendDynamicMessage () 和 ReceiveDynamicMessage ()，用于发送不固定长度但小于之前已经定义的最大长度的数据，但该函数只能用于外部通信。此外，还有 SendZeroMessage () 函数可以发送零长度的消息。该函数可以用于触发另一个 ECU 中的进程，而事件难以达成这一目标，事件只能触发本 ECU 上的进程。

下面将介绍一些消息在发送和接收过程中处理的细节之处：
- 因为每个微处理器的字节存储顺序都是不一致的（小字节序，大字节序），所以外部消息传输时，可以对消息的字节顺序进行转换。开发者可以在应用层定义字节顺序转换的函数，然后由交互层执行这个函数。
- 在扩展类 CCC1 中，开发可以指定数据发送或者接收（外部还是内部）时是否进行消息过滤，并且还可以指定是否一致进行消息过滤还是暂时进行。
- 同样在扩展类 CCC1 中，一个消息也可以在没有应用层干预的情况下进行周期性的发送。一般情况下，SendMessage () 被调用时，它携带的消息将会尽快发送。但是，储存在发送数据存储器中并要周期性发送的消息依然进行周期性传送，不需要等到应用层指定的消息发送结束。这种发送模式称为混合发送。周期性发送数据需要用到两个函数 StartPeriodic () 和 StopPeriodic ()。
- 在 CCC1，消息发送和接收在时间方面上都会进行一些管控（截止时间点、超时监控）。如果由应用层发出一个消息，没有在规定的最大时间内发送到总线上，则应用层会得到反馈。还有，连续两次发送数据时间间隔最小值和连续两次接收数据间距最小值，都可以在配置文件中设置。

7.2.3 网络管理 OSEK/VDX NM

一般网络管理器主要负责为网管动态配置总线地址和路由信息，并且检测网管状态信息。而 OSEK 的网络管理器（OSEK NM）只是对总线节点是否按规定发送和接收信息以及总线节点是否向应用层反馈信息实施监控。虽然 OSEK NM 在配置阶段作为一个独立的组件对其进行配置，但是实现时与 OSEK OS 和 COM 一起完成的。此外，OSEK NM 与 OSEK COM 标准一起针对 CAN 的应用发布的，但其实它可以对系统所涉及的任意总线实施监控，不仅限于 CAN 总线。

在 OSEK 中，网络管理器可大致分为两种：

- 直接网络管理器：这里在总线上传输的消息是网络管理器指定的消息，传输过程中会对总线产生一些额外的负担。网络管理器只能对含有网络管理器的节点实施监控。

- 间接网络管理器：这里网络管理器只对系统正常运行时所发送的消息实施监控。此外，参与通信的控制器必须至少能发送一个周期性消息，控制器可以不含有网络管理器，这些都可以被监控。如果被监控消息的频率过低，则将会导致延迟监控。只有事件触发或者不能周期性发送消息、只能发送不能接收消息的控制器，或者节点是不能被监控的。

一般一个总线系统只使用上述的其中一种网络管理器。总线系统中的网络管理器呈去中心化分布。

总线中的节点会不定期地向网络管理器发送信息，检测总线上节点是否参与了通信（Node Present）还是没有（Node Absent），这里没有规定确切的值，当然厂家自己可以实现响应的扩展。这些信息一般是在静态配置清单中完成。配置清单包含哪些节点会受到网络管理器的监控。配置文件也会描述关于控制器的一些状态信息，这里是用 Not Mute 和 Mute 表示，而不是用 Present 和 Absent 表示。如果一个节点不具备通信能力，则在运行时网络管理器保存一份配置清单在 ECU 中，以便测试人员可以分析故障原因。这个配置清单可以在应用层通过 GetConfig () 来询问，通过 CmpConfig () 来比较上一个状态和现在这个状态。

如果配置清单有任何变化，应用层可以通过激活网络管理器或者置位网络管理器来获知。

图 7.10 展示的是网络管理器的状态模型。网络管理器可以通过函数调用 StartNM () 来启动，然后进入网络管理器正常状态。在配置清单中所有节点开始状态是 Absent，也就是说，还没有开始通信。如果通信控制器报道总线系统全部损坏比如 CAN 总线出现总线关闭错误，网络管理器将会进入 NMLimpHome 状态。这里没有 API 函数可以调用，只有一个内部硬件接口，OSEK COM 或者说是负责通信控制器的驱动软件通过这个接口来向 OSEK NM 发送消息。此外，应用层可以设置总线

通信和通知控制器，也可以将控制器切换到省电状态。为了防止出现监控错误，应用层可通过函数 GotoMode（总线睡眠）设置网络管理器进入 NMBusSleep 状态。函数 GotoMode（总线觉醒）可以实现监控的重新建立。应用层可以通过 GetStatus（）随时询问 OSEK NM 当前状态。通过函数 CmpStatus（）可以比较之前的状态。

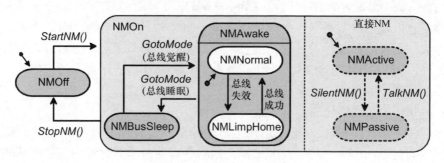

图 7.10　无瞬时状态的简化状态 OSEK NM 模型
（虚线状态只在直接状态管理器中）

间接网络管理器的监控过程如下：
● 每个被监控的消息都会被检查，是否在规定的的时间窗口至少被接收一次。如果是则发送者被判断为 Node Present，否则被判断为 Node Absent。时间窗口结束时将会被重新启动。
● 最简单的情况是所有消息使用同样的时间窗口（Global Timeout）。但是如果消息的时间窗口有很大的差别，则最好针对每个消息都设置一个监控时间窗口。
● 每个节点都会针对消息设置一个故障计数器，如果错过这个消息，则计数器会增一，否则减一。如果故障计数器达到最大值，则该节点被判断为 Node Absent。通过错误过滤器短暂出现的错误会被抑制识别。

在 OSEK OS 中，OSEK NM 使用监控机制例如警报，或者是 OSEK COM 的消息截止监控。OSEK COM 通过内部接口来通知 OSEK NM 关于被监控的消息是否超出设定的时间段。

在直接管理器中，网络的所有节点都是按照它们的识别码沿着上升顺序排列，它们传输的消息的格式呈现在图 7.11 中。消息包含了源地址和目的地址，以及表示消息类型的操作码。报文类型有三种：Ring、Alive、Limp Home。Ring 消息包含了附加的数据，该数据可以通过 ReadRingData（）来读取和 TransmitRingData（）来设置。节点识别的编码和操作码以及 CAN 消息的识别码都是厂家决定的。

在网络稳定运行时，节点会形成一个逻辑环，之间交换的是 Ring 消息。Ring 消息是从低识别码向高识别码发送，再由最高节点传回最低节点，形成一个逻辑环（图 7.12）。每个节点都会监听其他节点发送的 Ring 消息，定时更新配置表。如果该节点处于监听状态，则被置为 Node Present，否则被置为 Node Absent。

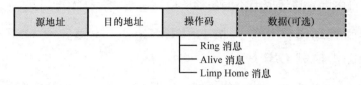

图 7.11　直接状态的消息格式

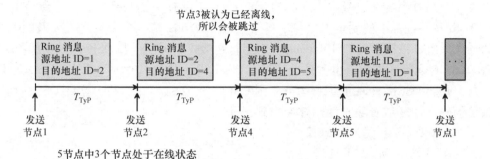

图 7.12　网络稳定运行时的 Ring 消息

　　如果一个节点在规定的时间内没有回应收到的消息，例如节点发生故障或者被关闭，则该节点将直接跳过这个消息，例如重启自己，然后会发送 Alive 消息，Alive 消息会包含发送者的识别码，接收者的识别码可包含或者不包含，最后其他节点将会启动函数 InitConfig() 进行初始化，并被标为 Node Absent。网络状态在配置中被称为动态网络状态。后来发送 Alive 消息的节点将会被标记为 Node Present。每个节点发送一个 Alive 消息的同时，也要接收一个消息。如果节点没有收到 Ring 消息，则它可以等到事件后发送一个 Ring 消息给后继者。因为所有节点在每次接收到 Ring 消息后都更新了配置，所以消息一旦接受就会被删除，然后网络再次进入稳定状态。如果发送数个 Alive 消息后 Ring 消息还是没有收到或者是超出最大时间，则网络管理器将转入 LimpHome 状态。在 LimpHome 状态中，整个总线系统不会进行 Ring 消息通信，只会定时周期性地发送 Limp Home 消息。如果应用层启动该网络管理器，或者节点收到一个有效的信息，总线系统将会又进入正常运行状态。每个节点都会在配置清单记录中能够接收到 LimpHome 的消息节点信息。

　　节点的应用层组件可以通过进程激活或者事件重置，获知是否接收到 Ring 消息，或者网络配置发生改变。如果必要，它可以通过 SilentNM() 两次阻碍 Ring 消息和 Alive 消息的发送，然后通过 TalkVM() 释放。节点可以通过定义网络管理消息中的操作码进入睡眠状态。

　　与 OSEK OS 和 OSEK COM 标准相比，OSEK NM 由于没有制定完整，例如消息的编码或者配置清单建立没有明确的规范、OSEK NM 如何在 OIL 配置文件中如何定义几乎没有规范，在标准中只找到一些 Init 函数和宏定义。所以厂家在实现的时候有较大的自由度，这造成与不同厂商的应用层对接存在困难。

7.2.4 时间驱动操作系统内核 OSEK Time、故障冗余 OSEK FTCOM 和保护机制 OSEK

OSEK Time 是时间驱动的操作系统，它是基于事件驱动的操作系统 OSEK OS 的一个扩展。针对这款操作系统，OSEK 组织还发布了故障冗余通信 OSEK FTCOM。但是直到现在，版本 1.0 的 OSEK Time 还没有用到产品中去。后续将是为 AUTOSAR 系统标准的制定提供一个参考。OSEK Time 是一个带有进程模型的独立的操作系统，该模型与 OSEK Time 一起运行在微控制器上。与 OSEK OS 相比，OSEK Time 有运行优先权，也就是说，只有 OSEK Time 处于空载时，OSEK OS 才可以运行。只要 OSEK Time 的进程运行，则 OSEK OS 必须停止运行，这样 OSEK Time 系统的确定性（或者实时性）才能得到保证。

与 OSEK OS 不同，OSEK Time 的进程中基本没有死循环或者等待过程，每个进程的最大执行时间、什么进程在什么时间点开始启动也是先前明确规定好的，这些都保存在调度表中。在启动前，所有进程都处于挂起状态（图 7.13）。这里的调度表不能与之前的调度表一样起到临时决策的作用，它只能按照先前规定好的调度表启动进程。通常情况下，调度表在

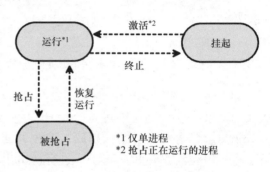

图 7.13 OSEK Time 进程的状态模型

一个固定的时间节拍中启动，然后开启一些进程，直到进程的开始时间点到达为止（图 7.14）。在 OSEK Time 中，新的进程永远可以抢占正在运行的进程，后者被抢占后将会进入挂起状态。一旦新的进程运行结束，并且再也没有其他进程运行，则进入挂起状态的进程，重新进入正常运行状态。若这个新的进程还没有运行结束且又

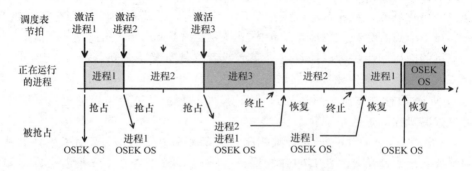

图 7.14 关于 OSEK Time 进程运行的例子

有另一个新的进程开始运行了，这后者立马抢占前者（图7.14）。总之，被强占的进程再次启动的顺序与它们被抢占时顺序相反。

以上所有进程在先前定义的周期之后将和调度表一起再次重复运行，也就是说进程将在循环运行的过程中被激活数次。在这里，进程的优先级和调度单元的调用既不存在也没必要。但是，OSEK Time 也能通过 SwitchAppMode（）启动这个应用模式和转换这个调度表。

在 OSEK Time 不想运行的时间段内，OSEK OS 线程可以运行。OSEK OS 可以仿照 OSEK Time 构建空载线程 IdleTask。OSEK OS 的事件、资源、警报等不允许在 OSEK Time 中使用。

在构建调度表时必须要结合一些理论方法使用一些模拟工具，从而保证相关的进程能够按照之前的设定运行，也就是说，线程不仅周期性的被开启，而且能被及时关闭。无论如何，同一个线程不能在它关闭以前再次启动。在调度表中要标明，线程什么时候启动，什么时候关闭，这样可以保证调度单元可以监控进程的运行时间，并且可以通过函数 ttErrorHook（）告知应用层组件。结束时，OSEK Time 可以通过函数 ttShutdownHook（）来关闭系统，然后通过函数 ttStartOS（）函数重启系统。

操作系统通过函数 ttStartOS（）启动之后，OSEK Time 作为函数 ttIdleTask（）空载进程被启动，也就是 OSEK OS 的子系统。通过函数 ttShutdownOS（）整个系统被关闭，而函数 OSStop（）在 OSEK OS 进程中仅仅只是关闭 OSEK 子系统。OSEK Time 没有使用 OSEK OS 的事件、警报和资源。

时间栅格主要受微控制器的计时器控制。在分布式系统中，所有计时器可以通过总线来同步。一般同步是在开始进行的，也系统运行过程中重复多次，在配置文件中也可以指定，是否调度表在成功同步之后启动或者系统是否开始异步或者同步之后时间栅格是否调整为全局同步时间栅格。应用层可以通过函数 ttGetOSSyncStatus（）询问同步状态和通过 FTCOM – 函数 ttGetGlobalTime（）经过总线同步的全局同步栅格。关于总线本身的同步（例如 FelxRay 总线）没有规范指定。

在 OSEK OS 中，只要进程没有被 API 函数关闭，则中断随时都可以打断它们的运行，而在 OSEK Time 中，中断也是受到调度表的控制。调度表针对每个中断都会定义一个时间窗口，只有在这个窗口中中断才能运行。如果中断没有在规定的窗口中出现同时中断服务程序也被处理，那么它将会被保持暂停状态，直到下一个时间窗口出现再激活。OSEK Time 中定义中断是用宏 ttISR。OSEK OS 子系统的中断只能在没有 OSEK Time 进程运行的时间段关闭。在 OSEK OS 中，API 关闭中断函数仅仅只对中断起作用，而在 OSEK Time 中，不会起作用。

OSEK Time 内部进程之间的通信或者 OSEK Time 进程和 OSEK OS 进程或者 OSEK Time 进程通过总线与其他 ECU 通信是通过 OSEK FTCOM 函数 ttSendMessage（）和 ttReceiveMessage（）完成的，与 OSEK OS 的 OSEK COM 一样。因为 OSEK Time

不能识别事件和进程激活,所以如果 OSEK Time 有消息接收和发送,则应用层可以通过调用进程中的函数 ttReadFlag( ) 从标记寄存器中获知。FTCOM 没有完整的规范,特别是在错误冗余方面。消息应该通过多个通道冗余发送和接收,这一点很像 Flexray 总线(见第 3 章 3.3 节)。此外,这里被收到的消息也需要被检验是否完整。

与一般的计算机相比,由于成本的原因,今天的 ECU 普遍没有装备硬件保护机制,所以它们难以保证某个 ECU 软件不会对其他 ECU 软件的运行产生干扰。随着 ECU 软件的复杂度的提升,未来的 ECU 软件也不可能由一家企业完成,而是由多家企业协作整合完成的。所以新的硬件保护机制也被赋予新的功能,首先软件组件只能访问使用它自己的代码和数据,不能访问微控制器和外围组件,同时不能通过关闭中断和改变 ECU 寄存器去损害系统的功能。这里将软件分为有特权软件和无特权软件,将地址空间分为访问保护和保护地址空间。如果微控制器要使用硬件保护机制,则需有相应的操作系统的支持,所以 HIS 建议在 OSEK OS 基础上要继续做扩展。但是,目前 OSEK OS 带有保护机制的扩展规范还没有应用到产品中去,因为这些规范都已经转移到 AUTOSAR 中去了,并且内容在 AUTOSAR 中继续被补充,相关内容可参考第 8 章。

7.2.5 OSEK OS 和 AUTOSAR OS 调度单元、进程优先级和时间行为

在设计一个分布式实时操作系统时,最关键的是如何处理 ECU 测量和控制以及调控数据的传输延时问题(延时和抖动)。有一小部分延时是由总线传输引起的,大部分延时是在应用层数据准备的过程中和发送端和接收端的协议栈(参见图 2.17)。总线的时间行为已经在第 3 章中介绍过了,所以这里只介绍软件的时间行为。因为 AUTOSAR 使用的是与 OSEK OS 同样的时间调度策略,所以下面的分析是针对这两个系统的图 7.15。本节描述出自参考文献 [4,5],并从以下几点考虑出发:

- 进程的最大运行时间 $T_{E,k} k = 1 \cdots N$ 是已知的。中断服务程序可以作为高优先级的进程被模拟。进程和系统调用的切换时长可以被看成进程运行时间的一部分。针对包含死循环和等待时间点的可扩展进程,可作为最大运行时间 $T_{E,k}$,直到达到下一个等待点。

- 同一个进程两次激活时间的最小间距是已知的。$T_{P,k}$ 是事件驱动的进程到达间距和周期长度。

- 所有的进程都应该在 CPU 上运行。为了确保进程能够运行,CPU 负载必须遵守以下公式:

$$CL = \sum_{k=1}^{N} T_{E,k}/T_{P,k} < 100\% \tag{7.1}$$

- 从进程 k 开始激活到进程结束的时长,也就是进程完全执行结束,可称为响应时间 $T_{R,k}$。在实时系统中,常规下有个截至期限 $T_{D,k}$ 响应时间。建议是 $T_{D,k} \leq T_{P,k}$。

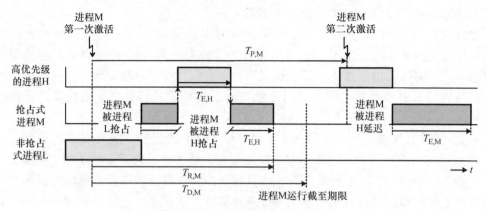

图 7.15　计算进程响应时间的案例

- 进程 M 的响应时间可以被预测出来。EP（M）是描述具有同等优先级（Equal Priority）的进程数量，包括 M 自己。HP（M）是拥有更高优先级的进程数量。LPNP（M）是拥有更低优先级和被设置为非抢占的进程数量。LPRS（M）是拥有更低优先级且与 M 正在共享资源的进程数量。

如果 M 的进程在激活之后就立马启动，并且没有碰到任何中断或者高优先级的进程，那么在这种情况下最小响应时间是：

$$T_{R,M,min} = T_{E,M} \tag{7.2}$$

最大响应时间可以通过下式来预测：

$$T_{R,M,max} \leq \sum_{k \in EP(M)} T_{E,k} + \max_{k \in LPNP(M), j \in LPRS(M)}(T_{E,k}, T_{RS,j}) + \sum_{k \in HP(M)} \left\lceil \frac{T_{R,M,max}}{T_{P,k}} \right\rceil T_{E,k} \tag{7.3}$$

该式的第一项描述了进程 M 的运行时间以及由相同优先级的进程引起的延迟时间。如果它们已经被激活，则它们优先执行。相同优先级的进程将会按照激活顺序被 OSEK 调度单元放在队列（先进先出）中。

表 7.5　OSEK OS 系统

进程	运行时间 T_E	周期 T_P	优先级	$T_{R,min}$	$T_{R,max}$ 开始值	1. 迭代	2. 迭代
A	1ms	3ms	高	1ms	1ms	1ms	
B	1ms	6ms	中	1ms	1ms	2ms	2ms
C	1ms	15ms	低	1ms	1ms	3ms	3ms

最后一项是计算高优先级且延时进程 M 的启动，或者打断 M 进程的进程的运行时间。在这里有一点需要考虑，具有较大响应时间的高优先级进程可能会被激活多次。如果 M 被配置为非抢占进程，则更高优先级的进程可以推迟进程 M 的开始。

只要进程 M 运行,它只能被中断服务程序打断。

式(7.3)的中间一项表示进程 M 启动被其他优先级低的进程打断的最长时间。如果比 M 进程优先级低的进程被配置为非抢占进程,则 M 在启动之后就会被打断。另一方面,由于优先级天花板机制,只要低优先级且被配置为抢占的进程预定访问进程 M 正在使用的资源,则进程 M 也会被低进程打断。是最大预定该资源的时间。

式(7.3)主要是用于计算 OSEK 和 AUTOSAR 进程的响应时间,该式与用于计算 CAN 消息延时的式(3.6)有相同的结构,解法也是通过迭代步骤来解决。

表 7.5 中列出了 3 个被配置为抢占且相互不共享资源的进程。进程的优先级是根据截止时间单调调度算法、单调速率调度算法来确定的,也就是说,一个进程的截止时间或者周期越短,它的优先级就越高。在纯抢占操作系统中可以得出最短的响应时间。

在式(7.3)中,如果所有进程同时启动,将可能产生最长的响应时间和抖动,也就是最糟糕的情况。当然如果进程的周期是整数倍和相位也是刚好合适,则糟糕的情况将有所缓解,如图 7.16 所示。在 CAN 总线中这方面的分析也非常耗费时间,所以某些厂家也在这方面开发了一些工具提供支持(见第 8 章)。

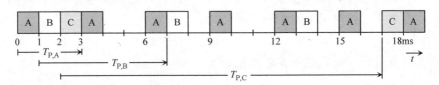

图 7.16　最佳进程运行

7.3　硬件输入和输出(HIS IO 库、IO 驱动)

HIS 组织所建议硬件访问的架构与日常的操作系统的结构很是类似(图 7.17)。

首先最上面一层是应用层,然后 IO 库作为连接硬件的中间层。中间层为应用层提供读取(函数 Read 或者 Get)和写入(函数 Write 或者 Set)数据。此外由于需求,应用层可以初始化(Init)、参数化(Ioctl 和驱动指定的函数)和去初始化(DeInit)微控制器的 PWM 输出单元或者 CAN 总线通信控制器。这里针对每个外设都会有一个可以访问该组件的硬件驱动(IO 驱动)。中间层与硬件驱动的接口相当于中间层与应用层的接口,也就是说,中间层主要负责传递调用。在实际实现过程中,IO 库通过 C 宏来实现的,这样可以避免运行时过载的问题。

接口函数主要分为同步和异步两种,这里的硬件驱动也支持这两种。在同步情况中,硬件驱动要等到读写操作数完成才执行下一步(图 7.18)。在大部分硬件中,读写操作一般只是一些简单的寄存器和存储单元,所以只需要同步操作即可完

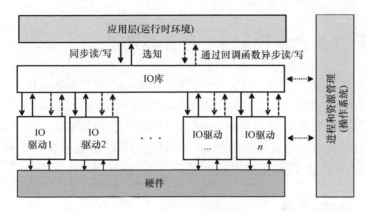

图 7.17　HIS 硬件访问架构

成。但是在访问花费时间较长的外围组件中，例如写入数据到 EEPROM 过程，就需要异步操作来完成访问（图 7.19）。这里应用层可以先向驱动发送指令访问 EEPROM，然后驱动可以自己执行相关操作，应用层不用等待直

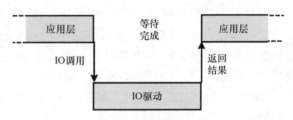

图 7.18　同步输入输出接口

接进行下一步任务，如果驱动读写完成，则通过回调函数（Callback）返回数据。应用层和驱动是以一种平行的工作方式来工作的，为此，系统的异步函数需要进行中断处理和多进程操作，OSEK/VDX 也要为它们分配足够的计算资源。

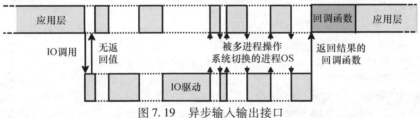

图 7.19　异步输入输出接口

在硬件驱动的两种状态中，它们在出现故障（Error Hook）或者特定的事件时，例如数字入口状态改变，都可以调用通知回调函数来获知。如果要实现事件驱动的回调函数，这微控制器层面还需具有相应中断的外围硬件支持，硬件驱动也必须要使用多进程操作系统。

为了能使系统轻便的运行在微控制器上，一般一个函数调用只负责一个硬件驱动。如果这个函数在被调用的过程中再次被多次调用，那么它可以返回一个故障报告来停止被调用，这个一般都是应用层来负责的，应用层会不断询问，硬件驱动是否存在调用冲突。IO 库中间层会把这个异步调用以先进先出的方式放入中间存储

区里。

7.4 HIS CAN 通信控制器的硬件驱动

除了微控制器标准组件驱动，例如输入和输出、PWM 和 ADC 单元等之外，HIS 还定义了 CAN 总线驱动。HIS CAN 驱动的基本理念可以在 AUTOSAR 通信协议栈规范（见第 8 章 8.3 节）中可以找到。HIS CAN 驱动和 HIS 硬件驱动这些内容在本书的前两个版本中也有详细的介绍。但是这些 HIS 的规范在实际中基本没有应用了，都被 AUTOSAR 相对应的规范取代了。

7.5 HIS 串口烧录

串口烧录或引导装载是独立的组件，通过这个组件可以实现 ECU 的头次和再次烧录。即使 ECU 没有操作系统或者应用程序或者更换了一个新的应用程序，这个烧录组件也要够运行。也就是说，烧录组件是一个能够自给自足的模块，拥有简单的程序控制，Flash ROM 的硬件驱动和通信接口以及未完成的诊断协议栈。

2002 年 HIS 发布了精简版的串口烧录规范，然后 2006 年中 HIS 发布了完整的串口烧录规范。HIS 串口烧录规范描述了串口烧录过程所需要的所有硬件，这些内容也已经转移到 AUTOSAR 的框架中去了（详见第 8 章）。此外，它能独立于 AUTOSAR 运行时系统。除此之外，HIS 建议指明，UDS 诊断服务哪些序列应该被使用，关于这些详细的内容在第 9 章 9.4 节有具体描述。

参 考 文 献

[1] J. Schäuffele, T. Zurawka: Automotive Software Engineering. Springer-Vieweg Verlag, 5. Auflage, 2013

[2] M. Homann: OSEK. Betriebssystem-Standard für Automotive und Embedded Systems. Mitp-Verlag, 1. Auflage, 2005

[3] J. Lemieux: Programming in the OSEK/VDX environment. CMP Books-Verlag, 2001

[4] N. Audsley, A. Burns, M. Richardson. K. Tindell, A. Wellings: Applying New Scheduling Theory to Static Priority Pre-emptive Scheduling. Software Engineering Journal, Heft 5, 1993, S. 284–292

[5] W. Lei, W. Zhaohui, Z. Mingde: Worst-Case Response Time Analysis for OSEK/VDX Compliant Real-time Distributed Control Systems. Proceedings der IEEE International Computer Software and Applications Conference, 2004, S. 148–153

[6] J.C. Palencia, M.G. Harbour: Schedulability Analysis for Tasks with Static and Dynamic Offsets. Proceedings des IEEE Real-Time Systems Symposiums, 1998, S. 26–37

[7] R. Racu, R. Ernst, K. Richter, M. Jersak; A Virtual Platform for Architectural Integration and Optimization in Automotive Networks. SAE Transactions Vol 116: Journal of Passenger Car Electronic and Electrical Systems, 2007, S. 372–380

第8章 AUTOSAR – 汽车开放式系统架构

AUTOSAR（汽车开放式系统架构）是一个由汽车制造商和供应商组成的联盟。该联盟致力于在原先1990年发展的OSEK和HIS标准基础上，为汽车电子控制装置开发一个完整标准化的软件架构。

8.1 概述

AUTOSAR软件架构的出现，使汽车电子的应用软件和硬件模块可以并行开发。应用软件是由一系列软件组件和功能模块组成，这些组件和模块先由不同厂家分别研发，然后再经过配置集成到系统中去（图8.1）。

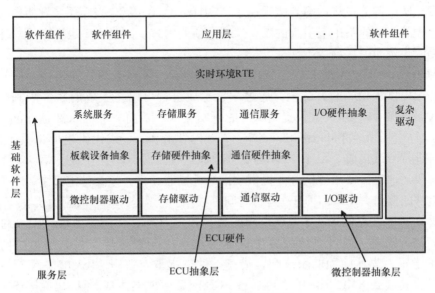

图 8.1　AUOTSAR 软件架构

位于硬件层和应用软件层中间的是RTE（运行实时环境）和BSW（基础软件

层)。基础软件层包括 ECU 抽象层、微控制器抽象层、服务层和复杂设备驱动。通过 RTE 能实现软件组件之间或应用软件与硬件之间的通信和数据的交换。它在 ECU 中的具体实现是叫 VFB(虚拟功能总线),VFB 的设计使得软件组件的通信被抽象出来,从而工程师可以在没有硬件的情况下进行软件开发,并且开发的软件可以应用在不同的 ECU 上。

AUTOSAR 的 BSW 是基于部分过去的汽车电子领域标准的一个整合,这些标准包括 OSEK、HIS、ASAM 和 ISO 的 CAN、LIN、FlexRay 等汽车总线标准。BSW 不仅部分直接继承过去的标准,而且采用了它们的设计理念。

由于 AUTOSAR 联盟提倡"标准上合作,实现上竞争",所以 AUTOSAR 一直以来仅在软件架构上进行了标准化,但在实现方面没有做出规定。但是 AUTOSAR 架构非常复杂,不易制定标准,所以初期联盟需要一个参考实现来验证标准的可行性,许多汽车软件和工具链供应商非常希望自己产品能加入到这个参考实现中去。因为如果成功加入到这个参考实现中去,就意味着自己以前制定的标准和架构就可能被采用,从而可以在 AUTOSAR 标准制定以后能在市场中取得竞争优势。2006 年夏天,BSW 标准作为 AUTOSAR2.0 正式发布,并可以用于产品 ECU 中,但是有许多不完善的地方。一直到 2008 年 AUTOSAR3.0/3.1 发布,BSW 标准正式补充完整。2009 年底 AUTOSAR4.0 发布,这时 AUTOSAR 标准开始了 3.0 和 4.0 的并行制定路线。本来许多公司已经准备开始批量生产的产品仅支持 AUTOSAR3.0/3.1,由于时间的原因这些产品就不能再完全转换到 AUTOSAR4.x。还有一些公司的产品正在研发,所以部分设计内容直接采用了 AUTOSAR4.0。后来发布了 3.2 版本,这个是在原先的 3.x 的基础上引入的 4.0 一部分新的内容。同时 4.1 也发布了。现在基本上是两年发布一次新版本。

AUTOSAR 不仅为汽车 OEM 和供应商提供了一套标准的软件架构,而且它为实际应用提供了相应的方法论,通过配置生成过程可以将生成的软件顺利整合到 ECU 中(图 8.2),从而大大提高软件的研发速度。之前一般的软件组件都是分别通过工具软件,诸如 Matlab/Simulink、Ascet、TargetLink 或代码生成工具生成的,然后再进行测试集成。AUTOSAR 的配置生成过程可分为两个阶段,第一个是系统配置阶段,这里需要软件供应商提供软件组件描述文件,该文件定义了每个需要的软件组件的接口、RAM/ROM、运行时间等数据。还需要 ECU 供应商提供 ECU 的数据处理速度、存储大小、I/O 引脚的数目等。此外,还需要系统约束文件对系统功能进行描述。通过系统配置生成器生成系统配置描述文件。第二个阶段是 ECU 的配置,先从前面的系统配置描述文件中提取与 ECU 相关的系统配置描述信息,将其放到 XML 文件中,再通过 ECU 配置生成器生成 ECU 配置描述文件中去。最后再通过可执行文件生成器生成 ECU 可执行程序,同时用于应用程序间通信的 RTE 也会生成。

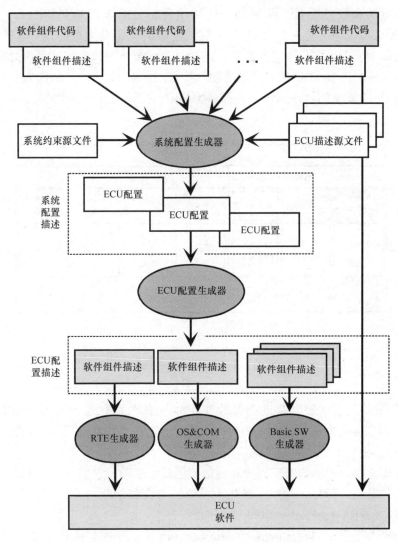

图 8.2　AUOTSAR 方法论完整配置过程

8.2　AUTOSAR 基础软件层

　　BSW 从左到右由 5 个部分组成，分别是系统、存储管理、通信和硬件 I/O、复杂驱动（图 8.1）。前 4 个部分从上到下有三层，分别是微控制器抽象层、ECU 抽象层、服务层。第 5 个部分复杂驱动无分层结构，它可以提供复杂传感器和执行器的驱动，并能满足对实时性要求较高的外围设备，如对微秒级控制的气阀进行控制，并对其返回的信号进行实时分析。此外，复杂驱动还为已有的非分层软件提供了移植策略，可以实现向 AUTOSAR 软件架构逐步迁移。

硬件驱动和硬件抽象：两层都与底层硬件相关的（图 8.1 和图 8.3）。根据 AUTOSAR 成员设想，这两层分别由两类供应商负责研发生产。其中，控制 MCU 内部外设的 MCAL（微控制器抽象层，最初名为系统外围抽象层）是由处理器生产商负责供应的。控制 ECU 板上外设的硬件抽象层是由 ECU 供应商供应。后者往往还要根据 OEM 提供的软件组件描述和系统约束，描述文件研发 BSW。

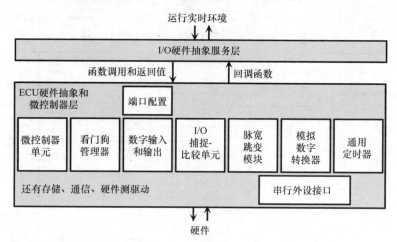

图 8.3　硬件外设抽象层

AUTOSAR 定义的硬件驱动的设计和功能与 HIS 的类似（见第 7 章 7.3 节），但 AUTOSAR 的 API 不能直接向 HIS 兼容。在表 8.1 中列出了几个典型的驱动模块。

在图 8.3 中未列出的内存模块和通信控制器的驱动，它们分别属于内存服务层和通信服务层的一部分。此外，有几个模块带有自我诊断功能，如在 ECU 启动时对 MPU 内核、RAM、Flash – ROM 进行诊断。

每个驱动都带有初始化函数 ModulName_Init（　）和逆初始化函数 ModulName_DeInit（　），对相应的硬件进行配置。大部分驱动使用的是同步通信，也就是说，函数在被调用时能够在很短的时间内执行完程序，并返回结果或者是状态/错误信息（图 7.18 和图 7.19）。通常情况下该函数具有可重入的功能，这意味着该程序可以被其他优先级高的请求中断。

而对于持续时间较长任务驱动采用非同步工作方式是，比如多个 AD 信号转换、在 Fash – ROM 删除存储块。先是调用相应的 API 函数在硬件或软件的支持下自动开始处理任务，同时立即返回主程序，同时系统调用一个 API 函数对该处理的状态进行周期性的询问（Polling），或通过回调（返回）函数（Callback）告知系统任务是成功完成还是存在错误。若有错误产生，则直接转入诊断事件管理器（Diagonstic Event Manager）。

表 8.1 硬件组件驱动

名称	功 能
微控制器（MCU）	初始化时钟发生器（Clock，PLL）、CPU 运行模式和存储区，触发复位 CPU 初始化：在 MCU 驱动调用前运行启动代码（Startup Code）
数字 I/O（DIO）	读写引脚 I/O，配置引脚 I/O
脉冲宽度调制（PWM）信号	设置 PWM 输出信号的频率和占空比，读写输出信号，PWM 输出信号上升沿或下降沿调用返回函数
脉冲信号 I/O（I/OCU）	采样时刻、时距和正负信号交替的数量，定义脉冲信号，脉冲输入信号上升沿或下降沿调用返回函数
通用定时器（GPT）	可以定义一次或多次接通/断开定时器，询问定时器已运行的时间，定时器结束时调用返回函数
模拟输入（ADC）	检测单个引脚或引脚组模拟输入，可以通过软件函数调用（On Demand）或通过计时器触发或硬件输入信号的触发来启动检测。当所有检测到的值都填入缓存器中时，则可调用返回函数
看门狗（WDG）	配置和触发看门狗。如果有多个看门狗存在，将会配备 WDGIF（Watchdog Interface）作为接口。应用层软件的监测主要是由看门狗管理器来负责的
串行外围接口（SPI）	连接外围模块，如 EEPROMs、A/D 转换器。另外通过不同程度的扩展可以实现多通道同时通信或者数据缓冲
通信接口	负责内外部 CAN、LIN、FlexRay 或以太网通信
存储模块	负责控制内外部 Flash – ROM、EEPROM 模块

位于硬件驱动层与 RTE 中间的是 I/O 硬件抽象层或者叫 I/O 库，这里面集成了与底层硬相关的可调用函数，通过这些函数我们可以读写相应硬件寄存器、端口、Pin 脚，在库中这些寄存器、端口、Pin 脚以变量的形式存在。因为不同的硬件所产生的信号值的范围也不一样，所以变量的类型和范围也不一样。这里主要分为模拟信号（电压、电流、电阻）、离散信号、脉宽调制信号和由短路或意外中断所产生的错误信号。在配置 BSW 时，必须要说明信号的类型、数据方向（输入或输出）、值的范围、物理单位、分辨率和精度。目前，AUTOSAR 标准中关于该信号是否被过滤/去除抖动，或怎么过滤/去除抖动的和错误监测的类型（错误信号的检测顺序等），还没有做出说明，还有对信号初始化的函数 IoHwAb_Init…（）、IoHwAb_Get…（）、IoHwAb_Set…（）也没有做出说明。

存储服务（Memory Services）：由图 8.4 可以看到 AUTOSAR 存储模块中三层的关系和任务分配。这里举了一个存储管理器主要管理的非易失性存储器（NVRAM）的例子，NVRAM 可以由微控制器内部 EEPROM 或串行/并行外接的电可擦可编程只读存储器 EEPROM 来组成，还可以使用内部或外部 Flash – ROM 来仿真 EEPROM。

在服务层的 NVRAM 管理器是作为访问 NVRAM 唯一的接口，并且它可以同时接收多个应用任务的请求，而下面两层只能以单线程的形式执行。所以，所有的读、写、删除的请求按照优先级排序被存在队列中，然后再通过下面两层一个接一个执行，同时应用任务也只能以非同步形式继续工作。当然在系统实现过程中，应用层组件必须要经过 RTE 来访问基础软件层的组件。

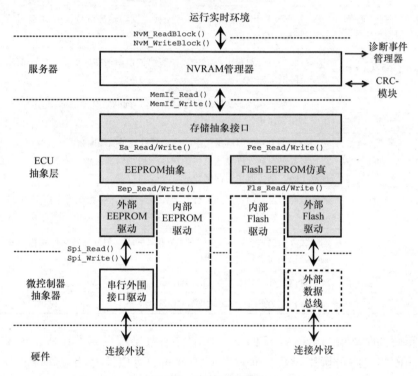

图 8.4　存储服务架构

图 8.5 所示为 NVRAM 的数据存储和操作方式，分配存储空间时，通常以块单位进行分配，每个数据块都有自己的 Block – ID，操作块时一般通过 Block – ID 来确定块的位置。一般应用层软件只能读写存放在 RAM 里的数据，RAM 数据是在 NVRAM 管理器初始化时从每个存储块中复制而来，应用层软件也可以通过 RAM 来读写 NVRAM 的数据块（*NvM_ReadBlock*（），*NvM_WriteBlock*（））。此外，每个 RAM 数据块可以选择通过 CRC 校验码来保护数据的存储。当然，最好在 NVRAM 中拷贝一份相同的数据或在 ROM 中存储数据。

图 8.4 所示的 NVRAM 管理器下面是存储抽象接口，再下面的是子模块 EEP-ROM 和 Flash – ROM。通过这个接口可以将应用层的读写删除等请求和相应的 Block – ID 传递到各个子模块的驱动中，Block – ID 包含了子模块和存储地址的识别信息。此外，这里相应地址区的访问会被自动分配到多个独立的存储块上去，从而部分解决了 EEPROM 和 Flash – ROM 的写、删除次数有限的问题，并降低了出错

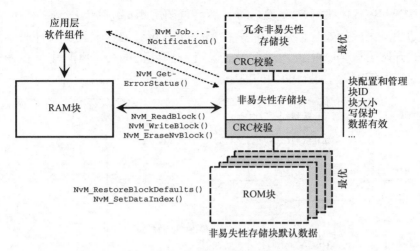

图 8.5　NVRAM 数据操作

的概率。

AUTOSAR 标准中 EEPROM 和 Flash – ROM 驱动的读写、删除、对比存储块的功能与 HIS 标准的驱动功能相对应。但两者 API 互不兼容,从而导致带有 HIS 标准的驱动不能直接被 AUTOSAR 系统使用。图 8.4 所示的微控制器内部存储器中含有完整的驱动编程逻辑,称为微控制器抽象层。外部存储器中的驱动称为 ECU 抽象层,仅含有模块专用的编程逻辑,所以若想访问硬件,必须通过微控制器抽象层的 SPI 驱动进行。

系统服务（System Services）：AUTOSAR 的系统服务大概有以下几种。
- 操作系统和系统状态控制

多任务间通信与同步（详见 AUTOSAR OS）,ECU 模式控制（EcuM）分别是启动模式、睡眠模式、跛行模式、关闭模式。
- 函数库

提供一些关于浮点计算、定点计算、内插法、认证、加密、压缩、CRC 校验、比特流计算等函数。
- 错误存储、功能控制和诊断接口

如果在 BSW 中出现错误,BSW 将会告知诊断事件管理器（DEM）,DEM 负责管理错误存储和与诊断模块相连的接口以及功能控制。

图 8.6 是 ECU 的工作模式流程图,ECU 的模式主要是由 EcuM 控制,除此之外,EcuM 还负责 ECU、BSW 的初始化和系统的启动以及它们的关闭。一般 ECU 主要处于三种模式,分别为断电（Off）、运行（Run）、睡眠（Sleep）模式,其他的模式仅仅作为一个短时间的停留。ECU 复位以后首先启动 Bootloader,通常它会检查 Flash – ROM 是否存在有效且可执行的程序,如存在,就执行这个程序,然后进入启动模式开始微控制器的初始化,同时微控制器执行 *EcuM_Init*（）和操作系

统（AUTOSAR OS）执行 Start_OS（），然后再调用 EcuM_MainFunction（）对 ECU 进行初始化。完成初始化以后，BSW 中的操作系统、通信接口、硬件驱动和 RTE 可以正式开始工作，ECU 进入运行模式。有一点要提的是，ECU 中的模块初始化的顺序要在系统配置中进行明确的说明。

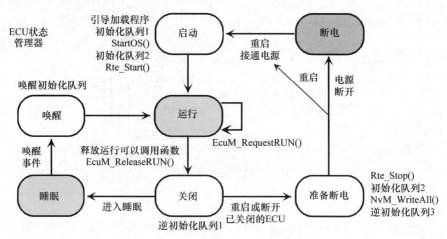

图 8.6　ECU 工作模式流程图

如果至少有一个应用层组件持续保持在运行状态 [EcuM_RequestRUN（）]，那么 ECU 就一直处在运行模式中。如果所有应有组件原本要求保持在运行状态，现在要求释放运行状态 [EcuM_ReleaseRUN（）]，那么 ECU 将会过渡到关闭模式中。关闭后，应用组件可通过调用和设置 EcuM_SelectShutdown（）函数来选择下一个模式是睡眠还是断电模式。当然，这里提到的可以影响 ECU 状态的应用组件必须要在系统配置中进行说明。

ECU 在关闭时，软件模块和硬件驱动会进行多层的逆初始化过程，并且 RTE 停止运行，错误存储器上和需要永存的数据都会被存到非易失性存储器中，系统停止运行，然后 ECU 被断电或重启。从睡眠转入唤醒模式的过程中，会有几个硬件组件通过初始化来唤醒 ECU，通常情况下，这些硬件有控制开关、定时器、通信控制器、硬件中断等。用户可以自己定义 ECU 哪一部分通过关闭电源供电进入睡眠模式，哪一部分不进入睡眠模式。

图 8.6 中描述的状态是经过简化的。图 8.6 中所有的状态都有多个子状态。在状态转换过程中一般会调用调出和回调（回调）函数。调出函数是研发人员根据 ECU 不同实现的，回调函数主要用于告知其他软件组件当前的状态。

在 AUTOSAR4.0 之前 AUTOSAR 标准中，ECU 的模式和模式转换都是在 ECU 模式管理器中定义的。而在 AUTOSAR4.0 标准中，ECU 模式管理器只负责启动和关闭两个模式的定义，而其他模式可以在其他厂商自己定义的管理器中定义。

DEM（图 8.7）所收集的错误一般传递给 NVRAM 管理器，然后存储在非易失性存储器中。一般认为，定义识别错误的监视函数位于 DEM 中，实际上是在应用软件的组件中。但如果有发现错误，就会报告错误事件报告给 DEM，每个报告的错误事件会包含一些状态信息和环境条件，同时这个过程中会使用错误去除抖动识别和修复机制（见第 5 章 5.3.4 小节）。诊断通信管理器（DCM）可以通过 DCM 来访问错误存储器中的数据。在错误事件出现时，DEM 还要告知功能抑制管理器（FIM），FIM 中主要存放关于阻止或释放功能组的信息，最终做决定阻止或释放功能组的是应用软件组件，这些功能组可以是所有参加排气再循环控制或点火控制的软件组件。在系统配置时，必须明确说明，在哪些错误出现时，哪些功能组必须停止工作。

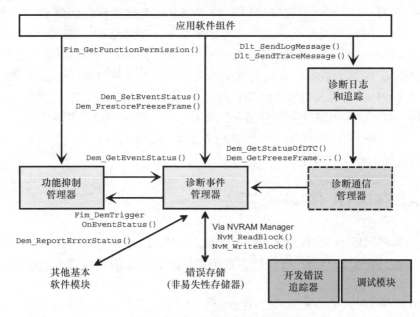

图 8.7　ECU 错误管理和存储

开发错误追踪器（DET）可以帮助软件研发者通过配置相应的软件模块来深度追踪错误信息，比如检查 API 函数入口参数。若错误出现时，错误所对应得模块和代码会上报给开发错误追踪器，再将错误传递到外部诊断工具中。

从 AUTOSAR 4.0 开始，针对错误识别又引入了诊断日志和跟踪（DLT）模块和调试模块（DBG）。通过前者可以将 ECU 运行期间出现的错误和警告传给应用软件层。后者可以让外界的调试器访问 ECU 内部的变量和函数调用。这两个模块可以通过 UDS 诊断服务来激活或关闭。它们与外界的通信，分别通过标准通信接口和厂家指定的调试接口。DBG 只能在研发阶段使用，所以它没有访问保护机制，而 DLT 则可以在成品 ECU 中应用。

为了确保 ECU 出错时能够自动重启，BSW 中引入了看门狗管理器。一般应用软件组件通过在 RTE 的端口对看门狗管理器进行周期性的"喂狗"（清零），然后看门狗管理器会通过驱动对硬件看门狗进行"喂狗"。如果看门狗管理器经过一定时间没有被喂狗，则会进入复位状态。但 ECU 没有立即复位，而是软件组件先解决没有被"喂狗"的故障。若超过一定的时间看门狗管理还是没有被"喂狗"，则会通知应用软件组件 ECU 必须要复位，同时不再对硬件看门狗进行"喂狗"，经过一段等待时间，硬件看门狗对 ECU 进行复位操作。这里每个软件组件的喂狗和等待的时间都是分开被配置的。

功能安全

通过看门狗管理器实现的程序控制流监控是 ISO 26262 功能安全标准的一部分。此外，操作系统可以对程序运行时间和频率、堆栈和存储访问进行监测（见本章 8.3 节）。硬件会通过相应的测试程序来检测。应用层的功能安全是通过传感器和制动器信号的大小范围和真实性检测来实现的。在通信协议架构（见本章 8.4 节）和 RTE 层（见本章 8.6 节）中数据传输的稳定性是通过 E2E 保护机制来保障的，通过这种机制可以实现不同 ECU 之间或 ECU 内部的 CPU 之间稳定通信。此外，数据（4Bit）在传输过程中会加上 8Bit 校验码。在发送端可以通过调用 API 函数 $E2E\_P0xProtect$ () 来产生，在接收端通过 $E2E\_P0xCheck$ () 来检验。同时在数据传输过程中还有时间监控。

8.3 AUTOSAR OS 操作系统

基于 OSEK OS 的 AUTOSAR OS 操作系统标准具有向前兼容性，AUTOSAR OS 的使用的 API 调用与 OSEK OS 一致，系统调用的语法也是参考 OSEK 的标准（ISO 17356 - 3）。

AUTOSAR OS 在 OSEK 基础上提供了四个可裁剪类（表 8.2）。请读者注意，这四个可裁剪类不同于上一章中 OSEK 的不同功能集合的四种一致类（参见表 7.1）。还有可裁剪类中的时间驱动模块和保护机制不同于与 OSEK 的新增添时间检测和存储保护功能。

表 8.2 AUTOSAR OS 可裁剪类 (Scalability Classes)

	Class 1	Class 2	Class 3	Class 4
OSEK OS 兼容的 API（包括 OSEK Time 和 Protected OSEK）	时间驱动型任务（调度表，计数器接口，堆栈检测）			
OSEK OS 警报	Yes	No，因为与存储访问保护和时间监测不兼容		
访问保护机制	No		Yes	
时间监测和时间同步	No	Yes	No	Yes

OSEK OS 是一个具有多线程任务处理、纯基于事件驱动和优先级的操作系统。

如果要进行时间驱动，必须要借助于报警机制，但仅限于简单的时间驱动。AUTOSAR OS 可以在调度表中先定义好任务的时间安排，然后运行时借助计数器从而实现时间驱动。计数器可以通过硬件定时器或软件计数器（*IncrementCounter*（））来实现。

在配置操作系统时必须明确，计数器达到多少数值时，哪些任务开始被激活或事件被设置。调度表可以在操作系统运行时自动开始或通过 API 函数 *StartScheduleTable*…（）激活和 *StopScheduleTable*…（）停止（图 8.8），在激活时开始时间可以通过设置偏移量（Offset）来推迟和给出调度表的重复周期数。通过 API 函数 *NextScheduleTable*（）可将调换当前执行的调度表。如果操作系统有多个计数器，那么可以同时激活多个调度表。此外，这里的调度表还有一个用途，可以与 FlexRay 总线系统中的微拍计数器（Macrotick Counter）相连接，从而实现时钟同步。

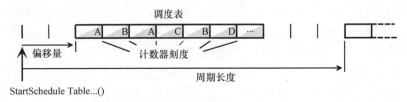

图 8.8 调度表

AUTOSAR 调度表的设计思想与 OSEKTime 的调度表（见第 7 章 7.2.4 小节）大部分一致。有一点不同，就是当 AUTOSAR OS 多个调度表同时开始时，多个被激活的任务将会与一般的 OSEK OS 任务展开占位竞争。也就是说，任务开始的条件不仅与调度表中的安排有关，而且还与它们的优先级有关。为了保证它们运行阶段的正确性，在研发阶段有必要静态定义调度表中任务激活次序和优先级高低。与 OSEK OS 不同，AUTOSAR OS 实时性是通过时间监测和全局时基同步类来完成。另外，AUTOSAR 4.0 又补充了同步时基管理器，通过它可以为在 FlexRay 和 TTAN 总线中运行的 ECU 提供相对和绝对时基。

依照不同的可裁剪类 AUTOSAR OS 可以拥有不同监测机制，从而来提高操作系统的可靠性，包括在第 7 章 7.2.4 小节建议的系统保护也在 AUTOSAR OS 中大范围应用。AUTOSAR 中最简单的监测机制是堆栈监测，在任务转换时会监视堆栈是否溢出，因为堆栈如果溢出，系统将关机。

最好在配置时给每个任务和中断服务程序进行时间监测定义，因为这样系统可以从开始到结束监测它们的运行时间。系统还可以配备一个监视机制监测调用率，比如中断。如果可以的话，可以在任务或中断阻塞时监测阻塞最长时间。在故障情况下，系统配置时定义的保护钩函数会被调用，这个函数决定了有错误的任务是应该停止或重新开始，还是系统重启。

由于系统保护应用的原因，所以引入 OS - 应用的概念。OS - 应用是由一组 OS 对象集合组成的功能单元，包括任务、中断、报警、调度表、计数器和资源等对象。属于相同 OS - 应用的对象可以互相访问，而属于不同 OS - 应用的对象不允许互相访问。关于这方面的检查大部分是在系统生成阶段完成的（配置和编译阶段），还有一部分是在系统函数或任务调用时通过 API 函数 *CheckObject*…（）和 *Check*…*MemoryAccess*（）完成的。如果出现故障，则系统会调用保护钩函数。由于这种监测会增加微控制器的运行负担，可以在系统配置关掉一组 OS - 应用。此外，可以通过 API 函数 *CallTrustedFunction*（）找到 Trusted Applications。如果一组 OS - 应用通过 *TerminateApplication*（）终止运行或者重启，则系统会关掉所有在这组内的任务并释放所有相应的资源。

　　带有硬件保护机制的微控制器将会在未来投入使用，局时处理器将有两种运行模式，分别是有特权和无特权模式（内核和用户模式）。在内核模式中，OS - 应用可以访问寄存器控制、定时器和中断控制。这种处理器还可以监测存储访问保护，从而 OS - 应用可以访问相应的存储区。这些硬件监测机制要比软件监测更有效。在 AUTOSAR4.0 的软件配置和 RTE 中存储访问保护的使用还尚未成熟。

　　AUTOSAR OS 系统配置在 AUTOSAR2.0 中还是借助于 OIL（实现语言）定义的文件（参见表 7.3）。从 AUTOSAR 3.0 开始系统配置开始使用 XML 文件。但为了让已经使用多年的 OSEK OS 系统能够容易的融入 AUTOSAR 中，用户希望供应商在配置工具中增加 OIL 定义的文件导出/导入接口。

　　AUTOSAR OS 规范指出，由于汽车上有一些车载系统使用的不是 AUTOSAR OS 操作系而是 Windows CE 或 Embedded Linux，比如车载导航系统和信息娱乐系统，建议在这些系统中引入 AUTOSAR OS 抽象层（OSAL），从而 AUTOSAR 的功能能更容易移植到这些系统上，比如 AUTOSARK 可兼容通信栈或诊断功能。

　　从 AUTOSAR 4.0 开始多核处理器正式被纳入 AUTOSAR 框架中。也就是说，每个 CPU 内核上都可以运行 AUTOSAR OS 操作系统。每个 OS 系统的任务和资源都会在研发和配置阶段预先分配好。ECU 启动后，ECU 中多个内核必须同步，同时开始运行任务调度表，并且处理器的调度表相互不影响。OSEK 或 AUTOSAR OS 接口可以保持不变，因为 ECU 中所有任务和系统资源都有自己唯一的识别码。通过函数 *ActivateTask*（）和 *GetSpinLock*（）来控制其他内核的任务、警报和事件，但是系统资源只能被本内核控制，也不能用于不同内核之间的同步。不同内核之间的同步机制可借助于自旋锁（Spin Lock）来实现，引入自旋锁是 *GetSpinLock*（），释放自旋锁 *ReleaseSpinLock*（）。如果自旋锁被其他内核占用，任务可以先发出询问，直到占用结束。如果不允许，可以通过 *TryToGetSpinLock*（）。

　　CPU 内核之间的数据交换函数可以在可分享存储区，通过 OS 内部应用通信（IOC）来实现，这个函数可以用于缓冲或非缓冲发送接收通信（见本章 8.6 节）。对于应用层来说，底层数据交换不取决于任务是在相同还是在不同的 CPU 上执行。

基础软件层调度表

当然不仅只有应用层软件组件使用操作系统调度表机制，基础软件层也可以使用这个机制。为了防止它们使用相同的 API 程序而产生混乱，AUTOSAR 架构引入了 RTE（见本章 8.6 节）。在 BSW 中 BSW 调度表作为虚拟的中间层被应用。从 AUTOSAR4.0 开始，这层的标准就被作为 RTE 标准的一部分被制定。

所有基础软件层模块都是由一次或多次被调用的函数组成，调用完就直接结束，不用识别内部的等待状态。每个模块都有自己的初始化、逆初始化、回调、通知函数和主函数。

BSW 调度表一般是由多个基础软件函数（C 语言），按照一定顺序排列完成的。这些函数在 AUTOSAR OS 可以作为任务被调用，也就是说，BSW 调度表的调度任务是由 OS 管理。BSW 的函数可以通过不同的供应商分别研发，通过 ECU 集成器配置 BSW 可以自动生成和组装 BSW。在配置 BSW 调度表时要注意基础软件函数的排列顺序，避免同时使用相同的系统资源。

8.4 通信 AUTOSAR COM、诊断 DCM

图 8.9 介绍了 AUTOSAR 通信的基本框架。AUTOSAR 支持的汽车总线有 CAN、TTCAN、FlexRay、LIN、Ethernet。MOST 总线 AUTOSAR 目前还不支持，MOST 网络服务不能直接与普通连接 CAN、FlexRay 总线的接口相兼容。

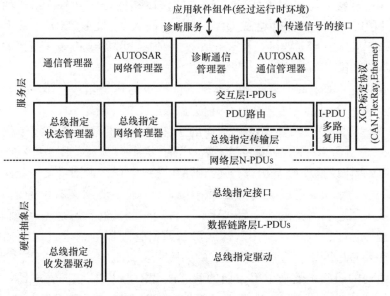

图 8.9　AUTOSAR 通信基本框架（CAN、FlexRay、LIN）

服务层与应用软件组件相连的主要是诊断通信管理器（DCM）和 AUTOSAR COM。DCM 主要是在离线通信中负责 UDS - 和 OBD - 诊断服务，协议依据 ISO 14229、ISO 15031（见第 5 章 5.2 节和 5.3 节）和部分以前的 KWP 2000。从 4.X 版本开始 AUTOSAR 允许在 CAN 总线上使用 SAE J1939 协议（见第 4 章 4.5 节），SAE J1939 还包含了 DCM、请求管理器和网络管理的定义。但到网络管理定义局限于地址的动态分配。

基于 OSEK COM 的 AUTOSAR COM 模块主要负责在线通信，（见第 7 章 7.2.2 小节）。处于 COM 底层的协议数据单元路由（PDU）和 IPDU - 多路复用器层可以发送报文到总线上或作为网管将接收到的报文传送到另一总线上。下面的是总线指定传输协议层（Bus Specific Transport TP）和通信微控制器的硬件驱动层。

长期来看所有汽车总线包括（在线或离线通信）应该使用统一的传输协议，目前仅汽车诊断通信方面实现了使用统一的传输协议。CAN 总线的传输协议是基于标准 ISO 15765 - 2（见第 4 章 4.1 节）或 SAE J1939/21（见第 4 章 4.5 节）。FlexRay 的传输协议是基于标准 ISO 10681 - 2（见第 4 章 4.2 节），在 AUTOSAR 3.x 中 FlexRay 的传输协议是基于以前的标准（见第 4 章 4.2 节）。LIN 总线的传输协议不是分开的模块，而是作为 LIN 协议的一部分（见第 3 章 3.2 节）被嵌入到 LIN 接口中。以太网总线的传输协议是 DoIP 基于标准 ISO 13400 - 2（见第 4 章 4.6 节）。

CAN、FlexRay、Ethernet 的通用的标定协议是（见第 4 章 4.6 节），是由 ASAM 组织制定的。为了让 XCP 与 AUTOSAR 兼容，AUTOSAR 基于相应的 ASAM 标准定义了一些接口可以与 RTE 和总线指定接口相连接。目前 ASAM 的离线通信描述格式 FIBEX 和诊断文件格式 ODX 还不能嵌入到 AUTOSAR 体系中去，因为 AUTOSAR 配置 XCP 所需要的信息要比在这两种格式的要多得多，所以建议最好有专门的导入/导出。

通信管理器（ComM）主要负责整个通信模块的初始化，它还和总线指定状态管理器以及网络管理，共同管理单个通信通道的状态（图 8.10）。此外，它还作为 ECU 状态管理器的扩展来管理每个总线的工作状态，并且每个总线工作状态是分开管理的，在图 8.10 中显示的状态有多个子状态。例如，图 3-29 列出了总线 FlexRay 的所有协议操作控制状态，还有 CAN 总线中存在识别错误子状态，分别是主动错误、被动错误、总线关闭（见第 3 章）。一般主要状态有无通信和全通信，前者是总线关闭，后者是总线开启。还有一种用于测试的状态是无声通信，只能接收不能发送数据。根据来自应用软件或诊断通信管理器的请求可以转换它们的状态，当然还要考虑网络管理和硬件驱动的回应以及出现的错误。通信管理器也可以通过其他组件的回调函数来了解当前的状态改变。与 ECU 状态管理器一样，通信管理器必须在配置阶段明确，哪些软件组件允许对总线状态进行改变。

离线通信：诊断通信管理器（DCM）：DCM（图 8.11）可以按照标准 ISO

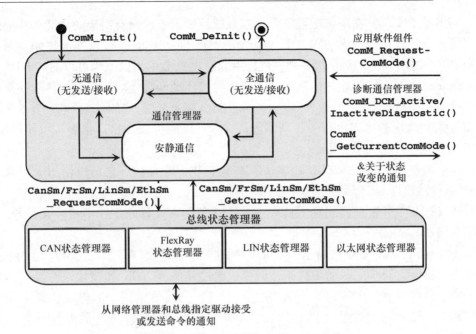

图 8.10 通信管理器总线状态（简化图）

15031 或 ISO 14229 来处理 OBD 和 UDS 诊断消息。目前的 AUTOSAR 标准规定，在下一个请求处理之前，必须先回复当前的请求。此外有一些 AUTOSAR 标准中关于诊断服务限制的规定还没有落实。

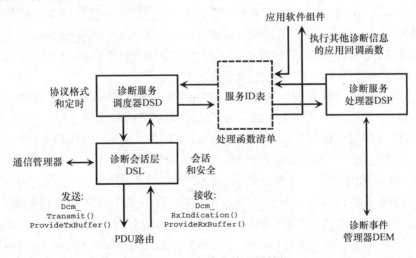

图 8.11 诊断状态管理器结构

DCM 的子组件 DSL 和 DSD（参见图 5.6 和图 5.9）主要负责诊断会话控制、访问保护、实时性的保障。子组件 DSP 主要负责对错误存储器的操作（参见

表 5.17 和表 5.22）。在系统配置阶段会对系统诊断服务的所有需要的功能和相应的识别码，全部列在服务识别码表中。大部分 UDS 和 OBD 的诊断服务（比如读测试值的 OBD 功能）都直接在 DSP 来实现，并且这些重要的测试值也可以通过 RTE 访问来获取。内部不能处理的诊断服务，可以通过回调函数让应用层的软件组件来处理。对于不明确的诊断服务，DSP 会自动发出服务不支持的消息（见表 5.2）。DCM 中可以同时包含多个服务识别码表，在运行期间可以切换这张表。也就是说，DCM 可以支持不同的诊断协议。

如果想重新下载其他 ECU 程序，DCM 还提供一个接口，它可以使 HIS 可兼容 Flash 下载器通过 UDS 诊断服务来激活。

建议诊断服务管理器配置工具有一个可以将 ODX（诊断文件格式）文件导入/导出的接口。

在线通信：AUTOSAR 通信：图 8.9 中的在线通信接口是基于 OSEK COM 3.0 的标准，尽管它缺少一些通信机制，但可以通过其他 AUTOSAR 模块来弥补。比如缺少消息队列机制，RTE 可在必要的情况下可以充当该机制，但仍缺少动态长度消息和发送端消息过滤器（见第 7 章 7.2.2 小节）。它可以支持周期性函数的发送，但不是通过 StartPeriodic（）和 StopCOM（）。

AUTOSAR COM 的配置不是通过 OIL 实现的，因为所有应用层软件组件的内部和外部的通信都是在 RTE 中实现的，是透明的。但是，一般在 XML 格式中使用的配置参数还是与 OIL 中一样。通信的开始和结束一般由通信管理器来控制，而不是 OSEK COM 函数 StartCOM（）和 StopCOM（）。

图 8.12 最上面是 RTE 和 AUTOSAR COM，它们之间消息（PDU）传输是通过 API 函数 Com_SendSignal…（）和 Com_ReceiveSignal…（）来实现的。消息中包含哪些信号或在什么样的条件下被发送，这些在 AUTOSAR COM 配置阶段定义的。此外，一般一个信号可以被分配在多个消息中。

协议框架机制：因为 COM 接口没有使用传输协议，CAN 和 LIN 总线只能传输 8 字节的数据，FlexRay 总线上可以传输最大 254 字节的数据。但是在诊断通信时，CAN 可以继续使用 ISO 15765 – 2（见第 4 章 4.1 节）或 SAE J1939/21（见第 4 章 4.5 节）的传输协议，FlexRay 的是 ISO 10681 – 2（见第 4 章 4.2 节）。

图 8.12 所示的是针对所有总线类型的基本协议框架结构。COM 或 DCM 层的消息在发送时经过 PDU 路由途经传输层到达总线的接口，如果发送任务成功完成，则应用层组件通过回调函数收到应答（TxConfirmation，Tx = Transmit）。消息被接收方接收时，总线上面几层可以通过回调函数（RxIndicatioin，Rx = Receive）读取消息。消息什么时候被发送、是否使用超时监测或接收过滤器、选择那条总线发送，这些都是在研发阶段确定好的，并保存在一张表格中（PDU Routing Table）。此外，可以通过 I – PDU 多路复用技术将多个消息组装成一个消息。在协议软件中不同的消息可以通过 PDU ID 来识别。协议框架中具体内容，比如是谁将数据传递

第 8 章 AUTOSAR – 汽车开放式系统架构

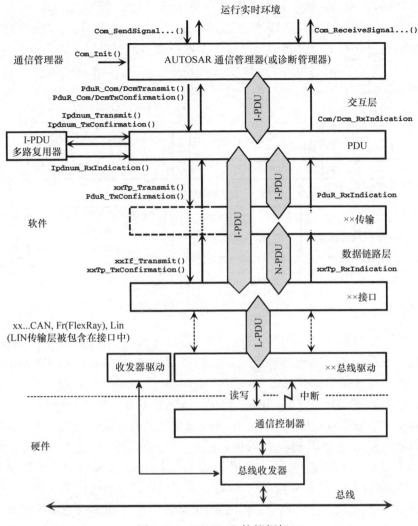

图 8.12　AUOTSAR 协议框架

给谁，什么时候传递，谁要准备一个缓存器，这些都将在接下来针对不同的总线进行说明。

CAN 总线协议框架：如图 8.13 所示，CAN 接口（CAN Interface）连接所有消息接收或发送的通道。如果同时安装多个 CAN 控制器，且它们都与相同的驱动兼容，则这个驱动可以同时管理它们。若都互不兼容，则一个 CAN 驱动只能管理一个控制器。CAN 驱动可以通过发送读写命令途经微控制器的 SPI 或地址/数据总线来控制 CAN 控制器。CAN 控制器发送或接收数据后，CAN 驱动会通过周期性的询问或中断运行，获得 CAN 控制器的反馈信息。为了防止在询问期间出现意外，操作系统经常会调用不同的 CAN 驱动函数来检测是否出现意外。CAN 接口使用的是一个同步的接口。在发送消息时（*CanIf_Transmit*（）），首先用 *Can_Write*（）将消息复制到 CAN 发送存储器中，然后激活发送请求。如果发送存储器已经被占用，则可以先将消息保存到缓存器中，然后等发送存储再复制过去。在复制后，*CanIf_Transmit*（）将会准备被调用。

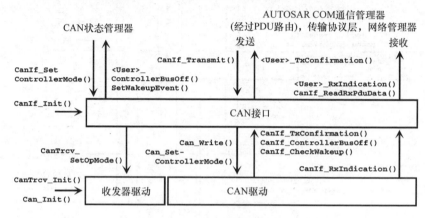

图 8.13　CAN 总线协议框架

AUTOSAR COM、NM、DCM、TP、PDU 路由层和 CAN 状态管理器通过回调函数可以收到返回信息。消息成功发送后，CAN 驱动会通过函数 *CanIf_TxConfirmation*（）通知 CAN 接口，并通过 *User_RxIndication*（）通知应用层。如果 CAN 控制器接收到消息，驱动会通过回调函数 *CanIf_RxIndication*（）通知接口和通过*User_RxIndication*（）通知应用层。在应用层收到通知信息前，最好先在一个静态配置过滤器中检查通知信息的识别码和长度，然后再丢掉。这个过程不取决于是基本 CAN 控制器还是全 CAN 控制器（见第 3 章 3.1.6 节）。如果应用层想读消息，则可以调用 *CanIf_ReadRxPduData*（），然后复制到自己的信息缓存器中去。

CAN 状态管理器与每个 CAN 控制器的接口管理控制器的状态，状态有未初始化、停止、开始、睡眠、总线关闭。通过调用 *CanIf_SetControllerMode*（）可以改变其状态。如果 CAN 控制器识别到传输错误，则直接进入关闭状态（Bus Off）。

对 TTCAN 和 CAN FD 的支持：依据标准 ISO 11898-4 的 TTCAN 拥有与 CAN 一样的框架协议。在 AUTOSAR 标准中也对支持 TTCAN 总线的通信控制器做出了规定，就是这种控制器的硬件必须能支持时间同步。与 CAN 驱动相比，TTCAN 的驱动多了几个 API 函数，通过这些函数可以配置时间主站/从站和询问同步状态。TTCAN 的接口使用了与下面 FlexRay 协议框架拥有相同工作原理的操作清单，通过这个清单控制器可以与 TTCAN 总线周期保持同步工作。

对于 CAN FD，由于它的消息太长，所以在配置时，要对比特率进行转换。

FlexRay 总线协议框架：图 8.14 是 FlexRay 总线框架结构示意图，它的工作原理与 CAN 完全不同。由于 CAN 总线是事件驱动型，所以发送消息是直接调用函数

第 8 章　AUTOSAR – 汽车开放式系统架构

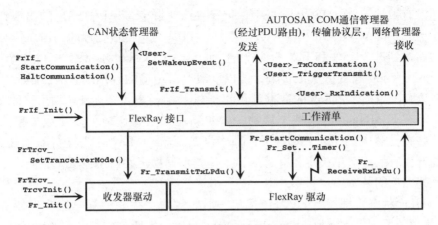

图 8.14　FlexRay 协议框架

CanIf_Transmit ()。而 FlexRay 是时间驱动型，所以发送函数 FrIf_Transmit () 必须与总线周期同步时才能被调用。因为这种同步不能持续进行，所以通常情况下采用解耦发送。发送函数 CanIf_Transmit () 先预约记下要发送的消息，以便以后发送，这个发送时刻是在相应的 FlexRay 时间槽中，通过 FlexRay 接口中的操作清单（Job List）自动启动的，这个操作清单主要负责与 FlexRay 总线的时间格同步，它里面最重要的操作有以下几种：

- 准备发送）：先通过应用层的回调函数 User_TriggerTransmit () 将消息复制到内部的缓存器中，以便以后再复制到通信控制器的发送缓存器中。通过这个中转站应用层发送数据，不用管与总线同步的操作。
- 确认发送：借助回调函数 User_TxConfirmation () 确认发送成功。
- 接收和确认接收：将刚刚接收的消息从通信控制器的接收缓存器中复制到内部缓存器中。然后，通过调用应用层的回调函数 User_RxIndication () 通知应用层已经接收。
- 接收和保存，确认接收：将刚刚接收的消息从通信控制器的接收缓存器中复制到内部缓存器中，通过应用层的回调函数将消息复制到自己的缓存器中，然后再借助回调函数确认接收成功。
- 动态转换配置：如果通信控制器没有足够的缓存器去发送数据帧，则开始动态转换配置 FlexRay 通信控制器（见第 3 章 3.3.6 小节）。

当位于中断服务程序中操作清单与 FlexRay 总线中的宏拍同步时，操作清单中的任务通过通信控制器的 FlexRay 驱动开始被依次执行。调用时刻和与 FlexRay 总线进行数据传输的同步，可以通过 FrIf_Set…Timer () 或 FrIf_Enable…Timer () 来调节。

FlexRay 总线的发展几乎与 AUTOSAR 是平行的，它的通信协议制定的大部分设计理念是依据老的 CAN 和 LIN 总线。由于种种限制，FlexRay 总线标准新发展的部分还没有被纳入 AUOTSAR 标准中，但是在未来随着新 AUOTSAR 的出现，这种限制将会减少。AUTOSAR 框架中数据都是以 PDU 为单位被处理的，与总线类型无关。之前提到过，CAN 和 LIN 总线上的 AUTOSAR COM PDU 都不超过 8 个字节。而 FlexRay 为了保持高效率的传输，所以一般一次传输的数据帧较大，最大 254 字节，所以在配置时 FlexRay 的数据帧可以通过帧结构表由多个 PDU 组装而成。另外，最好在 FlexRay 的数据帧上添加一个更新位，因为这样可以让数据接收者知道，哪些数据帧中的 PDUs 改变了，哪些没改变。FlexRay 总线支持双通道通信，通道的选择有操作清单决定，并且通道上传输数据稳定性由用户层来检测，而不是协议框架内部的某个模块。

FlexRay 状态管理器与 FlexRay 接口一起管理每个控制器和总线收发器的状态（在线和离线），以及与 FlexRay 协议有关的子状态。通过函数 *FrIf_StartController-Communication*（）或 *FrIf_HaltControllerCommunication*（）来改变状态。另外，通过*FrIf_GetPOCStatus*（）、*FrIf_GetSyncState*（）、*FrIf_SendWUP*（）、*FrIf_AllowColdstart*（）等函数可查看通信控制器（见第 3 章 3.3.6 小节）的子状态、同步状态或 Wakeup Pattern 等状态的发送。

LIN 总线协议框架：图 8.15 是 LIN 总线协议框架，LIN 主站控制器协议标准使用的是 LIN2.x（见第 3 章 3.2 节）。CAN 和 FlexRay 总线的传输协议有单独的模块，而 LIN 总线的传输协议是嵌入到接口中的。

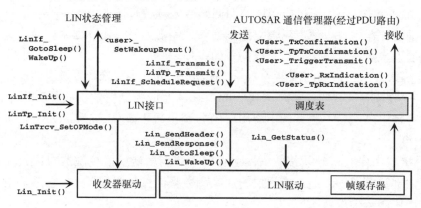

图 8.15　LIN 总线协议框架

操作系统通过位于 LIN 接口中的调度表（Schedule Tables），可以进行周期性的调用，从而来发送或接收标头或响应消息。LIN 总线标准中提供的 API 函数没有被 AUTOSAR 采用，取而代之的是 AUTOSAR 自己定义的 API 函数，比如 *LinIf_ScheduleRequest*（）、*LinIf_Transmit*（）。通过 *LinIf_ScheduleRequest*（）可以替换当前的调度表。通 *LinIf_Transmit*（）可以发送偶数据帧（Sporadic Frame）（见第 3 章 3.2.4 小节）。通过 *LinTp_Transmit*（）可以发送诊断数据帧。*User_ProvideTx/*

RxBuffer（ ）主要负责缓存器操作。*LinIf_Gototsleep*（ ）和 *LinIf_WakeUp*（ ）负责进入睡眠和唤醒模式。

以前 LIN 总线的配置是以 LIN 配置语言（见第 3 章 3.2.5 小节）定义在 LDF 和 NCF 格式文件中，而现在 AUTOSAR 中是在 XML 文件中完成的。为了兼容以前的配置，AUTOSAR 工具供应商提供了文件转换工具。此外，AUTOSAR 也间接支持 LIN 总线从控制器的动态配置（见第 3 章 3.2.7 小节），先在配置阶段将所要发送的消息写在一个或多个调度表中，然后再通过 *LinIf_ScheduleRequest*（ ）进行调度表转换。

TCP/IP‐以太网‐协议框架：2009 年 AUTOSAR 联盟首次将以太网总线（见第 3 章 3.5 节）和 TCP/IP 网络协议纳入 AUTOSAR4.0 标准中。它的协议框架分为两个部分，上半部分是 TCP/IP 网络协议架构（图 8.16）和套接口转接层，下半部分是以太网总线。通过套接口转接可以连接 PDU‐Router 和互联网协议诊断通信层（DoIP ISO 13400 见第 4 章 4.6 节），还可以让 UDP NM 访问总线。

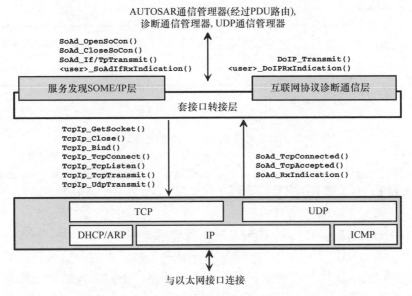

图 8.16　TCP/IP‐以太网‐协议框架上半部分

在套接口转接层和 TCP/IP 层中间 AUTOSAR 会提供套接 API，它是一个通信终端连接抽象。UDP 支持 1:n 通信，发送消息多方接收，接收完以后不用应答。而 TCP 仅支持 1:1 通信，无传输数据流限制，接收后必须应答，出错自动重发。针对套接口配置套接 API 提供了 *TcpIp_GetSocket*（ ）和 *TcpIp_Bind*（ ）。建立连接用 *TcpIp_TcpConnect*（ ），表示对方接收用 *TcpIp_TcpListen*（ ）。已连接在客户这边用 *SoAd_TcpConnected*（ ），服务这边用 *SoAd_TcpAccepted*（ ）。发送数据用 *TcpIp_Tcp/UdpTransmit*（ ）。在数据接收时，套接口转接层以上的模块会通过 *SoAd_Rxdication*

（ ）来询问，然后可以开始读取数据。

套接口转接层的任务是 PDU 层和 TCP/IP 层。在配置时必须确定，哪些 PDUs 通过 TCP 或 UDP 传递，它们的 IP 地址和端口地址是什么。在通信时，套接口转接层会为每个 PDU 提供一个套接接口，但是这样会加重存储和运行速度的负担，所以，最好套接口转接层能够把多个 PDUs 打包成一个 TCP 或 UDP 数据包。为了识别被打包的 PDUs，规定在每个 PDU 开头加上一个 4 字节长的标头。

图 8.17 是 TCP/IP - 以太网 - 协议框架下半部分，分为以太网接口层和由以太网收发器和驱动组成的驱动层。以太网的总线状态主要由以太网状态管理器控制。

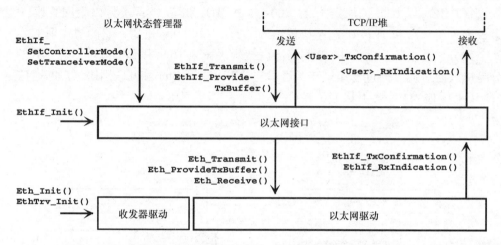

图 8.17　TCP/IP - 以太网 - 协议框架下半部分

8.5　AUTOSAR 网络管理器

与 AUTOSAR OS 一样，AUTOSAR 网络管理器（AUTOSAR NM）标准也是基于 OSEK NM 标准（见第 7 章 7.2.3 小节）发展而来，但它不能向前兼容。AUTOSAR NM 主要包含与 ECU 状态管理器、通信状态管理器、不同总线的状态管理器和总线通信相关的内容。它的主要任务是负责 ECU 和总线通信的模式转换过程的管理，比如睡眠和运行转换到唤醒或关闭需要执行相应的队列程序（图 8.6）。

与通信管理器一样，网络管理器由通用网络管理器接口模块和管理 CAN、FlexRay、LIN、Ethernet 总线的子模块（图 8.18）组成。

与 OSEK NM 不同的是，AUTOSAR NM 是一种分布式直接网络管理器（见第 7 章 7.2.3 小节）。

- 网络请求：如果节点（ECU）需要总线，则可周期性的发送 NM PDU
- 网络释放：如果节点要释放总线，则可中止发送 NM PDU

NM 一共有两种节点：主动 NM 节点和被动 NM 节点。主动 NM 节点可以自己

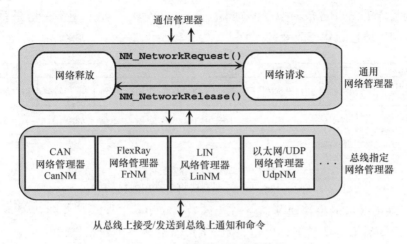

图 8.18　网络管理器组件结构

发送 NM PDU，并接收其他 ECU 的 NM PDU。被动 NM 节点自己不发送 NM PDU，但可解析自己收到的 NM PDU，如果其他节点不再发送 NM PDU 了，则解析过的信息将被发送到的通信管理器和 ECU 状态管理器中去。这个信息决定节点是否被允许要中止通信进入睡眠模式。在睡眠模式中，如果节点再次需要总线，则网络管理器会通知通信管理器启动总线。然后，再通过 ECU 状态管理器启动其他的 ECU，最后，可再次周期性的发送 NM PDU。所以，这里的 ECU 必须具有能在睡眠模式中识别 NM PDU 和经过中断服务能再次激活的能力。AUOTSAR NM 的每个模块都有一个复杂的状态变化流程，它们的状态的变化主要通过定时器和事件控制。

CAN 和 FlexRay 总线上的网络管理器（图 8.19）所管理的状态和 NM PDU 的格式大致是相同的。它们的 NM PDU 主要由 NM 控制位矢量、发送方识别码和最长 8 字节的用户数据组成（图 8.20）。

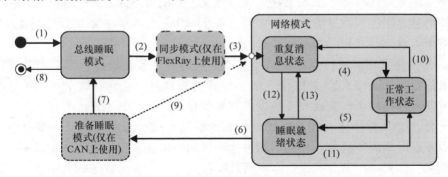

图 8.19　总线网络管理状态运行流程

图 8.18 中的网络管理器架构的最上面一层是通用网络管理器（Generic NM），节点可以在这一层识别是网络释放还是网络需求的状态，这两个状态的转换可以通

过 API 函数 *Nm_NetworkRequest*（ ）或 *Nm_NetworkRelease*（ ）。下面一层是总线指定 NM，图 8.19 是它的状态改变的流程。

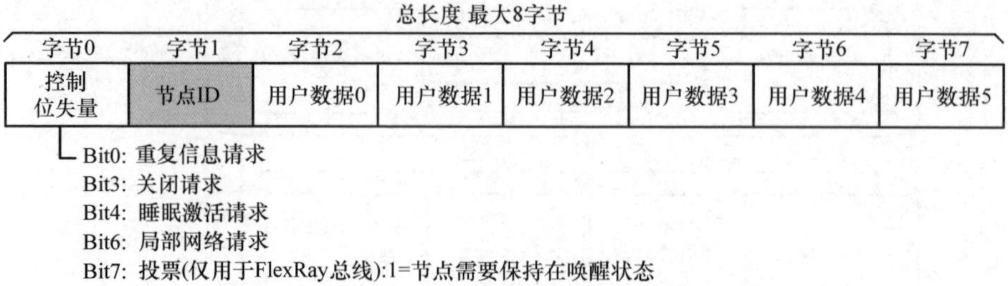

总长度 最大8字节

字节0	字节1	字节2	字节3	字节4	字节5	字节6	字节7
控制位失量	节点ID	用户数据0	用户数据1	用户数据2	用户数据3	用户数据4	用户数据5

Bit0: 重复信息请求
Bit3: 关闭请求
Bit4: 睡眠激活请求
Bit6: 局部网络请求
Bit7: 投票(仅用于FlexRay总线):1=节点需要保持在唤醒状态

图 8.20　网络管理器协议数据单元结构

- 睡眠模式：网络管理器通过 API 函数 *Nm_Init*（ ）初始化进入总线睡眠模式，这是启动后第一个状态，也是关闭（8）前最后一个状态，同时在这个状态中没有 NM 消息发送。
- 同步模式：这个模式是专门针对 FlexRay 总线设计的。在 FlexRay 总线上网络管理器要想运行（2，3），必须要等到与总线同步为止。
- 网络模式：这个模式分为三个状态。如果网络管理器收到总线需要的指令，那么进入重复消息状态。如果节点在先前配置阶段被设为主动节点，那么开始周期性的发送 NM 消息（置位）。其他节点接收后，它们也会进入到重复消息状态（10，13）。当所有节点都进入这个状态时，它们将转入正常工作状态（4）。然后，主动节点将会继续周期性的发送 NM 消息，并保持总线运行。如果节点不再需要总线，那么它们会进入睡眠就绪状态（5）。在这个状态中节点不再发送消息。如果所有节点都不再发送消息，则它们进入总线睡眠模式（CAN 总线除外）。CAN 总线上的节点会进入准备睡眠模式（6，7）。
- 准备睡眠模式：在这个模式中还有在队列中等待的消息将会被发送，但是不再会有消息进入队列了。如果在这时节点又突然需要总线，或收到其他总线发送的 NM 消息，则进入重复消息状态（9）。在 FlexRay 中不存在这个模式，因为在总线所有节点状态改变过程都是同步进行的。

CAN 网络管理器的特点：如果所有节点同时开始发送数据，则会对总线的产生较大的负担。所以 CAN 总线中一般会配置时间监测，从而总线上不同节点会在不同时间点进行状态改变或发送数据，并减少总线负担。

此外，CAN 总线还引入了总线负载减少机制来减少总线负担。一般总线上所有节点发送时间周期都是一样的。通过这种机制可以让节点采用两个长短不一发送时间周期。如果一个节点在发送 NM 消息前收到另一个节点发送的 NM 消息，则它会采用不一样的发送时间周期来发送 NM 消息。要注意的是，这种机制只能在工作状态中使用，因为在这个状态中所有节点都能相互识别到。

FlexRay 网络管理器的特点：与 CAN 总线相反，FlexRay 总线式时间驱动型。在 FlexRay 总线上 NM 消息不仅可以在动态段，而且还可以在静态段中被发送（见

第 3 章 3.3 节)。在静态段中 NM 消息位于网络管理字段,动态段可以使用复用周期。此外,FlexRay 总线上发送 NM 消息时,既可以只发送控制位矢量(包投票位),也可以发送完整的 NM 消息字段。

FlexRay 的重发周期可以保障每个节至少发一个 NM 消息。节点会在图 8.19 的同步状态期间,与其他节点的重发周期完成睡眠后的首次同步,所有节点同步转换都是在相邻重复周期边界完成的。

LIN 网络管理器和 UDP 网络管理器:从 4.0 起 AUTOSAR 联盟首次开始定义 LIN 主站 ECU 网络管理器和 TCP/IP 以太网系统,以太网网络管理器使用的是 UDP 消息。总线控制模式有两种,分别是总线睡眠模式和网络模式。

网关与 OSEK NM 的协调:通用 NM 标准的主要内容是,多个总线上的 NM 如何共同作用使总线顺利进入总线睡眠模式。通常情况下是网关负责这个任务,网关可以保持总线运行模式,直到所有 ECU 中止发送 NM 消息。此外,网关可以通过厂家配置,让总线上的 ECU 只发送 OSEK NM,不发送 AUTOSAR NM。

局部和虚假网络:以前为了省电所有总线和 ECU 都被关闭,而未来可以只关闭部分网络,运行部分网络。

局部网络是指将汽车整个网络上 ECU 都被划分成多个组。例如,在汽车运行期间网络组功能暂时不需要使用,可以暂时进入睡眠模式,其他网络组继续工作。这个模式的转换可以通过在 NM 消息中设置相应的字段来实现(图 8.20),并且通过设置相应的字段能够激活处于睡眠模式的网络。此外,还要有适应这个网络转换的收发器和通信控制器,现阶段仅有 CAN 总线的收发器和控制器能做到这一点(见第 3 章 3.1.9 小节),FlexRay 和 Ethernet 还不能做到,所以还需研发人员进一步努力来解决这个问题。

虚假网络是指 ECU 不中止总线通信,仅关闭内部的硬件和软件模块,但它还是能与总线保持模拟通信。此外,对于每个 ECU 这个转换过程相互不受影响。

8.6 虚拟功能总线(VFB)、运行实时环境(RTE)和软件组件

对于应用层软件研发人员来说,一个 AUTOSAR 的 ECU 由相互通信的软件组件组成(图 8.21),基础软件的顶层也被视为由多个软件组件组成,操作系统的工作原理和通信协议框架也无须关心。根据 AUTOSAR 的标准,如果应用层软件研发人员要想调用模块 API 函数,则可使用 RTE 上的端口—接口来完成,而不是直接访问软件组件的函数和变量。

RTE 上的端口—接口是指 RTE 的 API 函数或宏,比如 *Rte_Read*…() 或 *Rte_Write*…(),这些 API 函数可以通过接口定义,然后利用代码生成器自动生成(表 8.3)。整个数据交换和类型转换都被封装在 RTE 中。应用层软件也不用考虑

底层的数据交换或访问的模块是不是在同一个控制器中进行的,因为这些都是 RTE 通过 AUTOSAR COM 和总线与其他 ECU 进行通信来完成的。

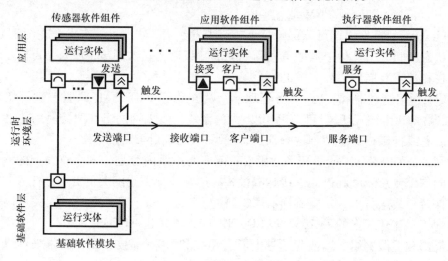

图 8.21　软件组件之间的通信

可以说,虚拟功能总线实现了一个理念,就是在汽车中所有软件组件通过所有 ECU 进行数据通信,就好像是在一个强大的"ECU"中通信一样。虚拟功能总线在 ECU 中的具体实现是通过实时环境完成的。因为 ECU 之间的数据传输会经常产生延时,所以 AUTOSAR 4.0 中引入了一种机制,称为时序延长机制。通过这个机制可以定义虚拟功能总线层面的时间要求,并可以显示应用层和基础层时间的状态。

AUTOSAR 的端口根据数据流方向的不同可分为入口和出口,根据功能的不同可分为发送接收型端口和服务客户型接口,前者只能用于交换数据,后者只能用于调用函数。这四种类型的不同的组合在图 8.21 中通过不同的标记呈现出来了。端口背后的数据和函数被称接口。如果两个端口的接口相互兼容,也就是说出口提供的函数或数据能被入口调用,则它们可以通过连接线完成连接。

表 8.3　RTE 的 API 函数

发送接收端口函数	
显示读写	
Rte_Read () Rte_Write () Rte_Invalidate ()	非 FIFO 缓冲队列读写数据 日期被视为无效数据
Rte_Receive () Rte_Send ()	FIFO 缓冲队列接收或发送数据 接收数据时,RTE 会启动定时器,如果超时,则报错 RTE 数据只能发送到 AUTOSAR COM,不会启动定时器,发送过程直到发送成功为止
Rte_Feedback ()	调用函数 Rte_Send () 发送日期后执行的反馈

(续)

发送接收端口函数		
隐示读写		
	Rte_IWrite（）	读写一个数据
	Rte_IRead（）	
服务客户端口函数（client–server port）		
	Rte_Call（）	同步或非同步调用客户函数
	Rte_Result（）	非同步客户函数调用后，询问该函数的返回值
软件组件内的同步与通信		
	Rte_Irv（I）read（）	运行实体中间变量的显示或隐示读写
	Rte_Irv（I）Write（）	
	Rte_Enter（）	同步期间保护数据开始和结束
	Rte_Exit（）	
ECU 的运行模式		
	Rte_Mode（）	通过 ECU 状态管理器、通信管理器来读或转换运行模式
	Rte_Switch（）	
开始结束 RTE		
	Rte_Start（）	通过 ECU 状态管理器开始或结束 RTE
	Rte_Stop（）	

服务客户型接口可以根据硬件驱动选择是同步或非同步工作方式，并且只是一个服务，或是可以同时被多个客户调用。发送接收型接口可输入输出型的数据类型有布尔型、整型、字符型、字符串型、数组型等。RTE 存储外界向其端口发送的最后一次的数据，也可以设置一个先进先出（FIFO）的缓冲队列来接收数据。表 8.3 中列出了所有可以读写 RTE 的 API 函数。此外，它的读写方式分为两种，一种是显示，一种是隐示。前者运行实体可以在任意时间内访问 RTE，而后者是在运行实体在访问 RTE 时会拷贝一份 RTE 数据，然后运行实体操作结束时，被改变的值会被拷贝回 RTE 中去。

AUTOSAR 中的基础软件的组件，比如 AUTOSAR COM 被称为服务组件，它的端口被称为服务端口，可以洞察 ECU 运行模式的接口被称为模式端口（Mode Port）。此外，应用软件组件只能控制的自己 ECU 中基础软件模块操作，不能控制其他 ECU 的基础软件模块。

RTE 不仅能实现不同应用软件组件之间的通信,还能通过 RTE 事件(RTE Event,表 8.4)触发软件组件。每个软件组件都包含一个或多个由 RTE 管理的程序(又称运行实体)。运行分两类,即第一类和第二类运行实体。RTE 可以一次或多次启动两类运行实体。第一类运行实体执行完程序之后就立即被结束(第一类运行实体相当于 OSEK/OS 基础任务),第二类运行实体执行完程序后会停留在等待点等待下一个触发事件(相当于 OSEK/OS 扩展任务)。软件组件内的运行实体之间的数据交换是借助于全局变量(运行实体中间变量)完成的。通过示或显示读写操作可以改变它的值。

表 8.4 RTE 触发事件

事件名称	事件描述	是否可启动	在等待点之后能否触发运行实体
定时器事件	定时器触发	是	否
模式转换事件	ECU 状态转换	是	否
关于发送接收型端口的事件			
数据接收事件	RTE 端口接收到数据	是	是
数据接收错误事件	数据接收有错(数据过大过小或不符合先前的数据过滤器的配置)	是	否
数据完成发送事件	RTE 端口数据完成发送	是	是
关于服务客户型端口的事件			
操作事件	客户函数被调用	是	否
非同步调用返回	客户函数非同步调用结束并返回	是	是

之前提到过,AUTOSAR 软件组件不能直接调用系统的 API 函数或 COM 模块,而是通过 RTE 提供的端口和触发事件来实现虚拟总线,在这个虚拟总线内可以完成组件之间或组件与 BSW 的数据交换。RTE 的生成可以先通过软件组件的配置(图 8.22),然后工具生成,并同时也可以生成 AUTOSAR OS 和 COM 的 API 调用。这个生成工具不是由 AUTOSAR 联盟完成的,而是由供应商完成的。

此外,AUTOSAR 还为 RTE 提供标定端口,方便应用层访问软件组件标定参数和 ECU 测试值。这些标定端口和 ECU 内部的十六进制数与物理值的转换都是 ASAM 组织定义的。

第 8 章 AUTOSAR - 汽车开放式系统架构

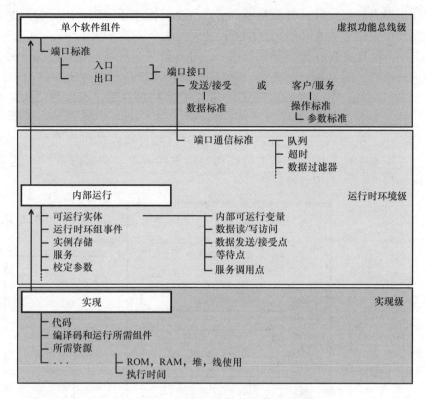

图 8.22　AUTOSAR 软件组件的配置

8.7　AUTOSAR 实例应用

图 8.23 是一个发动机机油循环工作监测系统。机油的温度和液面高度可以通过两个模拟传感器（机油温度传感器和液面高度传感器）检测到，机油压力开关可以监测主油道中的机油压力。如果油压低于或高于规定值，则机油压力开关会报

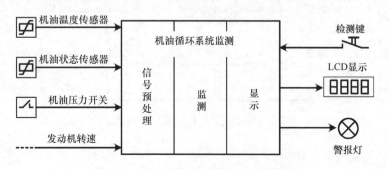

图 8.23　发动机机油循环工作监测系统

错,并开启警告灯。此外,驾驶员可以通过检查按键来了解当前的机油温度和机油液面高度,检查结果将在 LCD 显示器上显示。这个系统的运行可分为三个过程,第一个是信号处理过程,传感器采集信号,并对信号进行线性化或过滤。第二个是对数据进行检查,看是否超过范围。第三个是显示过程,用警告灯和 LCD 显示。

图 8.24 是把以上系统转换成 AUTOSAR 模型的示意图。虚线表示的是系统的传感器、开关和显示器等硬件。通过 SWC 来实现上述三个过程,它们的端口与 RTE 相连。由于机油液面和机油温度需要随时监测,所以端口的类型是服务客户型端口,并同步工作。而检查按键的端口是发送接收型,只需读取发送到 RTE 上最后一次数值即可,无须缓冲队列。

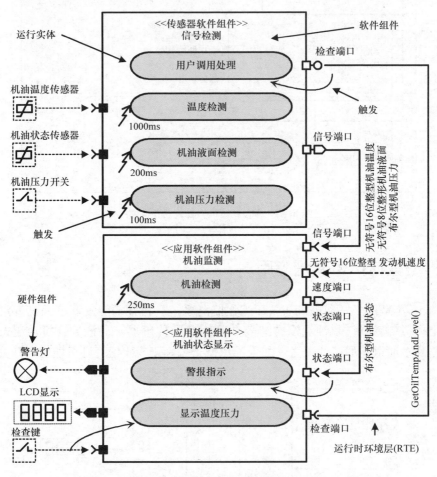

图 8.24 发动机机油循环工作监测系统的 AUTOSAR 模型

由于传感器的信号需要周期性的监测,所以 RTE 内部使用了定时器事件。警告灯控制与 OilState 数值有关,所以 RTE 内部使用了数据接收事件作为触发事件。

表 8.5 是 OilMonitor 软件组件的 C 语言程序的代码。这个代码可以从图 8.24

中对 AUTOSAR 模型的接口描述的 XML 配置文件，通过 AUOTSAR 工具自动生成，并通过配置 RTE 可以生成相应对 I/O 硬件抽象层的接口。

表 8.5 发动机机油循环工作监测系统部分代码

```
void OilMonitor(void)              // Wird periodisch alle 250ms aktiviert
{ uint16 temperature;
  uint16 speed;
  boolean status = false;
  ...
  RTE_READ_SignalPort_oilTemp(&temperature);    // Signale einlesen
  RTE_READ_SpeedPort_engineSpeed(&speed);
  ...
  if (temperature > ... && temperature < ... && ... )
  { status = true;                              // Überwachungslogik
  }
  ...
  RTE_WRITE_StatusPort_oilState(status);        // Ergebnis ausgeben
}
```

8.8 总结

为了保证应用软件的可复用性和可移植性，应用软件层必须使用统一的接口（应用接口）。目前的 AUTOSAR 已定义了一些汽车电子应用领域的标准接口，分别有动力、车身/舒适、底盘、乘客安全。

未来的 ECU 软件架构不可能直接全部转换成 AUTOSAR 架构，而是部分转换成 AUTOSAR 软件架构。为了能让这个转换过程顺利进行，AUTOSAR 标准提供了三种实现一致性类（ICC）。

- ICC 1：该类的 ECU 仅引入了 AUTOSAR 的 RTE，RTE 上面的部分和下面的部分还是先使用原来的模块。通过 ICC1 可以帮助厂商快速搭建 AUTOSAR 标准的应用层软件。
- ICC 2：该类的 ECU 允许嵌入 AUTOSAR 的 BSW 模块。嵌入的模块之间的接口和与 RTE 接口必须符合 AUOTSAR 标准。
- ICC 3：该类的 ECU 所有的 BSW 的模块都符合 AUTOSAR 标准。

目前，ECU 的软件架构还不能完全转换成 AUTOSAR 架构，还需要几年的时间才能完成，能转换的有硬件抽象层、总线协议架构和常规的系统服务。

与传统软件研发相比，通过 AUTOSAR 标准大大改善了对组件标准化的配置和对配置/生成工具的维护，也减少了软件研发所出现的错误。但是，目前 AUTOSAR 的应用也面临着一些挑战，比如 AUTOSAR 的应用接口目前只能部分满足仪表板、

HMI 等娱乐系统，AUTOSAR 的标准配置文件格式 XML 还不能与以前的实现双向兼容，例如 ASAM、ODX、FIBEX、CanDB 或 LDF。还有，AUTOSAR 的配置选项繁多，如果配置过程中选错选项，易对 ECU 运行效率产生较大的负担。所以 AUTOSAR 联盟正在尝试为配置选项瘦身。

本章缩略语

缩略语	英文全称
ADC	Analog to Digital Converter Inputs
ASAM	Automation – and Measuring Systems
AUTOSAR	Automotive Open System Architecture
BSW	Basic Software
CanDB	CAN Datenbasis
CPU	Central Processing Unit
COM	Communication
ComM	Communication Manager
DBG	Debug Modul
DCM	Diagnostic Communication Manager
DEM	Diagnostic Event Manager
DET	Development Error Tracer
DLT	Diagnostic Log and Trace
DSS	Diagnostic Session Control
DSP	Diagnostic Service Processing
E2E	End – to – End Communicaiton Protection
ECU	Electronic Control Unit
EcuM	ECU State Manager
FIBEX	Fieldbus Exchange Format
FIM	Function Inhibition Manager
FIFO	First In First Out
GPT	General Purpose Timer
HMI	Human Machine Interface
HIS	Hersteller – Initiative Software
IOC	Inter – OS – Application Communication
ISO	International Organization for Standardization
ICC	Implementation Conformance Classes
LDF	Library Definition Files
MCAL	Microcontroller Abstraction Layer
MCU	Microcontroller
NM	Netzwerk Management

NVRAM	Non Volatile Memory
OBD	On Board Diagnose
ODX	Open Diagnostic Data Exchange
OEM	Original Equipment Manufacturer
OIL	OSEK Implementation Language
OSEK	Open Systems and Interfaces for the Electronics in
OSAL	OSAbstraction Layer
PDU	Protocol Data Unit
PWM	Puls Width Modulation
RAM	Random Access Memory
ROM	Read Only Memory
RTE	Runtime Environment
SPI	Serial Peripheral Interface
TCP/IP	Transmission Control Protocol/Internet Protocol
UDS	Unified Diagnostic Services
VFB	Virtual Functional Bus
WDG	Watchdog
XML	Extensible Markup Language

参 考 文 献

[1] O. Kindel, M. Friedrich: Softwareentwicklung mit AUTOSAR. dpunkt Verlag, 1. Auflage, 2009

[2] R. Stevens: TCP/IP Illustrated. Addison-Wesley, 3 Bände, 2002

[3] E. Hall: Internet Core Protocols. O'Reilly, 2000

第 9 章 工具、实例与应用领域

前面的章节主要介绍了标准总线系统和通信协议，本章则着重介绍一些常见的应用和工具。

9.1 板上通信的设计和测试

在今天，设计和测试控制器间的通信是最艰难的，也是保证系统可靠性最重要的开发步骤之一。这项工作只有借助全面的工具支持才能够有效地完成。当今应用最广的是由维克多（Vector）公司开发的系列工具 CANoe。这里将借助该工具举例介绍这部分的开发过程。

9.1.1 使用维克多公司 CANoe 的开发流程

CANoe 支持控制器及多种总线系统的整个开发流程，包括 CAN、CAN FD、LIN、MOST、FlexRay 和 Ethernet/IP 等总线。这些开发流程主要分为三个阶段。这三个开发阶段基于同一个数据库和仿真模型，涉及整车厂（OEM）和供应商。CANoe 还支持各个整车厂特有的通信模型和需求，以及传输协议和网络管理不同实现方式。这三个阶段分别如下。

1. 阶段 1：网络设计和仿真

在第 1 阶段的开发中，整车厂确定了各个网络节点间的通信。通过在 CANoe 里的仿真可以验证设计是否错误，延时以及总线负载是否符合要求。

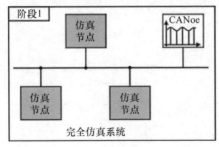

2. 阶段 2：单个控制器的总线环境模拟、测试和研究

在第 2 个阶段里，第 1 阶段里完成的 CANoe 数据库将以可执行的描述文件的形式交给供应商，让其对控制器进行开发。在阶段 2 结束时，供应商将完成整个控制器的实现和测试。

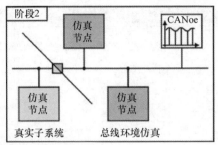

3. 阶段 3：整体网络的集成和测试

在最后一个阶段，整车厂会对整个网络进行集成。各个控制器会相继被连接到一个真实的整体系统里，各项功能会得到测试。

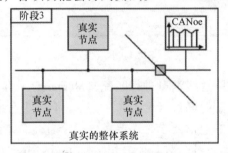

9.1.2 使用 Network Designer 进行网络设计

今天在进行系统和网络设计时，汽车制造厂通常会引入一个更高一级的数据库。这个数据库包含了所有关于控制器、总线系统、信号、汽车平台的信息。通过这个数据库，可以为每个项目自动给相应的总线系统生成不同的通信矩阵。根据生产厂的不同，常见的格式有 DBC、LDF 或者 FIBEX，AUTOSAR 标准的系统描述和 AUTOSAR 标准的 ECU 摘要也越来越多地被使用。因为这个数据库通常非常复杂，所以这里首先通过一个独立工具介绍这个设计过程。在本章 9.2 节中会再对整个工具链做一个介绍。

在网络开发的第一阶段会先把通信矩阵确定下来。这个通信矩阵描述了在汽车网络的各个节点之间有哪些信息进行交换。这里使用 Network Designer 从总数据库中为之后的开发确定各个通信矩阵。数据库的内容可以用 CANdb、LDF 或者 FIBEX 格式导出，来支持各种工具链。

首先确定的是网络节点和各个信号，信号是指各个网络节点之间用于功能互动所交换的信息。本质上，可以通过信号长度和数据类型来描述一个信号。此外，还有初试值和在物理量与十六进制数间进行换算的公式（图9.1）。接下来是将信号分配给各个发送节点。每个信号有且只有一个发送节点（TX）。然后，会确定每个信号由哪些接收节点接收（RX）。这里确定的发送和接收的关系是在逻辑功能层面描述数据的交换，与所使用的总线系统无关。

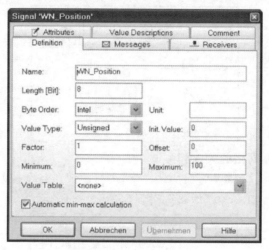

图9.1　信号定义

之后，将信号与实际总线消息进行匹配（Mapping），在LIN和FlexRay里还要为它们在通信周期上分配时间片（Slots）。在这里不仅要考虑诸如对信号延时、周期、信息重要性等特定的通信要求，还要考虑整个总线系统的带宽（图9.2）。

使用Network Designer可以对CAN、LIN和/或FlexRay进行设计。通过把它们集成到一个工具里，各个网络上的信号描述可以被重复使用。

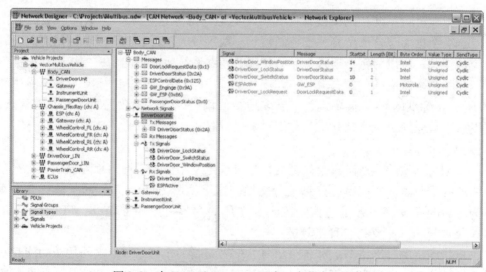

图9.2　在Network Designer里为一个节点匹配信号

1. CAN 总线系统

通常，总线的速率是固定的，因此在为 CAN 报文分配信号的时候，只有报文长度、编号和发送方式（周期发送还是事件触发）这些参数会影响延时和带宽。需要权衡的是，应选择在一个长报文里发送多个信号，相对久地占用总线；还是将这些信号通过多个短报文发送，使得高优先级的报文能更快获得总线使用权，相应由通信协议产生的附带信息则会变多。

报文的发送方式取决于应用的领域和 OEM 的设计思路。在动力总成和车架部分（Powertrain, Chassis），消息通常是周期发送的。而在车身部分（Body）则大多会用事件触发发送。发送方式会在数据库里面会通过一个属性进行描述，以便在 CANoe 中对总线进行仿真，以及在测试中检验周期时间是否正确。此外，这些信息在控制器软件开发和代码自动生成里都可以被使用。

2. FlexRay 总线系统

相比 CAN，FlexRay 总线的架构设计要复杂得多。一般先要对协议参数进行定义。之后是将信号分配给 FlexRay 的帧，定义它们是在静态段还是动态段进行传输，以及是每个周期都进行传输，还是为了优化带宽的利用，在同一个帧的不同周期传输不同的信号。

Network Designer 会指导用户一步一步地进行 FlexRay 的系统定义。首先定义的是 FlexRay 系统的基本参数，从 Mikrotick 和 Makrotick 的长度到整个通信周期的长度（图 9.3）。同时还会确定静态段、动态段和总线空闲时间的长度，以及一共有多

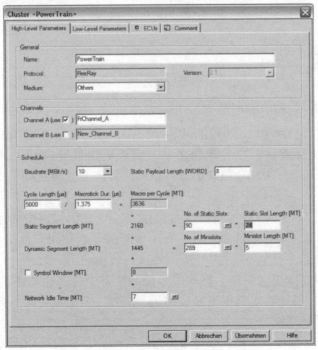

图 9.3　一个 FlexRay 集合的基本参数

少静态单元和最小动态单元。Network Designer 每次都会检查输入的参数是否和其他数据相符,如果有错误会提示,并给出修改建议。例如,当静态段和其所包含的静态单元的数量已经设置好之后,如果静态单元的长度设置得过长,使得总长度超过了设置的静态段长度,Network Designer 会提示用户调整静态单元的数量和长度,或者修改静态段的总长度,并给出相应的建议值(图 9.4)。

第二步则和 CAN 总线没有太大区别。还会确定信号、发送和接收节点以及信号和 FlexRay 帧的匹配。

对于一个基于时间安排的系统,通常还有最后一项工作,就是把各个单元分配给相应的帧,以及在周期复用里确定每个单元在哪个周期。

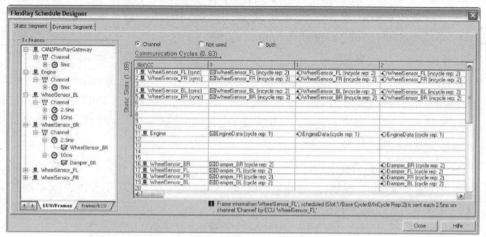

图 9.4 FlexRay 总线系统的时间表

3. LIN 总线系统

LIN 系统的信号和报文的配置基本上跟一样,而时间表的配置则像 FlexRay,只是需要确定的参数要少得多。

4. CAN FD 总线系统

对于新型的总线系统 CAN FD 和以太网,因为相关的厂家还在做前期研发,目前还没有规定定义方法。在标准化之前,为了更快地获得结果,人们便直接在 DBC、FIBEX 或者 AUTOSAR 格式上进行拓展,具体方法则取决于不同的厂家和所用的工具。

CANoe 里的 CANdb++ 编辑器也可以用于 CAN FD 的网络描述。所用的方法基本上和传统 CAN 总线系统的一样。在决定哪些节点和报文是用新型的 CAN FD 协议(最大报文长度达到 64 字节,更高的数据传输速率)之后,需要把一些附加的信息添加到数据库里。例如,将比特率提高到多少,以及 CAN 报文新的数据长度描述(DLC)。信号匹配则和传统 CAN 总线系统一样。

5. 以太网/IP 系统

在以太网里目前还没有确立一个通用的标准。使用 AUTOSAR 标准是一个趋势。

目前 CANoe 提供的解决方案，是在 DBC 文件里对基于信号的协议进行描述，再在程序里读取这些信号。对于使用 SOME/IP 标准的网络，在进行分析和仿真时，则使用 FIBEX 格式。

9.1.3　在 CANoe 里进行系统仿真

使用 CANoe 可以基于数据库对整个总线通信进行仿真，研究各个节点的通信行为，而对整个应用层的仿真在这里则没有必要，而且单纯基于数据库的信息也不可能实现。对于 CANoe 而言，无论数据库是 DBC、LDF、FIBEX 还是 AUTOSAR 系统描述文件，都可以用来做总线仿真。

在 FlexRay 和 LIN 总线系统里，通信行为已经通过时间表确定下来了。通过将数据库导入到 CANoe，系统仿真就直接配置好了。而在 CAN 总线系统里，发送方式则取决于整车厂的通信设计思路。在 CANoe 里这个问题是通过不同的整车厂插件来解决的。这些插件被安装到标准 CANoe 产品里，用来控制不同整车厂总线环境仿真的自动生成。在选择好数据库后，根据结点、报文、信号和属性等信息，整个总线系统会在 CANoe 里被建立起来，包括添加各个总线、添加节点，以及配置各个整车厂相应的网络管理。同时还会生成操作界面，用于对各个网络节点进行操作。通过这些操作界面，用户可以修改各个节点的发送信号，以及读取接收信号（图 9.5）。

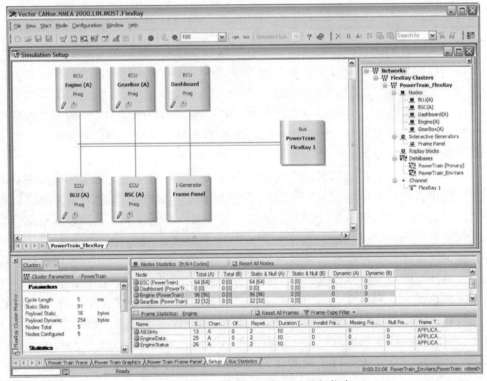

图 9.5　在 CANoe 里对 FlexRay 进行仿真

这些仿真可以包含多个不同总线系统的网络。通过仿真，用户可以验证所有报文和信号是否准确地以正确的周期被传输，以及总线负载是否在预计的范围内。如果发现通信数据库里有错误，则可以在 Network Designer 里进行修正并在仿真中重新验证。仿真被验证无误后，就可以在之后的各个阶段里，为合作单位在控制器开发和系统集成中提供一个参考的依据。

9.1.4　作为控制器的开发环境的总线环境仿真

基于第一阶段的数据库，每个供应商都可以自己生成模拟的总线环境来用于设备的研发。供应商会在仿真环境中将自己要开发的节点关闭，而用真实的设备来接入 CANoe 的仿真环境（图 9.6）。

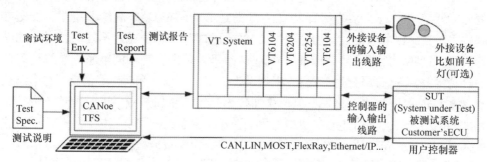

图 9.6　控制器开发的完整 CANoe 测试环境

不用这种模拟的系统连接的话，要让控制器在研发阶段运行起来是不可能的事情。因为控制器自带的监控机制会立刻发现总线上缺少了通信对象，从而使控制器的功能受到了限制。CAN 网络里一个控制器至少需要一个能正常工作的网络管理和一定量的总线报文，才可以正常的运行。FlexRay 网络里的控制器则至少需要总线上的另外一个控制器来保证工作。如果控制器本身不是冷启动和同步节点，则至少需要另外两个控制器。

在开发过程中，控制器通过总线环境仿真来获取信号信息，用于测试控制器的算法。使用者可以简单地在 CANoe 里设计控制面板，并在数据记录和图像窗口里观察控制器是否发回了正确的数值。然而，这种方法只能验证那些用总线报文作为输入和输出信号的软件功能。为了构建一个完整的测试环境，CANoe 除了总线接口，还可以集成信号产生器，或者测量仪器等输入输出设备。例如在车窗升降功能的测试里，可以检测控制车窗的电动机是否正确工作，以及操作按钮的状态是否正确发送到总线上。利用维克多（Vector）公司针对汽车应用领域开发的 VT 系统，可以仿真和测量控制器的输入输出接口，通过在 CANoe 上发送诊断或者 CCP/XCP 报文，来直接向控制器的内存写入相应的信号数值，可以用来仿真传感器的输入。

手动测试通常很难进行记录和重现。对信号和报文的延时和时序进行长时间的、可靠的测试更是几乎不可能的事情。除此之外，对一些复杂的控制器往往需要进行大量的测试。要在各个项目阶段，在每次软件改动后都手动将这些测试重新做一遍显然是不现实的。

为了解决这些问题，CANoe 提供了自动化测试的功能。用户需要在测试模块里按照规定的格式定义好每个测试用例。测试模块可以确定控制器所需要的总线信号和其他输入信号（输入向量），控制器应该发出哪些报文和输出信号（输出向量），以及从信号输入到得到输出信号所需的时间和时序。同时测试模块还可以定义一些附加条件，来监控节点报文的周期时间。这样当出现被测试功能正确工作，其他功能工作却受到影响的情况时，也可以在测试中被发现。最好是在软件开发的时候就做好各个功能的测试用例，这样在最后就可以集成在一起做整体测试。测试结果会以 XML 文件格式记录下来，并可以按 XML 样式表转换成方便阅读的格式。

利用编辑工具 vTESTstudio（图 9.7），可以用集成在 CANoe 里的 CAPL 语言或标准 C#语言对测试用例进行编程，或者用 Table Text Editor（TTE）图形化地进行描述。这三种方法可以任意地混合使用。对控制器的各个变种,，vTESTstudio 可以通过对基础测试进行简单的参数调整生成测试方案，或者由一个测试方案生成带不同参数的实例。

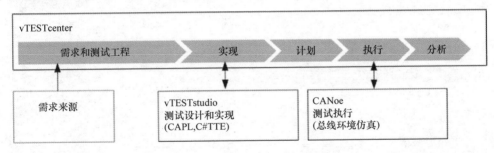

图 9.7　测试计划和测试执行

在多个团队里对大规模的测试进行管理和规划的时候，可以使用 vTESTcenter 这个工具（图 9.7）。对测试对象的要求可以由用户进行描述或者从其他工具如 DOORS 导入。之后便可以为各个需求派生出具体的测试方案，确定测试步骤。它们可以是自动测试方案，也可以是简单的手动测试列表。在用 vTESTstudio 编写了自动测试方案之后，测试的具体规划就完成了。测试的管理者定义好测试的范围后就可以把它们交给不同的主管人。这些主管人利用 CANoe 来执行测试，并将测试结果自动导入到 vTESTcenter 里。管理者随时可以看到哪些测试用例已经被执行了，测试是否通过，以及是不是所有要求都至少被一个测试所覆盖。

9.1.5　系统的整体集成

各个供应商开发和测试完他们的控制器之后，整车厂便开始做系统集成。首先所有电子元器件，包括线束、用电器和操作机构，会被安装到一块面板上。在仿真中的虚拟控制器会一个个被真实的控制器取代。如果所有控制器都是按照相同的总线环境仿真进行开发的，那么通常总线就立刻可以进行通信，控制器也可以被安装到车辆上。

在总线上传输的各个信号，可以在时间轴上展示出来（图9.8）。通过相应的过滤器，比如CAN的标识符或者FlexRay的单元编号，可以从完整的总线记录上挑选出一些相关的报文。在CANoe里不仅可以显示十六进制的报文信息，还可以将报文在更高级的协议层进行解码，或者是直接将信号转化为相应的物理量展示出来，大大方便了对总线通信的研究。

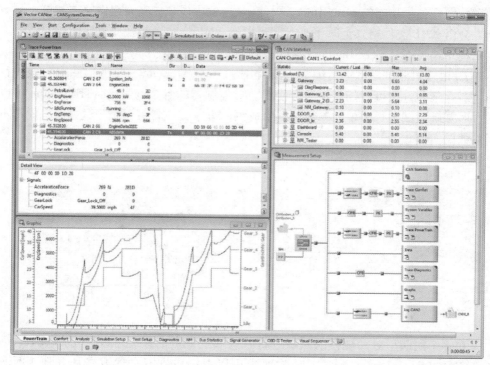

图9.8　利用CANoe对总线通信进行研究

9.2　控制器的系统和软件设计

本书的第4章和第5章描述了传输和诊断协议，第7章和第8章描述了操作系统和基本的软件功能，上述的这些软件模块目前广泛应用于汽车领域中的微处理器和开发环境，并由不同的供应商供应（详见参考文献）。这些模块可以被集成到相应项目的控制器的软件中，并且在开发控制器软件时，通过使用标准化模块，如协议堆栈、操作系统、闪存加载器等，使用户不再需要为每个控制器重新编写程序，不仅减少了工作量，同时也降低了新软件实现时的测试范围。这些标准化模块的开发商通常通过测试协议和认证（一致性测试），来保证这些模块化软件的一致性。

除了选择存储空间和运行时间等大同小异的纯技术要求外，协议堆栈或者操作系统的选择也同样重要。因此，对于那些用户未来使用的软件模块而言，检查是否可以更容易地与新的微处理器，以及新的开发环境相匹配是十分必要的。鉴于现存的地区规定，比如在美国用 SAE 协议来替代 ISO 协议，以及汽车制造商的特殊要求，比如使用不同的传输协议或者总线系统的诊断协议，供应商供应的协议堆栈应该让不同的协议可以互换或共存。

伴随着 AUTOSAR 的普及，AUTOSAR 提供的组件标准化接口和配置选项作为系统的一部分来设计，因此这种软件组件（知识产权）将会大幅的增长。AUTOSAR 系统的开发工具链由 Elektrobit，比如 EB tresos，或者 Vector Informatik 提供。图 9.9 为 Vector Informatik 的开发流程以及相应工具。

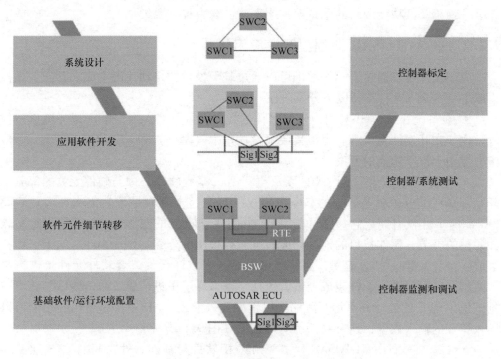

图 9.9　AUTOSAR 开发流程的工具链

9.2.1　用 Vector Informatik 的 PREEvision 设计系统

AUTOSAR 方法论（参见第 8 章）的引入没有从根本上改变开发流程。AUTOSAR 的控制器集成到现有网路是可以能的，网络仿真和分析的工具保持不变。但是，在系统定义和所使用的描述格式方面会有很大的变化。经典的设计方式是基于完整的控制器及其所提供的功能，而设备之间的数据连接则主要考虑布线问题。而

AUTOSAR 正相反，AUTOSAR 是基于各个功能及其所定义的接口，并将各个功能分配到控制器中，最后再得出各个装置之间的必须通信。

来自 Vector 的开发工具 PREEvision 覆盖了这些不同的设计和建模层面。

- 系统软件架构通过 AUTOSAR 的 SWC（软件组件）来组建，在第 8 章 8.6 节中有描述。
- 硬件网络架构由控制器，传感器，执行器以及总线系统组成。
- 控制器之间的通信以信号、报文（PDU、帧）和通信周期（调度）的形式来传输。
- 通过映射将以分类的单独控制器的软件组件，以及单独报文的信号与建模层面相匹配。

除了 AUTOSAR，PREEvision 也可以收集产品目标和要求，这些目标和要求定义了一辆车及其功能网络的逻辑架构或者诸如线束等重要细节。

9.2.2 在 AUTOSAR 流程里开发应用软件

应用软件可以通过手动编程也可以通过基于模型的自动代码生成来开发。虚拟集成平台（图 9.9）支持以下开发阶段。

- 在系统开发中 SWC 可以不管具体的控制器或网络，在一个虚拟环境里被执行，比如在开发计算机上。虚拟集成平台在这个阶段是作为 VFB（虚拟功能总线）仿真器用于汽车功能的开发。
- 控制器开发过程中，SWC 以及与 BSW（基础软件）中与硬件无关的部分一开始都是在虚拟环境里运行的。虚拟集成平台在这个阶段是作为集成环境。只要 PREEvision 还没有完成它，就可以用 DaVinci Developer 的图形界面编辑器来定义软件元件的细节，比如接口的连接，或者可运行程序的分配（图 9.10）。如果把虚拟集成平台和 CANoe 结合起来，那就既可以对各个软件元件或者软件元件组进行单一测试，也可以进行软件集成测试，包括在模拟环境里进行总线通信测试。在单一测试里，SWC 的接口和可运行程序会以程序接口形式（API）提供使用，它们可以导入特定的输入数据，运行并评价运行结果（图 9.11）。
- 对基础软件（AUTOSAR BSW）和应用软件与基础软件之间的 RTE 层的配置是在 DaVinci Configurator Pro 里进行的。通过系统描述可以得到初始配置，之后在项目过程中改动系统描述后都可以通过更新功能来同步。对基础软件可以通过编辑器和辅助功能进行配置，它们支持各个 BSW 模块比如基础服务、存储器管理、模式管理或运行时系统。编辑器的验证功能能对配置进行分析，报告有冲突的地方，并提出解决方案。为了继承不同厂家的 BSW 模块，还可以导入外部模块的描述文件，并在通用配置编辑器中对它们进行编辑。
- 一旦真实的硬件可用了，人们就可以同时运行虚拟平台和真实平台。软件会被转移到真实平台上，进行测试并将测试结果和仿真环境进行比较。

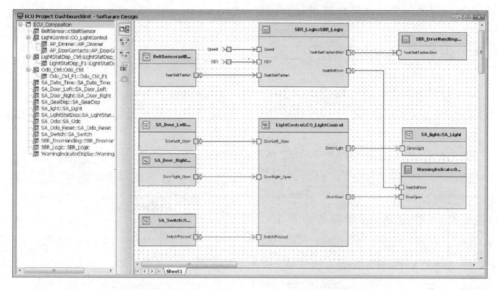

图 9.10　在 DaVinci Developer 里连接软件元件

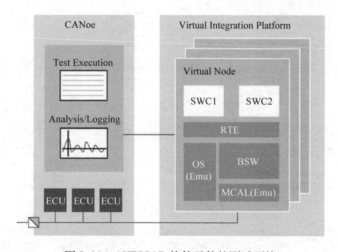

图 9.11　AUTOSAR 软件元件的测试环境

9.2.3　系统测试和应用

在本章 9.1 节中已经提到，在调试控制器以及之后的系统测试中主要还是使用 CANoe。利用它的 AMD 选项可以从 AUTOSAR 的视角进入控制器内部，原理是通过 XCP 协议（第 6 章 6.2.2 小节）可以直接观察接口、可运行程序的执行，或者基础软件元件的状态。

接着进行的应用，也就是为具体车辆调整应用软件的参数，可以通过 CANape

来进行。在下一节会对该软件进行介绍。

9.3 进行控制器应用的工具

在应用阶段，应用工程师会借助电脑上的应用软件对一辆汽车的电子系统的参数进行细化。这些软件不仅可以研究总线上的通信，还可以直接获取控制器内部的数据。

常用的应用工具有 ETAS 公司的 INCA（图 9.12），以及 Vector Informatik 公司的 CANape。利用它们不仅可以将控制器内部的数据以数字或图表的形式展现出来，还可以改写这些数据。访问控制器内部数据可以通过标准的总线，利用 ASAM 的协议如 CCP 和 XCP（参见第 6 章 6.2 节）；或者通过一个专用接口，如 ETAS 公司的 ETK 或者博世公司的 McMess。除了测量和标定功能外，这些工具还要管理控制器的描述文件，例如 ASAM 的 ASAP2（A2L）文件。

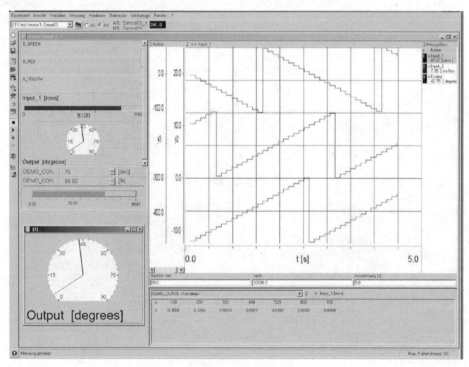

图 9.12 常见的用于测量和改写控制器内部参数的应用工具（ETAS 公司的 INCA）

利用 XCP 还可以建立所谓的旁通结构（图 9.13）。在这种结构里，系统的一部分功能不是在控制器里实现，而是在一个实时仿真程序里，如 ETAS 公司的 AS-CET，dSpace 公司的 Target Link 或者 Mathworks 公司的 Matlab/Simulink，可以对这部分功能进行试验。

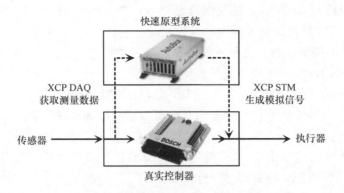

图9.13　旁通结构的控制器和快速原型系统

在这种方法里，输入信号和控制器的内部数据会通过 DAQ 消息，从真实的控制器传给原型系统，原型系统计算得到的结果则通过 STIM 消息发回给控制器。通过这种方法，在快速原型系统里的功能可以先不用考虑真实控制器的资源限制进行开发。之后，通常利用自动代码生成工具将这些功能集成到真实控制器里。类似的，控制器也通过硬件或软件在环仿真进行集成。

利用 Vector Informatik 公司的 CANape 进行控制器应用

Vector Informatik 公司的 CANape 是一款通用的用于控制器应用（测量、标定和诊断）的工具（图9.14）。它也可以通过 ASAM 协议 CCP 和 XCP 获取诊断数据和

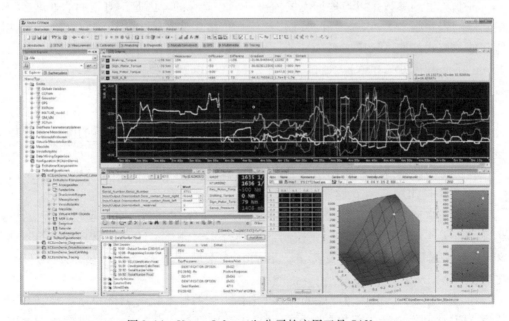

图9.14　Vector Informatik 公司的应用工具 CANape

诊断服务，包括 OBD 数据，并观察控制器内部的运行。此外，它有连接 Matlab/Simulink 的接口，并支持基于模型的开发。

在控制器应用里，有三种最主要的描述文件类型：
- 控制器内部变量的描述文件，如 ASAP2
- 各个通信网络的描述文件，如 DBC、LDF 或 FIBEX
- 诊断服务和诊断数据，以及闪存擦写过程的描述文件，如 ODX 数据

CANape 包含了多种编辑器，来对各种描述文件进行显示和编辑。使用内置的 ASAP2 编辑器可以建立和修改控制器应用的数据文件。DBC、FIBEX、LDF、和 ODX 文件也可以用相应的编辑器进行处理。

为了更好地优化控制器的参数，研发人员需要采集和显示不同的数据源。他们需要一个可靠的、可以同步和精确工作的系统。CANape 可以访问以下数据：
- 控制器里的变量、参数、特征曲线、特征图
- CAN、LIN 和 FlexRay 的总线信息
- 外接测量系统获取的模拟和数字信号
- 全球定位系统信息

CANape 不仅可以在控制器工作时调整控制器里的参数，还可以改写闪存里的程序。通过脚本可以将这些操作自动化。集成在 CANape 里的标定数据管理功能不仅可以调整参数，还可以对开发过程中的产生的程序版本及变型产生强大的管理能力。

控制器里的参数是以与地址无关的符号形式储存的。因此，对它们的处理也与控制器的程序版本无关。得到的数据会以 MDF 格式保存，也可以通过转换器转化成其他的格式，如 ASCII 或者 Matlab。MDF 是一个广泛使用的行业标准，目前由 ASAM 在维护（见第 6 章）。通过各种显示窗口可以展示和研究测量数据。对大量数据的评估和搜索可以通过数据挖掘功能实现。

诊断功能和诊断测试在控制器开发中是至关重要的一个环节。CANape 可以以符号形式找到所有诊断协议允许的控制器数据和函数。CANape 内置的阅读器可以显示诊断描述文件，以及获取 OBD 数据。

在进行控制器应用时，如果需要烧写新的程序，可以通过 CCP/XCP 协议或者一个带或不带 ODX 闪存存储器的诊断协议进行。

在基于模型的软件开发框架内，控制器功能会先在电脑仿真环境里进行设计，再在一个旁通环境里或者直接在控制器里进行实时测试。Matlab 及其 Simulink 和 Stateflow 扩展是最常用的仿真工具，利用它的实时工具箱还可以实现代码自动生成。

通过 CAN、FlexRay、JTAG 或者 SPI 通信，按照标准化的测试和标定协议 CCP 或者 XCP 访问控制器内部数据时，会由集成在控制器内部的一个驱动器来负责周期地发送和接收需要的信号。根据所需要处理的数据量大小，驱动器需要一定的内

存空间和处理器计算时间。而内存和处理器资源往往非常有限。另外，这些控制器数据的传输会使得总线负载增高，进而影响控制器的正常通信。测量数据在 CAN 总线上能达到的传输速度是 50kbit/s，在 FlexRay、JTAG 和 SPI 上能达到 400kbit/s（表 9.1）。而驾驶辅助系统、发动机控制器、混合动力汽车或电动汽车要求的测量数据量需要达到 5Mbit/s，测量间隔小于 $20\mu m$，并且要尽可能的不影响控制器的正常工作。要达到这些要求，就不能通过传统总线系统来获取数据，而是通过为控制器量身定做的数据监测和调试接口，例如 Vector 公司的 VX1000 测量和标定系统。这个系统与电脑端则是按照 XCP 协议通过以太网连接的。

表 9.1　用于获取测量数据的几种接口的比较

控制器接口	控制器软件的改动	控制器内存需求	最大测量数据量	对控制器工作的影响	旁通工作的延迟
在 CAN 总线上用 CCP/XCP 协议	CCP/XCP 驱动器	1KB～2KB	50kbit/s	中	高
在 FlexRay 上用 XCP 协议	XCP 驱动器软件	2KB～16KB	50～400kbit/s	大	中
在 JTAG/SPI 上用 XCP 协议	DAQ 转发器的表格	4KB～16KB	200～400kbit/s	大	中
用 VX-1000 进行数据追踪	很少	无	5000kbit/s	极小	低

9.4　对控制器闪存的编程

现在控制器里的程序和数据通常是保存在闪存里（表 9.2）。与只读存储器（ROM）以及以前经常使用的可擦除的只读存储器（EPROM）不同，这类存储器可以相对方便地被擦除和重新编程。相比于可电擦除的只读存储器（EEPROM），闪存只能对一整块区域进行擦除和编程，因而在擦除和编程时，控制器的正常工作需要被暂停。不过，闪存要比 EEPROM 便宜得多，其可靠性也更高。因此，实际应用中 EEPROM 只应用于存储一些需要长时间保存、数据量小却又经常需要被改写的数据，比如里程表、运行状态和故障记录。目前最新的控制器里，EEPROM 经常是通过闪存来模拟的。这样一来便不需要 EEPROM 了。

表 9.2　控制器半导体存储器概况

存储器类型	编程	擦除	适用范围和特点
ROM 只读存储器	芯片制造商	无	静态程序和数据 每单位比特成本低 生产准备时间大于 1 个月 要求最小数量高

(续)

存储器类型	编程	擦除	适用范围和特点
EPROM 可擦除存储器	控制器制造商		静态程序和数据 中等成本
Flash – ROM 闪存	按区域（4KB~64KB），寿命：几十万次		不常改动的程序和数据 中等成本
EEPROM 可电擦除存储器	按字节， 寿命：几十万次		经常改写的数据，如运行时间计数器 高成本
RAM 随机存取存储器	不需要		动态数据 断电后数据内容消失

在本书里，对闪存的擦除以及重编程的过程会用擦写（Flashen）来表示。

通常，闪存的擦写功能会被封装到控制器上的一个独立软件组件里，并可以通过一个标准化接口被调用（见第 7 章 7.1 节和 7.5 节）。这个软件组件被称作闪存擦写器（Flash Loader），有时也叫启动加载器（Boot Loader）。

9.4.1 边界条件

闪存的使用给产品的整个生命周期，从开发和应用到生产一直到售后服务和支持（售后市场），都带来了许多好处，在生产和售后服务中尤为突出。在开发和应用阶段，程序代码和应用数据会被分开处理，这样可以让程序和数据更容易地被更改。过去，程序代码和应用数据最迟要在控制器生产的时候，由控制器生产商集成到一起，并烧写到可擦除存储器里。整车厂再对 EEPROM 里少量的一些设置参数进行调整。针对不同的车型和不同的国家，要么需要在控制器里加入变型代码，增加了对控制器存储空间的需求，要么则需要开发控制器的变型。即使在一些中等的车型系列，可能就会有几十种控制器变型，这些变型实际上硬件都是相同的，只是存储器里烧写的内容不同。在控制器生产完后再对存储器内容进行改写在技术上非常麻烦，因而从成本角度看也并不现实。这么多的控制器变型推高了控制器生产商、整车厂以及维修车间的物流成本。而利用闪存技术，在同一个发动机和车型系列里甚至在全系列里，硬件可以更好地标准化。针对具体车型或者具体一辆车的控制器参数调整，可以在车辆制造过程后期的任意时候进行，并且随时可以再修改。控制器物流的简化和显著缩短的调试时间带来了巨大的成本优势。而整车厂需要保证的是，在整个物流链中所有控制器的软件版本与每辆车相匹配。

是由供应商在控制器生产时还是由整车厂在流水线上为控制器烧写程序，烧写哪些程序，通常要经过激烈的讨论，并且不同整车厂的处理方式也大不一样（表 9.3）。不过总体趋势是由整车厂在流水线上来烧写。

在售后服务和售后市场中,利用闪存技术可以降低成本。比如由于更换汽车零部件引起的车辆缺陷,现在可以通过现场的程序升级来解决。另外,可以在一般的用户服务里,为旧车辆更新最新的软件版本、添加功能,甚至调整车辆控制器软件以适应新的法规或者保险条例,例如尾气排放标准等。

表 9.3 常见的烧写闪存程序的地方

在哪烧写?	谁负责?	烧写什么内容?	解释
烧写站	控制器生产商	应用软件,包括操作系统和诊断协议	对闪存存储器在未集成的情况下,通过特殊的烧写工具,按照定义和编写好的环境条件(温度、电源电压等)进行快速、并行编程
控制器生产时(流水线终点,EOL)	控制器生产商	针对车型的应用数据(例如针对4缸或6缸发动机的调整)	流水线终点数据输入。例如补偿数据,通过控制器应用进行控制器变型,同类件方案的硬件
汽车生产时(EOL)	整车厂	汽车配置参数	特定车辆功能激活,参数精调
维修车间(售后服务)	整车厂和/或控制器生产商	新的应用软件和汽车配置参数	故障处理、老化、磨损补偿,添加新功能

虽然在控制器制造过程中,可以通过一些特殊的快速接口来实现程序烧写(表 9.4),但是在接入车辆还是只能通过相对较慢的诊断接口。通常是通过一个中央网关,利用在第 4 和第 5 章中已经介绍了的诊断协议,如 KWP2000、UDP 或者 SAE J1939。通过网关可以进入到车辆的所有一级总线系统。个别情况下还可以通过 K 线接入汽车,不过只能接入 CAN 总线。传输速率和数据量取决于总线类型、设置的比特率以及所使用的传输层协议。烧写过程中,除了闪存自身所需的编程时间,总线传输时间也会影响整车厂流水线的生产效率。而且,烧写的数据量也越来越庞大。因此,有一些整车厂在 CAN 诊断接口外还引入了更快的以太网/DoIP 接口用于程序烧写。

表 9.4 闪存编程的特性

擦写地点	编程接口	常见数据大小	一般编程用时
程序烧写站	最高速率每秒 10M 比特的 JTAG 接口	车身:256KB 动力总成:1MB~4MB 多媒体:5MB~20MB	30s~5min
控制器生产时	JTAG,越来越多用 CAN	1KB~64KB(流水线终点)	大约 10s
汽车制造时(流水线终点)	诊断接口(K 线,CAN)	1KB~64KB(流水线终点)	大约 10s

(续)

擦写地点	编程接口	常见数据大小	一般编程用时
维修车间	诊断接口（K 线，CAN）	烧写新的应用软件跟程序烧写站的一样，烧写新的汽车配置参数跟流水线终点的一样	每个控制器 5~10min，整辆车约 1h。将来车辆升级要控制 15min

　　为了让正确的数据能被写入对应的控制器并且长期保存，严格的数据保持和维护是必要的（表9.5）。这意味着首先整车厂要对软件版本进行透明化的管理，维修车间要对控制器标识清楚。通过这些信息可以防止未经授权的软件版本被写入汽车里，或者给一个控制器写入错误的软件。除了物流上的各种措施，控制器里还需要有自己的监管机制，特别是在闪存擦写器里。这些监管机制包括，防止未经授权的第三方对控制器进行访问，软硬件兼容性检查，存储区域烧写监控，以及新烧写软件的校验。如果闪存擦写器发现了一个不允许的状态，会中断当前的程序写入并要求重新进行。这样可以防止控制器在程序烧写出现错误的情况下，仍然尝试启动控制器，使得擦写器无法再与控制器进行通信。出现这种情况的话，只能更换控制器，闪存技术的优势也就没有了。

表9.5　闪存烧写的一些关键要求

烧写方法	为了保证数据可以在只读闪存存储器里可以安全地保存至少 10~15 年，必须要严格按照存储器生产商给定的条件（电源电压，温度，烧写命令、信号的时间顺序）
烧写数据的兼容性检查	检查新写入的数据是否与控制器的硬件以及其他软件相匹配，例如使用 UDS 服务的路径监控 - 编程关联性检查
接入保护	为了保证控制器只由经过授权的设备烧写，接入控制器和启动烧写程序都需要一个登录程序（如密钥算法）来激活。某些情况下可以在控制器生产厂烧写完程序后关闭后门，比如将 JTAG 接口锁掉。使用签名和证书来验证程序数据是否被篡改
防止错误烧写的可靠性	当烧写过程中出现错误，使得烧写过程中断时，烧写加载器必须要能发出提示。因此烧写加载器本身要能防止被意外改写 控制器上电后会先检查烧写数据的一致性，只有烧写的数据没有错误，控制器才会进入正常运行，否则烧写的程序只会保留在擦写器里

9.4.2　闪存

　　闪存使用了带浮栅 MOS 场效应晶体管（图9.15）。在这种晶体管中，电子存在于栅极和源极之间的一层绝缘层，即浮栅。闪存的最小单位是存储单元。理论上一个存储单元就是一个场效应管。

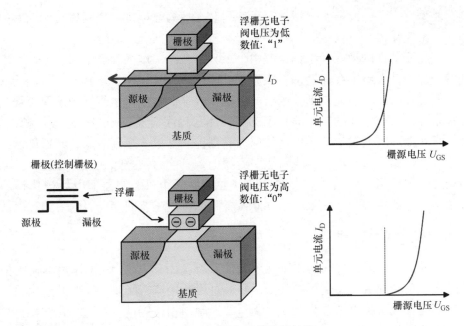

图 9.15 闪存存储单元的结构

通过贮藏的电子，场效应管的阈电压（Threshold Voltage）发生偏移。阈电压是指加在场效应管栅极上的使得场效应管漏源间导通的最小电压。在读存储器内容时，会在栅极上加载一个正电压（读取电压），这个正电压要比浮栅未加负载时的阈电压大。场效应管存储逻辑 1 时，栅极上没有电子，场效应管在读取时是导通的。存储逻辑 0 时，栅极在烧写程序过程中会加载电子，使得阈电压升高，因而场效应管在读取时是不导通的。擦写过程中浮栅的充放电是借助雪崩和量子效应来实现的。如福勒－诺德海姆－隧道效应，会过度使用半导体并可能损坏绝缘层。因此场效应管的擦写不是无限次的，通常只能进行几十万次，擦写过多的话存储单元的可靠性无法得到保证。跟其他半导体一样，场效应管的可靠性随着温度上升呈指数性下降。

烧写过程需要一个很高的电压来为栅极充放电。这个电压是借助闪存内部的电荷泵由正常的电源电压升压得到，并通过额外的电路结构加载到存储元件上。为了减少消耗，并不是对存储单元一个个进行擦写，而是将一些相对较大的整片的存储区域，也就是所谓的扇区，一块块进行擦写。例如一个 2MB 的大存储器会被分割为许多 64KB 大小的区域。擦写过程相比读取要慢一些。读取存储器里的一个字只需要十到几十纳秒，而擦除一个存储区域则需要几百毫秒到几秒钟，写入一个字节需要几十微秒。

擦写过程是通过普通的数据和地址总线上的读写信号来进行的。为了防止无意的擦除掉有用的数据，必须要按照规定的顺序发送控制指令。擦写方法与生产商和存储器类型有关,因此通常会把擦写程序封装在擦写器内部一个叫擦写驱动器的元件里,并给定接口。

在许多元件的擦除和编程过程中,不只是在擦写中的存储空间会受影响,元器件的一部分甚至整个存储器都不能用了。因此烧写程序需要从其他的存储元件调取。一般烧写程序会被复制到控制器的随机存取存储器里再执行。为了保证烧写程序不被未经授权或错误的控制器程序调用,烧写程序会通过一些措施被保护起来,或者是只在擦写时通过诊断接口从外部加载到控制器里。在新一点的元器件上,还可以将一个存储区域在第一次烧写程序后锁上,不能再被擦除和烧写。这个区域也叫启动区,主要用于控制器的启动软件,也就是那些在控制器上电后被执行的程序,包括计算器核心初始化路径、存储器检测,可能还有闪存烧写的关键程序。

9.4.3 闪存烧写过程

在车辆上进行闪存烧写需要有几个元件参与(图9.16)。测试仪负责控制整个擦写过程。它会准备好要烧写的数据,并通过诊断接口,必要时还要经过网关,与车辆内部的总线系统以及总线上需要烧写的控制器相连接。

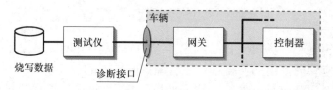

图9.16 闪存烧写过程的主要部件

要理解擦写过程,不仅要从控制器的硬件出发,还要注意软件。上面已经提到过,闪存烧写需要擦写器。擦写器与其他控制器软件共用已有的控制器存储器,这些软件也叫应用软件。

1. 按照 HIS 来启动擦写器

图9.17 展示的是基于 HIS 规范的基本架构,这在第7章7.5节里已有简单介绍过。按照这个架构,一个控制器是由三个软件模块组成的:启动管理器,擦写器和应用软件。

- 控制器上电或重启后会直接接入启动管理器的程序。它会检查控制器存储器里是否已经有一个已被验证过的应用软件。
- 如果还没有有效的应用软件,或者程序或数据存储器可能由于之前的程序烧写被中断而处于一个不确定的状态,那么控制器会在上电后切换到擦写器并等待测试仪的烧写指令。为了可以通过车辆的总线系统和测试仪通信,擦写器必须要有用于烧写程序的那部分报文。
- 如果已经有一个有效的应用软件烧写进去了,那么启动管理器接下来会检查,是否已经从应用软件转换进擦写器。不是的话,系统会接入应用软件,控制器

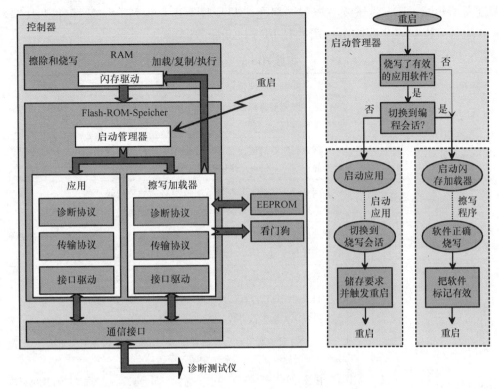

图9.17 闪存烧写控制器软件的基本结构

开始做它的正常工作,如发动机管理。

- 在应用软件里,诊断请求,如开始诊断会话、诊断会话控制以及开始程序烧写会话(见第5章5.1.2小节和5.2.2小节),可以随时接入擦写器。这时应用软件会将请求接入擦写器的信息保存下来,并重启控制器。控制器重启后便会启动擦写器。

- 理论上在擦写一个闪存存储区域的过程中是无法再访问这块区域的。因此,擦写闪存存储器的路径会被复制到控制器的随机存取存储器里,并在那被执行。因此人们常说"擦写功能是在随机存取存储器里运行的"。跳转到随机存取存储器里的路径也被称为跳转擦写路径。

- 在成功和正确地将应用软件烧写进闪存存储器后,擦写器就把它标记为有效的,接着重启控制器软件。启动管理器识别到有效的应用软件后,便接入到新的软件。

2. 按照 HIS 的擦写流程

诊断服务的执行顺序被称为擦写流程或者烧写次序。如第5章里所说的,诊断协议(KWP2000,UDS 等)里有对程序烧写给出的详细说明。概括来说控制器的擦写过程都是一样的。而事实上各个汽车制造商和供应商所使用的诊断服务一直以来就大不相同。HIS 尝试统一流程，但在一些步骤上还是保留一些选择性。HIS 建议的擦写流程如表 9.6 所示，用的是 UDS 诊断服务。

表 9.6　根据 HIS 的闪存烧写流程

诊断会话开始	开始诊断会话，准备烧写。UDS：诊断会话控制 - 启动扩展会话
*读取控制器身份标识	读取控制器身份标识以识别所用的硬件和老的软件版本。UDS：根据身份标识读数据
*检查前提条件	检查是否所有对该控制器进行烧写的前提条件都已满足，比如发动机处于静止状态。UDS：路径控制 - 检查前提条件
关闭其他控制器的故障存储器	关掉总线上其他不需要烧写的控制器的故障记录功能，防止由于缺少总线消息引起的超时错误。UDS：DTC 设置控制 - DTC 设置 = 关闭
停止其他控制器的通信	要求总线上的所有控制器都停止正常的通信。这样烧写时可以有更高的总线带宽可用。UDS：通信控制 - 关闭非诊断通信
启动程序烧写模式	切换进程序烧写模式。UDS：诊断会话控制 - 开始编程会话
进行授权	控制器为测试仪授权。授权失败的话接入请求会被拒绝。UDS：安全接入 - 获取种子，发送钥匙
更新历史记录存储器	每次烧写成功或失败后控制器都会记录下什么时候对哪进行了烧写。UDS：根据身份标识写数据 - 痕迹记录
*把擦写驱动的第一部分加载进随机存取存储器里	如果擦写驱动是擦写器的一个固件，那么驱动会先被复制到随机存取存储器里。如果不是擦写器的一部分，那么驱动首先要从诊断测试仪复制到随机存取存储器里。UDS：下载请求，数据传输，传输结束请求
闪存擦除	诊断测试仪开始对闪存进行物理擦除。UDS：路径控制 - 按照身份标识开始路径
*把擦写驱动的第二部分加载进随机存取存储器里	带小内存的控制器可以将擦写驱动分两次读取。第一次读取用于擦除的部分，第二次读取用于烧写的部分。
烧写新的应用软件	测试仪将数据一块块地传到控制器里。擦写器再将这些数据写入到存储器里。UDS：下载请求，数据传输，传输结束请求，按照身份标识开始路径
验证烧写程序	在烧写结束后会验证新烧写的应用程序。检查烧写的正确性和合法性（签名）。UDS：路径控制 - 开始检查路径
相关性检查	如果应用软件是分成几个模块的，那么还必须检查各个部分的兼容性。UDS：路径控制 - 检查程序相关性
*给定参数	控制器的版本编程或类似的参数给定。UDS：按照身份标识写数据
重启控制器	烧写结束后重启控制器。重启后启动管理器会启动新的应用软件。UDS：重启 ECU
解锁其他控制器的通信	重新允许诊断总线上的控制器进行正常通信。UDS：通信控制 - 允许非诊断通信

(续)

启用其他控制器的故障记录存储器	启用总线上其他控制器的故障记录功能。UDS：DTC 设置控制 – DTC 设置 = 开启
诊断会话结束	结束诊断会话。UDS：会话控制 – 启动默认会话

注：* 为可选步骤。

闪存的烧写通常会在不同的地方进行，如控制器生产商、汽车制造商或者维修车间。这些地方里烧写的数据量、对速度和安全的要求不太一样，因此同一个设备支持几个不同的擦写流程是有必要的。擦写器将支持的诊断服务及其处理顺序定义为独立的流程，并封装在诊断会话里。通过相应的诊断服务，例如 UDS 里的会话控制，可以调用诊断会话。订立不同的诊断会话是必要的，读取控制器身份标识就是一个例子。在控制器生产时主要读取的是控制器生产商的身份标识数据，而在维修车间里主要读取的是汽车生产厂的身份数据，一些情况下甚至根本不会去读控制器生产商的数据。这些都可以通过为各项信息制定不同的诊断会话或/和不同的诊断服务（通过标识符读数据）来实现。

3. 授权和验证

控制器有许多不同的措施来防止被篡改，分为授权和验证两类。

为了防止控制器被未经授权地访问，测试仪首先要得到控制器授权。测试仪先从控制器获取一个随机数作为初始值（种子），计算出一个解密值（钥匙），并把它发回给控制器。计算解密值的算法对于测试仪和控制器都是已知的。这样控制器也可以根据种子值计算出解密值，并与测试仪发来的值进行比较。如果不一致，那么控制器就会拒绝测试仪接入，从而阻止程序烧写。

种子和钥匙的计算可以使用任意复杂的数学方法。但这种方法还是不能完全防止未经授权的访问，因为每个维修车间的测试仪都拥有这个计算方法，因而它较容易被人获取。这种方法只是通过一些措施设置了第一道屏障来延缓对控制器的侵入，如在验证失败时增加下一次验证的等待时间。

防止控制器被篡改的更重要的方法是在烧写程序后对软件进行验证。一方面是检查软件是不是正确无误地烧写到闪存里，另一方面是检查软件的来源。

这里使用的是对称或非对称加密算法（图 9.18）。如果考虑安全性风险和密钥管理及分发的复杂度，当下非对称算法是拥有最高的安全级别。非对称加密会使用一个密钥和一个称为单向函数的数学算法。这个加密过程是不可逆的。解密则通过另一个函数和一个公开的钥匙。这对钥匙是基于大质数得到的，必须成对使用。通过不同钥匙对的组合使得破解变得不可能。钥匙对是由一个得到授权的机构生成的，也就是所谓的信任中心。只有信任中心知道用于加密用的钥匙（私钥），并由他对应用软件进行加密。用于解密的公开的钥匙（公钥）则可以任意地分发。

现代的电子邮件验证方法，如完美隐私，也是用的这种算法。控制器软件的验

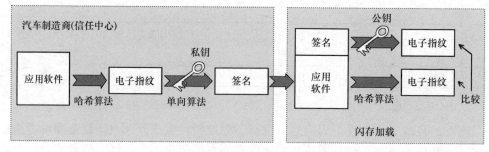

图 9.18 软件的验证

证流程如下:
- 应用软件首先会生成一个电子指纹。这个电子指纹是利用哈希算法算出一个单一的、很难被假冒的校验和。最有名的哈希算法是 SHA–1（安全哈希算法），它能由任意长度的数据生成一个固定长度的校验和。即使对数据最微小的改动也会引起校验和的变化，所以对数据的篡改可以立刻被识别到。
- 整车厂会用他们的密钥（私钥）给这个校验和加密并作为软件的签名。对校验和的加密通常是用 RSA 算法或者 ECC/ECDSA 算法。RSA 算法是以它发明者的名字李维斯特、萨默尔和阿德曼命名的，可以加密 1024bit 的长度。ECC/ECDSA 算法基于所谓的椭圆曲线，应用在小型微处理器上特别高效。
- 签名会和应用软件一起烧写到控制器里。闪存擦写器还知道整车厂公开的钥匙（公钥）。擦写器用公钥对签名进行解密并获取电子指纹。之后它用和整车厂一样的哈希算法，自己为应用软件计算电子指纹，并和烧写进来的进行比较。如果这两个电子指纹不一致，也就是验证失败，那么控制器会把这个情况长期保存起来，并拒绝启动应用软件。

如果人们不只是想保证烧写的数据是来自整车厂而且没有被篡改，还想防止数据被未授权的设备读取，那么可以对数据也进行加密，如果有必要的话还可以对数据进行压缩以减少传输时间。适用的加密算法有 AES，即高级加密标准。

上述功能会在擦写器里按照 HIS 的规范在所谓的安全模式里（图 9.19）进行实现。这个模块的规范对函数调用和传递参数进行了描述。控制器分为几个不同的安全等级。在最低等级 D 中，只需要识别出有错误的数据，用一个 32 位的循环冗余检验和就足够了。在中间的安全等级里，还需要检查集成度和授权，推荐使用 HMAC 和 RSA 1024 算法，当然也会更复杂些。在最高的安全等级里，还需要对数据进行加密以及防止数据被复制，要求使用更复杂的 AES 算法。

4. 按照 HIS 和 AUTOSAR 标准的擦写驱动

如上面所说，可以将程序擦写算法在用到的时候再从测试仪加载到控制器里，实际应用中也通常是这么做的。因此还有必要检查擦写算法和控制器的兼容性。比如要防止将错误的硬件版本的驱动器加载进去。擦写算法不一定是由擦写器开发者

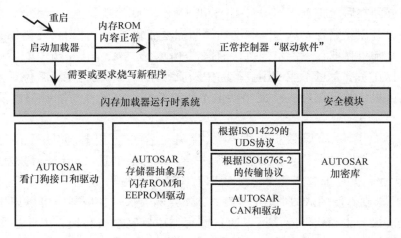

图 9.19　基于 AUTOSAR 组件的 HIS 擦写器的构成

提供的，也可以是由微控制器或者闪存只读存储器的生产厂集成好的。HIS 早在 2002 年的时候就对闪存擦写驱动器的构成做了详细说明，而直到 2006 年才给出对擦写加载器的建议。更进一步发展的 HIS 擦写加载器标准（图 9.19），规定了使用兼容 AUTOSAR 标准的擦写驱动，而不是自身的 HIS 擦写驱动，并拟定了访问硬件元件，如看门狗或通信控制器的 AUTOSAR 驱动接口（见第 7 章 7.6 节）。

擦写加载器将烧写算法（擦写驱动）拷贝到随机存取存储器里（图 9.20）。和擦写加载器跟擦写驱动一样，看门狗路径和对于擦除和烧写过程必要的部分诊断协议软件，在烧写过程中也要放在一个可获取的存储器区域，必要时也要拷贝到随机存取存储器里。随机存取存储器的可用空间大小也是一个限制因素。因此 HIS 规范规定了将擦写存储器分两步加载，第一步加载存储器擦写的驱动，第二部加载烧写新程序的驱动。

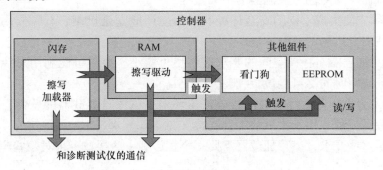

图 9.20　用于闪存程序烧写的控制器元件

擦写驱动自己必须清楚闪存存储器的内部结构（拓扑结构），包括存储扇区和内存条的数量、大小和排列方式。此外，它还需要知道擦除和烧写的指令及其顺序。对整个闪存或者单个扇区进行擦除有时候会持续几秒钟，这期间控制器和测试仪的通信必须在后台正确工作（如 UDS 和 KWP 2000 诊断服务）。因此，控制器会时不时地离开擦除路径，从擦写驱动切换回擦写加载器，以便对与测试仪的通信进行操作。在随机存取存储器里被执行的擦写驱动，大多数情况下既不能使用控制器的多任务操作系统，也不能使用自身的中断服务路径，因为这些经常位于要被擦除的存储扇区里，而且在许多微控制器里不能被转移，这使擦写加载器的实现变得困难。

控制器的身份标识数据，大多数情况下存在可电擦除只读存储器（）EEPROM 里。擦写加载器也在那存放程序烧写状态的信息（如烧写和验证的历史记录）。因此，擦写加载器还要包含对 EEPROM 的读写驱动。

HIS 要求硬件使用 AUTOSAR 接口，并不意味着擦写加载器也可以使用 AUTOSAR 驱动。因为驱动软件应该可以通过擦写加载器完全被替换，因此擦写加载器必须和驱动软件完全无关。另外，考虑到在擦写加载器里应用时的存储空间问题，人们在配置 AUTOSAR 组件时只激活对擦写必要的功能。

9.4.4　擦写加载器举例：SMART IN OVATION 公司的 ADLATUS

和诊断协议栈一样，擦写加载器越来越多地被各个制造商作为标准组件提供。这里举的一个例子是 SMART IN OVATION 公司的 ADLATUS。

除了上述的技术特点，擦写加载器还要有一系列其他功能，来让控制器和汽车生产厂接受成为标准组件，并尽可能在多个车型和多代的控制器里使用：

- 擦写加载器，包括其使用的诊断协议软件，必须支持其生产商所使用的所有微控制器平台和总线系统；必须支持当前的闪存只读存储器和通信控制器；必须方便移植到新环境中
- 擦写流程必须可以按照不同的要求进行配置，并且能支持控制器生产商、整车厂和维修车间对同个控制器的不同流程
- 必须方便集成不同的安全标准和针对生产商安全机制。有时候厂家不想对外公开这些安全机制的实现方法
- 擦写加载器对存储空间的要求应该尽可能小，要尽可能利用总线的有效速率，来保证烧写时间尽可能短
- 除了为控制器常用的编译器链接器环境提供擦写加载器的软件，还要提供用于配置擦写流程和用于测试的工具支持（见本章 9.4.5 小节）

要满足这些要求，擦写加载器需要一个核心和一些接口，来对一些应用相关的部分进行配置：

- 擦写流程描述
- 擦写驱动
- 诊断协议栈（KWP 2000，UDS，……）和不同的传输协议（ISO TP，VWTP，……）和总线系统（CAN，K 线，LIN，……）

- 其他项目相关的控制器配置，例如微控制器类型和时钟频率，闪存擦写记录在 EEPROM 里的储存等

闪存存储内容包括操作系统都必须可以被重新烧写，因此擦写加载器都是使用自己的操作系统，以及跟外围组件连接必要的硬件驱动。ADLATUS 还有自己的通信协议。可使用的协议主要有 UDS（ISO 14229）或者 KWP 2000，总线有 CAN（ISO/DIS 15765），K 线（ISO 14230）或者 LIN，传输层协议可以是 ISO-TP，也可以是 TP 2.0 或者 1.6。

诊断服务解释器（图 9.21）会检查诊断测试仪收到的信息的内容（服务编号，数据长度等），转发对擦写流程解释器相应的烧写请求，接着生成相应的肯定或否定的应答信息。

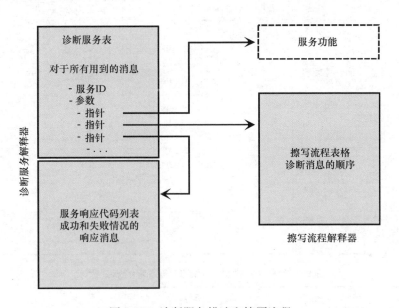

图 9.21 诊断服务描述和擦写流程

擦写流程解释器负责检查擦写请求信息是否有按照整车厂定义的顺序，并执行这些请求。在一个控制器里的流程，必须可以按照控制器生产商、整车厂和维修车间的不同要求进行配置。在这些烧写流程里还必须允许通过不同的安全机制来访问给定的存储区域（存储扇区），以便集成不同生产商的软件。针对特定项目的安全机制可以通过安全模式接口供擦写加载器调用。根据不同的安全要求有不同的经过认证的加密方法（表 9.7）。

擦写加载器分为三个层次：
- 在项目配置里定义通信通道、比特率、设备地址、控制器硬件初始化功能以及看门狗控制

- 截止三个表格来定义擦写流程（图9.21）。诊断服务表格包含了所有由擦写加载器处理的诊断信息、参数和相关的处理函数。在服务响应码表格里列出了成功和失败情况下相应的响应信息。最后，在擦写流程表格里确定了实际的流程，也就是要求的消息顺序。有的项目是在ODX数据库里定义诊断功能的，那么理论上擦写流程只需要配置一次，之后就可以供同个生产商的所有设备使用了。

- 如果要将擦写加载器应用到一个新的微控制器上，只需要相应地调整硬件驱动就行。

配置完成后，就可以通过常见的编译器/链接器为各个目标硬件生成擦写加载器。表9.8展示了常见配置下的擦写加载器数据。

表9.7 不同加密和访问保护措施

保护机制	存储空间需求		耗时/流量	
	ROM/字节	RAM/字节	16位CPU 飞思卡尔 HCS12 20MHz	32位CPU 英飞凌 TriCore TC1766 40MHz
SHA-1哈希表（加密校验和）生成	1KB	100	150KB/s	350KB/s
RSA 1024 签名验证（短指数3）	3KB	400	150ms	20ms
AES 128解密（ECB模式）	1.5KB	40	50KB/s	100KB/s
无哈希表的ECC 160（ECDSA）签名生成	4KB	200	2200ms	500ms
无哈希表的ECC 160（ECDSA）签名验证	4KB	200	2200ms	1000ms
签名验证（带短指数3的RSA 1024，包括超过128KB的SHA-1哈希表）	4KB	400	1000ms	400ms

表9.8 擦写加载器ADLATUS通常的资源需求

项目配置	
微控制器	飞思卡尔MPC 5517
闪存元件	内置闪存ROM 1.5 MB
总线系统	CAN 500kbit/s
诊断协议	UDS
传输层协议	ISO 15765-2
烧写流程配置	1
安全机制	登录会话，安全访问，可选用签名和加密
存储空间要求（包括通信协议和HIS擦写驱动）	
ROM	32KB，带签名和加密48KB
RAM	9KB
烧写100KB耗时（包括CAN传输的时间）	13s

在多个处理器共用一个诊断接口的系统里，ADLATUS还可以作为一个本地网

关（图9.22），转发来自和去往内部从处理器的诊断通信。这可以通过如 SPI 等不同的接口实现。为了保证系统里程序和数据的一致性，还需要一些更高级的措施。

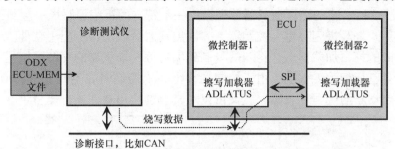

图 9.22　带网关功能的擦写加载器

与控制器擦写加载器配对的是诊断测试仪，它往往在研发阶段还没有定型。因此，擦写加载器在开发阶段需要一个模拟的诊断测试仪，它是以电脑程序和与汽车总线接口的形式仿真出来的（图 9.23）。这项工作是由 SMART 的工具 FlashCedere 完成的。在总线带宽允许的情况下，它可以在一个通信网络里对多个控制器同时进行烧写和测试，从而节省了烧写时间。

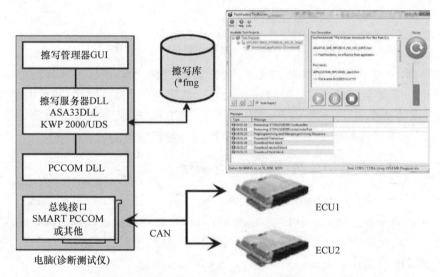

图 9.23　用于开发和生产的诊断测试仪 FlashCedere

对烧写数据的数据保持是在一个所谓闪存容器的地方，除了闪存存储内容外它还包含了一系列管理信息。以前各个生产商的闪存容器结构都不太一样，后来由 ASAM 和 ODX 共同制定的 ECU – MEM 格式逐步地得到了应用，使得使用统一的 XML 描述成为可能（见第 6 章 6.6 节）。

擦写加载器还有一种设计方案，不仅能通过诊断接口对控制器的操作系统和应用软件进行烧写，还可以对擦写加载器本身重新编程。如果生产商想要修改它们擦写流程或者加入新的安全机制，就需要这种擦写加载器方案。

擦写加载器在运行的时候不能将自己也擦写掉。因此它一般都是存放在一个有防误擦写保护的特殊闪存存储区域里。所以,擦写加载器的重编程需要一个特殊的方法(图 9.24)。新的擦写加载器首先会跟一个特殊的重编程路径一起,以普通应用软件的形式烧写进闪存里。控制器下一次启动时会启动这个应用软件。重编程路径会删除旧的擦写加载器,并将新的复制到旧的擦写加载器的存储区域里。接着应用软件将自己标记为无效的。由于控制器在下一次启动时找不到有效的应用软件,因此它会启动新的烧写加载器,就又可以对真正的应用软件进行烧写了。

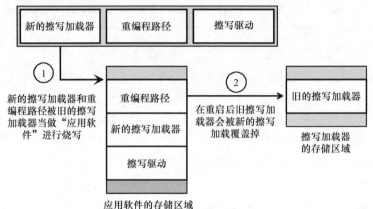

图 9.24 ADLATUS 擦写加载器的自动替代

按照新的 AUTOSAR 和 HIS 规范,对擦写加载器以及其他标准软件组件的接口进行调整,通常会有意推迟一段时间,因为这些规范一开始只有一些暂时的特性。这尤其会影响配置工具针对基于 XML 的常见 AUTOSAR 配置的中期调整,这些工具是以 Eclipse 插件的形式集成到 AUTOSAR 的开发环境里的。

9.4.5 擦写加载器和总线协议的软件测试

可擦写控制器在汽车领域的广泛应用,对质量保证在测试深度和测试效率方面提出了很高的要求。因此,软件测试以及擦写加载器和通信协议的认证,越来越多地使用了自动化测试。下面就以 SMART 公司的一致性测试仪 FlashCedere 为例,介绍这些测试的自动化。

自动化测试是通过控制器的通信接口实现的。这里 FlashCedere 作为测试软件运行在一台普通电脑上,通过相应的总线接口,发送诊断请求给要测试的控制器,并分析响应消息,包括内容、时间顺序和时间特性。它支持的总线有 FlexRay、CAN、LIN、K – Line 和以太网。

自动化测试的开发和执行,按照在其他项目的可重复利用度分为几个等级(图 9.25):

- 在测试用例库里建立通用测试用例:一个测试用例通常由一个请求消息和相应的响应消息组成,特殊情况下也可以由多个消息组成。测试用例会检查一个非

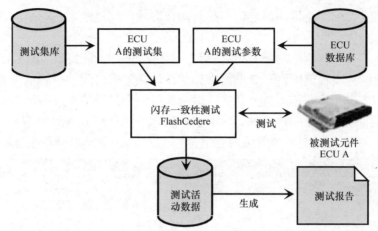

图 9.25 使用 SMART 公司的 FlashCedere 进行测试

常局部的功能，例如查询启用的诊断会话。在 FlashCedere 里测试案例是用脚本语言 Python 建立的（图 9.26）。通用的测试案例的特点是，其版本特性参数，如 CAN

```
# Get all DUT parameters                    Einlesen der steuergerätespezifischen
dut, mi, can, tp, diag, flash = self._unpack_ps()       Parameter

# Do Power On Reset                         Auslösen eines Power On Resets im
dut.power_on_reset()                        Steuergerät über das CAN-Interface

                                            Sende eine Diagnoseanfrage an das
                                                      Steuergerät
                                            note: Kommentar für den Testbericht
# Send request to ECU
tp.send(hex = '22 F1 86', note = 'Request GetSessionInfo')

                                            Empfange die Steuergeräte-Anwort
# Expected ECU response                     template: Erwartete Antwort
tp.receive(template ='62 F1 86 01', note ='Positive Response')
...                                         Timeout-Mess-Sequenz für ISO-TP
# Send ISO-TP 'First Frame'
s_msg = can.send(hex ='10 08 36 01 11 22 33 44',
            note='Client (Tester): FF - Service TransferData')

# Receive ISO-TP 'Flow Control Frame'
r_msg = can.receive(template='30 00 00',
            note = 'Server (ECU): FC BS = 0, STmin = 0')

# Set maximum timeout N_Bs                  Auswertung des Messergebnisses
N_Bs_max = 1.35 # in ms

# Compute actual N_Bs from CAN message timestamps in ms
N_Bs = float(r_msg.timestamp - s_msg.timestamp) * 1E-6

# Check N_Bs < N_Bs_max  and report 'Success' or 'Failure'
assert(N_Bs <= N_Bs_max, 'N_Bs gemessen = %.3f ms,
            erwarteter Wert: <= %.3f ms.' %(N_Bs, N_Bs_max))
```

图 9.26 对于测试用例"查询已激活的诊断会话"的 Python 测试脚本

总线比特率或者控制器诊断地址，不是间接在测试用例里给定，而是由外部进行参数设定的。

- FlashCedere 对专业的测试执行有一些参数可调的测试库，比如针对 ISO 传输协议的测试，或者德国汽车制造商常见的设计任务书的库。在测试用例里擦写流程的定义和相应的参数是严格分开的，以便针对一个控制器相应的调整测试。
- 建立测试集：从通用库里面可以选取一些测试案例组成一个测试集（图 9.27）。测试集把想要的测试内容组合到一起，例如对闪存烧写序列的全面检查。

图 9.27　在 FlashCedere 里的项目一览及通用测试用例

利用 FlashCedere 可以自动执行已经配置好的测试，以及生成测试报告。

- 给定测试数据：从 ODX 库里读取特定控制器的参数，或者通过用户界面手动输入。
- 测试活动：在测试执行期间记录下来的数据都会和时间戳一起记录下来。
- 测试报告：测试流程完成后，会评估测试活动并将结果在一份测试报告里一目了然地总结出来（图 9.28）。

通过这种方式可以检查控制器通信栈的更高层，包括基于 CAN 的总线接口，例如 HIS 擦写加载器的规范和协议，UDS（ISO 14229）和 ISO 传输协议（ISO 15765-2）。甚至还可以间接检查数据链路层和物理层（ISO 11898）。

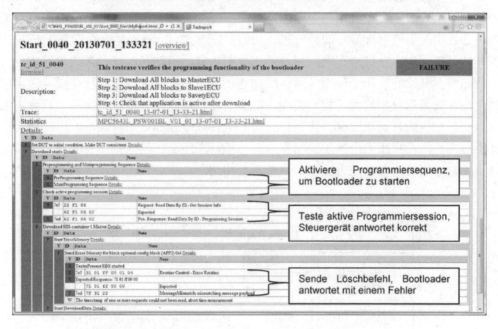

图 9.28　通过级联样式表进行格式化的 HTML 格式的测试报告

9.5　开发和制造中的诊断工具

由于现代汽车网络结构复杂，因此诊断不仅在维修车间里是重要一环，在开发和应用阶段以及在控制器和整车制造阶段同样非常关键。然而，诊断工作在这三个领域的应用有着显著的不同。在维修车间里进行故障查找，主要靠的是技工的工作。因此诊断要有容易操作的用户界面、集成故障查找和修理的指导、能连接到替换件目录乃至收费系统。诊断和总线协议的内部细节应该尽可能封装起来，简化使用者的工作。相反，在开发和应用阶段，获取总线上通信的详细信息以及时间特征尤为重要。诊断测试仪不仅要做诸如读故障存储器的诊断工作，还经常要作为数据测量和参数调整工具，乃至要进行软件、总成和行驶测试。特殊情况下甚至还要用来模拟总线上还不存在的其他控制器的通信（总线环境模拟）。在制造阶段的应用则将这两个极端融合在一起。做检测必须比在维修车间更加深入。复杂的总线通信虽然要封装起来，但必要时还是可以获取通信的细节。相对于维修车间和研发阶段，制造阶段的检测必须要尽可能自动化。检测的速度尤为重要。

由于在研发、生产和售后三个不同应用领域的要求大不相同，对于一个能共用的工具的要求就非常高了。因此，整车厂通常对每个应用领域有不同的诊断系统。通过使用来自尽量少供应商的，没有太大技术差别的通用工具来降低成本，也是诊断方法开发的目标之一。因此，人们需要一个可以从研发到生产直到售后都能使用的整体解决方案。当今典型的诊断测试仪是由一个普通 Windows 电脑或笔记本组成的，必要情况下按照维修车间环境进行封装（图 9.29）。在这里全面的车间相关技术非常必要，所以在维修车间应用的操作界面通常是由整车厂或者大的车间装备供应商如博世开发的。用于处理诊断协议和连接汽车总线系统的下层软件层，通常用的是跟在研发和应用阶段一样的组件。这些组件也可以在制造阶段使用，只要它们可以进行相应的自动化测试。为了让相同的组件在研发和应用阶段也可以使用，组件供应商也需要提供一个适用的操作界面。维修车间测试仪的操作界面通常提供的自由度对于研发阶段来说太少了，一般不会使用。

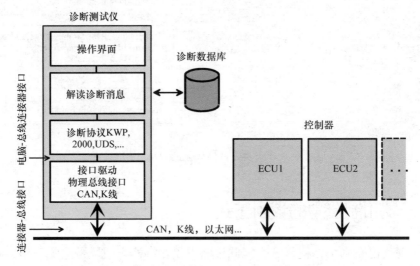

图 9.29　诊断测试仪的典型结构

诊断工具举例：Samtec Automotive 公司的 samDia

诊断工具市场上有一系列专家系统，它们一般都和控制器以及整车制造商紧密合作。下面会介绍 Samtec 汽车软件和电子公司的 samDia。这些都是典型的、广泛使用的诊断工具，支持所有常见总线系统和协议。

1. 汽车总线系统与电脑的接口

典型的电脑端接口如以太网或 USB，并不适用于和汽车典型总线系统直接相连。因此，需要一个专用的接口，包括 PC 端的软件驱动（车辆通信接口 VCI）。单靠传统的电脑操作系统如 Windows 无法满足对总线协议解析，特别是对时间条件的要求。因此，总线接口通常被赋予一定的智能，即一个微控制器和足够大的数据存储器。它可以自己完成总线协议的实时性要求，并保证数据的传输。这在总线环境仿真以及实时数据分析的时候尤为重要。

这种总线接口可以作为电脑插卡，或者作为独立模块通过 USB，或者以太网接口和电脑相连。甚至通过 WLAN、GPRS/UMTS/LTE 或者蓝牙进行无线连接也是可以的，视应用场合而定。例如，在程序烧写站，传输的数据量很大，因此用的是以太网。在整车制造中，接口模块和车一起在流水线上移动，而检测电脑则固定安装在流水线边上，因此它们是通过 WLAN 进行通信的，无须线缆和固定插头。当今，甚至在编队行驶以及在试验跑道上进行测试时，有效距离达到 500m 的 WLAN 也得到了应用。对于跟笔记本电脑的连接则是 USB 更加合适，特别是当一个仪器同时要和多个总线相连的时候。蓝牙则适用于在车间里使用平板电脑或者智能手机进行移动工作。

从应用者的角度看，Samtec 接口总体上有四种功能（图 9.30）。

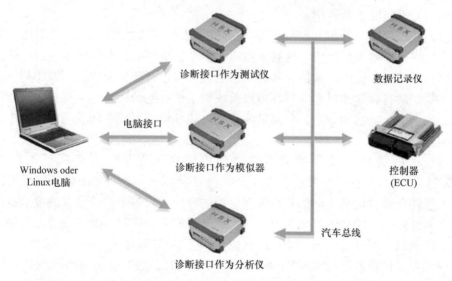

图 9.30　Samtec 诊断接口的功能

- 测试仪/模拟器：向一个或多个控制器发送诊断信息并接收响应信息，比如读取故障存储器。这和诊断测试仪的典型功能是一样的。
- 模拟器：模拟控制器的通信行为。这种应用方式通常在研发阶段，当有一个控制器还不存在，或者在实验室里因为传感器和执行器信号故障无法运行时。这个功能也可以应用到生产部门的试验台上,用来对那些需要和其他控制器进行通信的控制器逐一进行测试。

- 分析仪:监听总线系统上的通信活动,将其记录下来并进行解析。前提是不影响总线自身的通信,也就是说接口是处于被动状态的。在这种应用方式中,接口通常不仅要获取数据,还要测量其时间特性,例如对内部区域和内部字节的时间精确到毫秒地进行测量。
- 数据记录仪:数据记录仪是分析仪模式的一种特殊应用形式。这里总线接口可以在不连接电脑和笔记本的情况下,单独对通信数据进行记录。比如在行驶试验的时候,由于空间和成本的原因无法将整套设备带上车,那么数据记录仪就很有必要了。通过对数据记录仪事先进行配置可以确定触发条件,以及其前后各需要记录的长度,之后的详细评估则和分析仪模式一样。在原型阶段,可能会有非常复杂的故障,因此大量数字和模拟测试数据的结合很有必要。而在量产前一般只要对故障存储器的记录进行分析就足够了。

2. samDia 软件

上面提到的总线接口模块的功能是由一个软件操作界面来控制的。在对总线协议、所使用的传输层协议以及协议参数,诸如比特率、模块间隔时间或者字节间隔时间等进行基础设置后,再对实际功能进行配置。所有设置和记录下的数据可以被保存起来,并随时重新调用。

所谓的模块序列器是 samDia 的核心部件。人们可以使用它来对几乎任意通信场景按顺序循环地进行生成,这其中可以有多个模块序列器实例同时运行。通过其脚本能力可以对总线事件和接收到的消息及其内容进行积极反应。模块序列器包括其脚本控制的特性,使得它能够在接口模块里不依赖电脑而独立地运行。这样设计相比于完全基于电脑的方案,在测试流程、总线环境仿真或者网关功能模拟中,反应时间可以更短。

要发送的消息及其参数会被输入到模块序列器里,用于其模拟器功能(图9.31)。此外,在消息发送后会立刻在协议里显示一个明文评论。这样可以对整个消息序列进行定义,例如对故障存储器的查询、对各个故障信息的读取,以及接下来对故障记录的清除。为了方便对已配置好的流程进行修改,或者对有错误的流程进行测试,可以对指定的消息隐藏或显示(忽略/隐藏)。

模拟器工作模式下的 samDia 可以自己发送消息,另外还会等待收取特定的消息并作出相应的应答。对模块序列器的配置会确定,要对哪些消息和哪些消息内容(触发条件)给出响应并发回哪些应答数据。

在分析模式中,数据会被记录并展示。使用者可以隐藏消息的部分内容,比如包含控制器地址的消息头或者包含校验和的消息尾,让显示更加简洁。显示可以使用明文的方式。使用者可以提前定义好标准消息的十六进制数值与明文间的转换,也可以随时对生产商特定的消息进行配置。除了给定数值的物理意义,比如转速或者温度，还可以给定单位，如每分钟转数，十六进制数值和物理量之间的换算公式，以及显示的方式。

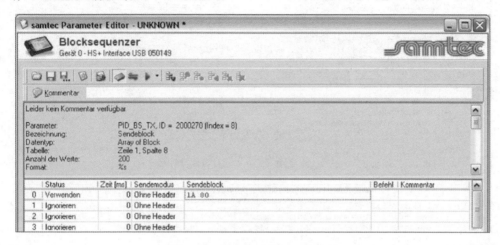

图 9.31　模块序列器（samDia）

除了在诊断协议层面对消息进行定义（离线通信），并通过其下的传输层协议进行发送外，还可以在各个 CAN 消息的层面对各个消息进行定义（在线通信）。通过这种方式，人们可以对在出现协议错误时的行为进行校验，或者对使用专用协议的控制器进行测试。通过导入 CANdb 描述文件（DBC - 格式），可以方便地对这些消息进行预定义。

为了能确定复杂的流程和对重复的流程进行自动化，人们通过一些使用广泛的脚本语言如 Visual Basic 或者 Java Script 来控制 samDia。下面就以利用 KWP 2000 通过 CAN 总线给控制器进行自动化的最终编程作为例子讲解。

通过图 9.32 所示的脚本，可以对诊断测试仪进行自动化。脚本的 main（）函数定义了一个对话框，让使用者确认程序启动。实际的烧写是在 StartDownload（）函数里进行的，它会调用模块序列器。烧写成功后，DownloadOK（）函数会给使用者一个反馈。

诊断测试仪发送的 KWP 2000 消息是由模块序列器确定的（图 9.33）。在读取控制器标识（Read ECU Identification）、打开诊断会话（Start Diagnostic Session），以及登录程序（Security Access - Request Seed - Calculate Key - Send Key）之后，首先闪存里的数据会被删除掉（Start Routine By Local ID - Erase Data）。等到擦除成功结束后，再导入擦写程序（Request Download）和传输数据（Transfer Data）。在这个例子中文件名和烧写数据（c:\myhex.hex）是固定的，但自动化脚本也可以给出一个对话框让使用者给定。之后还会计算校验和，查询烧写是否成功并通过调用 DownloadOK/NotOK（）通知使用者。

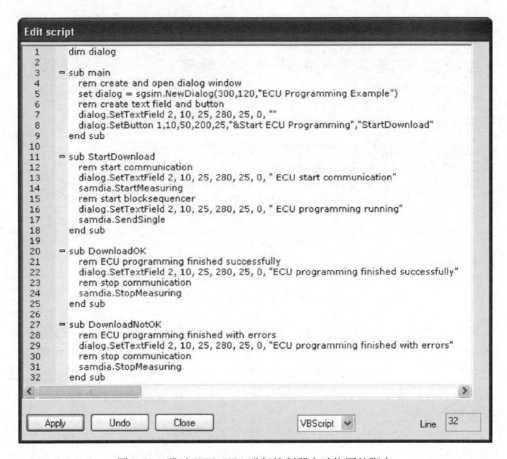

图 9.32　通过 KWP 2000 进行控制器自动烧写的脚本

相反，如果人们想要检测一个现有的诊断测试仪而对一个要烧写的控制器进行模拟，那么模块序列器则如图 9.34 所示。试验阶段人们甚至可以通过将两个 samDia 总线接口模块直接互联，使用在 samDia 模拟器模式下模拟的诊断测试仪，来对模拟的控制器进行"烧写"。图 9.35 显示的是 samDia 日志文件的相关摘录。

3. 用于诊断测试仪开发的整车仿真

在诊断测试仪软件开发过程中经常会遇到这样的问题，就是实际车辆还不存在，或者由于很多研发人员都在使用这辆车，每个人使用的时间很短。虽然经常使用控制器面板来代替，但没有传感器和执行器的控制器，与在真实车辆环境中的行为还是不完全一样。此外，现在的车型系列非常繁多，即使用实车测试也无法覆盖所有的组合。

为了避免这些问题，人们需要一个接近现实的对全体控制器的诊断功能仿真。这就需要利用 samDia 的分析器/模拟器和模拟器的功能，以及 samtec 公司的高性能 HSX 接口（图 9.36）。车辆仿真的建立分为以下三个步骤：

第 9 章 工具、实例与应用领域

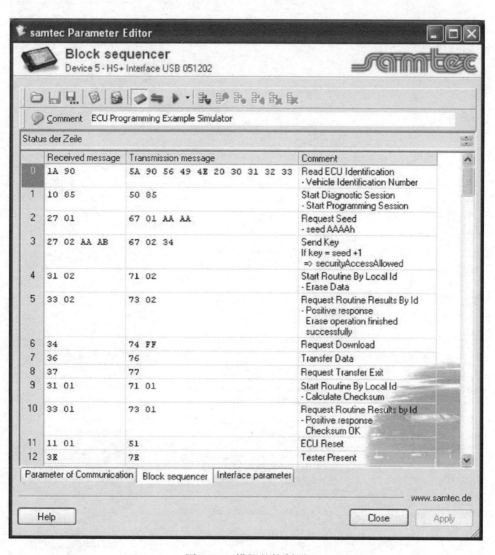

图 9.33 模拟的控制器

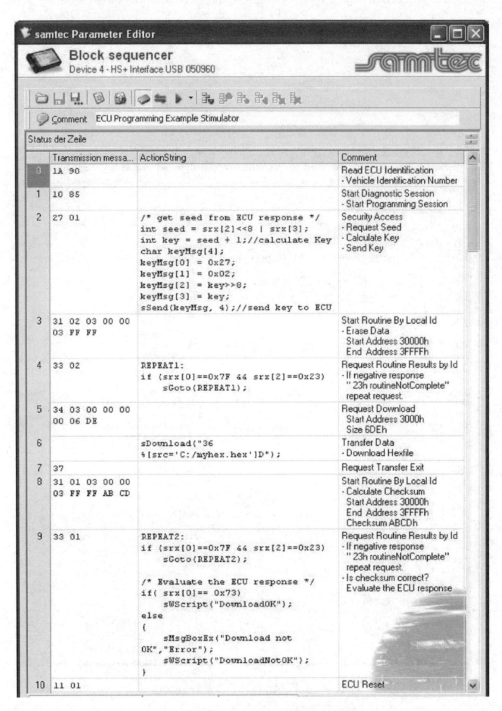

图9.34 诊断测试仪的模块序列器(模拟器)

```
> 1a 90            Read ECU Identification - Vehicle Identification Number
< 5a 90 56 49 4e 20 30 31 32 33

> 10 85            Start Diagnostic Session - Start Programming Session
< 50 85

> 27 01            Security Access- Request Seed - Calculate Key - Send Key
< 67 01 aa aa

> 27 02 aa ab Read ECU Identification - Vehicle Identification Number
< 67 02 34

> 31 02 03 00 00 03 ff ff     Start Routine By Local Id - Erase Data
                              Start Address 30000h End Address 3FFFFh
< 71 02

> 33 02      Request Routine Results by Id - If negative repeat request
< 73 02

> 34 03 00 00 00 00 06 de     Request Download
                              Start Address 3000h Size 6DEh
< 74 ff

> 36 20 20 31 48 45 . . .     Transfer Data - Download Hexfile
. . .
> 36 32 30 31 48 45 . . .     Transfer Data - Download Hexfile
. . .
> 37                          Request Transfer Exit
< 77

> 31 01 03 00 00 03 ff ff ab cd    Start Routine By Local Id -
                                   Calculate Checksum
< 71 01

> 33 01      Request Routine Results by Id . . . - Is checksum correct?
             Evaluate the ECU response
< 73 01
```

图 9.35 按照图 9.33 和图 9.34 的烧写过程记录下的"诊断测试仪"日志文件的摘录

- 记录真实车辆的诊断消息。
- 使用 samDia 的模拟器向导对获得数据进行预处理,通过向导对数据流进行筛选,并按控制器进行分组。消息里有一些在记录过程中会变化的动态值,它们会被识别出来并在之后进行还原。接着使用者可以用模块序列器配置自己的动态消息或者故障存储器记录。在对生成的数据进行初步测试和优化后,仿真方案会以文件形式被保存起来并标注版本。
- 激活仿真数据。被测试的仿真数据可以通过一个中央服务器供开发者使用。通过把相应的车型加载到 HSX 接口,开发者可以测试车辆所有控制器的诊断通信,而不需要整辆汽车或者整个控制器网络。

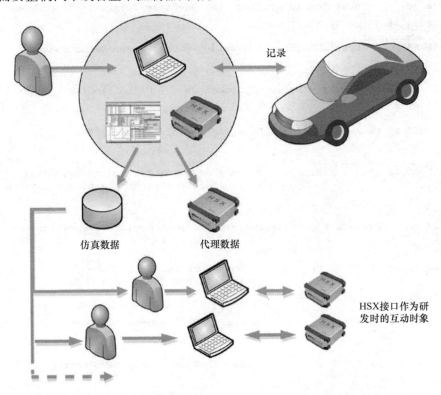

图 9.36　利用 samDia 和 HSX 接口进行整车仿真

4. 诊断应用

在研发、生产和维修车间对操作界面和流程有着不同的要求。而这三种情况几乎用的是一样的数据库，所以人们可以使用云存储。诊断应用和云库直接的连接是双向的。诊断应用会把从云端获取到的信息和维修指示，提供给相应的使用场合（图 9.37）。另一方面，数据也可以从被诊断的车辆传到云端，以便对诸如故障查找的可能性进行计算。

过去诊断应用大多只能在单一平台上使用。Samtec 公司的 VCI 通信架构 VCF 则不同，使用它可以进行与平台无关的快速灵活的开发。接下来会介绍此架构的典型应用场景：

- 在开发和生产中经常要将一个控制器与车辆隔离进行测试。缺少的通信对象可以通过车辆通信接口 VCI 来模拟，比如 Samtec 的 HSX 接口。因为 VCI 可以允许同时进行总线环境仿真和正常的诊断功能，所以不需要另一个 VCI 来进行诊断（图 9.38）。

- 在生产中对于特定的故障分析可能需要把所有试验台的诊断会话集中起来进行记录。这个记录可以在 VCI 的储存卡里进行。相对于把储存卡取出来读写数据，人们可以把一个网络服务器集成到 VCI 里，这样中央生产管理计算机可以在不中断运行的情况下调用协议，并做进一步处理。

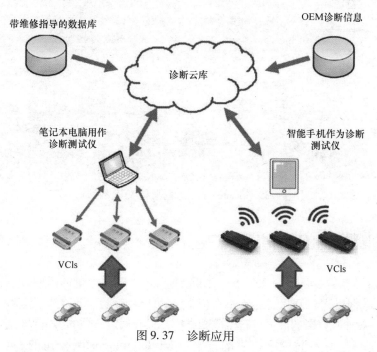

图 9.37　诊断应用

- VCI 有许多不同的扩展和总线接口。如果一个 VCI 不够的话，那以把几个 VCI 合成一个虚拟的 VCI。这样可以进行灵活而又经济的扩展，而无需对诊断应用进行调整。

借助 VCF 可以在所有常用的平台上，比如 Windows、Linux、安卓或者 iOS 上开发诊断应用。较小的应用比如 OBD 诊断，可以连同操作界面直接在 VCI 的网络服务器上，或者作为客户端功能的子应用实现。VCF 的核心部分是固件驱动实例处理（图 9.39）。它能对诊断协议从应用角度进行封装，以及管理所属的协议实例。其中最主要的是对诊断信息读写，以及对模块序列器访问的规则。

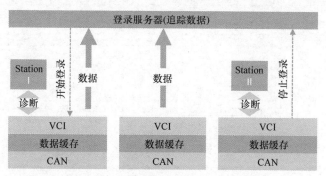

图 9.38　生产中诊断会话的中央记录

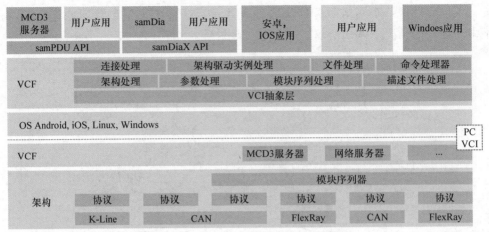

图 9.39　Samtec VCI 通信架构 VCF 的结构

9.6　诊断数据的编辑工具

控制器诊断数据的建立和维护一如既往地需要消耗大量的时间。虽然通过引入 MCD-2D 数据格式 ODX（见第 6 章 6.6 节），可以用一种标准化的交换格式来保存数据。然而，对如此复杂的数据进行生成和维护，只有通过所谓的编辑工具才有可能。

这些工具是由不同厂家提供的，比如 Vector Informatik 公司的 CANdela Studio（图 9.40）和 ODXStudio，Softing 公司的 DTS Venice（图 9.41），或者 In2Soft 公司的

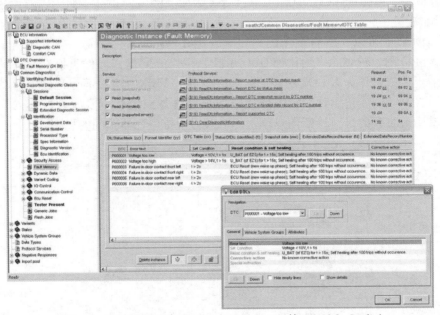

图 9.40　诊断数据的建立（Vector Informatik 的 CANdela Studio）

VisualODX。利用这些工具可以在一个操作界面里方便地建立数据、检查一致性，并且保存到数据库中。

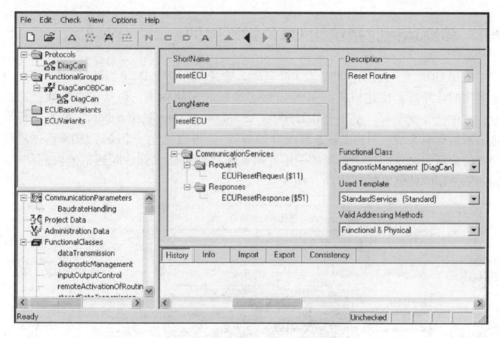

图 9.41　ODX 诊断数据的编辑工具（Softing DTS Venice）

有一些厂商更早之前就提供了基于特定厂家的数据结构的编辑工具。在这种情况下已经有一定的用户基础，所以这些数据结构不能轻易地转换成新的 ODX 标准，因为在某些情况下会涉及整个产品架构，也就是所有以这种数据为基础的工具。这种情况下 ODX 数据要通过导入和导出转换器来生成，内部则还是用自家的数据结构来工作的。新产品则没有这些问题。它们可以把 ODX 作为数据基础直接读取和保存，而无须那些转换方法以及其所带来的不可避免的兼容性问题。

使用 ODX 编辑工具来工作是为了方便地、简单地和无误地建立诊断数据。基于如此高的要求可以得到以下对数据生成工具的主要要求：

● 方便和直观的操作界面，并可以根据使用者的需要进行调整（如显示屏布局和编辑模板），以及提供方便的编辑和搜索功能

● 对复杂的数据关系比如继承结构和关联进行图形化的显示

● 利用相关的 XML 样式、ASAM 检查规则，必要情况下还有用户自定义的规则检查一致性，来对编辑的数据进行检查，并且帮助使用者尽可能在数据输入的时候就排除错误

● 可以导入旧的数据格式，比如 A2L，以便可以继续使用旧的数据

● 支持用不同国家的语言写文本数据和注释，以保证诊断应用可以在多种语

言下使用
- 用方便阅读的文件格式来把 ODX 数据编成文档

9.7 诊断运行时系统和 OTX 诊断序列

使用 ODX 有一个统一的，在 ISO 22901 里（ASAM MCD 2D，见第 6 章 6.6 节）标准化的诊断数据描述格式。ODX 描写了诊断数据的构成，包括各个参数、换算方法、单位、变型等。基于 ISO 22900（ASAM MCD 3D，见第 6 章 6.7 节）的标准化诊断运行时系统（MVCI 服务器或 D 服务器），可以建立一个通过 ODX 数据进行配置的诊断测试仪。这个系统的使用者就不需要再自己去管诊断通信的内部结构，例如所使用的传输和诊断协议（图 9.42）。

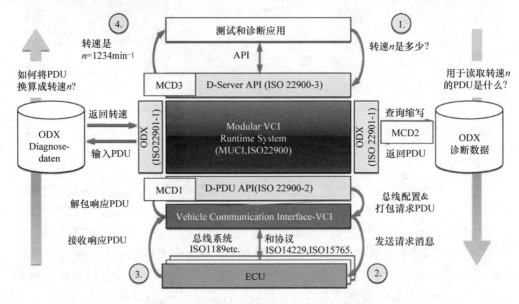

图 9.42　标准化诊断系统的结构和工作方式

有很多家厂商提供这一类诊断运行时系统，像 Softing 公司的 DTS – COS、DSA 公司的 PRODIS. MCD，或者一些整车厂自己开发的系统。不过使用 ODX 只能描述那些诊断测试仪和一个或多个控制器通信所必需的诊断数据。

然而，在实际应用中一个诊断测试仪在研发、生产和售后服务阶段有更多的任务。在维修车间里进行故障查找需要把诊断数据连接上整车厂的故障查找指导和替换件数据库。完整的诊断步骤和结果数据必须被记录下来并妥善管理。只有多个诊断服务一起工作才有可能进行完整的功能测试，更换汽车部件或者控制器软件升级。在运行时系统里这些诊断流程虽然是被编程为一个个任务，但在 ODX 里只是当成黑盒进行了描述。

过去诊断流程大都是在控制器设计说明书里，用文字或图表定义的，再在研发、制造和维修车间里为不同的目标系统手动地实现。这种方法既不高效也不安全。直到在第6章6.9节里介绍过的 ISO 31209 开放测试序列交换标准，才提供了一种数据结构，来对诊断序列的各个部分进行标准化的描述。OTX 的目标是，通过诊断测试仪的简单配置来实现诊断的流程，而不是通过费力的 C/C++ 或 Java 编程。从研发到生产到售后服务 OTX 都可以应用（图 9.43）。另外，OTX 也可以在测试自动化或者硬件在环仿真里使用。

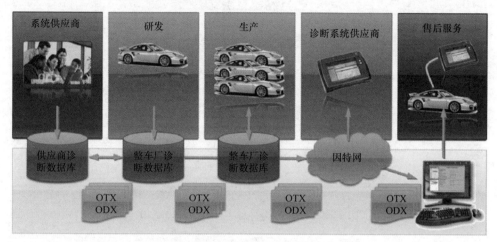

图 9.43　诊断过程连中通用的数据交换

用 Emotive 公司的开放测试架构来作为 OTX 工具

如同 ASAP2、FIBEX 或者其他描述格式一样，OTX 也需要有工具的支持才能有效地应用。Emotive 公司的开放测试架构 ODF 就是最早出现在市场上的工具之一。ODF 是一个针对基于 OTX 诊断应用开发流程的运行环境，包括：

- 规范说明
- 实现、测试和查错
- 文档编写
- 诊断流程的执行

现实当中，由于各个厂商对工具的使用环境差异很大，因此 OTF 被设计成一个开放的、可调节和可扩展的系统，使用者可以根据自己的需要对它进行调整（图 9.44）。

开放测试架构用相应的子工具来搭建整个 OTX 结构（图 9.45）。

ODF 本质上是由图 9.46 所示的功能元件组成的，下面对它们进行介绍。

1. OTX – Designer

OTX – Designer 是一个中央输入元件。它给编辑者以流程图的形式提供了 OTX 数据的图形显示。用户可以对图形显示进行设置，不仅可以对整个流程有个概览，也可以放大到各个细节。OTX – Designer 是由一些元件组成，使用者可以借助 OTX – Designer SDK 将这些元件集成到自己的应用里。

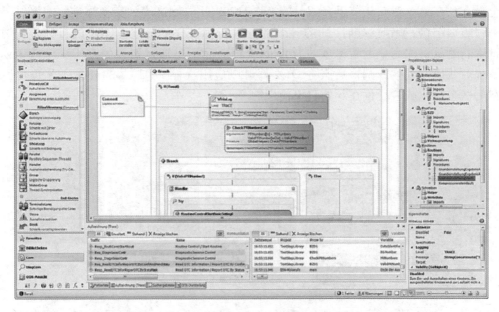

图 9.44 OTX 开发环境——开放测试架构

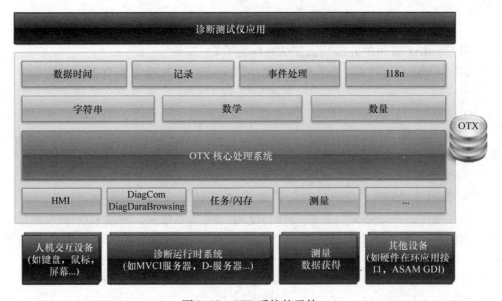

图 9.45 OTX 系统的元件

2. 流程设计器

在流程设计器里可以对测试流程进行图形化的编辑。一个流程是由不同的活动

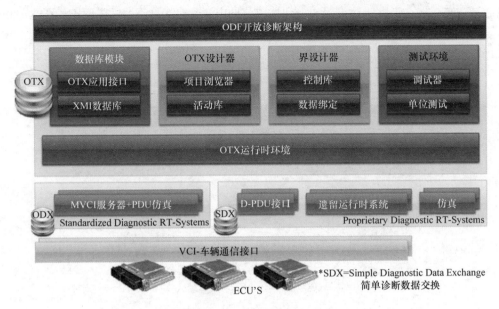

图9.46 开放测试架构的组成

（OTX 节点）组成，可以通过流程图进行表示。编辑者以图形形式建立测试逻辑并保存为 OTX 数据。图形显示可以自动从 OTX 数据生成，因此编辑者可以专注于内容而无须去关心图形显示的布局。

3. 解决方案浏览器

解决方案浏览器用一个树形结构来显示整个 OTX 项目。它描绘了从包裹到动作实现的层级结构。在每个节点上都可以对元件进行复制、剪切、粘贴和删除。

4. 工具箱

工具箱包含了所有的活动，并按照 OTX 库进行分组。工具箱的内容（活动和分组）是由一个文件生成的。使用者可以对这个文件进行调整。

5. 输出

在流程环境里输出窗口会显示诊断通信和变量的变化。追踪窗口会为每条记录保存时间戳和元件的详细信息，分为保持和滚动显示模式。用户可以将数据保存为文本格式。

6. 图形设计器

使用图形设计器可以建立测试仪的操作和输出界面（图9.47）。

7. OTX 数据库模块

数据库模块负责对 OTX 数据的访问。它会对数据进行验证，按需求搜索 OTX 项目以及管理对 OTX 项目的引用。数据库模块是由 OTX API 和 XML 数据库组成的。OTX API 是为使用者提供的接口。

OTX 数据库的规模可以达到超过 10000 个流程和 1GB 存储空间，并且有极高的关联度。为了高效地访问这些数据，会使用一个嵌入式 XML 数据库。OTX API 和 XML 数据库间的通信是通过 XQuery 访问的（图 9.48）。数据库是包含在 ODF 里的 OTX API SDK 的一个组成部分。

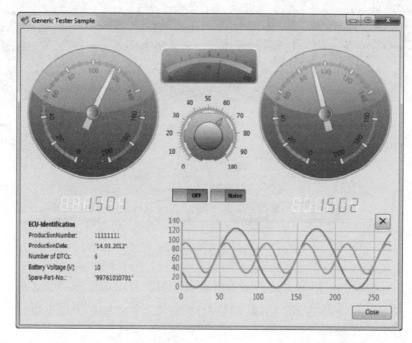

图 9.47 利用图形设计器建立的操作界面

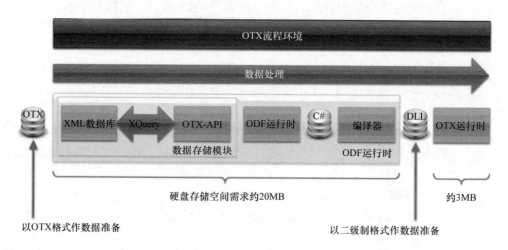

图 9.48 OTX 流程环境的构成

8. OTX 测试环境

出于测试和分析的目的，诊断流程可以在调试器里运行。在调试器里可以设置断点，显示和修改变量以及一步步执行。D PDU API 层面的诊断数据和 OTX 活动一样都可以在还没有实现的时候先进行仿真。当然，除了单纯的仿真，也可以在一个真实的硬件上进行测试。

9. OTX 流程环境

在 OTX 流程环境里，既可以在研发阶段也可以在维修车间里或者流水线终端编程，作为运行环境来执行生成好的流程。可以生成和翻译基于精简的 OTX 运行库和 .NET 架构的 C# 代码来用于处理（图 9.48）。相比于 OTX 解释器，这种运行逻辑对性能的提升和空间的节省效果非常显著。另外，已完成的测试流程可以作为编译好的二进制代码安全地交给第三方，而无须公开 OTX 数据。

OTX 运行时环境可以集成常用的 MVCI 服务器、直接访问 D PDU API 或者调整到可以和厂家自己的诊断运行时系统共同工作（图 9.46）。

9.8 控制器通信的实时特性

人们可以把系统的实时性理解为真实系统环境里使用资源的时间特性。这里资源主要是指处理器和数据总线。如果每个功能都能得到足够的运算时间和通信带宽，让控制信号每次都能在正确的时间，或者说在一个允许的最大延迟范围内到达，那么就可以说这个系统是实时的。

早些时候人们通过经验法则就可以简单地规划时间行为。例如如果 CAN 总线系统的负载在批量生产中按照式（3.7）算出来在 30% 到 40% 之间，那么就可以认为总线的设计是可以接受的。类似的，按照式（7.1）算出来的 CPU 负载一直到大概 50% 都是没问题的。实时性问题可以在集成测试的框架内通过可接受的努力来解决。而随着日益增长的系统复杂度和动态性，这种努力及其风险和成本在今天已经不再合理。

9.8.1 实时性的特征值

现在，对实时性必须要尽早地进行详细的说明和优化。功能的分配、计算时间的预算，以及对操作系统和总线参数的配置，都要预先用最坏情况分析和仿真来验证。这其中需要注意系统的动态性，它是由大量的软件功能集成和连接以及实际车辆环境产生的。[1]

简单的总线和 CPU 负载特征如今已不能有效地保障实时性。越来越高的通信需求使得 CAN 总线也要在 50% 以上的总线负载下工作。另外，随着耗时的功能和消息数量的增加，它们之间的相互影响也越来越多，使得实时性被破坏的风险也显著提高。因此不能只是单纯的看总的负载率，还要看各个总线消息和软件部件的实时性。下列特性与此相关：

- 总线消息的最小和最大响应时间（Response Times）及其统计学分布。响应时间是指从发送端控制器生成一个消息,比如在 AUTOSAR 的 COM 层,到接收端完全把消息接收到缓存里所用的时间。响应时间除了包括消息传输时间,还包括仲裁时间。比如,在 CAN 总线里仲裁时间是由 CAN ID 表示的消息优先级以及周期时间决定的。这里涉及总线的调度效应(见第 3 章 3.1.7 小节、3.2.8 小节和 3.3.6 小节)。响应时间是实时性最重要的特征数据,因为它可以直接跟一个应用的延迟要求(Deadline)进行对比。比如人们可以要求响应时间最多允许达到周期时间的 50%。

● 消息的最小和最大有效周期时间(包括分布)。有效周期时间是指总线上实际观察到的周期消息的时间间隔。不确定的仲裁和响应时间会导致本应固定的周期时间也浮动起来(Jitter)。类似响应时间通常对有效周期时间也有功能开发的规定或者一般的设计规则,比如浮动最多不超过周期时间的 20%。

● 点到点作用链条的延迟(最小值、最大值和分布)。

点到点作用链条延迟和响应时间非常近似,不过这是包括整个复杂通信链条的延迟,比如在 AUTOSAR 的软件部件 RTE 和 BSW 层中组装和提取消息中的信号以及网关产生的延时(图 9.49)。控制器软件使用的是多任务系统,因此还需要注意操作系统的调度效应(参见第 7 章 7.2.5 小节)。诊断序列也经常需要很强的实时性,比如在尾气 OBD 里诊断请求和响应直接最多允许有 50ms 时间。通过点到点延迟可以获取应用层面的延时。

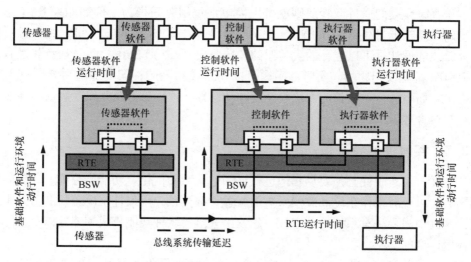

图 9.49 分布式 AUTOSAR 系统的运行延迟

因为整体的延时通常是有很多部分组成的,所以会产生不显而易见的误差链条。人工的估计只能提供一个非常粗略的、悲观的参考值,导致对系统安全余量错误估计和不必要的过度加大。因此实际中的分析工作只能通过工具支持才能有效地进行,比如下面介绍的 SymTA/S。

9.8.2 利用 Symtavision 公司的 SymTA/S 进行实时性分析

Symtavision 公司的工具 SymTA/S 为在 CAN、LIN、FlexRay 和以太网上进行详细的实时性分析提供了支持。分析的第一步，SymTA/S Network 可以导入一个已有的各种格式的总线配置（DBC、FIBEX、AUTOSARXML），并自动研究。分析结构包括相关的实时性特征值，乃至各个消息的详细时间特性：

- 总的总线负载及各个消息所占的比例
- 考虑 CAN 总线仲裁情况下消息的最小和最大延迟及其统计学分布
- 自动检查周期时间和其他边界条件
- 利用甘特图对关键仲裁序列的可视化

图 9.50 展示了 SymTA/S 分析结果的一个样例。人们除了系统结构树还可以看到负载分布，最小和最大延迟时间（反应时间），标识出违反期限的地方，以及延迟的统计学分布。其中还有对各个帧的细节描述：左边是延迟的概率分布，右边是跟左边标记出来的分布等级相应的特定仲裁序列。这些分析结果可以以 PDF 报告或者 Excel 表格的形式导出。

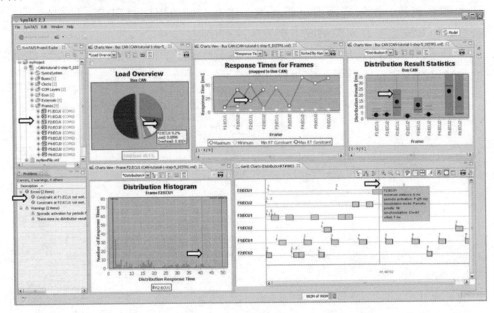

图 9.50　Symtavision 公司的调度分析工具 SymTA/S

SymTA/S 还根据分析结果提供了广泛的系统优化的可能性。人们可以手动或自动地将信号重新分配给其他帧、改变消息的 CAN ID，或者优化周期发送帧的发送偏移量，来修正总线负载。在自动模式里人们要定义好自由度和优化目标。该工具可以自动找到最优的配置，并呈现给开发者作为样板。类似的，在批量生产开始后也可以对修改请求（Change Requests）进行研究，或者估计在将来用新的信号和消息进行扩展的设计可能性。

SymTA/S 不仅在系统设计阶段有帮助，对实现方法进行校验同样有用。这里会把从集成测试里得到的测试数据，如利用 CANoe 记录的数据，读取到 Symtavision TraceAnalyzer 里，并和设计数据进行比较。实际当中，对时间的要求在软件实现时通常难以被顾及，因此跟设计会产生偏差。人们可以通过把 SymTA/S 集成到测试环境中来自动发现这种偏差，并在实现以及时序模型中找出适当的调整方法。

除了网络分析，SymTA/S ECU 还为控制器（包括多核处理器）的软件集成提供了类似的分析。这里会借助常见的 OSEK OIL 或者 AUTOSAR XML 数据，把控制器配置导入到分析工具里。软件模块运行时间的信息可以通过测量和调试工具，或者静态代码分析工具来得到。

SymTA/S ECU 和 SymTA/S Network 补充了系统分析和优化的工具链。通过基于模型的分析 SymTA/S，可以早在系统和网络设计的时候就发现和避免实时性错误，而不是等到做完设计，在原型开发末期做集成测试的时候。SymTA/S 为设计分布式控制器系统中的下列核心问题提供了一个答案：

- 哪些消息会由于资源不足而丢失，错过它们的周期时间或者期限？这种情况会有多经常发生？在何种情况下会发生这种错误？
- 哪些消息虽然满足了要求，但几乎达到了允许的临界值，可能在特殊情况下或者在以后发生改动后引起实时性问题？
- 可以如何优化系统，来扩展系统的余量和边界？

参 考 文 献

[1] M. Traub, V. Lauer, T. Weber, M. Jersak, K. Richter, J. Becker: Timing-Analysen für die Untersuchung von Vernetzungsarchitekturen. ATZelektronik, Heft 3/2009, S. 36 ff

第 10 章 车辆之间的通信交互

自从自动交通收费系统使用无线电通信以来,如何进行车与车之间的直接数据连接(车与车的互联 C2C,也就是所谓的车辆之间互联 V2V),如何进行车辆与路边的交通管制系统的数据连接(汽车与交通基础设施 C2I,也就是所谓的车辆与交通基础设施 V2I),可以使得交通道路安全以及交通流量得到改善。这样的远程信息处理系统被视为新兴技术[1,2]。

10.1 交通收费系统

在德国交通收费系统中(图 10.1)一个车载控制单元利用卫星导航系统 GPS、陀螺仪系统以及车速信号确定汽车当前位置,并且利用一个常规 GSM 移动无线通信装置,通知收费中心汽车在缴费道路上所驶过的准确路程。为了监测车辆,在道路上较大间隔位置都有所谓的控制桥装置(路边单元 RSU),它是用来捕捉车辆,并且通过一个根据 ISO TC 204(专用短程通信 DSRC)标准制定的红外连接系统与车辆进行互联通信的。

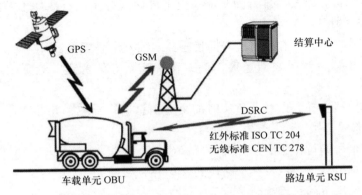

图 10.1 交通收费系统中的信息通信连接

在某些靠近收费路段和不收费路段太近的地方,GPS 不能保证驾驶路段的准确识别，在路边就要利用 RSU 支持单位，通过上述的 DSRC 红外连接系统传递附加的位置信息。

在其他欧洲国家，部分的 GSM 连接或 GPS 定位被免除，人们在收费路段的路边以很短的间隔安装了 RSU 单元用来定位以及收费结算。一种按照 CEN TC 278 制定的短距离无线连接，代替了红外数据连接在那里的频繁使用。

10.2 Car2Car 联盟和 Vehicle2X 通信

几年来，各汽车制造商和供应商建立了 Car2Car 联盟，以制定车辆互联通信中的规范。Car2Car 联盟是一个相对于美国活动的副本，在那里车辆安全通信 VSC 已经被美国和日本制造商所采纳了。在两种情况下，一辆汽车与其他车辆在特定无线范围内被接入一个本地网络（图 10.2），并且交换安全相关的数据。可能的功能包括：

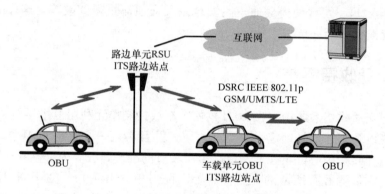

图 10.2　Car2Car 联盟的建议

- 前后方行驶以及并排行驶车辆情况下的碰撞提示，再比如丁字路口，十字路口以及超车的情况下
- 在意外发生时，在通常的碰撞传感器之前发出碰撞警告
- 在一些紧急情况之前预警，例如在视线不好的弯道、施工工地、油渍路面等
- 优化路线选择，以及通过实时的交通信息进行导航，并参考通过驶过的许多车辆确立路线选择
- 绿灯信号同行（绿浪）辅助
- 在高速公路入口以及狭窄路段的入（并）线辅助
- 故障情况下的远程诊断

路边单元可以应用到车辆之间以及车辆到导航和交通管制系统之间连接范围的延长。另外，车辆应当能够通过交通管制信息连接，而且应当可以通过一些熟悉的

互联网应用(信息娱乐方面的)建立互联网连接。概念里常用的互联网连接的整合,以及无线网络接口是一个快速进入市场的关键要素,没有这些东西的系统是无法正常运转的。

所有这些活动还处于研究和前期开发的阶段。规范和标准草案在很多情况下仍然在不断变化。因此,应该仅仅进入到问题层面,但还没进入到技术细节层面。

目前,最先进的条件是建立无线接口。无线电传输(专用短程通信)应该发生在 5.9GHz 的范围内,其中一部分是专为安全关键通信预留的频段。频带分配是通过 ETSI 在 EN 302 571 中控制的。

无线电接口是基于传统无线网技术按照 IEEE 802.11 建立的,就如同在笔记本电脑中惯用的一样。由于特定的问题,这种接口必须改进(IEEE 802.11p 和 IEEE 1609)。相比于准稳态无线网连接产生了以下额外要求:

车辆相对物体运动很快。该系统应当将被设计为适合车速高达 250km/h,也就是说相对速度在迎面而来的车流中可达 500km/h。

由于汽车总是迅速靠近又迅速远离,因此在连接建立和断开时,不可能有冗长的认证、登录和注销过程。该系统必须在本地能够应付一个迅速变化的,不具有集中管理主体的参与者数量(车用移动通信网络 VANET)。

然而,参加者必须以适当的方式来确定识别,以使系统不能被操纵,比如一个"干扰"可以恶意地使其他的车辆加速或制动。

在交通拥堵时,车辆密度可以变得非常高,而在其他时间车辆数目减少并且车辆距离将变大。由于车辆的无线发送功率应当限于 2W,由此产生的自由视野范围仅几百米,因此每个参与者必须同时可以接管在不同车辆之间,以及车到静态无线电信标(RSU)的路由任务。

Car2Car 提出了三重协议栈(图 10.3)。经典互联网应用(信息娱乐)应该也在汽车中使用标准的因特网协议 TCP/IP、UDP/IP 等,以及使用通常情况下现有的 GSM、LTE 和 UMTS 无线服务。

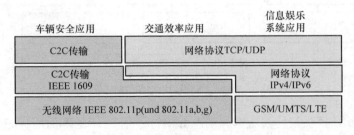

图 10.3　Car2Car 联盟的安全模型

如果存在可用的容量和足够多的 RSUs,那么 IEEE 802.11p 链接也可以被使用。是否以及如何在 LTE/UMTS/GSM 和 WLAN 之间实现漫游,还是开放的。交通管理(交通效率)任务预计也将会与 TCP/IP 一起协作,它通过无线网络进行通信。对于驾驶安全功能（车辆安全），TCP/IP 似乎并不合适。

因此，一个 C2C 的特定协议栈应当开发出现。这个新的传输层应当可以实现数据的复用以及一个受保护的，面向连接的信息传送。网络层会接替一些任务，比如信息通过多个车辆跨越传递（多跳连接），并且可以提供一个基于每个参与者位置（地理寻址）的寻址机制。

安全关键信息之间的并行处理必须带有高紧急性被传输，而同时那些不是很紧迫的信息，可能在整个无线系统内传输。IEEE 1609 在此规定了，必须平行于正常数据信道，建立一个控制信道，可以在其上保证安全关键数据的传输。对此，是否这可通过纯时分多路复用来实现，或者必须安装一个昂贵的双信道无线电接收器，只能在实践中加以验证。

标准化工作是在欧洲的欧洲电信标准协会 ETSI 进行协调的。EN 302 665 介绍了一个智能交通系统 ITS 的整体结构（图 10.4），并且在 EN 102 637 和 EN 102 638 中介绍了典型的应用场景，以及改善交通道路安全的措施（主动道路安全），或者改善交通流动性的措施（交通效率）。在先前定义的概念之中，所有交通参与者（ITS – 站点），也就是说车辆以及路边站点，定期每 0.1s 到 1s，发射一个协同感知信息 CAM，让所有参与者知道，哪些站点存在于周围环境之中。CAM 信息包括以下内容：

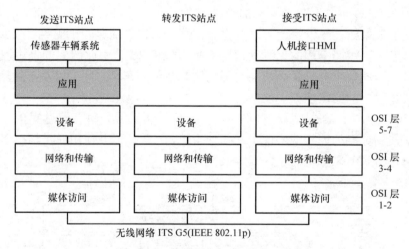

图 10.4 根据 EN 302 665 的 ITS 信息交互

- ITS PDU 报头与协议版本，消息标识符（信息 ID）和时间标记。
- 唯一标识符，车辆的地理位置（GPS 数据）以及车辆的种类。这里要区分正常行驶的车辆和特种车辆，如警察、消防和救护车，公共交通，如公交车以及路边站点。
- 车辆分享它们的车速，加速度和行驶方向以及其尺寸。除此之外，特种车辆还要标明它们是否处于紧急状况下使用的。在测得数据里，可能具有较大的不准确性，一个精确度评估也会被（信任区间）同时发送。

在十分紧急的交通状况（道路危险警告）下，例如，在一个急制动情况下，遇到一个出故障滞留的车辆或者一个错向的车辆时，发现这个情况的车辆应发出一个分散的环境通知信息 DENM。这条信息会被周期性地重复，只要情况仍存在。该 DENM 消息包含以下信息：

- 如同在 CAM 消息里一样，ITS PDU 报头文件。此外，一个更新计数器同时被发送，它包含了临界事件的唯一标识符，并且指示出一个消息已被重复了多少次。而且，一个预判的将来发生的重复频率会被公布出来，并且一个失效时间点也会被通报，如果此消息不会被重复，那么这个重复频率和失效时间点对于这条信息是无效的。发射器可以评估其信息的可靠性（可靠性），假如被触发的交通情况不能被清楚地识别或者传达，触发事件就不再被发射器视为存在。

- 在形势存储器中，警告消息的触发原因被进行说明。除此之外，紧急制动是在指定的情况下设定好的，例如在街道上有停止或异常缓慢移动的车辆，碰撞预警，道路结冰或能见度低。此外，交通状况（严重度）的紧急程度也会被评估，并且如果一个车辆想要确认或补充其他车辆的警告时，其他 DENM 消息也会被作为参考。

- 在定位存储器中，危急交通状况或者根据情况一些车辆的当前地理位置会被告知。位置信息可以由 GPS 坐标从一个紧急区域中产生，例如，一个矩形或椭圆形区域。

10.3 规范与标准

Toll – Collect 收费

Toll – Collect Basiswissen. Pressemappe, www. toll – collect. de

ISO Technical Committee TC 204 – Intelligent Transport Systems. www. iso . org

CEN Technical Committee TC 278 – Road Transport and Traffic Telematics. www. cen. eu

European Telecommunications Standards Institute ETSI Technical Committee for Intelligent Transport Systems TC ITS, www. etsi. org

Car2X

Vehicle2X

Car 2 Car Communication Consortium Manifesto：Overview of the C2C – CC system V1. 1, 2007, www. car – to – car. org

IEEE 802. 11 Wireless LAN (WLAN) Specification, 2007

IEEE 802.11pWireless LANMedium Access Control (MAC) and Physical Layer (PHY) Specifications, Amendment 6: Wireless Access in Vehicular Environments (WAVE), 2010

IEEE 1609 Standards for Wireless Access in Vehicular Environments (WAVE), 2010, www.ieee.org

SAE J2735 Dedicated Short Range Communications (DSRC), 2009, www.sae.org

ISO 21217 Intelligent Transport Systems – Communications access for land mobiles (CALM), 2010, www.iso.org

European Telecommunications Standards Institute ETSI Technical Committee for Intelligent Transport Systems TC ITS: Technical Characteristics for Pan – European Harmonized Communications Equipment for Road Safety and Traffic Management (Draft) – Part 1 Road – Safety Applications, 2005. Part 2 Non Safety Related Applications, 2006. www.etsi.org, inzwischen umgesetzt in

EN 302 571 Intelligent Transport Systems ITS: Radio Communications Equipment in the 5.9MHz Frequency Band. 2013, www.etsi.org

EN 302 665 Intelligent Transport Systems ITS: Communications Architecture, 2010, www.etsi.org

TS 102 638 Intelligent Transport Systems ITS: Basic Set of Applications, Definitions, 2009, www.etsi.org

TS 102 637 Intelligent Transport Systems ITS: Basic Set of Applications, 2010, www.etsi.org

TS 102 636 Intelligent Transport Systems ITS: Geo Networking, 2010, www.etsi.org

参 考 文 献

[1] J. Eberspächer: Das vernetzte Automobil. Hüthig Verlag, 1. Auflage, 2008.
[2] Europäische Kommission: Mobility and Transport – Intelligent Transport Systems. ec.europa.eu/transport/themes/its.

Translation from the German language edition:
Bussysteme in der Fahrzeugtechnik (5., aktualisierte und erweiterte Auflage)
by Werner Zimmermann, Ralf Schmidgall
Copyright © Springer Fachmedien Wiesbaden 2007,2008,2011,2014
All Rights Reserved
版权所有，侵权必究。
This edition is authorized for sale in the Chinese mainland (excluding Hong Kong SAR, Macao SAR and Taiwan).
此版本仅限在中国大陆地区（不包括香港、澳门特别行政区及台湾地区）销售。
北京市版权局著作权合同登记 图字：01-2015-8405。

图书在版编目(CIP)数据

汽车总线系统：原书第5版/（德）维尔纳·齐默尔曼（Werner Zimmermann），（德）拉尔夫·施密特加尔（Ralf Schmidgall）著；俞靖等译. —北京：机械工业出版社，2022.11

（汽车先进技术译丛）

书名原文：Bussysteme in der Fahrzeugtechnik
ISBN 978-7-111-71891-8

Ⅰ.①汽… Ⅱ.①维… ②拉… ③俞… Ⅲ.①汽车-计算机控制系统-总线 Ⅳ.①U463.6

中国版本图书馆 CIP 数据核字（2022）第 199891 号

机械工业出版社（北京市百万庄大街22号　邮政编码100037）
策划编辑：孙　鹏　　　　责任编辑：孙　鹏　刘　煊
责任校对：樊钟英　张　薇　封面设计：鞠　杨
责任印制：邰　敏
三河市宏达印刷有限公司印刷
2023年1月第1版第1次印刷
169mm×239mm・24.75印张・2插页・504千字
标准书号：ISBN 978-7-111-71891-8
定价：299.00元

电话服务　　　　　　　　　网络服务
客服电话：010-88361066　　机　工　官　网：www.cmpbook.com
　　　　　010-88379833　　机　工　官　博：weibo.com/cmp1952
　　　　　010-68326294　　金　书　网：www.golden-book.com
封底无防伪标均为盗版　　　机工教育服务网：www.cmpedu.com